普通高等教育系列教材

企业伦理与社会责任

主　编　赵　斌
副主编　陈玉保

机 械 工 业 出 版 社

本书在理论阐述的基础上，详细论述了伦理操作规范和企业社会责任规则体系等应用性很强的内容，对我国企业社会责任管理实践具有一定的指导作用。本书理论体系与内容新颖，反映本学科所取得的最新进展，吸纳成功企业在进行社会责任建设方面取得的实践经验，避免空洞的理论说教。全书共12章，内容包括：概论，企业伦理的一般原理，企业生产运营管理伦理，企业人力资源管理伦理，企业营销伦理，企业财务伦理，企业社会责任基础，企业社会责任标准、规则与体系，企业社会责任的对象和内容，企业社会责任报告的现状和编制，企业社会责任的推进、创新与发展，企业的道德建设。

本书既可作为高等院校经济管理类专业本科生、研究生教材，也可作为企业培训中高层管理人员的培训教材。

图书在版编目（CIP）数据

企业伦理与社会责任/赵斌主编. —北京：机械工业出版社，2011.9（2024.8重印）
普通高等教育系列教材
ISBN 978-7-111-35442-0

Ⅰ.①企…　Ⅱ.①赵…　Ⅲ.①企业伦理-高等学校-教材②企业责任-高等学校-教材　Ⅳ.①F270-05

中国版本图书馆CIP数据核字（2011）第149740号

机械工业出版社（北京市百万庄大街22号　邮政编码100037）
策划编辑：曹俊玲　责任编辑：曹俊玲　何　洋　卢若薇
版式设计：张世琴　责任校对：张莉娟
封面设计：张　静　责任印制：单爱军
北京虎彩文化传播有限公司印刷
2024年8月第1版·第7次印刷
184mm×260mm·21.75印张·535千字
标准书号：ISBN 978-7-111-35442-0
定价：49.80元

电话服务	网络服务
客服电话：010-88361066	机　工　官　网：www.cmpbook.com
010-88379833	机　工　官　博：weibo.com/cmp1952
010-68326294	金　　书　　网：www.golden-book.com
封底无防伪标均为盗版	机工教育服务网：www.cmpedu.com

前 言

彼得·德鲁克指出："一个健康的企业和一个病态的社会是很难共存的。"社会之所以进入"病态"，企业本身负有不可推卸的责任。企业是社会的产物，企业作为市场经济活动的主体，在追求经济利益最大化的活动中，必然与其利益相关者和个人产生相互联系，也必然对社会产生影响。安然事件、波音公司丑闻、三鹿奶粉事件、由次贷危机引发的金融危机等许多商业丑闻的发生，给社会和利益相关者造成了严重危害，使人们在震惊、愤怒和不安的同时，对企业及企业经营管理者的社会责任和道德期盼比以往任何时候都更加强烈。

企业作为社会经济活动的主体，不仅具有经济性的特点，而且具有社会性与伦理性的特点。因此，任何企业都是经济人与道德人的统一，是经济性、社会性和伦理性的统一。企业的经营管理行为除了要遵守法律规范以外，还必须遵守伦理规范，受伦理道德规范的制约。企业伦理是社会伦理准则在企业经济活动中的具体表现，是企业在处理利益相关体关系时应遵循的伦理准则和道德规范，它的核心价值在于以人为本。为此，企业除了应该承担应尽的经济责任之外，还必须承担应尽的社会责任和道德义务，从而对社会进步和文明发挥重要作用。

本书具有以下几个方面的特点：

(1) 从企业管理职能的角度，论证和分析企业伦理相关问题，体系完备。

(2) 将企业伦理与企业社会责任结合起来，阐述了企业社会责任的核心是道德责任。

(3) 对企业中的热点伦理问题，如生态伦理、直销伦理、网络营销伦理等，进行了深入分析。

(4) 将企业社会责任的诸多标准，如SA8000、ISO26000等，纳入教材。

(5) 为了与国外教材接轨，在体例上增加了学习目标和引导案例、本章小结、复习与思考题、案例分析等内容，供学生课堂讨论，培养学生解决实际道德问题的能力。

(6) 为了避免理论说教，本书中配置了丰富的阅读材料和阅读案例，为本书理论阐述提供了大量佐证。

全书共12章，内容包括概论，企业伦理的一般原理，企业生产运营管理伦理，企业人力资源管理伦理，企业营销伦理，企业财务伦理，企业社会责任基础，企业社会责任标准、规则与体系，企业社会责任的对象和内容，企业社会责任报告的现状和编制，企业社会责任的推进、创新与发展趋势和企业的道德建设。其中，第一、二、四、五、六章由赵斌编写，第三章由杜昱编写，第七、八、九、十、十一、十二章由陈玉保编写。本书由赵斌拟定编写大纲，并对全书进行统稿。

在本书撰写过程中，参考和引用了国内外有关教材、文献与部分研究成果，在此，谨向这些从未谋面的学界同仁表示诚挚谢意。

本书可用作管理类专业本科生、研究生的教材和课外读物，也可作为企业培训中高层管理人员的培训教材。

由于编者水平有限，书中难免有疏漏和不妥之处，敬请广大读者批评指正。

编　者

目　录

第一章 概 论

学习目标

通过本章学习，应该理解和掌握：

1. 伦理道德的本质和功能
2. 企业伦理理论的研究对象和研究内容
3. 企业伦理的产生与发展
4. 学习企业伦理与社会责任的意义

引导案例

南京冠生园“陈馅月饼”事件

2001年9月3日，中央电视台“新闻30分”播出了一条关于南京冠生园旧月饼翻新“再利用”的新闻。

2000年中秋节过后的第9天，南京冠生园食品厂当年没有卖完的价值几百万元的月饼被陆续从各地回收回来，并运进了一间蒙着窗户纸的车间。被回收的月饼主要有豆沙、凤梨和莲蓉三大类，它们都将在经历几道工序后，被重新加以利用。

去皮取馅是第一道工序；被剥出来的月饼芯接着重新搅拌、炒制，由一个个独立的月饼芯融成一个整体，完成第二道工序；最后一步则是入库冷藏。而到了2001年7月2日，南京冠生园就正式开工做新月饼了，这些保存了近一年的馅料也被悄悄派上了用场。

对于用陈馅做月饼，南京冠生园的经理自有一番说法：“在全国范围这是一种普遍现象。月饼是季节性很强的产品，每一个厂家都想抢占月饼这块市场。月饼这个市场很难估量，除非是个体户，没有一个厂家是做几个卖几个的。”

卫生部食品化妆品监督管理处处长认为，“月饼加工企业使用回收的过期月饼加工食品的问题，属于违反《食品卫生法》第9条禁止生产经营的食品中‘超过保质期限的食品’的规定，对使用已经腐烂变质或超过保质期限的食品重新加工食品，卫生部门应当依据《食品卫生法》严格查处。”

南京冠生园用霉变的冷藏馅做来年的月饼，据知情人讲，此举始于1993年。而南京冠生园的经理则称，他们是遭到了“知情的同行暗算”，用陈馅当新馅在月饼行业是一种普遍现象，看来这回捅破的是“整个行业的窗户纸。”

南京冠生园“陈馅月饼”事件发生后，南京一位不愿透露姓名的月饼厂老总告诉记者，使用陈馅的厂家在南京虽然不是普遍的情况，但也确实存在。他透露，月饼馅料的成本一般要占到月饼市场零售价的20%~30%，如果使用去年的陈馅，等于省下了今年投入的成本，所以一些厂家不惜铤而走险。而据了解，一些大的月饼生产厂家由于促销时间紧，战线铺得长而宽，中秋节一过，收回的退货也多，厂家面对如此大量的退货也舍不得扔，而取出馅料冷藏后明年再用，也可以减少损失。从月饼厂的上游供货商——馅料厂来说，同样存在出售过期馅料的问题。一般而言，馅料厂的数量要比月饼厂的数量少得多，所以馅料厂一下子面对巨大的供应量压力是很大的，可以说，短时间内根本生产不出足够的量供应月饼厂。一个“好办法”就是把提前生产的馅料更改生产日期，伪装成新近生产的馅料欺骗月饼厂。甚至有的馅料厂家直接从去年没有销完的月饼厂处收购陈馅，“改头换面”后作为当年新馅再出售给其他不明就里的月饼厂。

（资料来源：根据周祖城，《企业伦理学》第二版，清华大学出版社，2009，P23～27《陈馅月饼》改编）

第一节　企业伦理理论的研究对象和内容

企业伦理理论是研究企业道德的科学。为了更好地学习和认识企业伦理，有必要首先了解伦理和道德这两个基本概念及其本质和功能。

一、伦理与道德

（一）伦理与道德的涵义

在西方，“伦理”一词 ethics 源于古希腊语 ethos，表示驻地或公共场所，后来人们把它用来专指一个民族特有的生活惯例，相当于汉语的“风尚”、“习俗”等概念，几经演变又具有了“品质”、“德行”等含义。从亚里士多德开始，“伦理”一词专门用来表示研究人类德行的科学。在中国，“伦”指辈分、顺序、秩序等意思，如人伦；“理”原指“治玉”之意，引申为有条理、道理等意思；“伦理”连用则表示道德关系。综合来看，“伦”就是人与人、人与相关事物的关系，“理”就是这些关系之理，“伦理”就是处理人、群体、社会、自然之间利益关系的行为规范。

“道德”一词 morality 源于拉丁语 mores，表示“风尚”、“习俗”之意，后经演变又具有了“规律”、“品质”等意思。古汉语中“道”原意是道路，引申为原则、规范、法则；“德”是将这些原则、规范等变成对自己的内在要求而形成的个人德行、品德或境界。也就是说，“道”是人人应该遵守的规范，是“德”的前提；“德”是对这种规范的认识、情感以及在此基础上形成的稳定的行为，是“道”的归宿。可见“道德”不仅包括了道德规范，还包括了道德品质。

从西方和古汉语两个方面来看，“伦理”和“道德”两个概念，其词源意义上说是相通的，因此，本身并没有严格的区别，经常可以互换使用。稍有不同的是，道德较多的是指人们之间的实际道德关系，而伦理较多的是指有关这种关系的道理；在运用上伦理概念用以表示道德理论，道德概念则一般用以表示实际生活中的道德现象。

（二）道德的本质和功能

道德是调整人与人、个人与群体、个人与社会之间行为规范的总和。在人类生活中，道德是一种特殊的社会现象，同法律规范、政治规范和其他各种规范相比，其特殊性在于：①它以善和恶、正义和非正义、公正与偏私、诚实与虚伪等道德范畴来评价个人和群体行为；②它是通过社会舆论、传统习俗、内心信念等非强制性力量来影响人的心理，实现调节作用。

道德的本质属性体现为两个方面：一方面，道德是由一定经济关系所决定的社会意识形态，它植根于社会经济基础之中，是人们物质利益关系的反映；另一方面，道德以强烈的目的性和实践性指导人们的社会活动和行为，并以形成良好的人际交往、协作关系，改善社会生活环境乃至促进整个人类文明程度的提高为目的。一般认为，道德是由道德活动、道德意识和道德规范构成。

道德活动是指人们在社会生活中，依据一定的道德观念和价值准则而进行的实践活动，是人类完善自身的活动，包括一切具有善恶价值的直接和间接的活动。它是道德意识形成的基础，是孕育道德规范的土壤。道德意识是指人们在道德活动基础上形成的道德信念、道德思想。它体现着人们对客观存在的道德活动及其道德关系的认识，包括社会道德心理、社会道德意识、道德情感、道德观念等，它是一种特殊的社会意识形态，受到社会关系特别是经济关系的制约。道德规范是指指导和评价社会成员行为价值取向的善恶标准，它是社会对人们在道德行为方面的外在要求，这种要求形成于生活实践，通过风俗习惯固定下来，成为人们普遍遵循的道德准则。道德规范是一种非制度化的规范，不使用强制性手段；它还是一种内化的规范，也就是说道德规范只有为人们真心诚意地接受，并转化为人的情感、意志和信念时，才能得到实施。道德规范表现为道德他律和道德自律两种形式。其中，道德他律是指人们被动、顺从地接受道德规范，个人的道德判断标准完全依附于社会道德标准；道德自律是指道德主体能主动判断和选择社会的价值标准，形成独立的价值观，并且能把外在的道德规范内化为自己的道德品质。

道德对个人和社会具有积极的能动作用。其主要表现在以下几个方面：

（1）认识功能。道德的认识功能表现为道德能反映个人同他人、个人同社会的利益关系。它帮助人们区分现有与应有、事实与价值，从而既实现着对世界的认识与把握，又实现着对人自身的认识与把握。具体来说，道德认识帮助人们了解人生的价值，个人在社会中的地位、生活的意义、对社会的责任、道德理想的选择等问题。道德认识采取善恶、荣辱、义务、良心等特有的方式进行。

（2）规范功能。道德为社会和个人活动提供了一种客观的共同的价值标准和各种行为规范。因此，道德具有规范和约束人们行为的功能。它以“应当怎样”为尺度，通过社会舆论和内心信念等手段，引导现实，唤醒良知，促使人们自觉扬善抑恶。

（3）调节功能。道德从现实利益关系角度，调节人们的各种社会活动和利益关系、利益冲突。利益关系是社会生活中最基本的关系。只有调节好利益关系，才能维持正常的社会生活。道德调节不同于法律调节那样具有强制性，它主要依靠外在的制裁和内在的制裁来进行。所谓外在的制裁主要是指社会舆论，这种强大的舆论压力指导人们应当做什么、不应当做什么，它是一种外在调节；所谓内在的制裁是指人的良心、道德信念、道德情感和价值观等，是人自觉自愿地按照一定的内心信念做什么、不做什么，它是一种内在调节，这种调节是任何外在力量所不可比拟的。

（4）教育功能。道德教育是指通过表彰和批评、扬善抑恶等评价手段和方式，造成社会舆论，形成社会风尚，树立道德榜样，塑造理想人格，提高人们的道德信念和道德境界，培养人们的道德行为。它以善与恶、美与丑等具体形象，告诉人们应当做什么、不应当做什么，唤起人们的自觉性和积极性，按照一定道德准则去调节行为。道德教育不仅有助于形成个人道德信念和道德品质，而且更重要的是在全社会推行道德规范和道德准则，从而对形成社会道德面貌和提高道德水平具有重大作用。

（5）评价功能。道德评价是指人们依据一定的道德原则，运用相应的方式方法，对他人和自身的行为进行善恶判断，即对什么是善、什么是恶要作出明确回答。评价是道德把握世界的基本手段。道德通过评价来调整人与人的关系，发挥行为指南的作用。

二、企业伦理理论的研究对象

伦理理论是研究伦理道德的科学。企业伦理理论是研究企业道德的科学和艺术，它将伦理原则和方法应用于经济管理活动中，它与伦理理论是特殊与一般、应用与理论的关系。

（一）企业道德

企业道德是道德的特殊形态，是一般社会道德在企业关系和企业行为中的特殊表现。它既包括企业内部关系，又包括企业与社会的外部关系。企业作为独立法人，不仅直接参与社会经济活动，与企业内外发生各种经济关系，同时，也参与社会精神、文化、道德等活动，与消费者、政府等外部主体发生千丝万缕的关系。因此，任何企业的行为总是要发生道德影响，并内在地蕴涵着道德价值。

企业道德是企业在生产经营活动过程中，协调、处理企业内外关系的行为规范的总和，它决定企业行为可接受与否的原则和标准。在实践活动中，企业借助社会舆论、传统习俗等来指导和约束企业，调整企业和各方面利益的关系。在这些过程中，企业道德也得以逐步形成和发展。

（二）企业道德体系的构成

企业在以法人资格和群体行为参与经济活动和社会活动时，发生着多方面的利益关系和道德关系，从而形成了一个由多种要素构成的企业道德体系。其主要由三部分构成：

（1）企业道德意识。这是在企业经营活动中形成的以观念形态存在的企业道德。这里的观念形态是指道德认识、道德情感和道德理想。其中，道德认识是企业道德关系的反映，是对企业行为的善恶、是非、荣辱的认识和判断；道德情感是在道德认识的基础上形成的、企业群体行为中的一种爱憎或好恶的情绪、态度和倾向，具体表现为企业群体对社会、对国家、对他人的道德责任感和道德义务感；道德理想是企业共同体的奋斗目标的构想和价值追求，它是凝聚企业力量、激发企业进取的精神动力。

（2）企业道德规范。道德规范是企业活动中处理各种道德关系的行为标准，以及判别自身或他人社会行为道德价值的尺度。道德规范直接规定道德活动中的“应当”，它以道德命令的形式，调节个人和群体的行为，维护社会的正常秩序。企业利益关系的复杂性，也决定了企业道德规范具有丰富的内容，它构成一个相对独立的规范体系，并形成与其他社会道德相区别的特征。

（3）企业道德实践。道德实践是指企业在一定道德意识支配下所进行的各种道德行为活动。如企业道德选择、道德评价、道德教育等，这些都是以群体形式进行的有意识、有目的的活动。企业是实践活动的主体，当面临利益矛盾和道德冲突时，行为选择与评价的具体操作，往往由代表企业的决策者或高层管理人员来进行。因此，企业的道德实践活动不可避免地要受到企业人员素质，尤其是决策者道德素质的影响与制约。

三、企业伦理理论研究的内容

（一）企业伦理的含义和特征

1. 企业伦理的含义

企业伦理的英文名称是“Business Ethics”，也可翻译成商业伦理、经营伦理或管理伦理等。它是企业在经营管理活动中，处理内外关系所应遵循的道德规范的总和。企业伦理表现为内部和外部两个方面。其中，内部表现为企业管理道德，主要用于调整管理者与员工、员工与员工之间的关系；外部则表现为企业经营伦理，主要用于调整企业与各种利益相关者的关系。

2. 企业伦理的特征

（1）企业伦理是关于企业及其成员的行为规范的总和。一方面，企业作为一个整体，具有自己的目标、利益和行为方式；另一方面，企业又是由单个成员组成，所以企业伦理不仅包括企业作为整体应具有的伦理道德规范，还应包括构成企业的单个成员的伦理道德规范。

（2）企业伦理的调整对象是企业内外的各种利益关系。企业伦理调整的核心内容是利益关系。在企业经营活动中，存在着企业内部利益关系和外部利益关系。其中，企业内部利益关系主要包括企业与员工、企业与股东、企业内部各部门、企业各管理层次之间的关系以及员工与员工、决策管理者与员工之间的关系；企业外部利益关系涉及企业与客户、企业与供应商、企业与政府、企业与社区、企业与竞争者、企业与环境、企业与合作者之间的关系等。一方面，企业内外的各种利益关系既是经济关系，也是伦理关系；另一方面，企业与各种内外利益关系的处理与协调，仅仅依靠法律、经济等规范与手段是远远不够的，还必须通过伦理道德规范来调节。

（3）企业伦理是关于企业经营管理活动的善与恶、应该与不应该的规范。企业道德告诉人们哪些经营管理活动是善的、应该的，哪些经营管理活动是恶的、不应该的。一般情况下，人们总是把那些有利于自己、他人及社会群体的行为当成是善的，而把那些有害于自己、他人及社会群体的行为当成是恶的。因此，企业伦理调节的领域仅限于企业经营管理活动。

（4）企业伦理是通过社会舆论、传统习俗、内心信念等途径发挥作用。企业伦理与法律都是调节企业及其成员行为的重要手段，但所不同的是法律调节具有强制性和外在性，而企业伦理则依靠社会舆论、传统习俗、内心信念等起作用，体现了自觉性和内在性。

（二）企业伦理理论研究的逻辑起点

伦理道德自古以来就是维系各种关系和组织单位的必要因素。但是长期以来受古典经济学的影响，人们只承认和看重企业的经济性质，普遍地认为企业的意义就在于获取利润，而否定企业与道德的相容性，轻视企业作为社会行为主体存在的其他意义。在这种认识的影响下，企业行为专注于对利润或经济利益的追求，而背离了企业发展和经济成长的人道主义初衷，随着经济的长足发展，人们才开始逐渐关注和研究企业伦理的相关问题。

企业伦理理论的研究是从认识企业的本质开始的。只有深刻认识企业的本质，理解企业与伦理道德的关联性，才能较好地理解和把握企业伦理的内容，才能理解企业承担道德责任的必要性与必然性，才能确定企业应该遵循什么伦理规范、承担什么样的社会责任以及如何承担社会责任。

1. 企业是经济人和道德人的统一

亚当·斯密是英国古典经济学家，还是著名的伦理学家，其代表作《国富论》和《道德情操论》把经济和道德有机地统一起来，提出了著名的“经济人”观点。他在《道德情操论》中构建了一个以人的“利他心”为出发点的道德哲学体系；而在《国富论》中则构建了一个以人的“利己心”为出发点的经济学体系。

斯密从对“经济人”行为和动机的研究出发，认为社会是个人的相加，而个人则是社会的基本单元；个人在道义上比社会更加重要，从经济上来说，个人利益是社会利益的基础。在私有财产制度下，作为社会基本组成单元的个人，理所当然地应该为自己的经济利益去努力和竞争。如果每个人都得到经济利益的增进，整个社会也就取得了经济的发展和繁荣。他认为“利己心”与“利他心”在根本方面是相容的，当利己与利他发生矛盾和冲突时，人们一般会选择利己。在他看来，正是这一特征决定了“经济人”的行为和活动，形成了市场经济的正常秩序。但是，斯密也看到，人们自身的力量是有限的。在经济生活中，人们经常需要得到别人的帮助，仅靠自己的力量是不能解决全部需求的，所以每个人必须以自己的“利他心”去换别人的“利他心”，即以自己的“利他心”去间接满足自己的“利己心”。在市场经济中，离开了利他的利己是难以实现的，利己必须在形式上表现为利他，个人的经济行为才能被别人所接受；而只有别人接受了他的行为和建议，采取合作和相应的行动时，个人利己的目的才会最终实现。这种利己和利他的结合，共同构成了市场经济条件下的伦理道德体系。

斯密认为，一切伦理的最高合成品应是人类心灵中的“互利本性”。“道德人”的互利性决定了市场“经济人”的交易本性。经济发展的原动力是人的“利己心”。他提倡经济活动中人的利己和利他行为的统一，把人的经济行为看做是从“利己心”出发的利他活动。在斯密看来，“经济人”本身就是“道德人”，他们是内在统一的。“经济人”正是在道德的支持下，完成了追求自身利益和促进社会利益的双重目标。

2. 企业是经济性与社会性的统一

经济学假定作为经济行为的主体的人都具有所谓“经济人”的行为特征，即所有的经济行为主体都是“趋利避害”的，其行为是“理性”的。这是人的经济属性。但是，人本质上是一定社会关系的总和，社会性是人的本质属性。也就是说，“经济人”的利己行为不是孤立进行的，而是在社会中进行的，任何“经济人”的个人利益的实现都必须以他人和社会利益的实现为前提。当“经济人”的逐利行为导致“经济人”之间因利益而引发矛盾冲突时，人作为社会存在物的社会性就迫使他遵守某种规则。“经济人”参与市场活动时，不仅要考虑他人利益和社会利益，而且要遵循诚实守信、公平公正等市场经济道德原则，只有这样，实现个人利益最大化才能得到长期保障。这就是人的社会属性。

企业作为实施经济行为的经济组织，它是依法设立的以谋求利润为目的，追求利润最大化。企业是市场中的经营主体，它以自己生产的产品或提供的劳务，通过交换来满足社会需要，并从中获得利润。企业如果没有利润，就不能发展，就会在市场竞争中失败。而且，如果没有盈利，就没有企业财产所有者和经营者的利益，从而也就没有企业生产经营的积极性。因此，企业通过为社会提供产品或服务实现合理的利润，经营要合乎效率原则和利润原则，这就是企业的经济性。

企业为了“求利”从事商品生产和提供劳务的目的并不是为了满足自身需求，而是为了用于交换，通过满足与其交换者的某种需要来实现自己的获利追求。为了达成这个目的，企业必须提供一定数量的产品或劳务，而且这些产品或劳务必须能满足他人的某种需要。社会赋予了企业生存的权利，企业必须生产能够满足人类生活并不断提高所需要的物质产品和精神产品，必须有利于社会的全面进步和人的全面发展；否则，企业就失去了存在的社会价值，失去了存在的理由。企业通过不断改进生产技术、改善管理，提高劳动生产率，降低成本支出和劳动耗费，来获取应有的甚至超额的利润回报。此外，企业是社会的基本组成部分，企业活动是社会生产的基础层次和单位形式，企业的行为会产生社会影响，如企业对消费者安全和健康的影响、企业生产对环境的影响、企业对政府税收的影响等。一方面，企业的发展有利于社会的发展；另一方面，企业的发展也有赖于社会的稳定与繁荣。德鲁克（Drucker）认为，企业目的必须在企业本身之外，事实上，企业目的必须在社会之中，因为工商企业是社会的一种“器官”。20 世纪 60 年代，利益相关者理论的提出，揭示了企业是一个在利益关系中的社会存在。现代经济学家科斯提出企业契约思想，认为企业是一个与内外部各种人员和组织靠契约而连接的组织。20 世纪 90 年代，西方兴起企业公民理论，强调企业作为社会公民存在，对社会具有各种责任和义务。在现代社会，每个主体的经济活动实际上都是社会化生产，都要受到资源配置的困扰或限制。企业的投入不但是物质投入，社会的人力资源、文化资源、安全保障、良好的社会秩序等都是企业生存和发展的主要条件。企业的经济性离不开所有者、员工、顾客、供应商、社区、政府、公众的合作与支持，甚至离不开竞争者的存在。总之，从商品生产角度来看，企业是社会经济系统中的一个子系统，它与其他子系统发生着广泛的经济联系；从企业与社会的非经济关系来看，它又从属于一定的政治社会体系，要承担一定的社会责任。这就是企业的社会性。因此，企业是经济性与社会性的统一。

3. 企业是经济实体与伦理实体的统一

企业既是经济实体，又是伦理实体，是经济实体与伦理实体的统一。

首先，企业是一个利益集合体，企业关系既是经济关系，又是伦理关系。企业的基本关系是经济关系，经济关系又细分为利益关系、契约关系和义务关系。

（1）利益关系是企业经济关系的基础层面。企业关系中的利益关系既包括企业内部利益关系，又包括企业外部利益关系。企业内部利益关系主要包括资本所有者或股东、管理人员和职工的关系，这种利益关系产生于企业作为一个协作体的形成过程。根据马克思、科斯和阿尔钦的企业理论，企业产生的原始动力是为了通过协作节约生产成本或交易成本，通过“队生产”的方式提高生产效率，实现个体无法从事的生产经营活动，使参与协作的各方都能够获得独立生产所不能得到的利益。企业的外部利益关系包括企业与国家、企业与消费者、企业与企业的关系。其中，在企业与国家的利益关系中，企业是社会资源的消费者，企业需要不断地从国家获得社会资源的消费利益；在企业与消费者的利益关系中，企业是消费品的创造者和供应者，企业必须不断地生产出消费者满意的产品或服务，不断地在为他人服务的前提下实现自身的利益；在企业与企业的利益关系中，企业既是消费者，又是供应者，企业不仅要从相关企业获得资源利益，还要不断地从其他企业获得行业利益。

（2）契约关系是企业利益关系的法律形式。企业利益关系决定了相关的利益行为者必须实现各种各样的交易，才能实现利益的互置和转换。交易的双方为了保证自己的投入不会被对方毫无回报地使用掉，需要通过契约的方式明确各自的责任与权利，以确保彼此的共同利益能够实现。企业契约关系是企业利益关系的具体表现，它既包括内部各种契约关系，又包括外部各种契约关系。企业的契约关系是法权关系的一种。如同所有的法权关系一样，其建立的基础或前提必定有伦理的保证，这就是信任，是伦理信用。在契约签订前，各方都应基于以下信念：相信对方是值得信任的，相信对方是会遵守契约的，相信契约是会得到社会保护的。当契约签订后，由于人的普遍“利己心”和社会存在的不道德的违约现象，各个签约者面前就会出现以下几种伦理性选择：一是不管对方是否履约，自己是一定要履约的；二是边合作边观察，对方履约自己也会好好履约，否则自己也不履约；三是不管对方是否履约，反正自己不打算履约。契约执行的过程本质上是签约各方所持伦理原则的实践，反映各方的道德水准。从这个意义上说，契约关系也是伦理关系。此外，企业契约关系折射出人们在现实生活中的基本道德信念，如“人无信不立”、“人而无信，不知其罪也”、“信用就是金钱”等。

（3）义务关系是企业经济关系的最高层面。为了保证利益相关者的利益互置平等地实现，人们选择了契约来界定双方的责任与权利。但是，受到信息不对称，以及企业内外部市场中不确定性的影响，在签订契约的过程中往往暗含着许多缺陷；而在履约过程中同样存在许多变化，会给已订立的契约造成更多的不完善，使通过契约所确定的责任和权利的边界变得模糊，常常造成“契约失灵”。当通过契约确定的责任与权利保证双方利益得以实现的目标可能落空的时候，任何一方都有可能采取“搭便车”来缩小自己的责任而扩大自己的权利，即以最小的投入获得最大的收益，使对方的利益流失。因此，仅仅通过契约来界定权利与责任是远远不够的，还需要诉诸人的义务感和良心，使企业与内外公众、企业与社会、企业与生态环境之间建立一种主动的互动责任关系。这种责任关系又有两个层次：第一个层次是主动忠实于契约的规则责任；第二个层次是发自良心与义务的道德责任。规则责任基于信，道德责任基于善。这种责任关系在企业中存在的方式也有两种：一种是因为部分企业人的自觉而存在；一种是通过企业的文化教育逐渐培养而存在。当一个企业普遍建立起这种责任关系时，企业的个人和集体行为能够规范在符合契约各方和社会整体利益的范畴之中，最大限度地减少道德风险对契约各方的伤害，从而为企业的发展营造良好的内部环境和外部环境。

由此可见，由利益关系、契约关系和责任关系所构成的企业经济关系，实际上是受一定的道德意识、道德原则的规范和支配，以利益互置的运动方式而存在的相对稳定的社会关系的总和，是一种伦理关系。

其次，企业是一个责任实体，不仅要承担经济责任，还要承担其他社会责任。经济全球化也是利益全球化，世界各国从来没有像今天这样彼此依赖和约束，因此，各类企业对社会的影响大于任何组织，企业被赋予了前所未有的道德责任。全球化时代的企业既是经济生产单位，同时又是环境保护单位；企业既要承担经济生产责任，又要承担保护经济生产赖以继续的生态责任。经济全球化以信息的全球化为依托，企业组织发布的任何信息不仅具有经济意义，还代表着企业对社会、对公众的态度，代表着企业的形象，具有社会意义。因此，信息时代的企业既是经济产品的生产者，又是社会产品的生产者；企业既要对创造有形的经济效益负责，又要对创造无形的社会效益负责。由于现有的许多问题是因为企业追求眼前利益的短视行为而造成，因此，人们对企业决策和行为的价值取向更加关注，对企业的道德预期更加强烈，这就使企业的任何决策和行为不仅具有经济意义，同时也具有道德意义。人们希望企业不仅要创造经济价值，还要创造道德价值；不仅要承担经济责任，还要承担道德责任。由此可见，全球化条件下的企业，既是经济后果的生产者，又是道德后果的生产者。

最后，企业是一个目标实体，企业目标既包括经济目标，又包括伦理目标。我国30年企业改革的实践证明，忽视伦理或只追求经济利润最大化，不仅不能取得良好的经济效益，而且还会断送企业的前途，这是由于企业经济目标本身的缺陷造成的。其缺陷有两方面：一是企业经济目标所奉行的原则是利润最大化，往往重物不重人。即使重人，也是重人的物质需求和经济利益，而不重人的精神需求和道德利益。人是企业行为主体，企业行为主要客体也是人；人是复杂人，需要是多层次的。因此，企业行为的目标应该是一个多向交叉的组合系统，既要满足人的物质需要和经济利益，又要满足人的精神需要和道德利益。在人们物质生活质量和生活文明程度普遍提高的情况下，人们的精神需要越来越强烈，对此，仅有经济目标是无法满足的。二是经济目标将利己性的获利行为作为衡量行为价值的唯一尺度，而不考虑他人的利益状况。这样，经济活动中就必然出现欺诈、假冒伪劣、坑蒙拐骗等行为。

企业伦理目标是企业经济目标的调节器。企业的伦理目标是关于企业人的全面发展和社会普遍福利的价值取向，它强调企业的任何行为必须具有伦理价值，与经济目标相比，其根本不同在于利他与利己的关系。企业经济目标的主观动机是利己，利他是为利己服务的手段，是利己结果的客观伴生物；企业伦理目标的主观动机是利他与利己的统一，它反对任何一切不正当的损人利己行为。

通过对企业关系、企业责任、企业目标的分析，人们有理由认为企业不仅包括经济活动，而且也包括伦理活动，伦理道德与企业活动具有内在的相容性。企业的性质在于其既是“经济人”，又是“道德人”；既是经济实体，又是伦理实体；既具有经济性，又具有道德性。因此，企业各个层面的活动均不可能也不应该摆脱伦理道德的约束，而对企业的任何经济行为都可以也应该进行伦理的评判。

（三）企业伦理的核心内容

企业经营管理活动总是在特定的宏观环境下运行，受到特定时期的社会政治、经济等制度、政策的影响和制约；同时，任何企业经营管理活动都与其利益相关体的利益相关，因此，企业伦理理论研究不仅涉及宏观层面内容，还涉及中观和微观层面的内容。微观层面的企业伦理以企业的本性为基本前提，以更好地服务于企业经营管理活动为出发点，以解决与企业生产、财务、营销、人力资源等职能活动相关的伦理关系为重心，来构筑企业伦理的理论框架。本书侧重于研究微观层面的企业伦理。

此外，企业伦理理论不仅要研究企业伦理的形式、作用、功能、内容等静态内容，还要研究处理企业内部利益关系的道德行为规范以及道德评价、道德教育、道德建设等动态内容。

由罗国杰主编的《伦理学》一书这样认为，责任所包含的道德强制力和道德理性，是所有道德规范中最多的，也是社会的道德要求和个人的道德信念结合得最紧密的。从这个意义上说，责任在道德规范的整个体系中处于最高层次的道德规范。由此认为，道德责任是伦理学的核心问题。

企业伦理所要解决的实质问题是企业作为经济实体和伦理实体，在经营管理活动中如何处理与利益相关者之间的利益关系，而决定如何处理这些利益关系的关键问题则是企业与利益相关者各自的权利和责任。阿奇 B. 卡罗尔在他的“企业社会责任金字塔”思想中提出，企业社会责任包括经济责任、法律责任、道德责任和慈善责任。企业经济责任是来源于企业性质的一种规定，是最基本的责任，它是其他一切企业责任的基础，是社会要求企业做到的；企业法律责任建立在经济责任基础上，表现为企业在法律允许的范围内从事企业经营管理活动，它也是社会要求企业做到的；企业道德责任是企业作为经济主体和社会主体自觉地履行企业作为社会公民的责任，包含了超越法律规定的、社会成员所期望或禁止的活动，它涉及与尊重和保护利益相关者的道德权利相一致的社会准则，它是社会期望企业做到的；企业慈善责任是企业自愿或自行处理的责任，如企业捐款、支持教育社会福利、志愿活动等，它是社会希望企业做到的。从四种具体责任的地位来看，经济责任和法律责任是企业最基本的责任，是所有企业都必须承担的；而道德责任则是企业社会责任的实质，只有它才能将不同素质的企业区分开来，因此，道德责任是企业社会责任的核心。企业社会责任是企业伦理研究的核心内容，所以企业道德责任也是企业伦理研究的核心。

四、企业伦理与企业社会责任

企业社会责任与企业伦理有着密切的联系。在 20 世纪初，美国最先提出了企业社会责任问题。随着工业化进程的加快，企业规模越来越大，企业的权利也进一步扩张，企业侵犯社会权益的事件时有发生。这样，社会出现了一种思潮，即强烈要求并呼吁保护消费者权益，反对污染，反对垄断，并且希望通过立法建立消费者权益和环境保护组织，迫使企业尊重消费者和公众利益，承担必要的社会责任。面对来自社会的压力，一些有远见的企业开始重视这些社会问题，并通过个人行为的慈善捐助、企业行为的社会服务等来作出回应。因此，企业社会责任是 20 世纪 50 年代提出来的一个概念，它的提出先于企业伦理。企业社会责任观念的提出为企业伦理的兴起打下了基础，企业伦理源于企业社会责任问题的探究和思考。

企业社会责任和企业伦理有着一定的区别。首先，从内容上看，狭义的企业社会责任主要是指道德责任。企业社会责任观念的提出主要是针对道德责任而言的。因此，企业社会责任与企业伦理在内容上是一致的，即要求企业讲伦理，实质上就是要求企业履行社会责任；反之亦然。其次，从对象上看，企业社会责任的对象与企业伦理涉及的领域基本一致，但略有不同，企业伦理不仅涉及外部伦理，还涉及内部人与人之间的关系，而社会责任则没有涉及。再次，企业伦理强调权利与义务两个方面，而企业社会责任只注重责任；企业伦理是双向的，而企业社会责任是单向的。最后，企业伦理包含员工的职业道德规范，企业社会责任则不涉及个人责任；企业伦理重在明确正确处理好企业与利益相关者的关系，企业社会责任重在回答企业在社会中应尽什么样的责任。

第二节 企业伦理的产生与发展

一、企业伦理的产生背景

（一）西方企业伦理的缘起及其背景

在西方，企业伦理的产生起因于现实中的企业不道德经营和管理问题。

20世纪50年代末60年代初，欧美经济进入高速增长时期。在这一时期，伴随着欧美经济的繁荣和现代工业的发展，企业经营中的各种背离伦理道德的社会经济问题，如企业单纯为了追求利润而滥用有毒物质和放射物质，造成损害社会利益的环境污染等企业行为时有发生。这些社会问题和非道德行为引起了青年学生等社会公众的强烈不满，并由此产生了消费者运动、环境保护运动等各种社会运动。公众强烈要求政府对此进行调查，1962年，美国政府发布了《对企业伦理及相应行动的声明》。在此基础上，欧美大学的工商学院提出了企业社会责任问题。

20世纪70年代以后，美国经济进入衰退时期，企业经营中的丑闻，如大企业财团的非法政治捐款、华尔街非法股票交易、弄虚作假、窃取商业机密、行贿受贿、欺诈交易、价格垄断以及各种胁迫、不公平歧视等频频曝光，引起了社会公众的极大关注和愤慨。联合碳化公司对俄亥俄河谷的污染、洛克希德公司的境外行贿等事件成为导火索，点燃了社会公众的怒火，迫使政府不断完善制裁不道德企业行为的经济法规。针对这种现状，学术界就企业社会责任和企业伦理问题进行了讨论。

（二）我国企业伦理的缘起及其背景

我国企业伦理的缘起有着深刻的社会时代背景。我国经济管理体制改革的深入和企业制度的建立使企业伦理问题不可回避。我国经济管理体制的改革实现了经济的发展，人民生活水平得到很大提高，同时，还打破了国有企业“一统天下”的局面，初步出现了优胜劣汰的竞争机制，企业的自主性、竞争性、平等性等个性特点日益突出，企业逐渐面向市场，成为自主经营、自负盈亏、自我约束、自我发展的市场竞争主体和法人实体。然而，伴随而来的正是企业社会责任的增强和企业伦理的规范约束问题。企业守法经营、树立良好的形象，既是企业发展的内在要求，也是社会对企业的期盼。

通过经济改革，我国经济建设和社会发展取得了巨大成就，市场经济的新规则、新秩序正在逐步建立和完善；但同时，由于传统企业道德体系已经被打破，而新的道德价值体系又尚未完全建立起来，加之激烈的市场竞争，一些单纯以经济利益为导向的企业开始变得无所顾忌、唯利是图。一段时间以来，涉嫌企业的经济违法案件、行贿受贿、假冒伪劣、弄虚作假、不正当竞争、环境污染、做假账等各种不道德的企业行为屡屡发生。20世纪90年代发生的山西朔州特大假酒事件、九江防洪墙塌陷决口、乐清市私营企业主使用劣质冲床使多达数千打工者断手断指、重庆綦江县彩虹桥整体垮塌事件，以及发生在很多大城市超市的多起侵犯人身自由的搜身事件等，都令人触目惊心。而最近几年发生的毒火腿、毒大米、黑心棉、云南汉德“红豆杉”、安徽阜阳毒奶粉、三鹿奶粉三聚氰胺、苏丹红、南京冠生园陈馅月饼等事件，让国人更加关注企业的社会责任和企业伦理建设。企业的这种违法、违规和违背伦理的行为不仅影响着企业的形象和长期绩效，使企业陷入经营困境、危及其生存，而且极易引发社会动荡和政治不安定。

中国加入WTO后，在经济上逐渐融入国际社会，企业经营活动必然应该以整个国际社会为背景，重视和遵守国际上共同的规范和规则。这些规则既包括了各种硬件要求，也包含了企业伦理文化等软件的内容。因此，中国企业要想在国际市场上得到生存和发展，就必须注意企业伦理方面的研究和建设。正是由于国内大量不道德行为的出现以及中国企业面临的国际竞争环境的变化，才引起了我国对企业伦理问题的关注。

目前，我国企业对待企业伦理的态度概括起来主要有四种：

①认为企业是追求经济效益的盈利性组织，不用讲伦理道德，这种态度实际上否定了伦理道德在企业发展中的存在和作用；②认为企业应该在发展好了以后，再去关注伦理道德和社会责任问题；③认为伦理道德可用于为企业作形象宣传和建设企业文化服务，即认为伦理道德只是一种工具，需要时便拿出来使用；④认为伦理建设既不是美轮美奂的装点门面的招牌，也不是空洞的、有气无力的口号，而是必须从上至下真抓实干、身体力行的，否则企业就有昼夜间倾覆之虞。

由此可见，实践界对企业伦理问题仍然存在非常模糊的认识，对于企业是否应该讲伦理也在一定程度上持怀疑态度。因此，有关企业伦理和社会责任问题的研究，不仅能清晰地诠释企业伦理经营的问题，也非常有利于减少企业反伦理经营现象，为提升企业经营提供伦理指导。

二、企业伦理理论的形成与发展

20 世纪 60 ~ 70 年代是企业伦理理论的形成时期。

西方对企业伦理的研究源于企业经营管理活动引发的一系列道德问题和社会问题。从美国的情况来看，20 世纪 60 年代以来一系列企业经营中的丑闻，引起了社会公众的强烈反响，要求政府对此调查。1962 年，美国政府发布了《对企业伦理及相应行动的声明》，表达了公众对企业经营中的伦理问题的极大关注。1963 年，T. M. 加瑞特等人编写了《企业伦理案例》一书，搜集了形形色色的企业伦理案例，并对其进行了分析研究。1968 年，美国天主教大学原校长 C. 沃尔顿在其《公司的社会责任》一书中，倡导公司之间的竞争要以道德目的为本。1974 年 11 月，美国堪萨斯大学哲学系和商学院共同发起召开了第一届企业伦理学学术研讨会，对企业伦理道德、企业社会责任等问题进行了热烈的讨论，进一步明确了企业伦理学的社会意义、内容构成、经验传播等，标志着企业伦理学作为一门学科的正式确立。这次研讨会所发表的论文被汇编成《伦理学、自由经营和公共政策：企业中的道德问题论文集》发表。

从 20 世纪 70 年代初开始，学术界就企业的社会责任问题进行了广泛的探讨，并由此引发了“利润先于伦理”与“伦理先于利润”之争。以 M. 弗里德曼为代表的一派认为，企业的社会责任就是增加其利润，企业作为一种经济实体对社会只具有经济责任，其他责任都服从于经济责任或包含在经济责任之中。而以 P. 弗兰切为代表的一派认为，企业具有法人地位，同时也意味着它具有道德人格，而作为具有道德人格的企业，其社会责任是指经济责任以外的责任，如企业对环境的责任、对顾客和雇员的责任、对政府和公众的责任等。S. 塞蒂试图调和这两种观点，他认为企业的社会责任就是企业在一个动态的社会系统中所应扮演的长期角色，它不能被片面归纳为经济责任或非经济方面的责任。

20 世纪 70 年代企业伦理学也开始对日本企业伦理模式给予关注。关于日本经济的成功，企业功不可没，尤其是日本企业经营中融入了日本民族文化的企业伦理十分引人注目。第二次世界大战后，日本学者丸山敏雄创立的日本伦理研究所大力提倡伦理学研究，而企业伦理则是其中最重要的内容之一。日本的企业伦理模式就是建立在家庭传统伦理的基础上，提倡忠诚、仁义、感恩、仁爱等传统精神融入企业内部管理的社训、员工培训、做朝礼、企业庆典等活动，从而使企业伦理成为调节企业内外关系、处理企业利益关系冲突的有效手段。日本的这种企业伦理模式受到包括美国在内各国学者的兴趣，被视为日本企业的成功之道并加以借鉴。

在实践应用方面，20 世纪 70 年代中期在美国部分企业和管理者中兴起了“道德生成运动”。该运动倡导伦理因素和利润因素融为一体的企业活动模式，强调企业的社会责任，寻求旨在促进企业和企业中个人道德行为的具体办法，建立企业与企业、企业与雇员、企业与顾客之间相互依赖的关系。

自 20 世纪 80 年代开始，企业伦理理论进入全面发展阶段。

（1）企业伦理理论登上大学讲台，成为企业管理专业的必修课程，各种企业伦理理论研究机构、期刊等层出不穷。美国国际商学院联合会（AACSB）明文规定，工商管理学院必须以某种形式教授伦理学，此后，美国 90% 以上的大学工商管理院校都开设了专门的企业伦理课程，企业伦理不仅成为管理学新的构成内容，而且还向营销、战略管理、组织行为学、会计等课程渗透。在欧洲，许多大学如荷兰商学院、荷兰特温特大学、法国里昂高等商学院等，也相继开设了企业伦理课程。所不同的是，美国大学的企业伦理课程由哲学系开设，而欧洲大学则由商学院开设。美国一流的商学院纷纷成立企业伦理研究中心，主要有沃顿商学院企业伦理研究中心、卡内基·梅隆大学商学院“企业责任国际研究中心”、哥伦比亚大学商学院“经营与伦理研究中心”，欧洲英国伦敦大学皇家学院也成立了企业伦理研究中心。此外，还有美国伦理资源中心、欧洲企业伦理网络（EBEN）以及总部设在美国的“企业经营、经济与伦理国际学会”等许多研究机构。

（2）企业伦理理论研究进一步深化，如对企业道德，企业社会责任的构成、关系、作用、地位等进行深入讨论研究，涌现出一大批有影响力的专著。例如，普托尼·霍斯曼的《管理伦理》，R. 爱德华·弗里曼的《公司战略与企业伦理》，肯尼斯 R. 安德鲁斯的《实践中的伦理：管理道德企业》，阿奇 B. 卡罗的《企业与社会：伦理与利益相关者管理》，约翰·波特莱特的《道德和商业行为》，史蒂文·布里格雷的《处理困难：管理道德概述》，劳拉·纳什的《良好愿望以外：管理人员解决道德问题指南》，沙伦达拉·维拉卡南的《英国一百家大公司的社会责任》，以及詹姆斯·柯林斯的《企业不败》。

（3）推动企业伦理实践活动。尤其是在美国，企业伦理规范在美国大企业中得到广泛应用，同时波及英国、加拿大和澳大利亚等国。

（4）企业伦理理论开始从美国向加拿大、澳大利亚、东南亚、西欧等地传播扩散。

在企业伦理的实践方面，欧美企业界也不甘落后。自 1988 年全美企业圆桌会议将公司伦理称之为“企业的一项首要资产”开始，美国各大公司纷纷采取措施，将伦理价值融入自己公司的日常管理和公司文化。到 20 世纪 90 年代中期，《财富》杂志排名前 500 家企业中，95% 以上的企业有成文的伦理守则和规范，用来规范员工的行为；美国约有 3/5、欧洲约有一半的大企业设置了专门的企业伦理机构，负责有关企业伦理工作；美国制造业和服务业前 1000 家企业中，有 20% 聘有伦理主管，主要训练员工遵守正确的行为准则；有 30% ~ 40% 的美国企业进行了某种形式的伦理培训。例如，美国通用汽车公司明文规定，所属 10 万员工必须参加伦理研讨班。

韩国企业界为了强化自我约束，促进文明经营，由企业界的民间联合组织“全国经济联合会”，于 1996 年 2 月代表企业界向政府和国民公布了《企业伦理宪章》。其内容包括：正确认识企业的地位、作用，树立社会责任感；通过创造和革新，追求正当的利润；提倡公平、正当的竞争，尊重竞争对手，遵守公正交易和竞争秩序；实行大企业与中小企业的密切合作，实现共同、协调发展；树立与顾客的共存意识，保护和增进消费者权益；实行按个人努力和业绩进行公平分配，保障企业成员的利益；树立环境意识，推行与环境相协调的经营活动；尊重地区传统文化，为地方经济与社会发展作出贡献。

第三节　学习企业伦理与社会责任的意义

企业的生存和发展，不仅要受到来自复杂多变的社会环境的外部影响，同时还受到来自企业经营管理思想的指引。在不同经营管理思想的指导下，企业行为和产生的结果大为不同，它决定着企业的生死存亡。美国安然公司、河北三鹿奶粉和南京冠生园等企业的破产倒闭为人们很好地诠释了企业经营管理思想的重要性，揭示了企业经营管理思想的灵魂和核心是企业伦理。因此，学习企业伦理与社会责任、树立良好的企业伦理与责任观念、培养经营管理者良好的道德素养，都具有十分重大的理论意义和实践意义。

一、企业伦理与责任是企业生存与发展的基石

企业良好的经济效益有赖于正确的决策，正确的企业决策除了要进行经济、技术、法律等分析之外，还必须进行决策伦理分析。只有这样，企业经济效益才能有所保障，企业经营管理才会有明确的发展方向。

然而，企业决策质量的高低最终还要取决于人。如何才能吸引到优秀的人才，并留住人才呢？一般来说，人都有物质需要和精神需要，随着社会生活质量的不断提高，人的精神需要越来越重要。所以要吸引到人才，就必然要求企业不仅要满足员工的物质精神需要，而且还必须尊重、理解、信任、关心、培育人才，而这些也正是企业伦理原则所要求的。一个讲究企业伦理、勇于承担社会责任的企业，能够为员工提供平等、团结、友爱和互助的工作环境，创造一个和睦、融洽、向上的生活与工作氛围。也只有这样，才能吸引和留住人才，并充分发挥人才的积极性。

当然，企业效益的好坏也与员工的综合素质密切关联。员工素质包括知识、能力和责任心三个方面。其中，责任心最为重要。企业伦理与责任要求员工爱企业、爱产品、爱客户、爱创新，企业通过长期不懈的伦理道德与责任建设，就能造就出一支有知识、有能力和有责任心的工作团队。

如何才能提高员工的积极性？一方面，要满足员工的物质和精神需要，企业要有良好的人际关系氛围；另一方面，企业管理者的品德修养也是非常重要的影响因素。俗语说，上梁不正下梁歪，只有企业管理者的品德修养提高了，员工积极性的提高才有基础和保证。

任何企业的管理又都是刚性管理与柔性管理的统一。刚性管理是通过企业明确的目标、详细的计划、合理的分工、严谨而清晰的结构、恰当的人力资源配备、严格的管理制度等来协调，体现企业管理的强制性和纪律性，也只有这样，企业才能技术进步、规模扩大，硬实力才能得到提升，核心竞争力才能提高；企业柔性管理更多的是通过企业文化等软实力来进行，特别是通过企业价值观来协调，体现企业管理中员工对自己行为的自觉性。企业文化的核心是价值观，而企业价值观的核心又是企业伦理观，这种伦理观渗透在企业的各种利益关系之中，成为协调企业经营管理一切的根本准则。优秀企业的成功经验都创造了各具特点的企业伦理，如美国的杜邦公司、德国的西门子公司以及日本的松下电器公司，都说明其百年

基业的形成、发展与拥有一套成熟的行之有效的企业伦理分不开。

企业讲究伦理道德、承担社会责任，有助于企业树立良好的信誉，有利于提高长远经济效益。企业信誉的高低与企业获利能力的强弱存在正相关关系。企业的信誉度越高，企业的形象就越好，企业及其产品与服务的吸引力就越大，企业的盈利能力就越强；反之，企业的盈利能力就越弱。

二、学习企业伦理与责任是管理学科发展的需要

伦理与管理都是人类基本的社会活动，其基础都是为了处理和调整利益关系，管理中渗透着伦理道德的善恶评判以及伦理责任原则，伦理中也体现着管理思想，两者相互补充、互相支持、互相推动，共同构成约束人类行为的规范性力量。所以管理的伦理化与伦理的管理化是管理学科发展的必然趋势，也就是说，伦理成为管理的根本目的，而伦理的实现也离不开管理。因此，通过学习企业伦理与责任，对推动管理学科的发展具有十分重要的意义。

自泰勒的科学管理理论和法约尔的一般管理理论诞生以来，管理学科的发展取得了巨大的发展。特别是当前，管理理论与伦理道德理论的相互结合、相互渗透，使人们对企业经营管理活动的认识不断加深，为解决企业实际问题提供了新的思维和方法。

随着人们对企业经营管理活动认识的不断加深，人们普遍认识到：

（1）把盈利作为企业唯一的目标是不可行的，企业还必须履行社会责任，追求经济效益与社会效益的适当平衡；

（2）单纯追求硬实力，依靠硬性管理是不行的，企业发展还必须依托软实力，注重软性管理，尤其是企业文化建设；

（3）企业不仅是股东的企业，还是其他利益相关者的企业，因此，企业应该注重对利益相关者的管理；

（4）人是企业所有利益关系的重心，而所有这些与人有关的利益关系的调整都与企业伦理有关。

R. 爱德华·弗里曼和小丹尼尔 R. 吉尔伯特在《公司战略与企业伦理》一书中指出：“所有公司战略几乎都要涉及道德问题。我们必须把伦理置于公司战略讨论的中心位置，这是正在发生的管理革命的本质所在。”可见，学习企业伦理、理解企业社会责任，对于掌握管理科学的实质是非常具有价值的。

三、学习企业伦理与责任有助于管理实践的健康发展

企业伦理对管理实践的推动主要表现为以下两个方面：

1. 提高经营管理者在企业经营管理活动中识别善恶、抵制腐败的能力

近年来，由于法制、道德方面的不健全，在我国企业中存在着严重的道德失范、经济秩序混乱等现象，如会计信息严重失真、假账盛行；权钱交易、监守自盗、制假贩假、偷税漏税、见利忘义、唯利是图、挥霍浪费等现象更是司空见惯。要解决这些问题，除了依靠政府健全制度、加强监管、完善管理之外，还必须借助伦理道德力量，依靠企业经营管理人员提高自身的综合素质才有可能实现。企业伦理与责任的重要任务就在于以提高经营管理者识别善恶的能力，促使人们正确认识经营管理活动中的善与恶，以增强抵制腐败的自觉性为目

的。因此，加强企业伦理与责任的学习与教育，有利于在企业和社会中形成良好的符合道德的管理秩序。

2. 培养合格的经营管理者

企业经营管理活动归根到底是人的活动，企业社会责任最终是需要通过人来履行的。因此，企业成员，特别是经营管理者在企业经营管理活动中拥有一定的权力，具有监督并指挥他人工作的职责，经营管理者的这种地位和使命决定了其必须具备优秀的素质和能力，其中道德素质又是最重要的。事实证明，许多经营管理者的管理工作之所以取得成功，在很大程度上应归功于其良好的道德素养和巨大的人格魅力。美国《华尔街日报》曾对282家美国大型企业中的782名高层管理者作过一次调查，结果表明，管理者取得成功的最重要的因素是正直、勤奋和与人相处的能力。美国普林斯顿大学 W. J. 鲍莫尔教授认为，企业管理者应当具备合作精神、勇于负责、敢于创新、尊重他人、品德优良等道德素质条件。管理者要成为合格的有效的管理者，具备良好的道德素养，一个重要的条件是接受伦理道德的训练。企业伦理与社会责任是从实践中总结出来，能为培养具有较高道德修养的优秀管理者服务。

本章小结

1. 道德是调整人与人、个人与群体、个人与社会之间行为规范的总和。道德的本质属性体现为两个方面：一方面，道德是由一定经济关系所决定的社会意识形态，它植根于社会经济基础之中，是人们的物质利益关系的反映；另一方面，道德以强烈的目的性和实践性，指导人们的社会活动和行为，并以形成良好的人际交往、协作关系、改善社会生活环境乃至促进整个人类文明程度的提高为目的。道德对人和社会具有认识、规范、调节、教育、评价等功能。

2. 企业伦理理论是研究企业道德的科学和艺术。企业道德是道德的特殊形态，是一般社会道德在企业关系和企业行为中的特殊表现，是企业在生产经营活动过程中协调、处理企业内外关系的行为规范的总和。它是决定企业行为可接受与否的原则和标准。企业道德体系由企业道德意识、道德规范和道德实践三个部分组成。

3. 企业伦理是企业在经营管理活动中处理内外关系所应遵循的道德规范的总和。它是关于企业及其成员行为规范的总和，是关于企业经营管理活动的善与恶、应该与不应该的规范。其调整对象是企业内外各种利益关系，通过社会舆论、传统习俗、内心信念等途径发挥作用。

4. 企业伦理理论研究的逻辑起点是企业本质。企业本质上是“经济人”与“道德人”的统一，是经济性与社会性的统一，是经济实体与伦理实体的统一。

5. 企业伦理所要解决的实质问题是企业作为经济实体和伦理实体在经营管理活动中如何处理与利益相关者之间的利益关系，而决定这些利益关系处理的关键问题是企业与利益相关者各自的权利和责任。企业道德责任是企业伦理研究的核心。

6. 西方企业伦理的产生起源于现实中的企业不道德经营和管理问题；改革开放之后，国内企业大量不道德行为的出现以及中国企业面临的国际竞争环境的变化，引起了我国对企业伦理问题的关注。

7. 学习企业伦理与社会责任的意义在于：企业伦理与社会责任是企业生存和发展的基

石，是管理科学发展的需要，有助于管理实践的健康发展。

复习与思考题

1. 什么是伦理？什么是道德？
2. 什么是企业道德？企业道德体系是如何构成的？
3. 什么是企业伦理？其特征有哪些？
4. 企业伦理研究的核心内容是什么？为什么？
5. 如何认识企业的本质？
6. 学习企业伦理与社会责任的意义是什么？

案例分析

三鹿奶粉“三聚氰胺”事件

一、石家庄三鹿集团简介

石家庄三鹿集团股份有限公司（简称“三鹿集团”）是集奶牛饲养、乳品加工、科研开发为一体的大型企业集团，是中国食品工业百强、农业产业化国家重点龙头企业，也是河北省、石家庄市重点支持的企业集团，连续6年入选中国企业500强。企业曾先后荣获全国“五一”劳动奖状、全国先进基层党组织、全国轻工业十佳企业、全国质量管理先进企业、科技创新型星火龙头企业、中国食品工业优秀企业、中国优秀诚信企业等省级以上荣誉称号200余项。

三鹿集团的前身是1956年2月16日成立的“幸福乳业生产合作社”，经过几代人半个世纪的奋斗，在同行业创造了多项奇迹和“五个率先”：1983年，率先研制、生产母乳化奶粉（婴儿配方奶粉）；1986年，率先创造并推广“奶牛下乡、牛奶进城”的城乡联合模式；1993年，率先实施品牌运营及集团化战略运作；1995年，率先在中央电视台一频道黄金时段播放广告；1996年，率先在同行业导入CI系统。

三鹿奶粉产销量连续15年实现全国第一，酸牛奶名列全国第二名，液体奶也进入全国前三名。其中，三鹿奶粉、液态奶被确定为国家免检产品，并双双再次荣获“中国名牌产品”荣誉称号。2005年8月，“三鹿”品牌被世界品牌实验室评为中国500个最具价值品牌之一，2007年被商务部评为最具市场竞争力品牌。“三鹿”商标被认定为“中国驰名商标”；产品畅销全国31个省、市、自治区。2006年位居国际知名杂志《福布斯》评选的“中国顶尖企业百强”乳品行业第一位。经中国品牌资产评价中心评定，三鹿品牌价值达149.07亿元。

2007年，三鹿集团实现销售收入100.16亿元。同年9月2日，中央电视台《每周质量报告》播出了特别节目“中国制造”首集《1100道检测关的背后》，报道了三鹿奶粉出厂前要经过1100道检测检验。

在2008年1月8日举行的国家科学技术奖励大会上，三鹿集团股份有限公司“新一代婴幼儿配方奶粉研究及其配套技术的创新与集成项目”一举夺得2007年度国家科学技术进步奖二等奖，打破了中国乳业界20年来空缺国家科技大奖的局面。

2008年9月份毒奶粉事件曝光后，国务院责成河北省对三鹿作出停产的命令。国家全面调查三鹿奶粉污染事件。

二、事件回顾

2008年3月，南京儿童医院把10例婴幼儿泌尿结石样本送至该市鼓楼医院泌尿外科专家处进行检验，三鹿问题奶粉事件就此浮出水面。

7月16日，甘肃省卫生厅接到甘肃兰州大学第二附属医院的电话报告，称该院收治的婴儿患肾结石病例明显增多，经了解均曾食用过三鹿牌配方奶粉。

7月24日，河北省出入境检验检疫局检验检疫技术中心对三鹿集团所产的16批次婴幼儿系列奶粉进行检测，结果有15个批次检出三聚氰胺。

8月13日，三鹿集团决定，库存产品三聚氰胺含量在每千克10mg以下的可以销售，10mg以上的暂时封存；调集三聚氰胺含量为每千克20mg左右的产品换回三聚氰胺含量更高的产品，并逐步将含三聚氰胺的产品通过调换撤出市场。

9月1日，卫生部公布由国务院批准的新“三定”方案，再次强调了食品安全监管和食品卫生许可监管的职责分工。

9月9日，媒体首次报道“甘肃14名婴儿因食用三鹿奶粉同患肾结石”。当日下午，国家质检总局派出调查组赶赴三鹿集团。

9月11日，除甘肃省外，陕西、宁夏、湖南、湖北、山东、安徽、江西、江苏等地也有类似案例发生。当日，三鹿集团股份有限公司工厂被贴上封条。

9月12日，联合调查组确认“受三聚氰胺污染的婴幼儿配方奶粉能够导致婴幼儿泌尿系统结石”。同日，石家庄市政府宣布，三鹿集团生产的婴幼儿“问题奶粉”，是不法分子在原奶收购过程中添加了三聚氰胺所致。

9月13日，党中央、国务院启动国家重大食品安全事故I级响应，并成立应急处置领导小组。卫生部发出通知，要求各医疗机构对患儿实行免费医疗。

9月16日，国家质检总局发布全国婴幼儿配方奶粉三聚氰胺专项调查的阶段性检查结果：全国共有175家婴幼儿奶粉生产企业，其中66家企业已停止生产婴幼儿奶粉。此次专项检查对其余的109家企业进行了排查，共检验了这些企业的491批次产品。专项检查显示，有22家企业69批次产品检出了不同含量的三聚氰胺，其他87家企业未检出。22家企业中包括石家庄三鹿集团股份有限公司三鹿婴幼儿配方乳粉、青岛圣元乳业有限公司圣元婴幼儿配方乳粉、江西光明英雄乳业股份有限公司英雄婴幼儿配方乳粉、内蒙古蒙牛乳业（集团）股份有限公司蒙牛婴幼儿配方乳粉、广东雅士利集团股份有限公司雅士利婴幼儿配方乳粉、内蒙古伊利实业集团股份有限公司伊利儿童配方乳粉。

9月17日，国家质检总局发布公告，决定从即日起，停止所有食品类生产企业获得的国家免检产品资格。同日，田文华被刑事拘留；石家庄市市长冀纯堂被免职。

9月18日，国家质检总局发布公告，决定废止《产品免于质量监督检查管理办法》，同时撤销蒙牛等企业“中国名牌产品”称号，并发出通知，要求不再直接办理与企业和产品有关的名牌评选活动。

10月8日，卫生部等五部门公布了乳及乳制品当中三聚氰胺临时限量标准。其中1kg婴幼儿配方乳粉中允许存在1mg三聚氰胺。

10月9日，国务院公布了《乳品质量安全监督管理条例》。

据卫生部统计，截止2009年1月22日，此次重大食品安全事故共导致29万余婴幼儿出现泌尿系统异常，其中6人死亡。

截止2008年10月31日财务审计和资产评估，三鹿集团资产总额为15.61亿元，负债总额为17.62亿元，净资产为-2.01亿元。12月19日，三鹿集团又借款9.02亿元，用于支付患病婴幼儿的治疗和赔偿费用。至此，三鹿集团净资产为-11.03亿元，已经严重资不抵债。

石家庄市人民政府于2008年12月25日上午举行新闻发布会称，石家庄市中级人民法院已经受理了对三鹿集团进行破产清算的申请。2009年2月12日，石家庄市中级人民法院发出民事裁定书，正式宣布三鹿集团股份有限公司破产。

2009年1月22日，原三鹿集团董事长田文华以生产、销售伪劣产品罪，被石家庄市中院一审判处无期徒刑。原三鹿高管王玉良、杭志奇、吴聚生分别被判处有期徒刑15年、8年和5年。

三、将三聚氰胺称为“A物质”

据公诉机关指控：2007年12月以来，被告单位三鹿集团陆续收到消费者投诉，反映有部分婴幼儿食用该集团生产的婴幼儿系列奶粉后尿液中出现红色沉淀物等症状。

被告王玉良供认，2008年3月，接到问题奶粉的投诉后，他向奶事业部汇报，让其查一下原因，他自己也查了一下，并向田文华汇报过，田文华当时说让技术部监测、检测，看是不是孩子上火了等其他原因造成的。当时的确没有引起重视，一直到4月底，消费者投诉奶粉质量问题增多，可以认定是奶粉质量出了问题，田文华决定当即成立质量小组，王玉良负责技术小组、攻关小组的领导、协调。

田文华在庭审中供认，她是在2008年5月中旬才获知三鹿奶粉出现问题的，这也是下面的人报告给她的。

田文华说，当她得知这一消息后，马上组织成立了由副总经理王玉良负责的技术攻关小组。通过技术小组的排查，确认该集团所生产的婴幼儿系列奶粉中的“非乳蛋白态氮”含量是国内外同类产品的1.5~6倍。

但由于当时对三聚氰胺这一物质不太熟悉，所以不敢肯定里面含有什么东西。王玉良说，由于去年我国曾发生过出口宠物食品致动物死亡的事件，有证据显示宠物食品中含有三聚氰胺，他当时也怀疑是三聚氰胺。

田文华说，三鹿集团将系列样品送往多家检测机构检测，但都没检测出问题，都声称产品正常。

7月24日，三鹿集团将16批次婴幼儿系列奶粉送往河北省出入境检验检疫局检验检疫技术中心检测，当时考虑到产品的声誉问题，三鹿集团并没有向该中心说明是自己的成品，而仅表示是原料或其他东西。在送审过程中，三鹿集团还想方设法予以保密。当时，全国有许多婴幼儿因食用三鹿婴幼儿奶粉出现泌尿系统结石等严重疾患，部分婴幼儿住院手术治疗，甘肃等地还出现多例婴幼儿死亡事件。

公诉方当庭出具的证据显示，河北省出入境检验检疫局检验检疫技术中心有关人员对三鹿集团送检的产品颇为吃惊，表示这种产品即使牲畜食用都会导致严重后果。

田文华说，8月1日下午5时许，她得到检测报告：送检的16个批次奶粉样品中，15批次检出了三聚氰胺。于是，她紧急召开了集团经营班子扩大会进行商议，会议由当日下午6时一直开到第二天凌晨4时。然而，正是由于这次会议错判了形势，并通过了一系列错误决议，让三鹿集团走上了绝路。

田文华说，新西兰恒天然公司在三鹿集团的董事要求召回产品，但参加会议的许多高管认为，召回产品会造成声誉受损，于是决定以悄悄换回的方式取代召回。“当我们说了这一建议后，新西兰方代表没有反对，所以这个提议就通过了。”

杭志奇则在法庭上供述，在这次会议上，大家研讨形势认为，当时正处于奥运前夕，且消息泄露后将极大影响三鹿的声誉，所以决定对奶制品中含三聚氰胺一事在扩大会议的范围内严格予以保密，对外将三聚氰胺称为“A 物质”。

王玉良供认：“我们在化验单上发现有”A 物质，“A 物质”实际上就是三聚氰胺，为什么这样写？我公司在检验时，发现奶粉中有三聚氰胺后，2008 年 8 月 1 日，当晚召开了会议，会上，企业考虑到品牌的影响，田文华总经理要求已经知道的部门和人员不要再传播了，所以在以后的化验单上就出现了“A 物质”或者不写名称只写含量的现象，这也很正常。”

四、问题奶被调转入液态奶，知毒卖毒

作为公司中层管理人员的被告人吴聚生也声称，杭志奇在其后打电话把他叫进办公室，要他将因“非乳蛋白态氮”检测不合格而被加工三厂拒收的原奶转送他处时，杭志奇也仅仅告知他原奶中含的是“A 物质”，并表示这个物质属于“非乳蛋白态氮”，对人体有害，但掺杂在液态奶中问题不大。

随后几天，三鹿集团的质检中心研制出了检测三聚氰胺的方法，但为了保密，三鹿集团还委托杭志奇的妻子代买相关设备，并在杭志奇妻子的公司由设备提供方培训三鹿集团员工。然而，由于当时临近中秋节和国庆节，市场上对奶制品的需求量异常大，田文华说，即使开足马力生产，三鹿集团也无法用不含三聚氰胺的奶换回已销售出去的含三聚氰胺的奶。

在此情况下，8 月 13 日，三鹿集团班子开会时，田文华拿出一份从新西兰恒天然公司获得的资料（原件是英文，但关键点已经被翻译成中文），是欧盟关于食品中含三聚氰胺的标准。标准是按一个人体重来衡量，每公斤每天耐受三聚氰胺的量是 0.5mg，如果将其换算成奶粉，那么，每公斤中含 20mg 三聚氰胺不会有影响。

王玉良说，他在会议上表达了不同意见，认为欧盟的标准是 20mg 的话，为慎重起见，还应该在这个标准上打个 5 折。于是班子决定，对已经被封存的奶粉，三聚氰胺含量在 10mg 以下的予以放行。但到了后来，由于市场的需求量越来越大，这一标准又被放大到了 15mg。会议还决定调集三聚氰胺含量 20mg/kg 左右的产品换回三聚氰胺含量更高的产品，并逐步将含三聚氰胺的产品通过调换撤出市场。

经检测和审计，2008 年 8 月 2 日~9 月 12 日，三鹿集团共生产含有三聚氰胺的婴幼儿奶粉 72 个批次，总量 904.2432t；销售含有三聚氰胺的婴幼儿奶粉 69 个批次，总量 813.737t，销售金额 4756 万多元。

五、“如果不收，我们就将从此丧失这部分奶源”

田文华说，自从蒙牛、伊利等巨头涌进河北省市场以后，奶源市场就越来越紧张了，尤其是从 2003 年下半年以后，她感觉公司奶源形势日益严峻。据了解，河北省是产值仅次于内蒙古的奶业大省，然而，由于奶源竞争激烈，恶性抢奶事件频发，导致奶价一直高企不下。

而三鹿高管这次以生产、销售伪劣产品罪被提起公诉，公诉方所提供的一个重要证据就是：在三鹿查出原奶有问题后，仍将原奶收购加工并销售到市场上。

事情的原委是这样的：三鹿加工三厂主要生产婴幼儿奶粉，毒奶粉事件出来后，加工三厂加大了对原奶的检测力度，并在随后的检测中检测出多批原奶含三聚氰胺，然而，虽然查出问题后，三鹿加工三厂拒收了这些奶站提供的原奶，但是，随后杭志奇却授意吴聚生将这些奶转至其他奶厂。就这样，先是有因“非乳蛋白态氮”检测不合格而被加工三厂拒收的29t多原奶被转往行唐配送中心和新乐闵镇配送中心，这两个配送中心又先后向保定三鹿、加工二厂和三鹿乐时奶制品公司配送原奶180.89吨。

这些原奶与其他原奶混合后，进入了加工程序，分别生产出原味酸奶、益生菌酸奶、草莓酸酸乳等含有三聚氰胺的液态奶269t多，且全部铺向市场并且销售完毕。

当被公诉方问及为什么明知这些原奶有问题，三鹿公司仍然要收奶时，杭志奇表示，“没有办法，竞争实在太厉害了，如果我们不收，我们就将从此丧失这部分奶源。”吴聚生也说，如果三鹿拒收，这些原奶仍然会流到别的地方去使用。王玉良也说，虽然在8月4日他们就研制出了三聚氰胺的检测方法，但是该设备在各个分公司的配备并不均衡，主要生产婴幼儿奶粉的加工三厂最早配备，其余地方对奶源的控制并没有那样严格，同样是基于市场压力大、奶制品销路好，原奶的供应却时时感到紧迫。

吴聚生称，发现问题奶后，三鹿公司采取了“人盯奶厅”的办法，就是每个奶站派驻工作人员进驻，监督产奶、收奶的全过程，以保证质量，公司甚至还直接租赁了几个奶站，以控制奶源。当然，为了掩人耳目，他们打的是奥运的招牌，声称是为了奥运考虑要加强食品的监督。然而到了此时，事情已经无法弥补。

田文华称，8月1日，在她获知三鹿送检的16个批次奶粉样品中有15批次检出三聚氰胺后，于8月2日以书面报告的形式向当地政府部门作了汇报。8月29日，她再次以书面报告形式上报市政府。然而，市政府对此事却迟迟未能作出反应。

（资料来源：叶铁桥，《“三鹿事件”真相大曝光》，《中国青年报》，2009年1月1日；《石家庄三鹿集团简介》，中国轻工业网等）

讨论题：

1. 三鹿奶粉“三聚氰胺”事件产生的根源是什么？造成了什么样的危害？
2. 根据这一事件，你认为企业的本质究竟是什么？
3. 根据这一事件，请你说明我国企业加强企业伦理和社会责任教育的必要性和紧迫性。
4. 根据这一事件，请说明企业应该如何加强企业伦理建设。

第二章　企业伦理的一般原理

学习目标

通过本章学习，应该理解和掌握：

1. 契约论、目的论和义务论等主要道德评价理论
2. 企业伦理的主要原则
3. 企业伦理决策的评价模型

引导案例

进口与国产真空管

时间已经到了11月底，销售部全年销售额距离年初制订的计划还有290万未完成。如果290万的销售任务到年底不能完成，那么销售部的综合考核奖金就全没有了。时间一天天过去，在销售部全体员工为完成全年任务到处奔波的时候，销售员小王接到他大学同学张某的电话（张某在某公司负责采购），需要KYN-B型开关柜和高压母线槽用于高层商务楼，全套设备报价367万元。在签订合同的前一天，销售部接到对方电话，要求开关柜中的真空管必须是ABB生产的，而非国产的真空管。该公司一般使用国产管，库存比较充足，原来图纸上标明的也是国产管，但由于用户突然提出要用ABB生产的管子，销售部立即和采购部联系了解ABB的供货情况。ABB的经销商目前只有30个管子的库存，其余的要等来年的年初才能到货。小王提出30套设备用ABB的管子，其余的用国产的管子。国产管子的质量和ABB管子相比略有差距，价格也相差15%左右，但对用户的安全使用不构成任何影响，也不会留有什么隐患，而且柜子装好后也看不出用的什么牌子的管子。销售部经理征询公司副总经理的意见，他犹豫了一下，说："这件事，你自己决定。"

（资料来源：周祖成，《企业伦理学》第一版，清华大学出版社，2005，P105）

讨论题：

1. 从契约论、目的论和义务论三个方面，分析销售部经理应该如何决策。
2. 销售部经理征询副总经理时，他为什么会犹豫？
3. 企业决策应该遵循什么伦理原则？

第一节　企业伦理道德评价理论

当人们谈论伦理道德问题时，主要是对行为的是与非、好与坏进行评判，以明确什么行

为是善的，什么行为是恶的；什么行为应该鼓励，什么行为应该抛弃。但是，由于每个人依据的道德价值不同，对行为道德的判别标准也就存在很大差异。在这一点上，中西方的道德评价理论既有相同的认识，也存在着一定的差异。

一、契约论

企业作为一个经济组织，是社会的基本组成部分。有些学者认为，企业自成立起，就已经建立了与社会之间的一种隐性契约，即遵守社会的一般的道德要求。同时，企业的行为还要满足社会发展的基本要求。

1994 年，美国乔治城大学商学院肯尼迪伦理研究所教授托马斯·唐纳森和宾夕法尼亚大学沃顿商学院企业伦理研究中心教授托马斯·邓菲，在《有约束力的关系：对企业伦理学的一种社会契约研究》一书中提出了目前备受推崇的“综合社会契约论”。综合社会契约论认为，企业是通过与所在社会建立的社会契约而得以合法存在的。企业必须通过发挥特有优势和使劣势最小化的方式增加消费者和员工的利益，进而增进社会福利，以换取企业的合法存在和繁荣兴旺。这就是企业生存和发展的“道德基础”。因此，当企业履行契约时，它们是道德的；否则，则是不道德的。

综合社会契约论由三个部分组成：最高规范、宏观社会契约和微观社会契约，如图 2-1 所示。

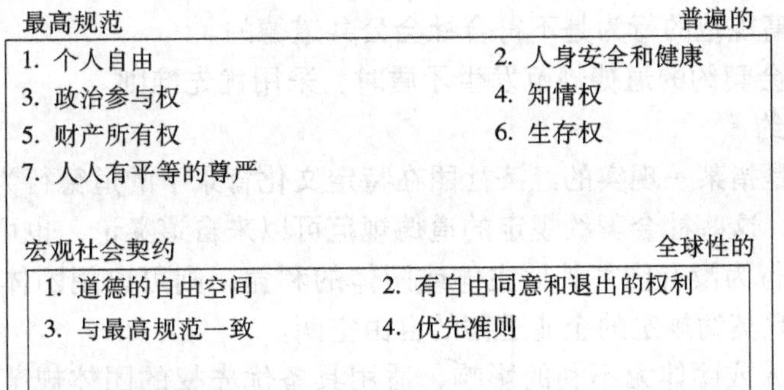

图 2-1　综合社会契约理论框架

（资料来源：《有约束力的关系：对企业伦理学的一种社会契约研究》）

1. 最高规范

最高规范是指超越一切文化差异的、人类共同的道德规范，也称“超规范”。它是评价其他规范的基础，包括全人类应当普遍享有的核心人权，如个人自由、人身安全和健康、政治参与权、知情权、财产权、生存权、人人有平等的尊严等。

2. 宏观社会契约

宏观社会契约是适合全球社会的规范，这种规范对团体与组织的行为制定了具体的基本要求，它是关于确立和执行微观社会契约的一套规则，包括四项条款：

（1）本地经济社团拥有道德的自由空间，可以通过微观社会契约确立成员应遵循的强制性道德规范。经济社团是指相互发生经济关系的一些成员组成的利益群体，它可以是一个公司、一个行业、一个国家和一个国际组织；也可以是一个公司中的一个部门、一个部门中的非正式组织。也就是说，一个社团可以制定自己的道德规范空间，在这个道德空间中，团体成员必须遵守该道德规范对自己的约束。显然，一个成员进入某个组织之前，首先必须了解这个组织的基本道德要求，只有这样，这个组织的伦理规则才能被遵守。

（2）微观社会契约必须在本地经济社团成员意见一致的基础上制定才是合法的，成员有自由退出的权利。在社会现实中，一些团体的行为规范不能满足成员的需要和要求，在这种情况下，团体成员按照宏观契约约定，具有从这个团体退出的权利。然而在很多情况下，团体成员常常被团体剥夺这种退出组织的权利或者给退出者设置了较高的退出成本，这种剥夺成员退出权利的行为是不符合宏观契约规范的行为。

（3）微观社会契约必须与最高规范一致。也就是说，不能为了团体的利益而偏离最高规范的基本要求。一个团体或企业制定规范与制度时，要综合考虑社会最高规范，为了企业自身利益而忽略最高规范的行为是不符合社会公共道德的。

（4）当微观社会契约的道德规范发生矛盾时，采用优先准则。

3. 微观社会契约

微观社会契约是指某一现实的经济社团在特定文化背景下的道德行为规范，如某公司制定的员工道德守则。这些社会契约规定的道德规范可以来自道义论，也可以来自功利主义。

（1）如果企业行为没有伤害其他主体或团体的利益，则可以用团体内的规则来规范员工的行为，这是宏观契约规定的企业道德的自由空间。

（2）只要对他人或团体无不利的影响，适用具备优先权的团体规范。如果一件事情涉及两个团体的利益，则具备优先权的团体规范适用于该事情的解决过程。例如，一个企业到某大学联系培训的有关事宜，则解决该培训过程的有关事宜，适合采用该大学的相关制度，而非企业的具体要求。

（3）作为规范来源的社会规模越来越开放，其规范的优先权也越大。例如，我国新建的合资企业应满足目前发达国家的安全和卫生标准，发达国家企业的规范比一般企业规范具有优先权。

（4）维护交易所处的经济环境所必需的规范，应优先于有可能破坏这种环境的规范。例如，中美合资厂的工资应符合我国的工资水平，而不应与美国的水平看齐，因为用美国的工资水平会扭曲我国企业或团体中现有的经济关系，产生难以估计的结果。

（5）当存在多种相互矛盾的规范时，各规范间的一致性提供了确定优先权的基础。例如，雇佣童工在一些国家可能被允许，但合资企业应拒绝这种做法，因为发达国家和大多数发展中国家都禁止使用童工。

（6）明确的规范往往应优先于模糊、笼统的规范。

综上所述，契约论规范了一个组织的行为准则，从人类的基本权利、团体的行为规则，到团体处理内部事务的原则等不同层次，都作了清晰的规定。但是，这些规定的基本依据是围绕着对人的尊重而考虑的问题，是在人们或企业开展工作之前就预先制定的规范。需要注意的问题是，随着环境的变化，这些规则的适应性可能存在不足。

阅读案例

世纪水战

2000年4月，养生堂公司总裁宣布了一项石破天惊的决策：农夫山泉不再生产纯净水，全部生产天然水。

其理由如下：

（1）公司此项选择和决定出于对人类健康影响的长远考虑。

（2）饮水不仅仅是为了解渴，还是提供人体必需矿物质和微量元素的重要途径之一。

（3）消费者享有知情权，应该明明白白喝水。

（4）世界普遍流行天然水。世界发达国家大多生产和饮用天然水。

（5）农夫山泉占据得天独厚的天然水源，开发利用天然水源利国利民。

为强势推出“天然水”概念，农夫山泉作了3个实验：

（1）植物实验。水仙花在纯净水和农夫山泉天然水中生长状况分别为：7天后，纯净水中的水仙花根须只长出2cm，天然水中的长出4cm；40天后，纯净水中的水仙花根须重量不到5g，天然水中的根须超过12g。

（2）动物试验。摘除大白鼠身上分管水盐生理平衡的肾上腺，在喂以同等食物的基础上，分别喂以纯净水和含钾、钠、钙、镁微量元素的农夫山泉天然水，6天后，那些喝纯净水的大白鼠只剩20%活着，而喝天然水的还有40%活着。

（3）细胞试验。取两个试管，一个装纯净水，一个装天然水，然后滴两滴血进去，放在高速离心机里离心，结果纯净水中的血红细胞胀破了。

这3个实验的结果在媒体公布之后，引起行业的强烈反应。

由69家纯净水生产企业推举的代表向国家工商局等5个部门分别提交对农夫山泉的申诉。

申诉代表团由浙江的娃哈哈、广东的乐百氏、上海的正广和、四川的蓝光、北京的国信和鑫丽等6家公司组成，娃哈哈负责协调。代表团分别向国家工商局、国家质量技术监督局、教育部、卫生部和中国科学技术协会递交有关材料，要求从不同方面对农夫山泉进行制裁。

2000年6月8日，由娃哈哈牵头，全国69家纯水企业在杭州共商对策。会上纯水企业发表一项声明，指责农夫山泉有不正当竞争行为，要求养生堂公司立即停止诋毁纯净水的广告宣传活动并公开赔礼道歉。

就饮用水标准问题，代表团给国家质量技术监督局的申诉请求是“我们请求贵局对其（农夫山泉）水源进行检测，如果不符合生活饮用水标准，应责令其停止生产。此外，要对其制定的企业标准和产品名称进行审查，同时责令其对全国媒体公布这一切，以挽回国家标准的权威形象。”

给国家工商局的申诉材料中说：“根据《中华人民共和国反不正当竞争法》和《中华人民共和国广告法》有关规定，经营者不得捏造、散布虚伪事实，损害竞争对手的商业信誉、商品声誉，广告不得含有虚假的内容，不得欺骗、误导消费者，也不得贬低其他生产经营者的商品或服务。因此，养生堂的上述行为明显属于以诋毁竞争对手和发布虚假广告的手段进行不正当竞争的行为。为保障饮用水行业正常的竞争秩序，维护纯净水生产企业的合法利益和广大消费者的权益，恳请贵局依照《中华人民共和国反不正当竞争法》和《中华人民共和国广告法》的有关规定责令其停止发布虚假广告和诋毁竞争对手的行为，向全国消费者以及纯净水生产企业公开道歉，并赔偿损失，同时对其上述违法行为进行严肃查处。”

给卫生部的材料中说：“我们请求卫生部对养生堂公司的水源进行检查，如果不符合生活饮用水标准，就应责令其停止生产，以维护消费者的合法权益。”

2000 年 7 月 9 日，新华社发出电讯稿报道“专家提醒”：“纯净水”不宜大量地长期饮用。终于，国家权威通讯社在新闻舆论上为这场“纯净水之争”作了结论。

（资料来源：《营销造势》，“案例分析：世纪水战”，2010 年 4 月 1 日）

问题：请运用综合社会契约论对本案例进行分析。

二、目的论

目的论也称结果性准则，它是人们普遍对伦理学进行研究的途径之一。它注重决策和行为的后果或最终结果，也就是说它以行为的结果去判定善恶。如果结果是好的，那么行为就是善的；反之，则是恶的。其核心问题是“行为给谁造成了结果”或“结果是对谁而言的”。按照对行为后果的不同解释，目的论主要有两种：利己主义和功利主义。

（一）利己主义

利己主义是注重自我利益的一种道德标准。其所说的“自我”，不仅仅指作为个体的单个人，也可以是一个团队或者一个集体，甚至可以是一个地区或者一个国家；而且利己主义中的“利己”并不一定伴随着“损人”，只不过主要是考虑己方的利益。利己主义所奉行的原则是：行为在道德上是否正确或正当，就看它是否能给行动者带来最大的利益或幸福。

根据行为对自我利益的实现，利己主义又可以区分为极端利己主义和合理（开明）利己主义两种。极端利己主义往往只是考虑自己短期的利益，注重行为的直接效果，不考虑行为的长远影响和间接效果，往往表现为为了求得利益而不择手段，交易双方本应存在的道德义务都不在考虑之列；而合理（开明）利己主义则不仅考虑行为本身的短期后果，同时也注重兼顾行为所产生的长远后果。从这个意义上说，合理（开明）利己主义比极端利己主义更加符合利己主义的宗旨，从而才是真正的利己主义。

利己主义存在着致命的局限性。它从人性是自私的基本点出发，自己的利益才是所有行为的目的，而他人或者是他人的利益只是实现自己目的的手段或过程。在它看来，无私的行为是不可能的。根据其观点，偷盗、谋杀、种族歧视、性别歧视、虚假广告、肆意污染环境等行为不一定不道德。

（二）功利主义

功利主义认为，能给行为影响所及的所有人带来最大幸福的行为才是善的。在评判一个行为是否符合道德规范时，功利主义一般采用以下评价原则：一个行为在道德上是否正确，主要考察其是否符合所有利益相关者的最大多数人的最大幸福。如果是，则该行为符合道德规范；如果不是，则是不道德的。这个原则也称为“最大幸福原则”。

美国企业伦理问题研究专家弗里切将功利主义分为行为功利主义和准则功利主义。所谓行为功利主义，是指一个称得上是道德的行为，应当是能够给予这种行为有关的人带来最大幸福的行为；所谓准则功利主义，是指一个能称之为正确的行为，应当是符合给一切相关者带来最大利益的准则的行为；而一个被认为是错误的行为，则是指那种不符合能够给最大多数人带来最大利益的准则的行为。例如，“不要对顾客撒谎”，在行为功利主义看来，如果说谎的后果对顾客来说，收益大于说谎带来的成本，那么它就是道德的；而在准则功利主义来看，从长远来看，谎言必定造成顾客满意度、顾客信任度和企业经营的受损，因此，对顾客撒谎是不道德的。可见，行为功利主义注重考察某一行为的总体后果，是从短期角度加以评判；而准则功利主义注重考察一系列行为后果，是从长期角度加以判断。

功利主义存在着很大的缺陷。首先，人们对各种行为的可能结果并不清楚；其次，比较人与人的幸福和不幸是困难的，如果是涉及众多人时就更加复杂和困难；再次，“行为合乎大多数人的最大幸福”中，“大多数人”的概念如何界定，“最大幸福”如何计算，这些都带来了操作上的困难性，同时也可能因为追求大多数人的利益，走向平均主义，甚至可能出现借为大多数人利益的理由，牺牲甚至侵犯少数人利益的情况；最后，功利主义只考察行为结果而不考察行为本身，这就可能出现为了使幸福最大化，而允许和容忍欺骗、说谎、以次充好等不道德行为。

阅读案例

三菱帕杰罗“陆慧事件”

2000 年 12 月 25 日，长沙一辆帕杰罗 V31 以 30km/h 的速度行驶时因刹车失灵，将一位名叫陆慧的女士撞倒。医生说，陆慧只有 40% 的存活可能，大半可能会成为植物人。得知事故起因是三菱的设计隐患之后，她的丈夫和事故司机一起向三菱公司提出索赔，要求三菱承担一切医疗费用并垫付 100 万元的律师费。对此，三菱公司表示暂垫付医疗费 12 万元。

此后，“陆慧事件”被媒体炒得沸沸扬扬，许多从前的三菱车事故的受害者此时才明白自己为什么出事。1999 年，一位叫李忠良的车主把自己的帕杰罗借给朋友在温州行驶，途中刹车失灵冲下山坡，车辆几乎报废，直到后来看媒体的报道才知道原来是三菱汽车刹车隐患惹的祸。四川省消协也接到投诉，一位苏女士的丈夫一行 7 人，1996 年乘三菱越野车因刹车失灵遇难身亡，同车 5 死 2 伤。

与此同时，全国各地众多三菱车的用户纷纷在当地消协对三菱车提出投诉以及索赔，成都一位用户向三菱提出千万元的索赔。深圳在初步检测三菱帕杰罗汽车时发现，有超过4成以上车辆存在刹车油管严重磨损并出现漏油等隐患问题，于是上百名车主就此联名起诉三菱公司。

“陆慧事件”发生后，帕杰罗美誉度直线下滑，三菱也被卷入质量和信用危机之中。然而，三菱公司对如何解决自己所犯错误一直躲躲闪闪、迟迟没能拿出一个让中国消费者满意的结果，使中国的三菱用户和广大消费者感到十分不满。

当中国消费者协会向三菱公司提出维权意见时，三菱公司竟说这种情况是由于中国的路况不好造成的。中国出入境检验检疫部门在发现问题后同三菱汽车公司的接洽过程中，三菱汽车公司提出了同样的说辞。这样的说法招致了很多人的回击：所谓越野车就是为路况不好的地段设计的，如果都是走高等级公路就没必要买越野车了，更何况帕杰罗V31、V33这样的车型还是专门为中国设计的。

随后，三菱汽车公司又提出，他们只能为通过正常贸易渠道进口中国的三菱越野车更换制动油管，其他的车不管。在人命关天的安全隐患下，三菱却明目张胆对自己生产的汽车不承担责任，在这样重大的失误和如此严重的恶果面前，仍在斤斤计较、推卸责任。

三菱公司傲慢的态度引起了中国媒体和消费者的批评，也激怒了中国政府。2001年2月，国家检验检疫局发布通知停止对三菱帕杰罗V31、V33的进口。在强大的压力下，再经过艰苦谈判，三菱汽车公司的强硬态度不得不开始软化。2001年4月，针对三菱“帕杰罗”事件的影响，三菱开始向中国用户提供安全服务，服务的重点是，向原装进口的帕杰罗V31、V33越野车免费提供和安装重新设计的后制动油管。

三菱“帕杰罗风波”在中国暂时告一段落。可是三菱已经逐渐失去了消费者对它的信任，高质量的形象也一去不复返。一段时间内，三菱汽车在整个中国市场陷入停滞状态，帕杰罗的销量一落千丈，几乎面临停产的困境。

（资料来源：根据新浪网“汽车新闻”《帕杰罗受害者陆慧事件》整理）

三、义务论

义务论又称非结果性原则。这一出自康德和罗斯的伦理理论，在现代西方企业伦理中被广泛引用。义务论强调行为是否道德与该行为的结果无关，而与企业行为时的原因、动机有关。根据对义务的不同解释，较有影响力的义务论包括以权利为基础的义务论和以正义为基础的义务论。

（一）以权利为基础的义务论

康德认为，责任或义务是一切行为道德价值的来源和标准，一切行为只有出于责任或义务，才有道德价值；出于感情、同情、爱好或私利等的行为则没有道德价值。例如，某超市为了维护其信誉，以便赚更多的钱而实行童叟无欺的销售行为，不是出于义务，而是出于企业利己的动机，因此，不是道德行为。康德的理论是建立在他称之为“绝对命令”的两个道德原则基础上：一是当而且只有当一个行为能被普遍接受时，该行为才是善的；二是把人看作目的而不是手段。

康德提出的所谓出于责任就是所谓的正当权利，就是人们公认的一些道德权利，如生命、财产、平等、自由等，出于责任就是对人正当权利的尊重，也就是说，每个人都有义务维护自己不可侵犯的正当权利并且不侵犯他人的正当权利。康德所提出的绝对命令是无条件的，不允许有任何例外存在，也就是说，只有当一个行为能被普遍接受时，或所有人在类似情况下都能做出同样的行为时，该行为才是道德的。

康德的义务论存在一定的缺陷。在实践应用中，由于其绝对命令不允许例外情况，人们在遇到道德两难时便显得无助；另外，行为“只有出于义务才具有道德价值”的观点太过苛刻。

（二）以正义为基础的义务论

基于正义的义务论，可以说是基于权利的义务论的深化。权利表现的是一种应当予以满足的、他人不得干预的要求，一个人的权利即意味着他人的义务，因此，权利是一种调节人与人之间关系的准则。正义的含义主要是公平，表示的是人与人之间的正当关系，因此，正义与公平原则也是调节人与人之间关系的规则。

以正义和公平对道德规范进行分析论述的是哈佛大学教授约翰·罗尔斯的正义论。在他看来，行为规范的道德基础应当是正义或者公平，而正义和公平的主要内容在于分配，而且正义和公平的分配应当是平等的或平均的分配。他将正义视为普遍性的原则，将追求正义、维护正义视为人的义务。

罗尔斯认为，正义有两个原则：第一个原则是在政治权利方面要平等自由原则。每个人均拥有最广泛平等的基本自由体系中的平等权利，以及与最广泛平等的基本自由体系相容的类似自由体系中的平等权利。第二个原则是在经济利益方面机会的公正平等原则和差别限制原则的结合。机会平等原则的目的在于消除由于社会出身而造成的经济不平等；差别限制原则是指收入和财富的不平等分配要有利于社会中的最少受惠者，这个原则的目的是要消除由于自然禀赋造成的经济不平等。

罗尔斯义务论的优点在于符合现代人的平等观念和社会共同富裕的平等理念；其根本缺陷在于它是一种绝对主义，相信存在着基于理性的、超历史的、永恒不变的公平正义。实际上，现实中的个人权利从来都是社会各阶层利益博弈的结果，由具体的个人权利所确定的公平正义是随着社会的变化而变化的。

阅读案例

东芝笔记本事件

1999年春天，两名美国东芝笔记本电脑用户向美国地区法院提出集体诉讼，认为东芝笔记本电脑内置的电脑软件控制器（FDC）半导体微码有瑕疵，存在引起存盘错误而导致数据破坏的可能性。东芝公司一方面否认了这一指控，称其没有意识到软驱控制器的操作限制会造成数据丢失损坏，同时又与原告进行了庭外和解，并提出了一个和解方案。

根据这一方案，拥有或租用1985年1月1日或以后生产的、由东芝美国信息系统公司销售或分销、带有一个软驱和软驱控制器的任何型号的东芝笔记本电脑的所有美国用户，都可获得东芝公司提供的“和解金”。

东芝公司宣布，该诉讼只涉及美国，不是全球性行为。根据这一诉讼，每个用户最高可获得价值443美元的代物券，在购买东芝产品时可持券打折。

在这一缺陷被戳穿后，东芝还采取继续掩盖、狡辩的决策，对中国用户的申诉置若罔闻，继续对用户的知情权进行侵犯。2000年5月22日的北京新闻发布会上，东芝表示对美国之所以如此处理，是为了避免得克萨斯州地方法院100亿美元的巨额赔偿。

（资料来源：王学义，《企业伦理学》，西南财经大学出版社，2004，P79～80）

问题：用义务论观点分析东芝公司“只赔美国人，不赔中国人”商业行为。

企业伦理游戏

有一艘航船在海上遇险，很快就要沉没，船上载有12人，但只有一艘至多能乘6人的救生艇。这12人有：72岁的医生、患绝症的小女孩、船长、妓女、精通航海的劳改犯、弱智的男孩、青年模范工人、天主教神父、贪污的国家干部、企业经理、新近暴发的个体户、你自己。

现在请你选择能上艇逃生的6人，并说明你的选择标准。

第二节　企业伦理原则

企业伦理原则是贯穿于企业经营管理活动中的基本准则和伦理关系的集中表现，它不仅应成为企业经营管理活动的基本伦理准则，而且应当成为企业及其成员道德行为与品质的基本道德标准。学术界关于企业伦理原则的看法各不相同，在这里，本书对各种看法进行了概括，提出企业伦理的一般原则主要有诚实守信、义利统一、公正平等、以人为本和社会责任五大原则。其中，以人为本是根本原则。

一、诚实守信原则

诚实守信是对企业经营管理最基本的品德要求。中国自古以来被奉为礼仪之邦，诚信作为基本的道德范畴，在中国思想史上一直占据着重要地位。

诚信既可以看做是一种完整的德行，也可以看做是两种德行即“诚”与“信”的辩证。许慎的《说文》和班固的《白虎通》都以诚、信二字互训。《说文解字》曰：“诚，信也，从言成声”，“信，诚也，从人从言”。

《礼记·中庸》中认为，“诚者，天之道也”，“诚者，物之始终”，“不诚无物”。朱熹注曰：“诚者，真实无妄之谓，天理之本然也。”这也就是说，“诚”是实际有、实际存在、真实无妄的意思，是自然固有的状态和规律，是“天道”。作为伦理学德行概念，“诚”是一个人的基本德行和精神状态的道德范畴。在古人看来，“天道”的本质特性是“诚”，是实有。人之“诚”在本质上与其具有内在统一性，人必须努力地学习、追求和达到“诚”。作为道德规范的“诚”，是言、行、心一致的状态，心口一致、言行合一，既不自欺，也不欺人。

“信”在古代，最初是指在神灵前祈祷和盟誓时的诚实不欺之语。孔子将“信”作为“仁”的最重要内容；孟子将“信”作为处理五种人伦关系的规范之一，提出“朋友有信”；西汉董仲舒首先将“信”与“仁、义、礼、智”并列为“五常”，使之成为具有普遍意义的最基本的社会道德规范之一。作为道德规范的“信”，在其基本要求上有内在根据与外在表现两个重要方面。从“信”的内在根据和它的价值本源意义上来讲，“它的核心内涵是真实无妄，即对某种信念、原则和语言出自内心的忠诚”，“信者，诚也，专一不移也”；“信”的外在表现则是遵守诺言，言行相符合，说到做到。《袁氏世范》曾有此解：“有所许诺，丝毫必偿；有所期约，时刻不移，所谓信也。”《辞海》中对“信”的解释就是“诚实”，“不欺”；又指“信用”，即守信。

“诚”与“信”有所区别并各有侧重。“诚”更多地指向“内诚于心”，“信”则更过地偏重于“外信于人”；“诚”更多地是对道德个体的单向要求，“信”则更多地是针对社会群体提出的双向或多向要求；“诚”更多地是指道德主体的内在德行，“信”则更多地是指“内诚”的外化，体现为社会化的道德践行。

基于此，“诚”与“信”逐渐变成了一个统一的道德范畴。其基本含义就是诚实守信、表里如一、真实无妄、恪守诺言，即拥有诚实的品德，真诚实在，既不欺人，也不自欺，言行一致；同时，与人交往时重视履行应尽的责任，守诺言、重信用、讲信誉，以此规范社会人际关系。正是着眼于“诚”与“信”的这种内在统一，隋唐前后的思想家把“诚信”作为一个统一的道德规范放到一个至高无上的地位，人“虽有仁智，必以诚信为本。故以诚信为本者，谓之君子。以欺诈为本者，谓之小人。君子虽损，善名不灭。小人虽贵，恶名不除”。

近年来，我国社会各领域均出现了诚信缺失的现象，诚信问题受到了社会的普遍关注，甚至有人大呼“诚信危机”时代已然到来。但是在一些表述中，人们常将诚信、信用、信誉、信任等概念混用，以致语义不清，概念不明。因此，为了更准确地说明企业诚信原则，有必要对信用、信誉和信任的概念进行简单地辨析。

关于“信用”一词，可以从基本含义和深层次内涵两方面来理解。《辞海》对其基本含义的解释有3点：①“以诚信任用人，信任使用”；②“遵守诺言，实践成约，从而取得别人对他的信任”；③“以偿还为条件的价值运动的特殊形式”。人们的实践活动是理论丰富和发展的基础，随着信用范畴在社会生活中的各个领域的广泛使用，它又被赋予了更为丰富和实用的内涵，使之具有经济特性和伦理品格的二重性。

作为经济范畴，信用是指以一定的经济标的物为内容、以借贷为特征的经济行为。它是在商品货币关系的基础上产生的。在马克思的经济思想中，信用作为“借贷”意义的经济范畴，如商业信用、财政信用、国际信用，有着较为详尽地分析。他认为，信用是“以偿还为条件的付出——一般地说就是贷和借的运动”。马克思曾引用洛克的一段话：“信用，在它最简单的表现上，是一种适当或不适当的信任，它使一个人把一定的资本额，以货币的形式或以估计为一定货币价值的商品形式，委托给另一个人，这个资本额到期一定要偿还”。由于借贷双方以信用为杠杆实现的价值转移存在延迟或者提前的可能，能否到期偿还的风险就由授信人（债权人）与受信人（债务人）之间建立在诚实守信基础上的心理承诺与约期实践相结合的意志和能力的大小来决定了。由此可以看出，经济信用是建立在以信实、信任、信誉和信心为内核的信用道德基础上的。

作为道德范畴，信用的含义与诚信中“信”字的含义相同，是指信守承诺、诚实不欺、表里如一，以此获得他人的信任。

信誉是指活动主体中的一方以诚实、守信、践约的美德，从而赢得的美好而高尚的名誉及另一方的信任。良好的信誉可以降低相互之间交往、订约等社会交易活动所需付出的成本。随着商品经济、市场经济的发展，信誉作为一项重要的指标被运用于对商品、服务、公司行为、集团形象等的综合评价中，反映了经济活动中个人和集团的守信情况，体现着其商业信誉的高低。现今，就企业主体而言，商业信誉通过产品、商标、广告、交易行为和企业文化等载体，集中体现了企业的形象，并已成为企业宝贵的精神财富和无形资产。商业信誉被视为广泛意义上的、不用单独特别声明的、永恒的商业原则和承诺，依此承诺而生产商品就是很好的践约行为。因此，信誉在实质上依然是诚信问题。

关于信任的概念可以从不同角度去理解。心理学家认为，信任是存在于个人内部的性格特征或信念，包括对他人言行、心理动机、人格等方面的信任，具有一定的风险性。从伦理学角度来讲，信任是人与人之间的一种道德关系，是主体基于共同的利益与事业及相互理解、尊重与支持而产生的对他人行为和承诺的善意的相信或期待。这种道德性信任反映的是一种人生态度。美国社会学家简·曼斯布里奇认为信任有两种：一种就是基于对他人的善意的道德性信任，这种信任是利他性的，包含着让他人受益的意思；另外一种则是基于他人可信度的估计的信任，这种基于算计的信任在她看来不值得称道。可见，道德是信任的基础。

综合以上 4 个概念的分析，可以认为，诚信是信用、信誉和信任的基础和依据，诚信这一道德规范包含了讲信用、讲信誉和信任他人的要求，是诚信品质外化、深化和扩大化的实现条件。在现实中，一个人如果践行诚信道德，就能确立起良好的信用，赢得较高的信誉，从而获得他人和社会的广泛信任；反之，他只能获得暂时的、有限的利益，通过与他人和社会的多次博弈，结果就是谎言终将被戳穿，从而陷入“诚信危机”的境地。坚持诚信道德原则，就是为了“建立个人和群体的信用和信誉，在此基础上，建立社会成员间普遍的信任关系，进而建立信任系统，促进社会良性运行”。失去诚信，整个道德体系都要动摇。同时，讲信用、讲信誉的需求及其带来的利益及获取他人信任的欲望和期待的满足感，又会反过来强化行为主体的诚信品质，使之更加诚信。

在市场经济中，诚信是企业存在和健康良性发展的基础，它代表着一种道德观念和经营理念，要求企业在经营活动中把诚信作为基本道德操守渗透到企业的每一环节，在对待客户、维系交易等方面以诚信把关 ，树立“诚信经营、用户至上” 的指导思想，以诚为本，树立企业品牌形象。它也代表着一种价值标准和法律规范。任何社会、国家和个人的行为活动都不可能只受一种行为规范来约束，而必将是受到来自历史文化所传承下来的价值标准和制定的法律规范的双重制约。《中华人民共和国合同法》第六条就规定：“当事人行使权利、履行义务应当遵循诚实信用原则。”在这种环境下，企业必须形成诚信的价值观，以诚信为荣、失信为耻，并将诚信作为一项基本义务严格履行。诚信同时也代表了一种社会责任。它不仅是企业存在和发展的基础，也是市场经济存在和健康发展的基础，若企业普遍不诚信，社会主义市场经济也必然毁于不诚信。著名管理学家克拉伦斯·沃尔顿说：“企业经理人应该用一种全局观念来看待企业的责任。因为在这种观念之下，企业被看成是讲信用、讲商誉、讲道德的组织，而不是赚钱的机器。”这就说明了企业诚信不仅是企业之船航行的方向标，同时也是信守承诺的社会责任的承担者。

随着社会主义市场经济的发展壮大和不断健全，一切经济活动必须遵循经济规律办事，由市场做主，人们逐渐认识到了企业诚信的重要性，并将之视为企业的一种无形资产，指导着企业的经济活动，帮助企业健康发展、良性竞争、规避风险、树立形象。具体来说，企业诚信可以具体理解为以下两点：

(1) 诚实、不欺诈，在生产经营活动中实事求是、表里如一。企业活动的参与者要切实做到以诚待人，禁止欺骗和欺诈当事人；保证质量，不生产假冒伪劣产品，不以次充好；以质论价，足斤足两，童叟无欺，不哄抬物价；实事求是进行宣传，不夸大其词，不散布虚假信息；做好售后工作，合理退换。

(2) 守信、履行契约、言而有信。这就要求企业全面适当地履行合同约定义务和法律要求承担的义务，不随意毁约，不恶意拖欠债务，不偷税漏税，善待员工，履行用工合同，诚信经营，良性竞争，“诚以待人，信以律己”。

在社会主义市场经济中，企业诚信是企业获得支持和参与、赢得成功的必须具备的伦理理念。企业在经营活动中时时处处透露出来的诚实守信的信息都犹如给相关利益获得者注入一针强心剂，使其切实感受到这个企业十足的发展信心、良好的企业文化、巨大的发展潜力和丰厚的相关回报，从而愿意将人力、财力、物力、理想和激情投入其中，积极支持和参与企业的经济活动，并为其制造良好的舆论氛围和好评。具体来说，企业诚实守信具有以下作用：

(1) 拓宽市场，降低成本，提高效率。企业建立一套在以诚信、公平和尊重为核心的伦理准则基础上的价值体系也是一种无形的资产，可以带来多种收益。随着人们交往的地域不断扩大，接触的频率越来越高，人口的流动性越来越大，许多人彼此尚未见面熟悉就要共事、合作，很多情况下，市场主体之间尚未谋面就要谈判、签约、交易。因此，企业以诚信作为识别标签，有助于它与主要利害关系建立起稳固而可靠的伙伴联盟，更可以吸引一些潜在的投资者、商业伙伴、顾客、员工等企业利益相关者，在保住现有市场的同时拓宽市场。任何一个投资者和商务伙伴都希望其合作对象是一个具有良好声望的诚实守信的企业，这样就可以避免商业欺诈的风险，减少不必要的财务、法律和声誉上的纠纷，提高商业效率和收益，降低控制成本和交易成本。而且，一旦各方认为他们在将来能够得到诚实、公平的对待，那么也会减少沟通和考察的时间和成本，从而建立起愉快的合作关系。

在生产力高度发展的今天，大多数消费者关心的重点已经从商品的量转变为商品的质，进而发展成为生产企业的形象问题。每年政府部门都会评选诚信企业，足够说明大众对诚信的关注。“诚信企业”这块金字招牌的效用超过了创意突出、制作精良以及在各大电台黄金时段播出的广告，节省了巨额宣传费用，同时也缩短了消费者建立起品牌认知度的时间。同时，以诚信原则为导向的企业更能处理好企业的非市场关系，特别是与以利害关系群体为代表的广泛的社会团体之间的关系。企业同时也是社会关系中的一员，必然会受到来自包括媒体、政府以及代表公众利益的非政府性质的监察人员等各方面的监督。拥有良好的企业形象，就会减少遭受起诉、法律制裁以及政府限制性法规制裁的可能性。在某些行业，政府官员可以通过他们手中掌握的产品许可权、执照发放权以及其他商业审批权等来调控行业竞争态势。而诚实守信、信誉良好的企业，常常能够更快、更容易地协商处理商业上遇到的障碍，通过这种方式有时甚至可以赢得竞争优势。

同时，拥有高度信誉的企业，由于其具有自觉性和可信性，也免去了很多时常被监管、年检、整顿的环节，提高了行政和生产效率，这也是很多国家免检产品企业在成本和效率上优于其他企业之处。

（2）促进市场经济和谐，为企业自身的生存和发展创造条件。市场的存在和发展归根结底是由市场主体的诚信品格作为道德保障的。发生在市场中的一切交易活动之所以能够正常运作，就是因为人们都恪守着诚实守信的品格。正是这种坚不可摧的信用给了现代市场经济活动的参与者以胆识和谋识，义无反顾地开拓进取，推动着市场经济的发展和社会生活的进步。市场经济是以诚信为基础的，若丧失了诚信，市场经济必然荡然无存。资本主义社会之所以在经历了几百年的发展之后能以昂然的姿态和飞快的速度向前发展，就是因为其确立了以契约诚信价值观为指导、以法律为约束、以诚信为基础的市场经济。目前，在我国经济发展中，出现了许多不和谐的音符，合法经营、诚实守信的企业相对较少，而采取欺诈和不正当行为的企业数目却越来越多，不正当行为影响着参与者的抉择，使整个市场弥漫着信任危机，动摇着大众对市场经济的信心，企业间的诚信缺失导致交易效率下降和交易成本上升，我国诚信体系建设滞后已成为制约社会经济发展的瓶颈。据不完全统计，目前，我国企业每年订立的经济合同约有40亿份，但合同的履约率只有50%（20世纪90年代前我国企业合同履约率为90%）。一些企业故意拖欠客户的货款或拖欠银行的贷款，还有一些企业玩弄假破产真逃债的伎俩骗取国家的钱财。虽然发达的市场经济国家也存在拖欠逾期的应收账款，但其拖欠总量仅占贸易总额的0.25%~0.5%，我国目前已超过5%，是发达国家的10~20倍。不仅一般工业企业和商业企业经营中存在着诚信缺失问题，就连应该最具诚信的上市公司也弄虚作假，制造虚假利润，骗取上市资格。串通庄家做市、报表重组、欺骗中小股东等现象，成了许多上市公司心照不宣的“秘密”。在激烈的竞争面前，企业采用欺诈、食言、背信、违约等不法手段进行不正当竞争，确实能在短时间内获利，但它损害的不仅是企业的形象和声誉，同时也是以市场经济的失败为代价的。古语有云，“覆巢之下，安有完卵”。只有企业以诚信为基本原则，承担社会责任，才能促进市场经济的和谐发展，也为其自身的生存和发展创造条件。

阅读材料

诚信案例两则

一则：1996年1月24日，上海某公司通过媒介宣布，推出“20世纪经典衬衫”，一件售价5999元。其声称当历史进入2001年1月18日时，该公司将原价回收这些衬衫，交由文化部所属中华男装博物馆收藏。然而，文化部官员称，并不存在“中华男装博物馆”，2001年该公司能否存在也是未知数，此许诺能否兑现不得而知。

二则：日本一家大型糕点公司——明治糕点股份公司，因一批巧克力豆中含有超出政府颁布的食品卫生法规定标准量的碳酸钙成分，向广大消费者表示“深刻的歉意”，并声明收回这批巧克力豆，向消费者赔偿损失。其实，碳酸钙对人体无多大害处，不影响人体健康；即使成分略超一点，也不会造成严重危害。

二、义利统一原则

义利统一是指不以义取代利，也不以利排斥义，是义利并重。义利统一是处理好利己和利他、经济责任和社会责任关系的基本原则，是实现和谐社会目标的基本手段。无论是西方伦理学主张的道义与功利相结合，还是我国伦理思想主张的义利并重，实际上都体现了义利统一的思想。

“义”指道义、仁义，伦理学上讲的是公利，即整体利益和大众利益；“利”指利益、私利，即追求自身的物质需要。当追求利益为公众时就是义，为私时就是利。

企业义利统一中的“义”是基于社会责任的企业之义。企业作为社会资源的利用者，是承载着一系列责任的经济主体，履行其社会责任就是企业之义。企业在获取利润的同时要处理好与利益相关者之间的利益关系，在获取利润的同时要承担对利益相关者的社会责任。判断企业行为是否道德，不取决于其是否去追求利润以及追求利润的多少，而取决于它是以什么方式去追求利润以及会带来什么后果。因此，义是企业获取利润这一目标的合理规则。企业义利统一中的“利”是基于经济责任的企业之利。企业之利不仅仅指利润，还指企业持续的盈利能力，它是企业经营的目标。

欧阳润平博士在论著《义利共生论——中国公司伦理研究》中，将企业义利统一划分为三种形态：义利共存、义利共溶和义利共生。他认为义利并存是企业义利统一的起点，在处理义利关系及其冲突时，其原则是在讲义时不会损害利，或者讲利时不会损害义的情况下尽量相兼，特殊情况下以保证企业的生存之利为准。义利并存型企业所认同的义主要包括国家有关法规政策、行业与产品的标准、消费者的满意度、给予员工合理的报酬等。这类企业经营管理活动的共同特点是既不做缺德者，也不做道德领先者；既不赚缺德的黑心钱，也没有必要支付较多的道德成本。义利相溶是企业义利统一的主流，在处理义利关系及其冲突时，其原则是为了谋利必先谋义，养义生利。义利共溶型企业所认同的义主要包括为顾客提供满意的产品、与利益相关者建立良好的关系、尽责任、讲道德。这类企业是我国企业界最普遍的。义利共生是企业义利统一的最高境界，是企业义利统一的目标。其在处理义利关系及其冲突时的准则是义字当先、合义为利，即任何经营管理活动首要的是是否符合企业应该承担的责任要求。义利共生型企业所认同的义包括努力帮助员工全面发展，充分满足顾客需求，以增进社会福利和人类繁荣为已任。

三、公正平等原则

公正是人类社会具有永恒价值的基本理念和基本行为准则，平等是公正的外在表现形式，它直接涉及人类生存和生存质量。因此，公正与平等是既相互区别，又相互联系的伦理原则。

公正是指一视同仁，它是中西方最基本的道德。古希腊时期，柏拉图就提出了公正、智慧、勇敢、节制是四种最基本的道德准则；亚里士多德在《尼可马克伦理学》中提出：“公正不是德行的一部分，而是整个德行；不公正也不是邪恶的一部分，而是整个邪恶。”在我国“公正”的提出，最早见于《荀子》，与此同时也出现了“公平”等相类似的概念。社会公正是以社会为道德主体的道德公正，企业公正是以企业为行为主体的道德行为的公正，是在确认企业权利和义务的基础上建立起来的企业伦理原则。由于企业伦理所调节和规范的企业行为不仅包括企业内部行为，即企业所有者、管理者等与员工之间的交往行为，而且还包括企业与政府、竞争者、消费者、社区等外部公众的交往行为，因此，企业公正可分为内部公正和外部公正。

企业外部公正主要包括交易公正、守法公正和狭义的社会公正。交易公正是指企业在同消费者和其他企业的交易中，无论作为卖方或买方，均须恪守货真价实、平等交换的原则，严禁哄抬物价、坑蒙拐骗、制假售假、以次充好等交易行为；守法公正是指企业有义务守法经营、照章纳税、不逃税漏税、不侵害国家财产，企业也有权拒绝任何单位的法外要求，对损害企业正当权益的行为，企业有权依法申诉和维护；狭义的社会公正是指涉及如何对待社会成员的问题，如不得污染环境，企业招聘录用不能有任何歧视性规定，企业的广告、营销、产品和服务等不能危害公众的健康与安全等。其他还涉及惩罚公正、补偿公正等。

企业内部公正主要包括分配公正和用人公正。企业分配公正是指对企业内部员工的工资、奖金以及保险、医疗等利益分配方面的公正。不同企业有不同的分配原则，但对所有企业来说，分配公正要做到：①形式公正，即分配程序要公正，一视同仁；②实质公正，即根据分配的性质、数量，按照业绩贡献、需要、职位等不同选择分配原则，要确保分配原则公正，要得到大多数员工的认可。企业用人公正是指对工种、职位分配，涉及企业人力资源的配置和使用、晋升和解雇、奖励和惩罚等方面的公正。用人公正对企业的生存和发展意义重大，因此，它是企业最重要的公正。

当前企业公正缺失问题主要表现在企业内部管理违背市场机制和市场准则，违背等价交换和公平交易的客观要求，如拒签劳动合同、克扣和拖欠员工工资、拒付员工工伤赔偿以及经营管理中的各种“霸王条款”等。因此，加强企业公正，一是可以保障人权（劳动权、收益权、言论自由权等），通过构建企业成员之间的公平关系来维护企业成员的基本人权，保障企业成员公平地享有和履行企业赋予的各项权利和义务；二是促进企业效率，通过构建企业成员之间公平的利益关系以及和谐的人际交往关系，来激发企业成员的积极性和创造性。

企业公正为什么能提升企业效率？从实践方面讲，企业效率很大程度上取决于企业成员的工作积极性和创造性，而企业成员工作的积极性和创造性，主要取决于三个因素：一是个人利益的实现程度；二是自尊心和人格尊严的受重视程度；三是事业心和成就感的形成程度。而这三个因素都与企业公正直接相关。

平等作为一项企业伦理原则，主要包括权利平等、机会平等等。权利平等是指对待所有员工要一视同仁。这些权利应该包括与工作岗位有关的权利，如工作权、工作自主权等；职工隐私权、安全保障权以及适宜的工作环境权利等。机会平等是指企业成员在企业发展中所面临的共享机会和差别机会。共享机会是指每个企业成员都应当具有大致相同的发展权利和机会；差别机会是指每个企业成员的发展机会不可能完全平等，存在程度不同的差别。机会平等具体应该包括职工生存与发展机会起点的平等、机会实现过程中规则的平等，同时，承认并尊重每个员工在发展潜力方面的主观差异以及由此所产生的后续新机会拥有方面的某些不平等。

四、以人为本原则

以人为本是企业经营管理活动应该遵循的根本原则。以人为本就是尊重人、关心人、促进人自由全面的发展。尊重人就是要尊重每个员工的尊严、权利和价值；就是要承认企业成员之间的差别，因人而异、量力而行、人尽其才；就是要把其他人看做是目的，而不是实现自身目的的手段，即认真对待他们，承认他们的合法权益，尊重他们的愿望。关心人就是要关心每个员工的物质福利和文化生活。人自由全面的发展是人类一切活动的根本目的所在。

在企业经营管理活动中，坚持以人为本原则，不仅要在企业内部尊重、关心员工，促进他们自由全面的发展，而且也要认真对待其他利益相关者。

在企业经营中，以人为本原则有 4 个方面的内涵：

（1）在企业与社会的关系上，要求企业努力开发生产出对社会有益的产品和服务，使企业成果惠及于社会，并承担一定的社会责任。

（2）在企业与自然的关系上，要求企业注重资源的合理使用和保护环境。

（3）在企业与人的关系上，要求企业尽可能满足股东、员工、顾客、供应商、政府等利益相关者的合理要求。

（4）在人与人的关系上，要求企业及其管理者处事公正，在企业内部建立起既讲效率又讲团结、友爱的关系。

五、社会责任原则

社会责任是指企业不能仅仅以利润最大化为自己的唯一存在目的，还应当最大限度地增进股东利益以外的其他利益相关者利益。这种利益主要涉及员工、顾客、政府、供应商、社区、环境等。企业不仅要创造利润最大化，而且更要对自己行为的结果负道德责任，要履行对社会的义务，这正是企业承担社会责任的要求。

企业社会责任问题主要是针对企业在经营管理过程中产生的大量损害公众利益的社会问题，是备受公众关注的。在市场经济运行中，要使企业成为真正的、成熟的市场主体，必须解决当前企业社会责任严重缺失的问题。例如，在企业内部管理中，违反劳动法以及安全生产等现象司空见惯；在企业外部，假冒伪劣产品层出不穷，信用危机、道德风险日益加剧，生态环境和自然环境被严重破坏，造成人性冷漠、经济运行的正常秩序被扰乱、人与自然的和谐关系被破坏等严重后果。企业承担社会责任，能够提高企业在社会公众中的声誉，维持自身的长远利益，承担起社会的道德义务，树立良好的企业形象，减少政府的调节监管成本，维护责任与权利的平衡，保证公共资源的合理共享，营造一个和谐的自然和社会环境。

总之，企业伦理原则是我国企业必须引起重视的问题，它对于形成良好的企业道德标准，对于企业的长久发展具有重要意义。依据企业伦理原则，对企业行为进行道德善恶的评判，对利益最大化行为进行指导和修正，对企业的逐利行为进行规劝和约束，可以保证企业自觉地节制私欲的无限膨胀，正确处理好企业与利益相关者之间的利益关系，从而真正实现企业的价值。

第三节　企业伦理决策

一、企业伦理决策应具备的条件

随着企业伦理在西方的兴起，管理学界很多学者开始关注企业伦理决策问题。1962 年，美国政府公布了《关于企业伦理及相应行动的声明》，美国企业界开始把企业伦理应用于决策实践，从此揭开了伦理管理的序幕。

几乎所有的西方学者都把伦理决策作为企业伦理与管理结合中的主要问题来对待，其原因就在于，企业决策既关乎企业自身的利益，也关乎其利益相关者的利益，因此，决策的可行与否，不仅取决于企业自身的利益需要以及技术上的特点，而且还取决于能否得到企业利益相关者的支持。

伦理决策是指人们应用自身和社会通行的道德观念分析具有道德意义的现实问题，并作出合乎道德的选择、判断等导向行为的过程。

要作出伦理决策，一般需要具备三个条件：

（1）存在一个具有道德意义的目前迫切需要解决的客观问题，而这一问题极有可能出现非伦理行为的机会。

（2）必须拥有特定道德观念的决策主体。

（3）受到限制的决策环境，即决策主体面临着两种不同道德价值观念的取舍矛盾。决策主体在这种环境下进行行为选择时，必然会顾及很多道德因素：一是决策时应依据什么伦理原则行事；二是谁是决策后被影响的对象；三是决策后会产生什么样的结果；四是决策后相关人员的权益是否可以得到必要的保障。

二、企业伦理决策评价模型

在企业对决策融入伦理考量时，采用何种道德理论或标准来判断决策是否道德就成为十分现实的问题。伦理学作为一门古老的学科为人们提供了各种伦理理论，如契约论、目的论、义务论、美德论等，各种理论又由很多流派组成。从现实来看，西方企业进行企业伦理决策时，由于各自秉持的企业价值观不同，所面对的公众的价值观也不同，因而采用了不同的伦理理论。一般说来，西方企业伦理决策的理论基础主要有目的论、义务论以及将二者结合的相称论。

为了将伦理理论融入企业决策活动之中，西方学者和企业以及部分中国学者提出了一些简明易行的伦理决策模型，帮助企业经营管理者做出符合道德的决策。其中典型的伦理决策模型有：

（一）伦理检查模型

伦理检查模型是由《一分钟经理人》的作者肯尼斯·布兰查德和另一位学者诺曼 V·皮尔博士在1988年提出，包括三个伦理检查项目，称为“三方模式”（见图2-2）。该模型主要依据合理利己论和显要义务论，其优点是简单实用，无需掌握较抽象的伦理原则便可作出大致符合伦理的决策。因此，该模型被《财富》排名500强的多家企业采用。例如，美国得克萨斯仪器公司的“快速伦理测试7问”法，在发给每个雇员的卡片上印有以下7句话：

（1）该行为合法吗？

（2）它与公司价值观一致吗？

（3）如果做了你会感到不舒服吗？

（4）报纸会怎么报道它？

（5）如果你知道它不对，就不要做。

（6）如果你拿不准，请提出来。

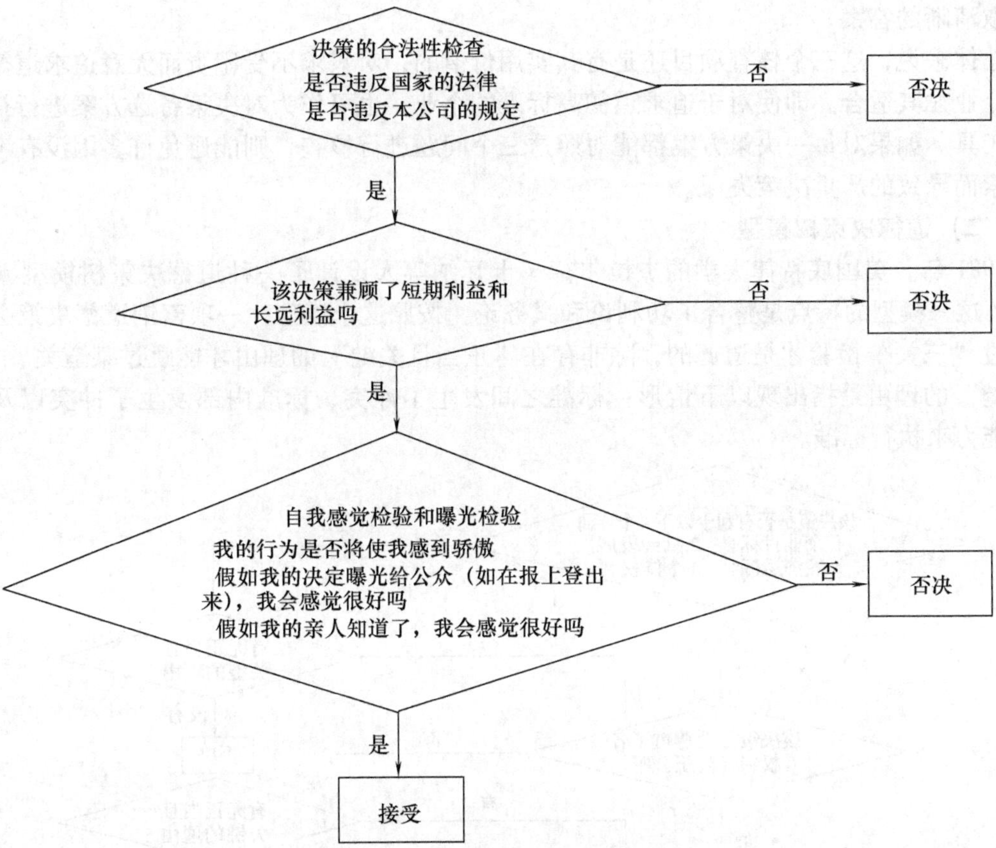

图 2-2　布兰查德和皮尔的伦理检查模型

（7）在得到答案前不要放弃提问。

此外，还有美国西尔斯公司的“5 个伦理决策指南”等，都是通过伦理检查模型问题的提出，旨在创造一个企业员工与管理者决策过程中伦理调查的过程，通过这个伦理检查过程保证决策的伦理化。

企业决策者在运用该模型进行伦理决策时，首先要进行合法性检查。伦理决策既要考虑企业内部的规定，又要考虑国家的法律。依据合理利己论，个人或企业利益的实现应当在合乎良心与法律规范的前提条件下进行。一般意义上说，不合法的也通常是不道德的。其次，要检查一项决策是否兼顾了短期利益和长远利益。其理论依据是：具有长远利益的行为不大可能是不道德的行为。最后，企业决策者要对一项决策进行自我感觉检验和曝光检验，也就是要反思自己的道德底线，如这样的饮料我愿意送给我的朋友们品尝吗？这样的婴儿奶粉我愿意拿给我自己的孩子喝吗？这里，该模型实际上是假定决策者知道对他人、对社会应有的义务，如果决策违反了诚实、公正、行善等义务，决策者应该会感到良心的谴责和无法面对其他人。

虽然该模型在很多著名企业进行决策时被广泛使用，但也明显存在着局限性。其一，没有对利益相关者进行考虑；其二，由于法律的滞后性，仅遵守字面上的法律规定不足以避免不道德的决策；其三，对于复杂的问题仅凭自己对道德的认识，而没有系统的伦理分析，无法获取清晰的答案。

总体来说，这三个核查项目还是有其实用价值的，对只求不受谴责而无意追求道德高标准的企业尤其适合。即使对于追求道德高标准的企业，也可作为对决策备选方案进行初步筛选的工具。如果对每一决策方案都能对照这三个问题进行核查，则能避免许多因没有考虑伦理因素而导致的严重决策失误。

（二）道德决策树模型

1981 年，美国底特律大学的杰拉尔德·卡瓦纳等人设计了一种道德决策树模型（见图 2-3）。这一模型的特点是整合了功利论和义务论。按照这个模型，一项营销道德决策必须依次通过“三关”检验才是道德的，除非存在“正当且关键”的理由才能跳过某道关。“正当且关键”的理由是指出现以下情形：标准之间发生了冲突、标准内部发生了冲突以及完全缺乏能力来执行标准。

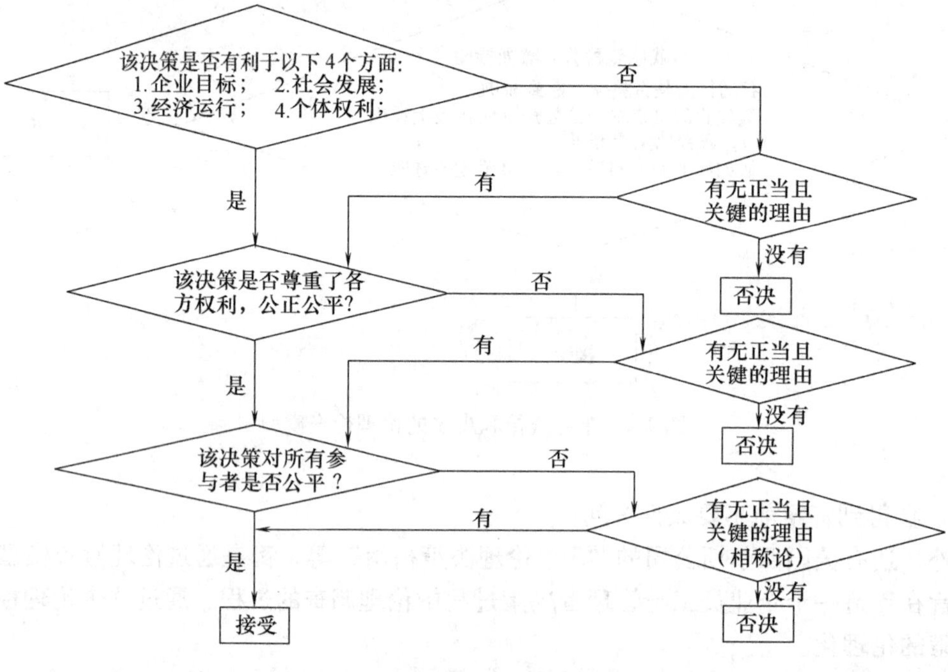

图 2-3　道德决策树模型

这一模型虽然在具体应用上操作性不是很强，但是它提供了一种引导企业营销者作出符合道德决策的思路，为以后设计更可操作的模型奠定了基础。

（三）“九问式”模型

该模型是由美国马奎特大学营销学教授基恩·拉克兹尼亚克，在卡瓦纳的道德决策树模型的基础上，于 1983 年提出的。该模型在 9 个问题中运用了显要义务论、相称论和公平公正论，企业决策者可以通过回答这些问题来制定符合道德的决策，如果回答全部是否定，则该决策在道德上是可接受的。该模型由以下九个问题构成：

（1）A 行动违法吗？

（2）A 行动违反以下任一条普遍性的道义吗？

1）诚实的责任。

2）感恩的责任。

3）公平的责任。

4）仁慈的责任。

5）自我完善的责任。

6）无伤害的责任。

(3) A 行动是否违背相关组织的特定义务？

(4) A 行动的动机是否是邪恶的？

(5) 采取 A 行动是否会导致任何重大邪恶的事情发生？或者是否会由于该行动而出现重大的邪恶的事情？

(6) 是否故意放弃了好处相同或更多而邪恶更少的备选方案？

(7) A 行动是否使他人或群体利益受损？

(8) A 行动是否侵犯了其他组织的利益？

(9) 利益受损的他人或群体是否属于弱势群体？

这个模型遵循的设计思路是从法律检验开始，依次进行义务检验、特定组织责任检验、目的检验、结果检验、过程检验、权利检验、公正检验。它不仅考虑了一般性道德问题，还兼顾了针对特定行业、特定产品面临的特殊问题。

(四) 问题式伦理检验模型

1989 年，美国学者劳拉·纳什结合功利论和道义论提出了一个问题式伦理检验模型，一共 12 个问题。与拉克兹尼亚克的“九问式”模型相比，这些问题更具体、更易于回答。

纳什提出的供决策者在决策时考虑的 12 个问题是：

(1) 你已经准确地定义决策问题了吗？

(2) 如果你站在他人立场上，会怎样定义问题？

(3) 问题是怎样产生的？

(4) 作为一个个人和公司成员，你忠于谁、忠于什么？

(5) 你作该决策的意图是什么？

(6) 你的决策意图与可能的结果相符合吗？

(7) 你的决策会损害谁的利益？

(8) 你能在作决策前与受决策影响的各方讨论该决策问题吗？

(9) 你能确信你的观点在一段较长的时期内能够像现在看来一样有效吗？

(10) 你能毫无顾虑的与你的上司、高层管理者、董事、家庭以及整个社会谈论你的决策或行动吗？你是否会感到不安？

(11) 如果理解正确，人们会对你的行为产生什么样的看法呢？如果不被理解呢？

(12) 在什么样的条件下，你会允许对你的立场有例外？

该分析框架从决策动机、结果以及利益相关者和长远利益来考虑该决策是否道德，同时也考虑了例外情况的发生，有一定的实践操作性。但其缺点在于缺乏相应的伦理理论作为逻辑基础，难以得到令人信服的决策。

在 20 世纪 80 ~ 90 年代，西方学者提出的其他伦理决策模型，如亨特和维特尔 1986 年提出的营销道德理论模型，迈克尔·布默等人 1987 年提出的道德和不道德决策的行为模型，弗雷兹克提出的伦理决策模型，戴维·弗里切 1999 年提出的决策支持模型和符合伦理的决策的过程模型，欧·费雷尔和约翰·弗雷德里克1993年提出的营销道德决策模型，克雷格·史密斯1993年提出的营销道德连续体模型等，也都产生了很大影响。

（五）二层次企业决策伦理评价模型

二层次企业决策伦理评价模型是我国上海交通大学周祖城教授于2001年提出的。他认为，企业需要不同层次的伦理评价准则，原因在于：首先，道德是有层次之分的。比如，尊重人是一种美德，受到尊重也是人的权利，但比较尊重和非常尊重都是尊重，程度显然不同。对顾客负责是合乎伦理的行为，但负责的程度同样是有区别的。其次，企业所追求的道德层次也不同。例如，摩托罗拉公司在《摩托罗拉行为准则》手册的前言中指出："在从事一切业务活动时，我们必须以诚实无欺、清廉自洁的作风，遵循道德的最高标准"。荣事达集团在《荣事达企业竞争自律宣言》中倡导相互尊重、互相平等，互惠互利、共同发展、诚信至上、文明经营、以义生利、以德兴企的道德规范和企业自律准则，并用它来调整企业对内、对外的各种关系。这些表明摩托罗拉公司和荣事达集团对所追求的道德层次的定位是比较高的。也有为数不少的企业满足于不受法律制裁和舆论谴责就可以了。虽然追求道德高标准的企业更应该得到社会的肯定、鼓励，但满足于道德低标准（不是不道德）的企业也应该允许存在。显然，这两类企业所需的伦理评价决策准则是不同的。

对决策方案的评价一般可以划分成三个层次：不能接受的、可以接受的和满意的。同样，伦理评价也可分为三个层次。从人己利益关系来看，这三个层次分别是：①损人害己、损人不利己和损人利己是不道德的，是不能接受的；②为己利人、利人利己和公私兼顾是道德的，属于可以接受的，但道德层次不高；③先人后己、先公后私、无私奉献是高尚的道德，是值得鼓励的。

该模型设计了可接受层次准则和满意层次准则。只要确定了可接受层次准则和满意层次准则，也就可以划分三个层次了，即不满足可接受层次准则的是不能接受的，符合可接受层次准则的是可以接受的，符合满意层次准则的是满意的。

1. 可接受层次准则

所谓伦理上可接受的方案，是指达到了基本伦理要求，在一般情况下，它是一种不至于因受到道德的谴责而使决策不可行或给企业带来不良后果的方案。其决策依据有两个，若这两个条件同时满足，应能达到在伦理上可以接受的层次：

（1）合法。法律是必须遵守的、最低要求的行为规范，因此，不违法是最基本的要求。

（2）为利益相关者所接受。对这个问题，需要思考并回答以下9个问题：

1）谁是我们现行的利益相关者？

2）谁是我们潜在的利益相关者？

3）利益相关者想从我们这里得到什么？

4）我们想从利益相关者那里得到什么？

5）我们的决策会对哪些利益相关者带去利益？利益有多大？

6）我们的决策会给哪些利益相关者造成伤害？伤害有多大？

7）利益相关者受到损害后会不会采取行动？如果会，会采取何行动？

8）可能采取行动的利益相关者的影响力有多大？

9）利益相关者可能采取的行动是否足以使决策不可行或使企业得不偿失？

2. 满意层次准则

所谓伦理上满意的方案，是指在伦理上达到了较高或很高的水准，其行为不仅不会受到舆论的谴责，相反，会得到舆论的赞扬、鼓励，能给企业带来良好声誉的方案。其决策依据有：

（1）符合社会整体利益。

（2）公正。

（3）弘扬美德。

（4）与利益相关者双赢。

（5）符合企业长远经济利益。

究竟是满足于伦理上可接受，还是追求伦理上满意的方案，这取决于企业自身所确定的使命、宗旨、文化、战略，取决于决策问题的性质，取决于方案的经济、技术评价结果。

本章小结

1. 托马斯·唐纳森和托马斯·邓菲提出了“综合社会契约论”。综合社会契约论认为，企业是通过与所在社会建立的社会契约而得以合法存在的。企业必须通过发挥特有优势和使劣势最小化的方式增加消费者和员工的利益，进而增进社会福利，以换取企业的合法存在和繁荣兴旺。这就是企业生存和发展的“道德基础”。因此，当企业履行契约时，它们是道德的；否则，则是不道德的。

2. 目的论以行为的结果去判定善恶。按照对行为后果的不同解释，目的论主要有两种：利己主义和功利主义。利己主义所奉行的原则是：行为在道德上是否正确或正当，就看它是否能给行动者带来最大的利益或幸福；功利主义的原则是：一个行为在道德上是否正确，主要考察其是否符合所有利益相关者的最大多数人的最大幸福。

3. 义务论强调行为是否道德与该行为的结果无关，而与企业行为时的原因、动机有关。较有影响力的义务论包括以权利为基础的义务论和以正义为基础的义务论。以权利为基础的义务论认为，责任或义务是一切行为的道德价值的来源和标准，一切行为只有出于责任或义务，才有道德价值；出于感情、同情、爱好或私利等的行为则没有道德价值。

4. 企业伦理原则是企业经营管理活动的基本伦理准则，是企业及其成员道德行为与品质的基本道德标准。企业应该遵循的伦理准则是：诚实守信、义利统一、公正平等、以人为本和社会责任等，其中，诚实守信是最基本的品质要求，以人为本是根本原则。

5. 伦理决策是人们应用自身和社会通行的道德观念分析具有道德意义的现实问题，并作出合乎道德的选择、判断等导向行为的过程。要作出伦理决策需要具备存在一个具有道德意义的目前迫切需要解决的客观问题、拥有特定道德观念的决策主体、受到限制的决策环境三个条件。

6. 中西方典型的伦理决策模型主要包括伦理检查模型、道德决策树模型、“九问式”模型、伦理检验模型和二层次企业决策伦理评价模型。

复习与思考题

1. 综合社会契约论的基本观点是怎样的？
2. 利己主义和功利主义所奉行的原则各是什么？
3. 以权利为基础的义务论与以正义为基础的义务论有何不同？

4. 企业经营管理活动应遵循的伦理准则有哪些？
5. 试运用伦理决策模型对企业经营管理的某项决策进行伦理评价分析。

案例分析

一、职业中的困惑

我是一家药品公司的销售人员，通俗地讲，就是卖药的。在刚开始卖药时，我遇到了这样的难题。我所销售的药品主要是Ru-486，这是一种在国外被禁的堕胎药。确实，有许多农村居民为生男孩，怀孕后先去做B超，若测为女孩则服药堕胎，导致我国男女比例失调。我应不应该去卖此药呢？

经过一段时间的思考，我觉得我还是应该去推广它。我的理由如下：第一，我国实行计划生育政策，而此药可以帮助意外受孕的妇女消除烦恼，这是一件利国利民的事；第二，男女比例失调的问题关键不在于药物，没有此药品，人们也可以通过手术等其他方式堕胎。人们重男轻女的错误观念不是药品可以改变的，也非我的工作职责要求。而且我相信，随着我国生产力水平的提高，这种落后的观念会被淘汰。不过，有时我仍然感到困惑：该药还是有其他副作用的，我需不需要告知医院或使用该药的人呢？

（资料来源：李萍，《企业伦理：理论与实践》，首都经济贸易大学出版社，2008 年，P246 ~ 247）

讨论题：

1. 如果你是此案例中的销售人员，你将如何回答上述两个问题？
2. 推广新药或减少已知的副作用或未知的风险，二者如何平衡？
3. 一家药厂为自己作出销售有毒副作用药品的决策，能够提供怎样的道德理由呢？

二、《绝对挑战》第37期

招聘企业：清华同方威视技术股份有限公司
招聘职位：高级海外市场经理
实力作证：专家给3位竞聘者出了一道实战题目
地点：北京
要求：在8小时时间限制内通过卖西瓜，尽可能多地赚钱
条件：3次求助电话、500元本金
三位选手的表现如下：

1号选手。这位帅气的小伙子不急不忙，先上网搜寻到最近的一家保健品公司，然后是登门拜访，自我介绍是一位MBA学生，目前正参加一项社会实践活动，愿以贵公司的身份送些西瓜给附近小区的老人，随后举办赠瓜仪式，届时将有一家国内很大的媒体对这个活动作出报道，并为企业做广告。最后，如果企业满意，付他1000元；如果不满意，一分钱不付。

整个谈判过程中，该选手思路清晰，谈得头头是道。企业负责人很爽快地答应了。在得到肯定的承诺后，这位小伙子便赶紧去找附近的居委会，落实有关活动安排，没想到第一个居委会有人送西瓜来却不敢要，生怕其中有诈；无奈他只得转战下一处，活动在该社区很顺

利地开展，一共送出去几百斤西瓜。

回去的路上，MBA 小心翼翼地提出了企业付他 1000 元的要求。而意想不到的困难在这时出现了，保健公司的老板非常聪明，“不见兔子不撒鹰”，其表示付钱没问题，但要在媒体上看见该报道后再给钱。其实作为一个市场活动，甚至几乎所有的商业行为，棘手的回款问题都很难当日解决，保健品公司老板眼见为实的要求也并不过分，而此时的 1 号选手显然是真的急了。

接下来，他开始了极为精彩的表演：坐立不安、语调陡然升高、气急败坏、指着企业老板大吵，居然还流下了眼泪。最后，老板给他 800 块。这时，他的 8 小时时间已经所剩不多了。

2 号选手。其初给人的印象十分沉稳、扎实，但节目一开始她就奔跑起来，颇为风风火火，原来是个非常积极的女孩。她的办法是到学校食堂等需求量大的地方去推销。于是她选择了北大食堂，跟负责人谈判。负责人出价 3 角 5 分钱一斤，双方就此达成协议。节目中她卖西瓜卖得最刻苦、执著，8 个小时的时间里，足迹遍及北京的东、西、南、北四个区。她的战果也很漂亮，短短不足一天的时间里居然签下了 20200 斤的西瓜合同。

一般的瓜贩恐怕是做不到她这份业绩的。然后，当她胸有成竹地走向西瓜批发市场。找瓜农、出价——3 角 5 分以下时，瓜农都像看外星人一样看她。因为批发最低价也得 4 毛多，否则就得亏本。女选手还不死心，跑了多家瓜摊，结果全都一样。最后，和瓜农价格谈不下来，时间快到了，她考虑了一下，就结束了项目。她将合同随手给了瓜贩，沮丧地对镜头说：“对不起，任务我没办法完成了。”此时是下午 4 点 47 分，离结束还有 1 小时的时间。

3 号选手。他借了辆自行车，开场就直奔市场，看起来非常精明能干。他砍价干净利落，下手又快又稳（基本等于没还价，也没看看瓜的成色），扛上西瓜就跑，赶忙载着西瓜向各家小饭馆推销西瓜，也成功地销出了一些西瓜。在推销的过程中，出现个画面，3 号选手自称瓜好瓜甜，对方说打开看，好就买，结果大失所望。

镜头上的他显得既活络，又颇有与人交往的能力，在实力作证的过程中可以说表现得最为轻松。4 个小时后，他只卖出很少量的西瓜，获得大约 100 元。中午时分，他站在太阳底下思考了 10 分钟后（下午差 1 刻 2 点）说：“我认为我的任务完成了……”然后，就结束了自己的任务。此时，离任务限制的 8 个小时还有一半时间。事后，他给出的解释是：他认为销售西瓜的目标对象是饭店，而饭店午餐后关门，所以他的销售工作也就结束了。

最后，节目给三人一个陈述机会，没有人勇敢承认自己的不足和失误。为了获得那份工作，三人都百般狡辩，为自己辩护。

讨论题：从诚信的角度分析三位选手的表现。

第三章　企业生产运营管理伦理

学习目标

通过本章学习，应该理解和掌握：

1. 企业产品定位伦理的基本要求
2. 企业产品设计的伦理责任
3. 企业产品包装的伦理问题和应遵循的伦理准则
4. 企业生产者在产品安全方面应该承担的伦理责任
5. 传统的产品赔偿责任与严格赔偿责任
6. 企业履行生态伦理责任的原则和途径

引导案例

手机电池爆炸

2007年6月19日中午，在位于甘肃省金塔县双城镇的营盘铁选厂内，一位名叫肖金鹏的工人正在戴着面罩作业。其装在胸前衣兜里的手机突然一声巨响，随后肖金鹏倒在血泊中，被送往医院后经抢救无效死亡。警方勘查现场并进行尸检后初步认为，肖金鹏是由于手机电池在高温下发生爆炸，被炸断肋骨刺破心脏身亡的。此前，我国发生过许多手机爆炸致人受伤、致人残疾的事情，但因为手机爆炸而致人死亡的事件，这是第一次。

对于手机电池是否真的可能爆炸致人死亡，国内手机权威检测机构、信息产业部电信研究院泰尔实验室主任何桂立表示，由于还没有检测事故残片，得出结论可能为时尚早，但泰尔实验室曾经做过一些手机电池燃烧、爆炸事故的检测分析，并写过相关报告。此次事故中有报道称，“手机电池是在高温下发生爆炸”，对此，他认为，高温可能是导致爆炸的原因，但不会是致命原因，高温只是外部诱因，真正致命的原因是，现在手机中普遍采用的锂电池如果设计不合理，就会在高温的诱导下爆炸。

何桂立详细介绍了4种可能导致爆炸的原因：①锂电池中的电解液不能外泄，但锂化反应会产生气体，一旦有气体，内压会越来越大，就会像高压锅一样。正规手机电池为此装有安全阀，气压大的时候会安全排放，防止电池恶性爆炸，但如果设计不好，锂电池根本没有装这种安全阀，那就很危险；②即便装了安全阀，如质量不好也可能发生爆炸，而且假冒伪劣的手机电池钢板很厚，如果泄压阀质量不好，一旦发生爆炸，碎裂的钢片就会威力很大；③手机电池的锂化反应在两个机板上进行，如果设计得不好，就会产生结晶，结晶会随着化学反应越来越大，一旦穿破绝缘层，将发生短路和大电流，产生突发性的高热，然后爆炸；④一般设计锂电池时会考虑第三种情况，在电池里设有安全电路，保证在外部短路的情况下防止爆炸，但如果这个安全电路也设计得不好，就会产生电压过大。他总结说，正规设计中会考虑多层保护，但如果每个环节都设计不好，将可能发生事故。

（资料来源：骆祖望、陶国富，《企业伦理通论》，河南人民出版社，2009 年，P220 ~221）

讨论题：

1. 你认为手机电池爆炸致人死亡，生产商或销售商应该对此负责吗？
2. 如果企业应负责的话，应承担什么样的伦理责任？
3. 你认为企业应该承担赔偿责任吗？应该如何承担？

企业为了生存和发展，为了占领市场、提高产品的市场占有率，为社会提供品质优良、价格合理的产品和服务，这是企业生产运营管理的根本目标，也是企业的道德责任。然而，由于利益的驱动，在现实的企业产品生产中，随处可见各种违背这一根本目标、背离企业道德规范的行为，如以次充好、假冒伪劣、污染环境等问题，这些行为不仅直接或间接地损害了企业员工和消费者的健康与安全，而且还破坏了社会生态环境。因此，企业生产运营管理的伦理问题，不仅涉及诸如消费者、环境等外部利益相关者的关系问题，而且也包括企业员工、股东等内部利益相关者的关系问题。

第一节　企业产品定位、设计和包装伦理

产品是企业与消费者发生联系的纽带，是企业利润的物质载体。企业要将产品推向消费者，必须要经过产品定位、产品设计、产品生产、产品包装等环节。在不同的环节，企业需要注意的伦理问题也各不相同。

一、企业产品定位伦理

企业要在激烈的市场竞争中生存和发展，只有满足消费者的需求才能实现。“顾客永远是正确的”、“顾客是上帝”等观念，都是以消费者为中心的观念，都是以无条件满足消费者的需求为目的，这种观念相对于过去以企业为中心的生产观念、产品观念和推销观念，是伦理上的巨大进步。适应环境变化而出现的社会营销观念告诉人们，企业提供产品，不仅要满足消费者的需要和欲望，而且要符合消费者和社会的长远利益。企业要关心、增进社会福利，主张企业利润、消费需求和社会福利三个方面的有机统一。绿色营销观念告诉人们，企业要开发经营对生态有益的货真价实的产品，以改善人类生活质量。也就是说，企业生产产品的定位不仅要满足消费者的需求，也要考虑其他利益相关者的利益和社会公共利益。

一般来说，消费者的需求可归纳为 4 类：①不合法的需求，如对毒品、私人枪支、黄色书刊录像等的需求；②对消费者本身有利，但对他人和社会有害的需求，如一次性消费品造成的资源浪费、环境污染；③对他人和社会没有直接损害，但对消费者可能存在潜在的不利影响的需求，如膨化食品、高脂肪食品等；④对消费者有利，而且不损害他人和社会利益，

或者对他人和社会都有利的需求。

从道德的角度来看，企业对消费者的合理需求应该绝对满足，在满足消费者需求的同时，实现企业自身利润，履行企业义务；对消费者不合法的需求，企业不能为了自身的经济利益而满足其需求；对消费者有利，但对他人或者社会有害的需求，企业也不能予以满足。根据社会营销和绿色营销观念，企业的产品定位必须对消费者有利，而且不损害他人社会利益，或者对他人和社会都有利，只有这样，企业产品的定位才符合企业道德的要求。

二、企业产品设计伦理

在当今中国社会，设计受到了前所未有的重视。但人们对设计经济作用的重视，远胜于对其社会学方面功能意义及影响的重视，从而出现了种种不道德、不负责任的设计行为所产生的社会问题，如缩短产品的使用寿命、设计过多的功能键暗示的产品、设计过多一次性产品导致环境的急速恶化等。因此，这就要求企业在产品设计过程中，除了严格按照科学规律进行产品设计外，还必须要遵循一定的伦理准则。

企业在产品设计时必须承担以下伦理责任：

（1）维护消费者生命、财产安全。根据马斯洛需要层次理论，安全需要是人的基本需要，而企业进行产品设计的根本目的是为消费者提供满足其需要的产品。因此，维护消费者生命财产安全是企业产品设计的基本伦理责任。这就是说，企业产品设计不能只考虑鲜艳的颜色和漂亮的外观，更要注意产品的安全性。最近几年，我国玩具企业出口国外的产品被召回的越来越多，大部分是由于产品设计方面存在着严重的安全性缺陷，如玩具上存在锋利的边缘，可能导致儿童被割伤；玩具上有可以脱落的物体，可能引起儿童吞咽和窒息事故；玩具上有开放的管道或空间，可能卡住儿童身体的一部分；或玩具上有较长的线绳，可能造成儿童缠绕事故等。2007 年，世界玩具巨头美国美泰公司因为产品设计的缺陷，在 5 周内被召回 2100 万件产品，影响非常巨大。与此相反的是，位于我国武汉市鄱阳街 53 号的景明大楼是一家英国公司于 1917 年设计建成的，目前仍然坚固完好。但 1999 年，这家英国设计公司函告使用方，大楼的使用年限为 80 年，现在已经超期使用，今后如出现安全事故，与公司无关，提醒中方注意。这体现了其对消费者安全的高度的道德责任，值得我国企业借鉴。

（2）向消费者说明产品的潜在使用危险与负面影响。消费者对购买的产品具有知情权，但由于现代技术产品的专业性较强，对产品的潜在危险及相关的副作用，只有产品设计企业和专业人士比较了解，一般的消费者很难知晓。因此，企业有责任向消费者说明产品的潜在危险和可能的负面影响。

（3）加强人文关怀，减弱技术异化。在保证产品安全性的前提下，产品设计应该充分考虑消费者的审美特征和使用习惯，使最终产品不仅富有美感，而且使用时操作简便、容易上手。现代技术产品带给人的最大伤害就是技术异化，面对日渐增多的“电视眼”、“电脑脸”、“网络综合征”等症状，面对种种人被物奴役、人被异化的现象，企业在产品设计时有责任将技术理性与人文关怀相结合，设计出充满人文关怀的技术产品。

（4）满足社会需求，保护生态环境。企业产品设计大多是针对一定消费群体的需求，因此，产品设计一方面必须满足欲购买其产品的消费者的需求，这是其获得利润的基本保证；另一方面还必须满足社会需求。消费者需求同社会需求大多数时候是统一的，但冲突也时有发生。有时企业的产品满足了一部分人的需要，却会给整个社会的生态环境造成破坏。例如，汽车满足了购车者出行方便的需求，却给大气带来污染；手机满足了手机购买者通信方便的需求，但却给周围带来了电磁辐射；空调满足了消费者纳凉的需求，却加重了温室效应。因此，产品的设计不仅要满足消费者需求，同时还要注意满足社会需求，承担保护生态环境的伦理责任。

阅读材料

中关村电脑换“芯”风波

中关村部分笔记本电脑安装的是台式机芯片一事，涉及部分著名企业。为此有关负责人出面解释：

一是说“使用台式机 CPU 现在是笔记本厂家中一种很流行的做法”。

二是说“无论从质量还是稳定性各方面都是经过严格测试的”。

三是说“国家也没有这方面的质量标准”。

而芯片供应商英特尔公司说，台式机芯片是不能替代笔记本专用芯片的。笔记本芯片成本和售价比台式机高 2 ~3 倍。

三、企业产品包装伦理

随着经济的发展，产品的包装已经从过去的从属地位上升为一种企业策略，其含义大为扩展，不仅可以保护产品，使产品便于运输和携带，也能凭借一定的造型、图案和颜色，使消费者产生偏爱，从而增加产品销售，扩大企业利润。但是产品的包装也存在一定的边界。

目前，我国企业在产品包装方面存在的伦理问题主要有：

(1) 产品过度包装和浪费。一般来讲，商品包装成本不应超过商品总成本的 15% ~20%，包装费用若占到总成本的 30% 以上，即属于过度包装。目前，我国消费已成为社会分层的代码标志，人们开始注重产品品牌和品牌的附加值。企业为了追求最大利润，同时利用消费者对品牌产品的热爱，从而对产品进行过度包装以满足消费者的虚荣心。此外，由于时尚流行往往具有美好的外衣，企业就充分利用其特点通过过度包装形式来刺激、诱惑消费者；加之有的企业在经济利益诱惑下失去企业自律，选择过度包装，使企业迅速成为暴发户，结果社会上出现了越来越多的过度包装现象。例如，2003 年中秋节，国内曾有标价 31 万元的“中秋月饼加住房”；2004 年中秋节曾有卖价 18 万元的“纯金金佛月饼礼盒”。这些包装不仅浪费资源、破坏环境，而且使消费者产生到底是“买椟”还是“买珠”的错觉。据有关部门统计，仅是北京市每年产生的近 300 万 t 垃圾中，各种商品的包装物就约有 83 万 t，其中 60 万 t 为可减少的过度包装物。我国卷烟包装印刷所需要的技术和工艺仅次于钞票和有价证券的印刷工艺，包装成本已经占到生产成本的 25% ~30%，而外国进口香烟的包装则大多使用白卡纸，成本仅是国内包装成本的 1/4。从伦理上来看，过度包装是一种功能与价值过剩的包装，耗用过多材料、体积过大、用料高档、装饰豪华，已经超出了包装保护、美化商品的功能要求，而片面强调装饰功能。这是一种不得体的夸张包装，脱离或背离产品核心价值，过度追求包装的附加值，其影响是造成一种坏的社会风气，大量浪费社会资源，破坏环境，同时也伴随着夸大、虚假和欺诈的行为。这种行为与社会的进步是背道而驰的。

（2）标签造假或说明不清。目前，我国不少产品的包装标签存在着故意遗漏一些重要信息，或提供虚假信息对消费者进行误导，或对应有的安全警示不加标注等现象。如果某个品牌商品比较畅销，那么市场上就会出现类似该品牌商品的包装。在农村，有不少的化肥企业在包装袋上乱标注，打上“全国首批免检产品”、“通过ISO9002体系认证”、“打假扶贫重点保护企业”等字样等误导农民。

有位名家说过，如果一个作品（设计）表现了伦理上应当谴责的态度，它就在同样程度上具有审美的缺陷；如果一个作品（设计）表现了伦理上被赞赏的态度，它就在同样程度上具有审美的优点。为了使企业的包装设计与决策合乎伦理，企业除了要遵守国家相关的包装标准等技术或法律规范外，还必须体现安全、实用、时尚、环保的伦理准则。其具体包括：

（1）商品包装应能保护商品和消费者的人身安全。在商品包装上应标注有关商品的搬运、储藏、开启、使用、维护等安全注意事项，要有清晰的安全警示和使用说明。因此，商品包装应该体现其安全性。

（2）重视产品质量本身，拒绝欺骗性包装。在商品本体与包装之间，商品本体永远是第一位的，包装只是一种辅助手段。商品最重要的是其内在质量，外部包装只是锦上添花，切忌“金玉其外，败絮其中”。

（3）适度包装，避免浪费。合理、适宜的包装会使商品物有所值、物有所用。但另一方面，作为生产活动的商品包装，其生产过程必然伴随着资源的消耗，当商品包装所形成的社会价值、经济价值远低于资源本身价值时，包装生产就是一种浪费。因此，商品包装应该体现其实用性。

（4）符合绿色化营销。一些商品包装本身有着一次性消耗自然资源、一次性使用遗弃而导致环境污染等负面特征。因此，企业不仅应该注重产品的使用价值，而且还要考虑包装的生态环境价值。

（5）包装材料应符合3R原则。3R即“减量”（Reduce）、“再利用”（Reuse）和“再生循环”（Recycle）。具体来说，就是企业使用的包装材料应能回收、再生利用，这就要求企业必须使用标准化包装。世界上很多国家对过度包装进行的控制，主要有标准、经济手段和加大生产者责任三种手段。标准控制就是对包装物的容积、包装物与商品之间的间隙、包装层数、包装成本与商品价值的比例等设定限制标准；经济手段控制主要是对非纸制包装和不能满足回收要求的包装征收包装税，通过垃圾计量收费，引导消费者选择简单包装；加大生产者责任控制主要是规定由商品生产者负责回收商品包装，通常可采用押金制办法委托有关商业机构回收包装，如有些国家规定由生产者和包装货物的厂商承担包装废弃物的收集分选和处理费用。

（6）在商品包装标签中，企业应对商品的生产者、产地、有效期限、使用方法、售后服务、性能、用途、质量、价格、规格、等级、主要成分等内容进行准确清晰表述，不能缺失或含混不清，更不能含有欺骗消费者的虚假信息。

阅读案例

一场没有赢家的“果冻”官司

年轻的王开省和邢敏夫妇是从外地到青岛市的打工人员，住在青岛市市北区的浮山后村。2001年4月13日，当他们带着一岁零两个月的儿子王超去医院体检的时候，被医生告知，小王超有点儿缺钙。3天后，也就是2001年4月16日下午，为了给儿子王超补钙，母亲邢敏特意从离家不远的利群超市购买了一袋深圳市赐发实业有限公司生产的乐口佳牌双歧因子AD钙果冻。但是就在小王超吃果冻的时候，意外发生了，小王超被果冻卡住了喉咙。卡住之后，他脸发紫，嘴唇发黑。当时，其母亲邢敏和爷爷连鞋也没来得及穿，抱上他就向医院赶去。大约15分钟后，他们来到了离家最近的一家医院。虽然医生们以最快的速度，动用了医院最好的设备全力进行抢救，但是仍然没有能够挽留住小王超的生命。

一岁零两个月的小王超就这样离开了人世，这一切带给他家人的打击是巨大的。小王超是因为呼吸道被堵塞而窒息死亡的，从他的呼吸道里，医生们取出了两小块儿果冻，而这两小块儿果冻就是夺去小王超生命的凶手。王家人无法接受小王超因为吃一个果冻而被卡死的现实，痛苦之中他们决定要为孩子的死讨个说法。2001年4月17日，也就是小王超死后的第二天，他的父亲王开省找到律师，寻求法律帮助。

小王超吃的乐口佳牌果冻是从青岛市利群超市购买的，而利群是青岛市一家有着近百年历史的老字号商业集团。由利群超市提供的资料显示，乐口佳牌果冻的生产厂家——深圳市赐发实业有限公司是一家手续完善、证照齐备的生产厂家。总之，无论是果冻的生产厂家还是销售商家都是合法经营、信誉良好的企业，它们生产和销售的果冻应该不会存在质量问题。既然如此，那么小王超被果冻卡死，问题究竟出在哪里呢？在调查中，律师注意到这样一个现象：从2000年年初开始，全国各地有十来起这种幼儿因食用果冻而致死的案件，而且有很多专家意见，都提出果冻产品从它的本身质地到包装形状上，都对儿童有一种不合理的危险。

据了解，果冻是一种以海藻胶为原料制成的胶类休闲食品。自20世纪90年代初进入中国市场以来，其丰富的口味和特殊的口感很快便受到消费者的青睐，特别是儿童的喜爱。目前全国生产果冻的企业已经有数百家，年产量达二三十万吨，其中很大一部分消费对象就是儿童。但是事实上，来自医生的意见显示：果冻并不适宜儿童食用，尤其是3岁以下幼儿。许多医生认为，由于3岁以下幼儿咽部还未发育成熟，而不少厂家生产的果冻形状像一个塞子，质感光滑并富有弹性，幼儿吸食的时候，很容易被堵住气管，造成意外事故，所以3岁以下的幼儿应该慎吃果冻。但是对于这一切，买果冻给儿子王超吃的王开省、邢敏夫妇表示他们并不知情。

这是王家人第一次买果冻给孩子吃，所以在购买之前，母亲邢敏还特意仔细查看了包装袋上的说明。一看有双歧因子、AD钙，还有其他营养成分，下面就是保护环境的标志。看完说明，母亲邢敏便放心地买下了果冻。回家之后，撕开包装，她将果冻整个儿地交给一岁零两个月的小王超自己吃，而就在小王超吸食果冻的时候，悲剧发生了。

对于这场不该发生的悲剧，作为果冻的销售商家——青岛市利群超市自有看法。在利群超市看来，作为监护人，小王超的家长在其吃果冻发生意外的过程中，存在严重过失，因此，他们应该对小王超的死承担全部监护责任。针对利群超市的观点，王开省、邢敏夫妇的代理律师认为，对于小王超的不幸，家长确实存在一定的失误，但这完全是由于家长对果冻这种食品的潜在危险性缺乏充分认识造成的，而家长之所以如此，恰恰是因为在果冻的外包装上针对果冻的潜在危险性缺少必要的警示标志或者中文警示说明。因此，家长不应当承担监护责任。作为一个消费者，如何掌握产品的一些构造、一些知识、一些使用性能？唯一的来源就是产品的本身，特别是产品的包装，包装上的一些警示、一些说明。该产品缺乏关于产品食用方法的说明，也没有产品的一些必要警示标志或者中文警示说明，使消费者以为这种产品应当对儿童没有危险。

2001 年 5 月 30 日，王开省、邢敏夫妇向青岛市市北区人民法院提起诉讼，声称：果冻的生产厂家深圳市赐发实业有限公司和销售商家青岛市利群超市，对儿子王超的死负有不可推卸的责任，请求法院判令上述两家为此承担连带赔偿责任。一石激起千层浪，此事一经媒体报道，便在社会上引起强烈反响。

青岛利群商业集团和深圳赐发实业有限公司认为，这种情况不能成为诉讼。因为这样的类似事件有很多，比如说被鱼刺卡住了，吸烟得肺癌了，被刀子误伤了等，都是一类的问题，不应当因为这个而产生诉讼。它们还认为，即使诉讼成立，它们也不该对小王超的死承担任何责任，因为它们生产和销售的果冻完全符合国家的行业标准，不存在任何缺陷。

话虽如此，不过就在小王超被果冻卡死之后不久，两被告便在其果冻生产和销售方面都发生了一些微妙的变化。就在小王超被果冻卡死之后的第 3 天，深圳市赐发实业有限公司便迅速作出反应，在其各大商场销售的乐口佳牌果冻上，用不干胶粘贴了“幼儿不可单独食用果冻，儿童和老人不可吞食果冻”的警示说明；而类似的警示说明也同样出现在了青岛市利群超市的散装果冻销售处。

2001 年 7 月 23 日，王开省、邢敏夫妇诉深圳市赐发实业有限公司和青岛市利群超市人身损害赔偿一案，在青岛市市北区人民法院公开开庭审理。在此次庭审之前，曾有法学专家预言，这将是一场胜负难算的官司。因为在小王超被果冻卡死之前所发生的多起幼儿被果冻卡死的事件中，没有一位孩子家长提起诉讼，而与之相反，就果冻外包装上针对果冻的潜在危险性应当标有警示标志或者中文警示说明，2001 年初在广东佛山曾有一位律师专门为此提起民事诉讼，但是佛山的两级法院均以没有损害后果为由未予立案。这一切对于王开省来说，无不意味着他面对的将是一场艰难而激烈的诉讼。

经过近 3 个小时的庭审，法院认为，作为生产厂家，被告深圳市赐发实业有限公司应当预见到其生产的果冻食用不当将可能危及消费者的人身安全，并应当为此在果冻的外包装上标注必要的警示标志或者中文警示说明。鉴于深圳市赐发实业有限公司未能做到这一点，根据《产品质量法》第 27 条，如果产品使用不当，可能危及人身、财产安全的，生产者应当在其外包装上标注必要的警示标志或者中文警示说明，法院进一步认为：深圳市赐发实业有限公司的行为已明显违反了《产品质量法》，其生产的果冻应属于有缺陷产品，而由这种有缺陷产品造成的人身损害，理应由深圳市赐发实业有限公司承担赔偿责任。由此，法院一审判决：判令被告深圳市赐发实业有限公司赔偿原告王开省、邢敏夫妇包括医疗费、丧葬费和精神损失费等费用，共计人民币45775元。

法院是这样认为的，《产品质量法》是全国人大颁布的一项法律；而行业所制定的标准，是针对一种产品的规格，以及其内在质量的，不是一种非常周严的标准。那么在这种情况下，如果这个产品符合了这些标准，但仍然造成了《产品质量法》所不允许的后果，它就要承担民事赔偿责任。作为一个监护人来讲，他也是一个普通的消费者。作为一个普通的消费者，他知道花生米和馒头应当如何来食用，而对本案的果冻，这种工业化所生产的产品，一般消费者很难来断定它是否具有潜在的危险性。因此，作为生产厂家，应当预见到果冻的潜在危险性，应当在自己的产品包装上附加警示标志或者中文警示说明。

一审判决不久，深圳市赐发实业有限公司便向青岛市中级人民法院提出上诉，要求其依法撤销青岛市市北区人民法院的一审判决，并判令王开省、邢敏夫妇对于小王超的死承担全部责任。上诉期间，深圳市赐发实业有限公司未按时交纳上诉费，青岛市中级人民法院依法视其撤诉。

最后，深圳市赐发实业有限公司已通过青岛市一家新闻媒体将45775元赔偿金全额交付王开省、邢敏夫妇。

果冻伤害儿童档案：

1997年11月，昆明一名幼儿因吸食果冻，造成窒息死亡。

1998年年初，昆明一名儿童因吸食果冻发生窒息，后经及时抢救而脱险。

1999年年底，一名被果冻卡住气管的儿童在湘潭市人民医院获救。

2000年1月，江苏省灌云县伊山乡一名周岁男孩因果冻卡住气管致死。

2000年1月25日秦皇岛市一名一岁半的男孩在家中吃果冻时死亡。

2000年1月29日，天津市大港区一名幼女因果冻卡住气管死亡。

2000年3月19日，大连市一名8个月大的幼儿在被喂食果冻时，窒息死亡。

仅仅是因为果冻生产厂家没有在果冻的外包装上对其潜在的危险性予以标明，也就是缺少必要的警示标志或者中文警示说明，就致使一个年仅一岁零两个月的孩子不幸死亡。当然，正如果冻生产厂家所说，其产品完全符合国家的行业标准，但是国家的行业标准对产品的要求毕竟是有限的，而消费者对产品的要求却是无限的。这说明企业在严格遵循国家有关产品技术标准和法规的同时，还有比这更重要的道德层面的东西。

（资料来源：根据CCTV. com社会经纬，《致命的果冻》，2002年3月14日整理）

第二节 企业产品质量伦理

企业质量管理是企业生产运营管理的重要内容。企业质量管理的成果主要体现为产品质量的高低。在现今物质财富越来越丰富的情况下，人们对产品的选择标准也越来越苛刻，对质量要求也越来越高。商品不仅要满足人的使用要求，还要满足安全、健康的需要。这说明，企业产品的生产一方面要达到操作和工艺标准，另一方面还要考虑产品是否给消费者、社会公众的生命健康和安全带来伤害。前者体现为产品质量的技术标准，后者体现为比技术标准要求更高的道德标准。

一个企业产品质量的高低，其主要因素甚至说关键因素是安全问题。产品的安全性具体表现为在使用中是否安全可靠、健康和没有危害，是否有利于环境保护，是否是在合乎伦理道德规范的情况下生产的。近几年来，人们对质量的理解已经有了全新的认识，质量不仅意味着要较好地满足人们使用的目的，而且意味着对人的健康有利，对他人和社会不能有任何伤害。因此，人们对产品的质量要求中环境保护的因素备受重视。不仅如此，人们还非常关心产品是在什么环境下由谁生产、如何生产的，是否在符合职业安全卫生或严格社会责任标准的条件下生产的。近几年来，我国很多企业被国外企业取消供应商资格，不是因为我国企业产品质量达不到其技术标准，而是无法达到对方所要求的社会责任标准。正因为如此，必须重视对企业产品质量伦理的研究。

一、三种生产质量伦理观

社会对生产质量的道德关切，已成为社会的热门话题。目前，国外关于产品质量的伦理有三种典型理论，即契约论、当然关切论和社会成本论。

1. 契约论

契约论认为，产品的质量责任是由契约双方所共同承担的共同义务。契约双方既要对各自的行为负责，也要有能力关照自身的利益。让用户了解产品的真实情况，给消费者提供的产品应符合销售合同的规定，这才是厂商或供应商的责任；作为用户应具有使用产品最基本的常识，如果因为使用不当而造成产品质量问题，供应商是不应该承担道德责任的。因此，按照契约论的观点，法律责任是平衡的。之所以提出要求平衡法律责任，主要是因为：

（1）20 世纪 90 年代以后，各国的消费者发现并扩展了责任投诉的范围，尤其是对于具有追溯责任价值的未知危险的发现。例如，在美国，赔付含铅油漆造成的健康损失费估计高达 1000 亿美元。

（2）一些特殊情况的出现。例如，美国有位主妇过去经常把弄湿的狮子狗放在烤炉里烘干，当买了一台微波炉后，她如法炮制，把狗放入炉中，结果发生爆炸。该主妇向企业索赔，结果企业败诉，因为说明书中并未注明不能在微波炉中烘干狮子狗，于是这触发了人们考虑是否消费者总是可以得到单方面的保护，而关于那种将狗放入微波炉中烘干的离奇事件还要由企业承担责任。

2. 当然关切论

当然关切论认为，任何消费者都享有一些无条件的权利。从道德观出发，无论商品提供者在契约中写出多少条款，他们都有义务提供“当然的关切”。这种“当然的关切”是生产厂商在合同规定的责任条款之上，还必须无条件承担的责任，也就是说，当然关切的要求超越个人利益和合同条款。对于设计和生产上的失误而造成产品作用不能正常发挥，厂家有责任给予维修。这些责任主要有：安全而精心的设计、值得信赖的生产以及适当的运输方式。持这种观点的人认为，因为厂家和商家拥有更多的关于产品的知识和信息。

3. 社会成本论

社会成本论表达了各种社会关切和道德要求。关切的中心是要给予事故的受害者以保护，特别是事故原因复杂、责任无法归结于某个具体行为主体的事故，其强烈的倾向是要把所有的责任归咎于肇事的源头——制造商。制造商被看做是危害消费者健康、致使消费者伤亡的罪魁祸首，因为产品设计上的技术错误多数情况下是造成伤亡的各种原因中的根本原因。因此，制造商在任何情况下必须对产品引起的伤害负责，应赔偿一切事故造成的一切伤害，即使他们在产品设计、制造过程中给予了应有的关切，即使他们已将产品的适当信息告诉了消费者，即使严重的错误是某个人所为，这种不负责任的行为造成的伤害也应由制造商来给予赔偿。

以上三种质量伦理观，实际上都主张企业应该对消费者承担产品伦理责任，只不过在承担产品伦理责任的程度上各有倾向，契约论主张承担平衡责任，关切论主张承担全部责任，社会成本论主张承担绝对责任。

二、产品安全问题与产品赔偿责任

（一）产品安全问题

产品质量好坏的关键因素是安全问题。那么，究竟哪些因素决定着产品的安全性？衡量产品安全与否有没有一个合理的技术指标？要认识清楚这些问题，关键是要确定产品的安全是相对的，还是绝对的。

实际上，任何产品都可能存在不安全因素，所说的产品安全都是相对的，因为影响产品安全与否的因素，不仅有生产技术工艺上的因素，也有许多人为因素，如生产操作环节上的疏忽，不排除某些厂家追求高额利润，加入一些违法的人为因素，还有消费者能不能正确地使用等。因此，产品的安全只是相对的，没有绝对安全的产品。

既然产品不可能是绝对安全，那么处理产品质量是否就可以含糊处理呢？答案是否定的。尽管产品没有绝对的安全，但不等于说产品就没有或不需要有一个合理的安全技术指标，毕竟它关乎消费者的生命与财产安全。也就是说，生产厂家在生产过程中应该对产品的安全性给予最起码的注意，或者说厂家在安排生产的过程中，要把产品的安全性至少达到一个公认的合理标准。

那么，这个合理标准是通过市场还是政府来解决呢？生产厂家与消费者相比，更熟悉产品的原料构成，了解产品的生产工艺流程，在产品安全性上具有某种信息优势。但在现实生活中，很多厂家的人为因素是市场自身无法解决的。既然市场解决不了，只能通过政府行为来解决。关于产品安全一般是由政府有关部门制定，或由行业协会来制定相关标准。

那么，政府或行业协会制定的产品安全标准怎样才算是合理的安全呢？合理的安全系数应该多大？关于这一点，可以参照美国国家产品安全委员会给予合理安全的定义，合理安全应该是：如果消费者知道这些危险，能够估计危险发生的突然性和严重性，知道危险发生如何应对，并且为了获得此外无法获得的利益而自愿接受这些风险，那么这些危险就是合理的危险；反之，能够轻易防止的危险以及消费者愿意花钱去防止的危险，则是不合理的危险。

从这个定义出发，生产厂家在考虑产品的安全性时，应该从以下3个方面进行产品安全评估：

（1）当企业决定生产某种产品时，一定要知道根据企业目前的技术条件，通过努力能够获得多大的安全性以及用什么方法获得。这是生产者必须具备和掌握的技术知识。

（2）确定就某一产品和行为需要多大的安全度。也就是说，把产品的安全设置在一个可以接受的风险程度上。这个合理的安全度需要由消费者和代表公众利益的政府来最终决定。

(3) 在上面两点基础上，确定某种产品和行为是否满足公众订立的标准。一般来说，政府制定的产品标准是比较低的，但公众对产品安全的要求和期望是比较高的。也就是说，公众对企业产品的安全有着比政府标准更高的合理的安全期待，这种期待是企业生产者在产品生产时也必须加以考虑的。

企业生产者在为消费者生产安全、健康的产品时，必须承担以下道德责任：

(1) 企业不能生产销售不安全、不合格的产品，这是企业道德责任的底线。一旦国家制定了相关产品的统一标准，那么企业就应该严格执行国家标准；如果某种产品没有标准或者还没有形成统一标准，那么企业起码应该保证产品安全达标，这对于生产者来说，是最起码的道德要求。有些行业的达标标准定得很低，而有道德、负责任的企业应该高于行业标准来要求自己。无论产品是否符合国家或行业产品标准，一旦出现或者发现产品存在较大危险性，就不应当继续生产或销售；对于已经销售出去的产品，应该通过某种方式告知消费者，或者企业出于道德考虑，将一些产品召回作进一步改良和改进。明知产品存在性能或安全隐患，但对消费者采取隐瞒政策，这是典型的不道德行为。例如，2005 年 5 月 25 日，浙江省工商局在一次例行检查中，发现雀巢金牌成长 3 + 奶粉每 100g 中，碘含量达 191 ~ 198μg，严重超过国家标准的 30 ~ 150μg，但雀巢奶粉的包装袋上却注明符合国家标准。

(2) 不论产品是否符合国家或行业标准，只要产品的使用或者是错误使用可能对消费者造成某种危险，企业就应当将发生危险的可能性明确告知消费者。如果企业明知产品有危险存在，却不在购买之前告知消费者，那么企业对消费者在不明情况下的产品伤害要负法律和道德责任。

(3) 企业应当告知消费者产品使用风险的性质和来源。也就是说，企业必须告诉消费者，在使用产品时，风险来源于哪里，什么情况下可能出现风险。

(4) 企业应当告诉消费者，产品风险是可以减少和避免的。

阅读案例

造假企业如何成为"一级诚信企业"

一些所谓的"诚信企业"，根本就不是来自市场的理性选择的结果，只不过是一些权力部门"赐封"的符号而已。

2006 年 9 月 1 日，中央电视台的《新闻联播》、《每周质量报告》栏目，以较大篇幅报道了江西一家啤酒厂生产假冒纯生啤酒的情况。

这家名为"江西圣士丹啤酒有限公司"的企业，把熟啤酒贴上纯生啤酒的标签后，摇身一变成了所谓的纯生啤酒。

"圣士丹"生产的假冒纯生啤酒，销售火爆，覆盖南方许多城市。可以想象，"诚信企业"这样的荣誉牌匾，是其赢得市场的重要助推器。然而，这样的诚信企业并不诚信，若非记者的调查揭开这个"诚信企业"虚假的面具，让人们看清他们是在以造假的手段欺骗消费者，一定还会有更多的消费者被这样的"诚信企业"所欺骗。

(资料来源：《新京报》，2006 年 9 月 1 日.)

（二）产品赔偿责任

生产厂商在产品安全方面的责任，不仅包括生产销售中应承担的道德责任，同时对因使用了企业出售的不合格、不安全商品而导致人身伤害，企业有义务进行赔偿。

所谓赔偿责任，就是消费者如果使用了存在质量缺陷的产品而受到伤害，那么厂商作为生产者或者销售商，应该根据实际情况给予一定赔偿，以补偿消费者由于使用该产品而导致的损失。这一定义可以从3个方面来理解：①产品赔偿责任是由产品的缺陷造成；②产品赔偿责任是一种侵权责任，根据权责对等原则及公平原则，交易中获益的一方有责任赔偿另一方的损失；③产品赔偿责任是一种损害赔偿责任，生产者或销售者应该补偿受害者的全部损失。

那么，在什么情况下、企业应该怎样承担赔偿责任？对于这个问题，有两种不同的理论：一是传统的产品赔偿责任理论；二是严格的产品赔偿责任理论。

（1）传统的产品赔偿责任理论。该理论认为，企业如果在产品生产和销售过程中没有尽到安全责任，如产品没有达标，或知道产品有某方面的危险，为了利益却不告知消费者，从而导致消费者或使用者因为产品质量问题受到某种程度的损害时，企业就应对消费者或使用者给予一定的损害赔偿金或惩罚性的赔偿金；反之，如果企业在产品生产和销售过程中已尽到了自己的安全责任，而消费者仍受到了伤害，即使可能是因为产品质量引起的，企业也没有赔偿责任。

这种理论认为，因为不存在绝对安全的产品，即使企业在生产和销售过程中对产品的安全性能给予足够的注意，产品还是可能有安全上的缺陷。而企业的预测能力毕竟是有限的，不可能对产品在使用过程中将会发生的所有可能情况都预见到，而且这还需要花费大量的人力、物力、财力。

传统产品赔偿责任理论有两个基本前提：一是产品有技术缺陷；二是企业在生产和销售过程中没有尽到应尽责任。对于产品在安全性能上的缺陷可分为企业可预见和不可预见两种情况。具体来说，前一种情况是指在企业现有技术工艺水平上，企业可以通过各种方式去测试产品在使用过程中出现的各种情况，并竭力去克服，那么这种产品的缺陷是企业可预见的，并加以改进；后一种情况是指企业在现有的技术工艺水平上，无法预见和克服的产品缺陷，包括消费者在正确使用和错误使用产品时可能发生的危险。因此，对于企业可预见并可以加以克服的产品缺陷造成了消费者的损害，就是企业在生产和销售过程中没有尽到自己的安全责任，则企业要对因忽视安全而造成的产品缺陷对消费者带来的伤害以及财产损失给予赔偿；但如果是企业在现有的技术工艺水平下无法预见和克服的产品缺陷，企业在生产和销售过程中已尽到了自己的安全责任，但仍给消费者带来了伤害以及财产损失，企业不负有赔偿责任。也就是说，企业不应该为无过失的行为负责。

传统赔偿责任理论存在着两大问题：一是只将企业的赔偿责任范围局限于生产和销售过程中，而产品销售后几乎不承担责任。这就存在这样的问题，如果消费者正确使用却发生了意外情况，责任应该由谁来承担？二是企业对产品的缺陷是否可预见并没有一定的界限。这种问题的存在，很可能被想逃避责任的企业所利用，拒绝赔偿。

（2）严格的产品赔偿责任理论。传统赔偿责任理论存在着对消费者有失公平和产品缺陷是否可预见的界限不清楚的问题。为了弥补这个理论在此方面的不足，后来提出了严格的产品赔偿责任理论。

严格的产品赔偿责任理论认为，不论企业在产品的安全方面是否尽到了其在生产和销售过程中的安全责任，只要消费者因产品的质量问题受到了伤害，企业就应当赔偿因此而造成的损失。也就是说，只要产品在质量上存在缺陷，尽管企业此前已经对产品进行了合理的测试和预见，也应无条件向消费者赔偿。根据严格的产品赔偿责任理论，受害者不必证明企业的过失，只要证明企业产品存在缺陷以及缺陷对自己造成了伤害，就可提出索赔要求。

严格的产品赔偿责任理论有两个支持理由：一是企业比消费者更有能力承担赔偿费用，因为它可以将这些费用分散给其他人。为了应付严格责任赔偿可能引起的费用，企业可以通过提高产品销售价格以分摊赔偿费用，或者购买产品赔偿责任保险支付赔偿费。二是企业承担严格责任赔偿可以促使企业改进产品的安全性能，从而减少事故的发生和降低相应的损害。正是这一严格的产品责任赔偿理论的应用，使得企业将无法以“无法预见和克服”为借口来推卸赔偿责任。可见，严格的产品责任赔偿理论体现了企业责任的绝对性和刚性。

严格的产品责任赔偿理论解决了产品在使用过程中发生事故的责任承担问题，弥补了传统的产品责任赔偿理论的不足。它虽然解决了传统的产品责任赔偿理论不能解决的问题，但是其本身存在着两点缺陷：①消费者使用产品发生事故可能是因为消费者操作不当所致，作为企业却要为无过失行为负责，对企业而言有失公平。如此一来，消费者可能会将自己使用不当造成的伤害当成企业产品的缺陷而向企业提出赔偿。②企业将产品赔偿费转嫁给其他消费者，这对其他消费者来说是不公平的，因为他们没有责任来承担这些费用；而且，企业也不一定有能力将这种费用成功转嫁。

从该理论在实际运用中的情况来看，也存在一定的局限性。该理论认为，企业会在赔偿压力下改善产品安全，因而产品赔偿案件会逐渐减少。事实是该理论出现后，企业由此而产生的诉讼增加了企业的负担，致使企业为了规避消费者的安全诉讼，对消费者采取了区别对待的方法，如只将产品卖给具有相关产品知识的消费者，而不愿意卖给对此不了解的一般消费者。

三、产品召回制度的伦理问题

在现代经济活动中，由于产品质量而形成的缺陷产品给消费者人身、财产或者对环境造成的损害日益增多，特别是近年来出现的一系列由于产品缺陷而引发的纠纷事件，如东芝笔记本电脑事件、三菱帕杰罗汽车事件、松下手机事件等，引起了社会对产品召回制度的广泛关注，产品的安全问题以及由此引发的企业道德责任问题也变得日益突出。

产品召回制度是针对缺陷产品而建立的。所谓缺陷产品，是指企业因产品设计上的失误或生产线某环节上出现的错误而产生的，大批量危及消费者人身、财产安全及危害环境的产品。由于缺陷产品往往具有批量性的特点，因此，当这些产品投放市场后，其损害将是广泛的。一般来讲，因产品质量问题造成的损害，当事人可以通过民事诉讼来达到赔偿的目的。但这仅仅是单个受害者的补救措施。当大批的缺陷产品投放市场后，单靠消费者提起诉讼，并不一定能引起生产企业的重视，达到消除全部缺陷产品的目的，而且在时间上也会延误迅速消除全部缺陷产品的时机，使尚未造成损失的不合理危险变成现实损害的可能性进一步增大。因此，政府主管部门应及时介入，通过行政职权责令企业对缺陷产品采取维修、更换、补偿或者改进设计方案等措施。

产品召回制度是指政府主管部门依照有关法律和法规，监督产品生产者，使之对其生产和销售的缺陷产品进行回收、改造等处理，并采取相应措施消除产品设计、制造、销售等环节上的缺陷，以维护消费者权益、保护生态环境的一种行政管理制度。这种制度的道德责任在于，一经发现投放市场的产品存在设计或制造方面的缺陷，有可能危及人身、财产安全及危害环境时，生产企业应当立即向有关部门报告该产品存在的问题、产生原因及改进措施，并提出召回申请，以消除事故隐患，维护消费者合法权益。作为召回制度的衍生义务，生产企业还有责任及时公开召回信息。

现实生活中，许多人误认为产品召回与产品回收是一回事，其实这是一种错误的认识。产品回收是指在产品使用期限已满后，如果随意丢弃容易造成环境污染或对人身构成威胁，而消费者由于缺乏专业知识无法处理时，企业主动将废旧产品回收的行为。例如，电池、电子产品等都含有不少贵金属，如果得不到妥善处理，容易对人体或自然环境造成危害。而生产企业具有处理它们的专业知识和能力，因此，企业负有产品回收的伦理责任。但遗憾的是，至今鲜有企业主动进行电池、电子产品等易污染产品的回收。随着社会经济的发展，社会对企业的这种产品回收的道德要求也会越来越凸显出来。

召回制度的根本目的是为了保护消费者的人身、财产安全，防止环境污染，要求企业遵守道德责任，实现消费者合法权益和企业长远利益的双赢，从而维护社会整体利益。

产品召回制度具有以下伦理特征：

(1) 召回的对象是缺陷产品。从各国的召回制度看，被召回的产品既不是假冒伪劣产品，也不是质量不合格产品，更不是有瑕疵的产品，而是有缺陷的产品，即企业在产品设计或生产过程中，由于受到设计人员的技术水平、当时的生产状况、公司的设计能力等因素制约，导致存在着不合理的危险，以致可能危害人身财产安全或造成污染的产品。

产品缺陷与产品瑕疵及产品不合格是有着一定区别的。我国《产品质量法》第 34 条将产品缺陷界定为“产品存在危及人身、财产安全的不合理危险”。因此，判定产品是否存在缺陷，主要依据该产品是否存在不合理危险。所谓不合理危险，是指产品不能提供人们有权期待的安全性。产品瑕疵是指产品质量应当具备通常的实用性能，符合在产品或其包装上注明采用的产品标准、产品说明或实物样品表明的质量状况。判断产品是否存在瑕疵的标准，是看该产品是否具备“通常具备的价值、效用或契约预定效用或出卖人保证的品质”。判定产品质量是否合格的依据是法律规定和当事人约定，如果产品符合法律规定和当事人约定的标准，那么即是质量合格的产品，但可能仍存在某种不合理的危险。因此，仅仅因为产品瑕疵或产品质量不合格，当事人不能提出召回申请或要求。

(2) 召回的原因是出现不合理的危险。在通常情况下，企业在产品的安全性方面应负的道德责任不仅仅是不生产、不销售不安全产品，还应当体现在两个方面：一方面，企业必须对产品的安全性给予应有的注意，把产品的危险性降低到合理的程度；另一方面，既然产品的安全性只是相对的，那么消费者因为产品不安全而受到损害的可能性也是存在的，因此，企业有责任根据损害程度给予相应赔偿。召回制度较好地解决了企业在产品的安全性方面对顾客应负的道德责任问题。如果企业没有尽到这一道德责任，对产品的安全性没能给予应有的注意，致使产品的危险性出现在不合理的程度上，那么企业就必须对产品承担起召回的责任和义务。

(3) 召回的基础是严格赔偿责任。召回制度是以严格赔偿责任理论为基础的，这就迫使企业尽自己最大的努力去改进产品的安全性能，减少事故和损害。因为作为生产者，企业应该比其他人更了解自己的产品，更有责任测试自己的产品并预见可能发生的危险。一旦要承担严格赔偿责任，企业就会更加认真地测试产品，更加注意错误使用产品可能导致的损害，尽其所能地改进产品的安全性能，这对消费者、企业乃至全社会都是有利的。

产品召回制度是适应市场经济内在要求的一种制度，它所提倡的召回行为，反映出企业应承担的道德责任。它体现了以下几个伦理准则：

（1）珍惜生命的原则。珍惜生命原则在道德规范的次序上是最优先的，它优先于所有其他道德规范，是最基本和最起码的人权与道德要求。世界上很多国家的产品安全法均规定，当产品不符合安全标准或禁止性规定，导致了死亡或严重的人身伤害时，企业必须自觉按照法律要求，在规定时间内，向有关政府部门提出产品召回的企业报告。之所以说召回制度珍惜生命，是因为：一是召回制度是为了保护人类的生命安全与健康。在美国，据统计，每年有将近42000人丧命于车祸，车祸每年带给美国的经济损失高达1500亿美元。为保护公民的生命健康与安全，有效地尊重和保护生命，美国于2000年重新修改召回制度，确立了严格的召回条件和程序。二是召回制度是针对存在着不合理危险、可能危及消费者人身安全的缺陷产品而采用的，其根本目的也是为了保护消费者的人身安全。

（2）尊重财产的原则。从各种产品召回事件来看，当企业的产品存在缺陷、可能给消费者的财产造成损失时，企业必须承担召回的责任。如果缺少了召回制度的法律保障，财产的尊重和保护只能停留在理论层次上，而无法转变为现实的实践活动。例如，东芝公司在美国的笔记本电脑赔偿官司平息半年后，我国用户才得知东芝笔记本电脑这一潜在的质量隐患，有些用户向东芝公司提出赔偿要求。而东芝公司代表回答，由于中国和美国的法律不同，中国用户不能获得赔偿，因为按照美国法律，如果产品存在缺陷，可能对消费者财产造成不良后果的，企业就应承担相应的责任，而中国没有建立召回制度，法律对此没有明文规定。因此，东芝公司只同意向我国用户提供免费补丁软件，而拒绝赔偿。应当承认，在这一事件中之所以出现“只赔美国人，不赔中国人”的情况，与我国没有建立产品召回相关法律有直接关系，结果50万美国用户得到了总额10亿美元的赔偿，而中国用户只能得到一个软件补丁的赔偿。

（3）关注环境的原则。是否危害环境也是界定缺陷产品的标准之一，对可能危害环境的缺陷产品采取召回措施，也是召回制度的基本内容。因此，关注环境也是召回制度的一种伦理准则。召回制度明确规定：如果产品存在不合理危险，可能危害环境时，企业必须及时向有关部门报告该产品存在的问题、造成的原因、改进措施等，并提出召回申请，经批准后对投放市场的缺陷产品进行回收、改造，以消除隐患、保护环境。1970年，美国环保署公布了《轿车、轻型车排气清洁法》，将防止污染、保护环境纳入召回制度；1975年，美国又颁布了《能源政策和储备法》，随后制定了《平均油耗法》，规定对达不到法定油耗标准的汽车必须实行召回。这些政策和法律的实施，迫使美国汽车公司耗资上千亿美元重新设计车型，将平均油耗降低到1970年的一半以上，使车主一年可节约大约3000美元的汽油费。此举不但节约了能源，保护了环境，还促进了产品的技术进步。

（4）坚持诚信的原则。召回报告的提出、计划的制订以及召回信息的公开发布都体现着企业必须诚实信用的道德要求。如果违反这一道德要求，可能给消费者带来损失时，企业必须承担相应的法律责任。可见，召回制度内含着诚信这一伦理准则。

我国现行的消费者权益保护制度主要是《中华人民共和国产品质量法》、《消费者权益保护法》、民法中的民事赔偿制度和1988年通过行政手段实行的产品"三包"制度。虽然我国的法律法规为消费者提供了维权武器，但涉及缺陷产品召回方面的内容是泛泛而言，而且太笼统，缺乏可操作性。例如，《中华人民共和国产品质量法》第26条明确规定："生产者应当对其生产的产品质量负责；"《中华人民共和国消费者权益保护法》第18条明确规定："经营者发现其提供的商品或者服务存在严重缺陷，即使正确使用商品或者接受服务仍然可能对人身、财产安全造成危害的，应当立即向有关行政部门报告和告知消费者，并采取防止危害发生的措施"。

虽然我国的这些法规和制度与产品召回制度一样都是为了保护消费者的人身和财产利益，但两者却有明显的不同。按照我国目前的法规和制度，一种产品只有在对人造成伤害后，才会进行处理。目前，国内对有质量问题或者不合格的缺陷产品的处理，主要还是采取由受损的消费者对该产品以违约或侵权为由，通过司法程序向销售者或制造者提出索赔。对于批量生产出现的缺陷产品导致大量消费者人身、财产受到损害的情况，行政机关如何进行管理、惩戒，并促进企业进行改进、弥补产品缺陷等的管理仍显乏力。而缺陷产品召回制实行以后，只要发现有批量产品存在质量问题并有可能对消费者造成伤害，企业就有义务将产品召回补救或者销毁。显而易见，产品召回制度有着"防患于未然"的功能，较之于被动保护的《消费者权益保护法》等法规有着明显的优越性。

2003年，国家质检总局决定对第二季度国家监督抽查中存在严重质量问题的插头插座予以强制收回。按照要求，凡购买了相关不合格插头插座的消费者可以向商场或生产厂家提出退货。这是我国首次以国家的名义强制收回某项产品，标志着我国有关行政主管部门对涉及人身和财产安全的产品，特别是对劣质产品加大了市场监管力度。

由于近年来汽车质量和服务问题层出不穷，汽车消费者投诉日渐增多。历经4年、10次研讨的《缺陷汽车产品召回管理规定》终于在2004年10月1日开始实施。其宗旨是加强对缺陷汽车产品召回事项的管理，消除缺陷汽车产品对使用者及公众人身、财产安全造成的危险，维护公共安全、公众利益和社会经济秩序。但是，这一规定还存在着许多问题，有待完善，如执法主体不明、配套法规太少、罚则不够重等。另外，在一些汽车产业成熟的国家，汽车召回制度往往是以国家大法的形式出现，具有较高的权威性和较强的约束力，如美国的《国家交通及机动车安全法》、日本的《公路运输车辆法》。而我国的《缺陷汽车产品召回管理规定》作为国家机关部门的规章制度，并非严格意义上的法律，无法对其他部门产生法律效力，也使得相关认证制度缺乏法律基础。

四、强制性产品淘汰的伦理问题

强制性产品淘汰，通常是指生产企业在生产产品时预先设定一个寿命，这个寿命比正常的寿命要短。这样就迫使消费者在较短时间内再购买产品，而实际上合理的使用寿命时间要比这个寿命长。

所有产品的寿命都是有限的，产品没有使用价值就要被淘汰。近几年来，很多企业为了谋取高额利益，在产品设计时故意缩短产品寿命，如将产品的某个关键部件设计成经过一段时间就因为磨损而不能使用，或者故意推迟某些产品的改进，直到现有的产品库存清理完毕或现有产品的市场需求大幅度下降时才推出新产品。企业的理由是：产品更新的改进需要测试和调研来确定产品的市场需求，新产品过早地上市会导致以前库存的产品没有价值，最终还是需要由更高的新产品价格来补偿，并且会导致旧产品的浪费。

企业从自身实际和节约资源出发故意推迟产品的改进并无可厚非，但其在产品设计时故意将产品的寿命进行缩短，这种过早地淘汰产品的行为，不仅浪费了自然资源，增加了社会环境保护的成本，而且消费者要为过早进行产品淘汰而买单，毫无疑问也增加了消费者的经济负担，损害了消费者的利益，从伦理上看，是一种极不道德的行为，应该受到社会的谴责。

阅读案例

瓶装饮料浊流汹涌

大发市场位于广东佛山市大沥镇，地处广州和佛山两地之间，毗邻广佛高速公路。走进大发市场，悬挂着的“打击假冒伪劣产品”的横幅十分醒目。饮料是整个市场的主要商品之一，在这里一瓶“冰红茶”和“鲜橙多”的价格不到一瓶纯净水的一半，这样的怪事随处可见。这种低价饮料的内幕到底是怎样的？

2004 年 5 月 14 日，执法人员着便装来到大发市场，在一片拉客声中，发现这里的杂牌饮料的确相当便宜，无论是各种碳酸类饮料，还是各种果汁类饮料，每瓶批发价仅为 2~3 角之间。于是，执法人员买了 11 个厂家 11 个品种的饮料，送广东省食品检验所进行检验。检验结果令人震惊——送检的 11 个产品全部不合格，除了没有任何果汁含量外，细菌总含量大大超过国家卫生标准，有的竟超出 15 倍。

这些不合格的劣质饮料是怎样生产出来的？距大发市场几公里外的西村，街旁一座不起眼的民居内，没有悬挂厂牌，进入院内，只见污水横流，两台灌装机在几个打工妹的操作下，将一瓶瓶灌注后的“酷儿”橙汁扔在地上。在这家名为“大沥康喜园饮料厂”的作坊里，所谓的“酷儿”、“鲜橙多”等不同品牌的水果味饮料，没有任何果汁，而是用“三精一水”调配制成的劣质饮料。两小瓶色精可勾兑几百瓶饮料。在灌装机的隔壁，用糖、色精、香精再加自来水勾兑好的所谓“果味饮料”盛在大桶内，用铁管接通灌装机。“大沥华星食品饮料厂”也是一家不挂厂牌的作坊式工厂。整个生产现场环境极为恶劣，二楼专门用糖精、色精和香精加入自来水勾兑，大桶有两根管道分别与楼下的灌装机相接。

这些作坊式工厂一无卫生检测设备，二无任何消毒器具，无论是生产设备，还是卫生设备，都不具备生产条件。它们生产的各种果汁和茶类饮料都是用糖精、色精、香精和自来水勾兑而成，根本没有任何果汁成分和茶成分。

据了解，这些劣质饮料大多销售到湖南、江西、广西和广东的经济不发达地区。虽然无法统计有多少劣质饮料已流入市场，但大发市场已成为劣质饮料的集散地，其周边地区的劣质饮料生产浊流汹涌。

（资料来源：《中国质量报》，2004 年 6 月 8 日.）

第三节　企业生态伦理

企业的生产、发展、运行都离不开对资源的需求和对环境的依赖。企业依赖环境为人类创造物质财富的同时，也带来了对环境的破坏，因此而产生了如全球变暖、有毒废弃物、资源枯竭、垃圾处理、酸雨等环境问题，这些问题既是社会问题，也是企业无法回避的问题。目前，这些问题已经直接影响到企业的经营活动，促使企业把环境问题融入企业整体经营活动之中。企业管理不仅要强调以人为本、尊重人的管理，而且也要从人与环境的关系出发，尊重生命和生态管理。因此，企业要正确处理生产经营活动与生态平衡的关系，形成符合生态伦理要求的经营行为。

一、企业生态伦理的内涵

（一）企业与生态环境的关系

进入20世纪以来，由于科学技术的广泛运用，人类工业文明得到了空前的发展，企业已经成为社会进步的重要力量。但企业的发展也使环境遭受到巨大的破坏。科学家在分析造成环境问题的原因时发现，企业是造成环境问题的首恶。

据统计，我国工业企业能源消耗比重接近70%，江河污染有一半以上来自工业企业，大气污染90%来自工业企业，城市污染、农村污染大多也与企业行为或产品品质有关。因企业管理不善造成特大环境事件屡有发生，严重危害了人民群众的身体健康。世贸组织资料显示，截止到2006年年底，我国出口企业遭受反倾销调查的案件数量达816起，与40多个国家有关，涉及商品种类4600多种，累计直接经济损失高达1500亿人民币。究其原因，主要与出口商品环保质量不达标有关。例如，2004年初，阿根廷对原产于我国温州的太阳镜、眼镜框采取反倾销立案调查，要求征收350%～1800%的高额反倾销税，一个重要理由是认为该产品没有达到国际环保质量标准要求，环境成本没有纳入到产品成本核算中去，从而使产品价格低廉。经过一年多的调查与最终裁决，温州企业虽然赢得了胜利，但企业也为此付出了沉重的代价。2006年9月7日，国家环保总局和国家统计局联合发布了《中国绿色国民经济核算研究报告2004》，报告称，2004年全国因环境污染造成的经济损失为5118亿元，占当年GDP的3.05%。其中水污染的环境成本为2862.8亿元，占总成本的55.9%；大气污染环境成本为2198亿元，占总成本的42.9%；固体废物和污染事故造成的经济损失为57.4亿元，占总成本的1.2%；虚拟治理成本为2874亿元，占当年GDP的1.8%。

企业和环境之间的互动影响可以从以下几个方面进行说明：

（1）企业对空气质量的影响。目前全国1/5的城市空气污染严重，2006年中国38%的城市未达二级空气质量标准，达到一级空气质量标准的不到1%。2004年全国有4亿城市人口呼吸不到干净的空气。世界空气污染最严重的10座城市中，中国占了6个，这些城市中的二氧化硫含量是世界卫生组织及国家标准的2～5倍。目前我国二氧化硫的排放量居世界第一，二氧化碳排放量居世界第二。在中国11个大型城市中，空气中的烟尘和细颗粒物每年造成至少5万人死亡，40万人感染上慢性支气管炎。

（2）企业排放对水质的影响。由于企业的非法排污，我国各大河流已经丧失饮用水功能，70%江河水系受到污染，其中，40%受到严重污染；75%的湖泊出现富营养化。

据卫生部统计，我国每年洗衣粉的产量是200万t左右，如果按平均含磷15%计算，每年会有超过7万t磷排放入水中。1g磷可以促使100g的藻类生长，而藻类中有一种蓝藻是有毒物质，对人体有致癌的危险。由于藻类的大量繁殖，造成海水中的水生物激增，许多沿海地区出现赤潮，东海为我国赤潮高发地带，2003年以来发生了70多次。2006年，中国海域共发生赤潮93次，较上年约增加13%。有毒赤潮生物引发或协同引发的赤潮41次，累积面积14970平方公里，占全年赤潮累积发生次数和面积的44%和75%。在煤炭生产过程中，企业排放的洗煤水，特别是浮选洗煤废水危害极大，用它灌溉农田，势必引起农作物枯萎或减产；排入河流则危及鱼类等水产的生产；渗入地下，则污染饮用水源。

（3）企业排放物对臭氧层的破坏。由于企业排放的氮氧化物、氯氟烃气体消耗臭氧，这些物质被释放进入大气以后，在阳光、温度等因素作用下，会发生一系列化学反应，使臭氧含量下降，致使皮肤癌和白内障发生。更为严重的是，它一旦夺去土壤、微生物、海洋上层藻类的生命，生态链中关键的一环将会中断，从而危及整个地球的生命体系。这种对生态系统完整性的破坏，导致生态系统中各个子系统的分离。这些氮氧化物、氯氟烃气体至今依然被企业广泛用做制冷剂、喷雾剂和发泡剂的生产。

（4）企业超标排放二氧化碳导致全球温室效应。无数企业、厂矿每年向大气排放的二氧化碳达百亿吨，使全球气温升高。在过去的100年里，气温最暖的6年都出现在20世纪80年代，海平面上升了10~15cm。预计在未来的100年里，海平面要上升1m。许多沿海、低洼地将被淹没，不少岛屿、湖泊等自然景观也有消失的危险。气温上升还会改变土壤的温度，使干旱、洪水、风暴等自然灾害频繁发生。热带海洋温度上升为飓风的形成提供了更多的能量，从而使季节性袭击世界各地的飓风力量增加50%。这种给人类生存带来自然灾害的行为更是不道德的。

（5）企业污染加剧了酸雨现象。酸雨中的硫酸和硝酸绝大部分是由企业排放的二氧化碳、氮氧化物形成的。酸雨能使土壤中的钙、镁、钾等营养成分流失，使有毒金属铝、铜、镉流动，使树木枯死。酸雨还会腐蚀企业设备、材料，加速金属、石料、涂料的风化过程。目前我国1/3的国土面积受酸雨影响，2009年在国家环保部门监测的488个城市中，出现酸雨的城市有258个。

（6）企业对自然资源的掠夺性开采正在引起地质结构变化，已经成为引发地质灾害的强大地质力量。20世纪80年代的全球移动岩石为20000km^3，并且开采地矿以每年5%的增长率递增；21世纪初的全球工程建筑面积接近陆地面积的20%；欧洲的金属矿已在1500m以下开采，南非、印度在3500m以下开采金矿。无止境的开采地矿使地球出现空洞，地下工厂的蔓延终有一天使地球成为一个空心球，拔地而起的高楼大厦增加了地壳的负荷。挖掘地矿不仅加快了地质化学元素向大气的挥发过程，而且还会形成新的地质元素，打乱了地球的自然进化。据联合国环境规划署统计，有一半以上的地质灾害是由企业、厂矿等人类活动对地质结构的破坏造成的。企业的发展不仅破坏了全球居民的生存空间，而且也缩小了子子孙孙后代的活动范围。

（7）企业污染物加快了物种的消失。美国动物学家在佛罗里达受污染的水域观察鳄鱼的变化，最明显的特征是雄性生殖器官萎缩，受污染的鳄鱼在孵化过程中，生殖器官发生了变异。医学专家指出，睾丸癌、男性不育症患者的不断增加和企业排放废弃物有直接关系。

据世界卫生组织目前公布的资料，20世纪90年代男子的精子含量只是20世纪40年代男子精子含量的1/5，这无疑是男子女性化的生理基础；与此同时，女子的男性化好像也开始盛行。这种阴阳错乱现象使得与同性恋密切相关的艾滋病向世界各地扩散。国际绿色组织1995年6月份的资料表明，含氯的化学制品损害人的生殖能力，而在人的血液、乳、肌肉、脂肪中都能测到有机氯，孕妇妊娠期频繁接触氯会造成胎儿死亡、自然流产、婴儿智商降低，除某些有机化合物对物种造成的伤害外，噪声对物种也造成致命威胁。噪声迫使动物转移栖息地，影响人体生物节律、神经系统，东京、伦敦等国际大城市35%的自杀案件与噪声污染有关。现代企业的不正当经济行为不仅导致物种的消失，而且也是对企业主体的否定。

自然环境的恶化导致自然灾害频繁发生，并且每次自然灾害造成的损失越来越严重。自然灾害恶化经常引起设备破坏、厂房倒塌、交通中断，造成信息、物质交流失灵。一座大煤矿的收益虽然有上千万、上亿元，但一次塌方等造成的损失却超过亿元，甚至高达几十亿元。20世纪90年代，云南东川铜矿基地由于树木被砍光，多次发生泥石流，被称为“中国的泥石流王国”，当地铁路屡修屡断，影响了矿产运输。每次台风发生，不仅影响海上运输，而且还毁坏陆上交通、电信设备，造成停电、停水、停工以及人员伤亡，给社会造成巨大损失。

企业不正当经济行为造成的自然环境恶化给企业自身发展也带来风险。暴雨、海啸、地震等随时出现，与此相关的企业风险也就会随时发生。自然资源的恶化带来的资源匮乏也降低了企业的生产能力。

从以上企业对环境的污染中，可以得出结论：企业一方面从自然环境中获得生产产品所需要的原料和资源；另一方面又在生产产品的同时对周围的自然环境和社会环境产生破坏性的影响，这些不利的影响又反过来影响企业的生存和发展。可见，企业与环境之间存在着相互依存的关系，企业只有在生产产品的同时，承担起生态环境的法律责任和道德责任，才能获得持续发展。

阅读材料

伦敦烟雾事件

英国伦敦是世界著名的“雾都”，由于工业废气聚集在城市上空形成的浓雾积年不散，使得该城市交通事故频繁发生，人们多患有呼吸道疾病。1952年12月5~8日，伦敦上空的浓雾受反旋气流的影响，温度逆增，致使烟雾中心的三氧化二铁促使二氧化硫氧化，产生硫酸泡沫，凝结在烟尘或凝聚源上形成酸雾，酸雾进入人的呼吸道系统导致发病或死亡，4天内因此死亡达4000多人，其中45岁以上的人死亡最多，为平时的3倍，因支气管炎、冠心病、肺结核及心脏衰竭死亡者分别为平时的9.3倍、2.4倍、5.5倍和2.8倍，肺炎、肺癌、流感等死亡率也成倍增长。该事件过后的2个月内，还陆续死亡了8000多人。这便是震惊世界的“伦敦烟雾事件”。

阅读案例

松花江水污染事件

2005年11月13日，位于吉林省吉林市的中国石油吉林石化公司双苯一车间发生连续爆炸。在这之后，监测发现苯类污染物流入该车间附近的第二松花江（即松花江的上游），造成水质污染。14日10时，吉林石化公司东10号线入江口水样有强烈的苦杏仁气味，苯、苯胺、硝基苯、二甲苯等主要污染物指标超过国家规定标准。松花江九站断面5项指标全部检出，以苯、硝基苯为主。随着污染物逐渐向下游移动，这次污染事件的严重后果开始显现。特别是黑龙江省会、北方名城哈尔滨市，饮用水多年以来直接取自松花江，为避免污染的江水被市民饮用、造成重大的公共卫生问题，市政府决定自2005年11月23日起在全市停止供应自来水，这在该市历史上从未发生过。停水之后，苏家屯断面（哈尔滨市饮用水源取水口上游16km处）硝基苯浓度24日18时为0.4417mg/L，超标25倍；19时为0.5177mg/L，超标29.45倍；25日零时为0.5805mg/L，超标33.15倍，达到最大值，随后浓度开始下降。在松花江水各项指标符合国家标准之后，该市于11月27日恢复供水。

松花江污染事件的严重后果，通过媒体报道，在全国乃至国际上引起了高度关注。由于该河最终流入国际河流黑龙江（俄罗斯称为阿穆尔河），这一事件还使我国与相邻国家的关系受到了考验。幸而，我国政府及时作了表态并向对方提供了多项援助，还积极地向国际组织通报了事件进程及我方的处理结果；而且我国政府在事故发生后，已经尽了最大努力，通过水库放水稀释污染物、筑坝拦截污染物等措施将损害限制在本国范围内，履行了国际环境法的损害预防义务。这些措施使得这次污染事件没有造成太大的国际关系后果。

本次发生爆炸事件的双苯厂，是中国石油吉林石化公司所经营的一家企业，其本身不具有独立的法人资格。中国石油吉林石化公司的前身是吉林化学工业公司，系国家“一五”期间兴建的全国第一个大型化学工业基地，于1954年开工建设，1957年建成投产。1958年经批准，组建为吉林化学工业公司。1978年由吉林省管理。1994年通过重组和股份制改造，创立了吉林化学工业股份有限公司，吉林化学工业公司作为母公司更名吉化集团公司。1998年7月，吉化整体（包括吉化集团公司、吉林化学工业股份有限公司）划入中国石油天然气集团公司。而1999年末，苯酐和苯酚丙酮、乙二醇、ABS、聚乙烯、乙醇胺、AES、计量中心和压检中心等7户企业划入中国石油天然气股份有限公司，组成中油股份公司吉林石化分公司；并将吉化集团公司对吉林化学工业股份有限公司所持股权上划中油股份公司，使吉林化学工业股份有限公司成为中油股份公司的子公司。而吉化集团公司成为中油股份公司的母公司中国石油天然气集团公司的全资子公司，在层级上处于和中油股份公司平级的位置。

（资料来源：杨继，《公司环境责任之再思考——松花江水污染事件的启示》，《法学评论（双月刊）》，2007年第1期）

（二）企业生态伦理的基本内涵

企业生态伦理是关于企业与生态关系的道德研究。企业生态伦理又称为企业环境伦理，是处理企业与生态关系的伦理原则、道德规范和道德实践的总和，是人与自然和谐发展的道德诉求。它使企业伦理从企业社会伦理扩展到了企业自然伦理。企业生态伦理的主要关注点在于企业活动与生态环境的关系，主张企业及其管理者和员工自觉地承担保护自然的责任，主动调节自己的行为方式以适应自然，实现人与自然关系的稳定与和谐。

就企业与生态环境之间的关系而言，企业的任何生产经营活动都是以生态环境系统运行与发展作为基础和前提条件的，而且企业的生产经营所需要的物质和能量，无一不直接或间接来源于生态环境系统。生态环境不仅为企业生产过程提供必需的原料和能源，而且具有吸收、容纳企业生产过程中所排放废物的功能，还向企业生产系统提供自然服务。生态环境的这种功能决定了它是企业发展不可或缺的主要资源，同时也使它成为影响企业发展的重要因素。企业生产经营与环境资源之间具有高度的相互依存性。企业的经营活动不可能把自身同生态环境割裂开来，生产经营必须考虑资源消耗情况，以及对人类命运和生态环境的影响。

1924 年，英国学者谢尔顿提出企业在赚取利润的同时，必须主动承担对环境、社会和利益相关者的责任，即实现企业的“三重底线”原则。美国著名经济伦理学家乔治·恩德勒提出企业社会责任包括经济责任、政治和文化责任以及环境责任，其中环境责任主要是指“致力于可持续发展——消耗较少的自然资源，让环境承受较少的废气物”。P. 普拉利在其所著的《商业伦理》一书中指出，“在最低水平上，企业必须承担三种责任：一是对消费者的关心；二是对环境的关心；三是对最低工作条件的关心”。企业关心生态环境，进行生态伦理建设，其核心问题就是要承担生态伦理责任。

企业生态伦理责任是企业对社会应承担的节约资源和保护环境的社会责任和义务，是企业社会责任体系的重要组成部分。它是指企业除了承担为投资者和利益相关者各方追求利润、保障权益的责任外，也应该考虑维护直接或间接受企业生产经营活动影响的社会公众以及社会环境的合理权益。具体而言，企业在生产和运营过程中，应该对社会及相关利益者承担 3 个方面的生态伦理责任：①资源的有效利用；②控制和治理环境污染，尽量减少排放有毒气体、倾倒废弃物；③做好环境保护。

企业承担生态伦理责任的意义在于：

（1）有利于从源头控制环境污染。据估计，我国工业企业污染约占总污染负荷的 70%，而工业企业排放的污染，50% 左右是因为企业管理不善造成的，其中企业生态伦理责任缺失是一个重要原因。由于缺乏可持续发展的生态伦理责任，企业没有自觉防治环境污染的意识，在很大程度上加剧了我国生态与资源的压力。2006 年，我国全年发生严重环境污染事故 161 起，环境投诉达 60 万人次，仅此一年，我国就停批、缓批对环境有影响的项目 163 个，投资额达 7700 多亿元，50% 以上是钢铁、火电、石化等高耗能项目。

（2）有利于提高企业的品牌效应。企业注重环保，让公众认可该企业是对环境负责的企业，就可以树立良好的企业形象，提高企业知名度和美誉度。承担生态伦理责任在短期内可能会由于更新技术和加大环境治理而影响企业经济效益，但研究结果表明，企业主动承担生态伦理责任与经济效益之间存在一种正相关的关系。道琼斯分析师认为，凡资产回报率最高的公司在治理污染和节约资源方面都同样优于竞争对手，凡充分考虑社会和环境影响的公司股票业绩都比其他公司好。

（3）有利于提高企业的国际竞争力。由于发达国家的经济发展水平较高，人们的环境保护意识较强，各种环境标准的制定和实施比较完善，于是发达国家就通过设置种种绿色壁垒来抵制发展中国家商品的进口。因此，我国企业面对来自国际竞争对手的竞争，只有主动承担生态伦理责任，强化环境意识，进行清洁生产，才能保持产品的环境竞争力，从而在国际贸易中跨越绿色壁垒。

（4）有利于企业可持续发展。随着我国产业结构转型和加快实现工业化、城市化，资源消耗总量迅速扩大将进一步加大对环境的压力。面临生态与资源的巨大压力，我国企业只有站在生存与发展的战略高度，控制企业对自然的损害行为，自觉维护自然生态平衡，才能使企业真正具有可持续发展能力，实现自身的可持续发展。

二、企业生态伦理原则

生态环境问题，从根本上说是基于不同社会价值的选择问题。多年来，人们在企业与环境关系的认识上没有形成科学的生态伦理观，因而在企业生产经营过程中，从生态环境中索取过多，而没有意识到环境问题会直接影响到自身的生存和企业的经营发展。从人类生存与发展以及经济可持续发展的基本要求出发，企业有必要运用生态伦理规范其经济行为。

（一）生态人道原则

所谓生态人道，就是指企业经济行为要在生态环境方面强调人道主义。具体地说，就是企业的经营行为不仅要尊重人的生存权利，还要尊重人类生命支持系统的其他组成部分，运用人道主义原则规范自己对自然的开发和利用。企业的不正当经营行为不仅践踏了生态环境中生物的生存权利，而且也造成了人类的自我异化。最近几年，我国乡镇煤矿平均每 10 天就发生一次死亡 10 人以上的重大恶性事故，许多地方的农民出入于随时都有可能倒塌的烧砖土窑，有色重金属企业的环境污染时有发生，所有这一切都是对人道主义的肆意践踏。

（二）生态整体性原则

生态环境问题具有整体性特点。企业对环境的污染就空间上来说具有整体性，如大气污染、水污染等具有空间整体上的扩散性和传播性。一个国家的火力发电厂造成的大气污染可能使邻国的森林枯死，河流上游造成的水污染将直接影响下游的居民。此外，企业出现了环境污染，其后果和影响也具有整体性。基于生态环境问题的整体性特点，企业在处理环境问题时要处理好整体利益和局部利益的关系，终止各种污染转移。最近几年，西方发达国家一些污染严重的企业由于受到国内公众舆论的强烈谴责，将目标转向急于脱贫的发展中国家，不仅在发展中国家建立了严重污染的分公司，而且以原料配套名义，将有毒垃圾源源不断地转移到发展中国家。这是一种典型的污染输出行为。我国近些年来也出现了污染转移现象，某些企业为了解决污染问题，在横向经济联营中，把污染严重的陈旧设备，以支援乡镇企业的名义转移到农村。乡镇企业见利就上，从而出现了污染下乡、产品进城现象，如北京大兴县的 200 家乡镇电镀厂，就是因为北京市禁止发展而转移过去的，其严重危害了乡镇居民的身体健康及生活环境，也通过食物链影响城市居民的生活与健康。

（三）生态永久性原则

生态永久性是指企业在经营时要处理好长远利益和眼前利益的关系，给子孙后代留下出路。目前，我国石油、天然气、铁等 10 种矿产储备已不能满足我国企业生产的需求，很多矿产资源严重匮乏。我国一些企业只考虑自己的利益，在资源开发和使用上采用“竭泽而渔”、“杀鸡取卵”的方法，破坏了人类世世代代赖以生存和发展的自然资源和生态资源，造成了当代人和后代子孙在资源使用和发展各个方面的不公正。历史上的黄土高原曾经五谷丰登，而今天它已伤痕累累，重要原因之一正是我们的祖先一代一代的滥垦滥伐。企业发展应当以对子孙后代的利害为根本取舍，这是衡量企业是否具有生态道德的根本标准。

（四）生态绝对性原则

生态绝对性是指企业的生产工艺要经过缜密的生态道德布局，使每一种自然物的价值都得到充分体现，将污染物吸收在生产过程中，实施清洁生产，决不允许严重污染企业继续存在。每一种自然物都有其生态价值，使其生态价值充分体现才是合乎道德的行为。因此，企业要充分利用绿色技术，保持资源的持久利用和再生。如果企业能够建立对原料的循环利用链，将一个生产程序的废物变成另一个生产程序的原料，使污染物消化在生产过程中，就会形成生态的良性循环。例如，加拿大用造纸废弃物的细菌生产甾族化合物，芬兰利用造纸废液生产拟青霉素蛋白，我国用味精废水、酒精废糟液、造纸废液等培养饲料酵母，用淀粉厂、粉丝厂的固体废渣生产蛋白饲料等。这些做法不仅产生了很高的经济效益，而且具有很高的生态效益。

三、企业如何履行生态伦理责任

（一）遵守国家环境法规，积极采取预防和补救措施

企业遵守环境保护方面的法律、法规，自觉按照法律、法规的要求去做，是企业履行生态伦理责任的最低要求。我国现有的环境保护主要法律和法规，自1979年国家颁布第一部环境保护法《中华人民共和国环境保护法（试行）》以来，迄今为止，已经制定了环境保护法9部、自然资源法15部；修订后的《刑法》专门规定了破坏环境资源保护罪，为打击环境犯罪提供了有力的法律武器；制定颁布了环境保护行政法规50多项；环境保护部门规章和规范性文件近200多件；国家环境标准500多项；批准和签署多边国际环境条约51项；各地方人大和政府制定的地方性法规和地方政府规章共1600余件。主要环境法律法规包括：《中华人民共和国环境保护法》、《中华人民共和国水污染防治法》、《中华人民共和国大气污染防治法》、《中华人民共和国环境噪声污染防治法》、《中华人民共和国固体废物污染环境防治法》《中华人民共和国放射性污染防治法》、《中华人民共和国海洋环境保护法》、《中华人民共和国清洁生产促进法》、《中华人民共和国环境影响评价法》、《排污费征收使用管理条例》、《建设项目环境保护管理条例》、《中华人民共和国水污染防治法实施细则》、《畜禽养殖污染防治管理办法》、《建设项目竣工环境保护验收管理办法》、《报告环境污染与破坏事故的暂行办法》等。

目前，我国大型企业非法排污、有法不依的情况非常严重。例如，河南莲花味精集团1995年就曾经环保不达标，整顿治理后达到排放标准，一度成为环保模范，2003年又查出非法排污，被称为河南省排污大户；2010年在紫金矿业出现环保事件后，中金岭南公司旗下最大的铅锌冶炼厂——韶关冶炼厂继2005年镉污染之后再次发生铊泄露，导致北江中上游出现铊超标。有意思的是，在中金岭南2009年年报中可以发现，韶关冶炼厂被评为全国有色冶炼企业“环境优美工厂”、“全国环境保护先进单位”和韶关市“环保明星企业”。国家环保部门领导在分析大型企业非法排污行为背后的原因时指出，企业之所以敢于非法排污、有法不依、有设备不用，主要原因在于违法成本很低而守法成本太高。

（二）树立尊重自然、与自然和谐相处的生态伦理观

工业社会存在着一种奉行人类中心主义的价值观。这种价值观认为，自然只是人类认识和改造的对象，自然资源是取之不尽、用之不竭的。在这种价值观指导下，人类对自然资源掠夺式的开发利用，严重破坏了生态平衡，导致了全球范围生态环境的严重恶化。1990 年，联合国环境规划署提出“人是环境恶化的首恶”，呼吁走出人类中心主义，把人类尊重自然、与自然和谐相处作为人类活动的宗旨。只有树立尊重自然、与自然和谐相处、合理利用资源的生态伦理观，才能自觉履行企业生态伦理责任。

（三）企业要以绿色价值观为指导，实施绿色产品设计、开发和包装

绿色价值观是指以人与自然和谐为宗旨，提倡尊重自然、与自然和谐相处，反对破坏生态环境的任何行为。企业要树立绿色角色意识，以绿色价值观为指导，具体来说，应该做到对生产的全过程实行清洁生产，要充分考虑产品的生命周期对环境的影响，提高资源、能源的利用效率，形成生态设计—绿色制造—绿色包装—绿色运输—绿色销售—绿色服务—回收再利用全过程的防污控制。要依据生态设计原理和环保标准要求，设计开发低能耗、低消耗、低污染，并能再循环、再利用和安全处置的产品；选择清洁能源和环保原料；采用先进的技术工艺，降低原材料消耗，实现资源和能源的循环利用，尽可能达到污染零排放；实现包装材料减量化；倡导绿色物流，提倡绿色销售，宣传绿色消费，减少资源损耗；提供产品保养和维护、主要部件升级服务，延长产品使用寿命，降低资源的流动速度，并通过废旧产品的回收和再利用，实现产品功能的梯级利用，解决废弃物处理的同时，为企业获得更多经济效益。

阅读思考

一家生产玻化瓷质砖的企业，为了减少煤渣和煤气对城区的污染，同时又不增加购买安装相应治理设备的投资，遂利用母公司为石油化工企业而享有的供油优惠，使用优质柴油做生产燃料。尽管该公司的生产过程中没有了煤渣污染，废气的排放也大量减少了，尽管因为油料的价格优惠使该公司的产品成本有相对优势，但是，从资源配置和全局的观念来看，该公司的这种生产行为造成了大量的能源消耗，同时也使集团公司的资源配置效益受到了一定损失。根据以上的环境责任认识，你对该公司的做法作何评价？

（四）实施绿色环境审计，树立企业社会形象

环境审计又称为环境健康和安全审计。美国环保局认为，环境审计就是由会计师事务所或其他法定机构对适用于环境要求的有关业务经营及活动进行系统的、有证据的、定期的、客观的检查。到目前为止，已经开展环境审计的国家有 20 多个。

企业环境审计的主要内容有：

（1）注重企业投资的可行性，对企业环境责任进行事前审计。在企业投资项目之前，量化投资项目的各项指标，确定项目对环境的影响，最后作出投资可行性环境评价。

（2）评审企业环境成本收益，对企业环境责任进行事中审计。事中审计就是通过计算一定时期的环境成本、收益和净收益，从社会效益角度评审企业的经营业绩，帮助企业确定经济运行与社会准则相一致，对企业的污染、生态保护、产品安全、资源等问题加以报告和批判，引导企业正常经营，督促企业履行生态伦理责任，遵守 ISO14000 环境体系标准，监督执行国家规定的环境政策、法规和标准。

（3）树立企业环保形象，对企业生态责任进行事后审计，建立环境标志制度。我国从 1992 年开始已经启动了环境标志认证，现在环境标志已经成为国内国际贸易合作的重要内容，成为我国企业进军国际市场的“通行证”。各国消费者，尤其是西方发达国家的消费者越来越看重产品的质量和安全，以及购买的产品是否安全达标、无污染。同样，企业生产的产品是否安全达标、无污染，也成为人们评价企业社会责任和形象的重要指标。

本章小结

1. 企业产品定位的伦理要求是不仅要满足消费者的需求，而且也要考虑其他利益相关者的利益和社会公共利益，不损害他人社会利益。

2. 企业在产品设计时必须承担的伦理责任有：维护消费者生命、财产安全；向消费者说明产品的潜在使用危险与负面影响；加强人文关怀，减弱技术异化；满足社会需求，保护生态环境。

3. 企业在产品包装方面存在的主要伦理问题有：产品的过度包装和浪费；标签造假或说明不清。企业除了要遵守国家相关的包装标准等技术或法律规范外，还必须体现安全、实用、时尚、环保的伦理准则。

4. 一个企业产品质量的高低，其主要因素甚至说关键因素是安全问题。产品的安全性具体表现为在使用中是否安全可靠、健康和没有危害，是否有利于环境保护，是否是在合乎伦理道德规范的情况下生产的。

5. 目前，国外关于产品质量的伦理有三种典型理论，即契约论、当然关切论和社会成本论。

6. 企业生产者在产品安全方面必须承担的道德责任有：企业不能生产销售不安全、不合格的产品，这是企业道德责任的底线；不论产品是否符合国家或行业标准，只要产品的使用或者是错误地使用，可能对消费者造成某种危险，企业就应当将发生危险的可能性明确告知消费者。如果企业明知产品有危险存在，却不在购买之前告知消费者，那么企业对消费者在不明情况下的产品伤害要负法律和道德责任；企业应当告知消费者产品使用风险的性质和来源；企业应当告知消费者产品风险是可以减少和避免的。

7. 赔偿责任就是消费者如果使用了有质量缺陷的产品而受到伤害，那么厂商作为生产者或者销售商，应该根据实际情况给予一定赔偿，以补偿消费者由于使用该产品而导致的损失。这一定义可以从 3 个方面来理解：①产品赔偿责任是由产品的缺陷造成；②产品赔偿责任是一种侵权责任，根据权责对等原则及公平原则，交易中获益的一方有责任赔偿另一方的损失；③产品赔偿责任是一种损害赔偿责任，生产者或销售者应该补偿受害者的全部损失。关于企业应该怎样承担赔偿责任，有两种不同的理论：一是传统的产品赔偿责任理论；二是严格的产品赔偿责任理论。

8. 产品召回制度是针对缺陷产品而建立的。召回制度的根本目的，是为了保护消费者的人身、财产安全，防止环境污染，要求企业遵守道德责任，实现消费者合法权益和企业长远利益的双赢，从而维护社会整体利益。产品召回制度具有的伦理特征有：召回的对象是缺陷产品；召回的原因是产品具有不合理的危险；召回的基础是严格赔偿责任。产品召回制度体现了珍惜生命、尊重财产、关注环境和坚持诚信四个伦理准则。

9. 企业生态伦理是处理企业与生态关系的伦理原则、道德规范和道德实践的总和，是人与自然和谐发展的道德诉求，是企业对社会应承担的节约资源和保护环境的社会责任和义务，是企业社会责任体系的重要组成部分。企业在生产和运营过程中，应该对社会及相关利益者承担3个方面的生态伦理责任：①资源的有效利用；②控制和治理环境污染，尽量减少排放有毒气体、倾倒废弃物；③做好环境保护。

复习与思考题

1. 企业产品定位的伦理要求是怎样的？
2. 企业产品设计时应承担哪些伦理道德责任？
3. 企业生产者在产品安全方面应该承担哪些道德责任？
4. 什么是产品赔偿责任？应如何理解？
5. 什么是企业生态伦理责任？企业应该承担什么样的生态伦理责任？

案例分析

“齐二药”假药事件

一、事件始末

2006年4月22日和24日，广州市中山大学附属第三医院传染病科的重症肝炎病人中先后出现两例急性肾衰竭症状，4月29日和30日又连续发生多例重症肝炎病人突然出现急性肾功能衰竭情况。

5月1日，院方一面停止使用亮菌甲素注射液，一面紧急组织专家会诊，并向广东省食品药品监管局药品检测不良反应中心和中山大学医管处进行了报告。5月2日，院方基本认定，这起事件的确是亮菌甲素注射液引起的。而这种注射液是由齐齐哈尔第二制药有限公司生产的。

国家食品药品监督管理局于5月3日接到广东食品药品监管局有关亮菌甲素注射液引起严重不良反应报告后，立即进入紧急状态，责成黑龙江省食品药品监督管理局暂停齐齐哈尔第二制药有限公司亮菌甲素注射液的生产，封存全部药品，同时派出调查组分赴黑龙江、广东进行调查，随后又派人员赴江苏追踪调查有关生产原料问题。

5月11日，在初步认定齐齐哈尔第二制药有限公司（简称“齐二药”）生产的亮菌甲素注射液为假药的情况下，为保证公众用药安全，国家食品药品监督管理局决定，在全国范围内停止销售和使用齐齐哈尔第二制药有限公司生产的所有药品，同时要求各地药监部门在本辖区范围内就地查封、扣押。

与通常假药事件主角不同的是，这次假药事件的罪魁祸首——齐齐哈尔第二制药有限公司是一家拥有300多名职工的正规药厂。他们生产的100多种药品都已经通过了国家检验，都标着“国药准字”的大印。可为什么就是这样的药厂成了致人死命的杀手呢？是什么造成了“齐二药”事件？

二、“齐二药”简介

齐齐哈尔第二制药有限公司位于齐齐哈尔市东郊。记者报道中的一种说法是，齐二药已经生产了“整整38年”；2005年7月“齐二药”进行股份制改造，当时这家企业“还属于国有企业，由当地一家大型的企业集团——黑龙集团控股”。记者报道中的另一种说法是，“齐二药曾是一家集体企业，曾隶属齐齐哈尔八大国有企业之一的市车辆厂”；“后来齐二药与类似多家企业并入黑龙集团，计划整体上市”；“由于黑龙集团后来决定转型，齐二药厂于2005年列入改制之列”。

《新京报》报道，2005年9月30日，官方公告称，经招商引资，北京东盛园投资公司以1442万元接盘齐二药厂。在公司所在地铁峰区，齐二药厂被认为是最好的两家企业之一。工人们认为，药厂2002年为完成GMP（Good Manufacturing Practice，药品生产质量管理规范）认证，共投入3000余万元。药厂至少价值4000万元，如此转让难免存在国有资产流失之嫌。北京东盛园投资公司的老总名叫向东，很少在齐齐哈尔露面。齐二药厂的工人们认为，这只是名义投资行为，实际进场的买家却是刘劲涛、桑红霞夫妇。

而另一位业界人士透露，刘氏夫妇近两年在当地发展迅速，拥有广泛的知名度，并与当地政商两界保持着广泛的关系网络。

据《中国经济时报》报道，“齐二药”本厂职工认为，从2002年起，工厂就已经开始出现管理混乱的迹象，而从2005年10月转制为私营企业以后就更加混乱了。一位姓韩的老员工向记者介绍，2005年10月，药厂彻底转制变成了民营企业，“企业一下子就不行了”，“最大的感受是下岗，党委书记、副书记、工会主席，还有分管生产和机械的三个副厂长都下岗了，全厂人心惶惶，早在春节前就没好好发工资了”。

据《东方时空》记者采访，齐齐哈尔第二制药厂职工称，“我们药厂的职工都感到意外，特别惊讶。就觉得挺好的单位，说不行就不行了”，“（下岗了）100多人”。药厂改制后，近一半职工下岗，这位私人老板开始大量地招聘临时工参与药厂的工作和管理。不少药厂的老职工告诉记者，他们明显感觉到了厂里的变化。“在厂里感觉特别压抑”，“啥也不敢说，就干自己的活；啥也不知道，就是老板让你干啥你就干啥”。该记者还了解到，“齐二药”在2005年改制后，新老板投入了3000万元建厂房，但是在质检方面没有增加一分钱的投入，管理上也不尽如人意。

《经济半小时》记者采访齐齐哈尔第二制药厂原职工时了解到，对于齐齐哈尔第二制药有限公司这次发生假药事故，一些曾经在该厂工作过的人表示并不意外。有原职工表示：“对于临时工，用我，我干一天，不用我就可以走，所以说管理上的混乱必然也将导致质量的问题”，“现在职工全让下岗了，下岗差不多60%了”。参与药品生产的人员必须经过专业学习和培训之后才能上岗，然而企业的老员工向记者反映，许多招聘的临时工既没参加学习，也没参加培训，他们对药品原材料的使用也十分随意。

三、假药源头

据《焦点访谈》栏目记者介绍，假药源头并不在齐齐哈尔，而是来自江苏。证据显示，这批用二甘醇假冒的丙二醇，药桶上贴的合格证是中国地矿总公司泰兴化工总厂出具的，但产品是常州华格尔有限公司的，购货发票却是江苏美奇精细化工有限公司，也就是说这批“三合一”的东西，在原料阶段就构成了假药。事实上，作为制药原料的销售，是有着一系列规定的，必须具备药品生产许可证、药品注册证、企业营业执照。但调查查明的是，这里的三证全是伪造的。

王桂平，犯罪嫌疑人，案发后被江苏泰兴当地公安部门拘留。

中央电视台《每周质量报道》节目记者在江苏泰兴市看守所采访被刑事拘留的王桂平时获悉，他一共和“齐二药”做过两笔生意。第一次是将1t比医用丙二醇便宜的工业丙二醇，冒充医用丙二醇销售给“齐二药”；第二次卖的是更为便宜的工业原料二甘醇。据王桂平交代，工业用的丙二醇比药用的丙二醇在价格上每吨要便宜一两千元钱，他购进二甘醇每吨只需7000元左右，再转手卖给齐齐哈尔第二制药有限公司，就涨到每吨14500元，价格整整翻了一倍多。

采访时，记者问道：“这外面的标志是你伪造的？”

王桂平回答：“对，标志是我伪造的。如果不伪造，我这些生意都做不了。”

记者调查发现，王桂平购买的工业丙二醇和二甘醇主要来自张家港市保税区华邦国际贸易有限公司，据该公司法人代表周东俊介绍，该公司只生产工业级丙二醇，并不经营药用级丙二醇的，“王桂平是以化工公司和化工厂的名义到我们这里来采购的”，据介绍，销售给王桂平的“工业级丙二醇的价格在12000元左右，二甘醇在六七千块钱左右”，而药用级丙二醇的市场价格是在“18000元以上”。

当记者采访时问王桂平：“你知道制药厂把这些丙二醇买回去是做药用的吗？”

王桂平回答：“这个我肯定知道，他对我讲是药用的。这个我知道。”

记者问道：“那你跟他们说是工业用的还是药用的呢？”

王桂平回答：“我跟他们说是药用的，就是我欺骗了他们。”

四、假药出笼经过

调查表明，这批注射液使用了二甘醇而非丙二醇。丙二醇是一种惰性药用辅料。所谓惰性辅料，是指不参与治疗、没有活性的物质，在制药中一般起增强溶解性的作用。二甘醇又名二乙二醇，主要用做合成纤维的软化剂、烟草的湿润剂、化工产品的中间体和溶剂等，且只能作为工业用途。它与医用丙二醇从外观到品性看上去极为相似，但性质和用途截然不同。二甘醇对人体具有很大的毒性。资料显示，人摄入约1mL/kg（相当于1.116g/kg）二甘醇即可发生严重中毒，其中大多数病例在服用后24h出现胃肠道刺激症状和肾损害的表现，严重者因肾衰竭而死亡。

按照国家的药品管理规定，原料进厂要经过采购、初检和复检三道关才能进入生产，而且每道关口都要有严格细致的程序，这样一批假冒的原料怎么会进入到一家正规的药厂呢？

“齐二药”负责采购药品原料、辅料的只有初中文化程度的钮忠仁一人。这就意味着，“齐二药”如果要出5个品种的药，就要购买上百种原料，这上百种原料都需要钮忠仁一个人迅速采购到位。

在法庭上，采购员钮忠仁说：“‘齐二药’实际上只有我一个采购员，所有的采购联系都是通过电话、信函完成的。在造假贩假的王桂平成为供货商之前，厂里用的是进口材料，后来国家规定必须使用有国内批文的材料，厂里就在国内另找商家。选择王桂平仅仅是因为他给‘齐二药’写来一封信，提到自己有丙二醇。我向分管公司副总经理郭兴平说过考察的事，但郭兴平说现在通信发达，电话联系就行了。我只担心被骗，觉得质量不合格最大的后果就是被骗、影响生产，但这种后果（指假药致人死亡）我做梦也没想过。”

2005年9月，钮忠仁没有对供货方进行考察、也没有要求供货方提供样品进行检验，在采购辅料丙二醇时，在未确切核实供应商王桂平的供货资质的情况下，即通过电话联系向其购买丙二醇。2005年10月，王桂平将1t二甘醇冒充丙二醇卖给了齐二药厂。其间，钮忠仁也曾担心上当受骗从而影响生产和销售，但对于产品质量他却“从来没担心过”，因为他认为，药品质量是检验部门的事情，跟采购没什么关系，不是他负责的范围，他也自称“完全看不懂供货商提供的质量检验报告”。

郭兴平是“齐二药”主管采购、仓储的副总经理，在没有实地考察、没有对样品进行检验的情况下，同意钮忠仁的采购计划，致使公司购入假冒的丙二醇。在钮忠仁向新的供货方采购丙二醇辅料时，厂里为GMP认证而制定的规定在他这里形同虚设。郭兴平辩解说，“齐二药”用于药品生产的原材料有1000多种，厂里的规定没有操作性，丙二醇是一种小辅料，主要还是应该靠货到厂后的相关化验来把关，因此，其没有考虑过要安排对供货商进行实地考察。

公诉机关在法庭上质疑郭兴平为何没有按照《药品生产质量管理规范》认证的规定，在没有实地考察、没有对样品进行检验的情况下批准采购药品辅料。对此，郭兴平打了个比方，“这就好比买猪肉，你去买两斤猪肉，怀疑里面有猪肉精，难道你能去养猪场实地考察吗?”对于齐二药厂的GMP认证，郭兴平则称，这个由省药监部门发放并上报国家药品监督局备案的权威认证是厂里“花钱买的”，“就是一个光碟材料，是厂里花10万元买来的。实践中完全不具备可操作性”。

陈桂芬是“齐二药”化验室主任，负责对原料、辅料进行化验，她在对假冒丙二醇进行化验时，发现了该批假冒丙二醇的相对密度不合格，但她没有作进一步的鉴别，并违反药品生产质量管理规定，按主管领导朱传华的授意开具了虚假的合格检验报告书。

法庭上，陈桂芬这样回答:“我们按2005年药典标准，除了没有做红外光谱图的对照外(光谱对照是唯一指认丙二醇的检验项目)，其余都进行了检查。不做光谱图对照是因为厂里没有国家的标准图谱，不过，就是这样，在其他检查里也还是发现了问题。我们在2005年2月向王桂平进第一批货时，就发现它的相对密度有问题，与药典标准不符，这项指标不合格。我找到主管领导朱传华，他指示按药典的‘高限’开，我们就开了合格证书。第二批货也是这样。后来领导指示让供货厂家传来检验报告书，报告书上也与药典标准不一样，但我同样按‘高限’开了合格证书。我以为相对密度高就是里面可能有杂质，会含点水，根本没有想到它不是丙二醇，而是别的东西。”

陈桂芬说:“我们科11个化验人员没有几个懂相关的化学知识，大部分人都没有经过培训，有些人还没有上岗证。”而初中文化程度、不懂化学的她也没参加过相关培训，却轻而易举地拿到了黑龙江省药监局颁发的上岗证。至于她为何能当上化验室主任，她直言:“我的文化资历、能力，根本就不具备这个资格，但我们单位领导看我常年工作认真，就让我当了。其实我根本什么都不懂，只知道跟领导汇报，怕出事。”

朱传华是“齐二药”主管生产、质量的副总经理。他在明知该批假冒丙二醇的相对密度不合格，并且公司检验设施不齐全、检验人员检验资质不全的情况下，依旧授意陈桂芬开具虚假的合格检验报告书，最终也用于生产上，因为“当时的生产需要用它。在我知道它因‘相对密度’不合格时，还以为是丙三醇，我也从没有听说过什么二甘醇”。

对检方指控其授意陈桂芬开具虚假的合格检验报告书，致使该批假冒丙二醇被投入生产药品，朱传华在法庭上的回答是“因为生产急着用”。在公诉机关的一再追问下，他又称，“公司一直有惯例，如果（原料）有不合格的，也按合格的（报告书）开出来”，并称“历来都是这样”。

尹家德是公司总经理，主管公司全面工作。GMP认证通过后，他也没有严格按药品生产质量管理规范组织和管理“齐二药”的生产经营活动。在明知本公司绝大多数检验人员检验资质不全的情况下，尹家德对公司的物料采购、药品生产等生产活动的管理严重不负责任，致使上述假冒丙二醇被投入生产亮菌甲素注射液等药品。他说，原料在进厂的时候，具体的部分有具体的人员负责，他并不清楚，而且该原料用于生产和销售时，他也已经辞职。他还说：“每年药厂都要进上千批药，不可能每批药都要向我报告，也不可能每次有质检问题都向我报告，这些都是主管副经理的事。”对于人事安排的问题，尹家德推说质检人员的任命都是副总的事情，他并没有人事任免权。

五、处理结果

2006年5月20日，黑龙江省食品药品监督局作出拟吊销“齐二药”《药品生产许可证》的决定。

2006年6月30日，黑龙江省食品药品监管局向“齐二药”送达了《行政处罚事先告知书》和《听政告知书》，拟对后者进行如下处罚：没收查封扣押的假药；没收其违法所得238万元，并处货币金额5倍的罚款1682万元，罚没款合计1920万元。

2008年4月29日，“齐二药”假药案刑事部分在广州市中院进行一审宣判，齐齐哈尔第二制药有限公司副总经理朱传华被判处有期徒刑7年（这是重大责任事故罪的最高刑期），检验室主任陈桂芬被判处有期徒刑6年，物料采购员钮忠仁被判处有期徒刑5年6个月，主管采购、仓储、运输的副总经理郭兴平被判处有期徒刑4年6个月，总经理尹家德被判处有期徒刑4年。

2008年5月23日，“齐二药”假药案主犯之一王桂平，因犯有危害公共安全、销售伪劣产品、虚报注册资本三重罪，被泰州市中级人民法院一审判处无期徒刑，剥夺政治权利终身。并处罚金人民币40万元，没收违法所得29万余元。

2008年12月10日，“齐二药”案民事索赔部分在广州市中级人民法院终审宣判，假药生产商“齐二药”应当赔偿11名受害人经济损失合计人民币350万元，而用药的中山三院和两家药品销售商则要承担连带赔偿责任。

判决作出后，中山三院方面面临巨额索赔，认为判决对医院的“负面影响非常大”，法院审理认为，虽然医院有别于一般意义上的销售者，但医院购进药品价格与给患者用药所收费用间有明显差价，因此，应属于药品的销售者，同时，根据我国《民法通则》规定，“因产品质量不合格造成他人财产、人身损害的，产品制造者、销售者应当依法承担民事责任”，医院和销售商虽然没有过错，但其行为侵害了受害人的生命权和健康权，应当承担责任。

（资料来源：节选自周祖成，“齐二药”假药事件，《企业伦理精品案例》，P136~145）

讨论题：

1. 谁应该为“齐二药”事件负主要责任？
2. 作为生产者，“齐二药”应该对消费者承担什么样的道德责任？
3. “齐二药”在企业管理上存在哪些严重问题？该厂落到这种境地是否存在某种必然性？
4. 从伦理道德上，你如何评价“齐二药”假药事件？

第四章　企业人力资源管理伦理

学习目标

通过本章学习，应该理解和掌握：

1. 员工对企业的雇员责任
2. 员工忠诚以及承诺
3. 员工对企业的不道德行为及产生原因
4. 员工的权利
5. 企业人力资源管理实践中存在的伦理问题
6. 企业人力资源管理伦理问题的产生原因和解决途径

引导案例

卡夫集体维权事件

2008 年 1 月 24 日，在卡夫食品（中国）有限公司（简称“卡夫中国”）的员工沟通大会上，新上任的卡夫大中华区总经理戴乐娜宣布：为了整合卡夫和达能两家公司的中国业务，中国总部将由北京迁至上海。

戴乐娜给出了选择上海作为新总部所在地的 3 个理由——方便管理工厂、税收优惠、更多的人才和客户。令员工难以接受的是，卡夫中国没有提前与员工就总部搬迁沟通，也未准备好人员安置计划。

卡夫大中华区政府及公共事务经理李玲平表示，搬迁是一项公司商业战略决定，公司已作了充分调研，只需要在作出决定后与员工沟通即可。对于在人员安置计划出台前就宣布总部搬迁，李玲平表示，公司在宣布搬迁决定后，已告知员工在未来几个月内会出台一个补救方案。两家公司的整合并非易事，具体的人员配置要等各部门主管到位再根据各自需求制订出计划，非短期内可以完成。

不过，卡夫北京的员工并不认可卡夫中国管理层的“沟通”方式。“为什么宣布搬迁的时候会没有补偿方案？去上海肯定有大量员工要离开。”卡夫中国市场部一位员工表示。2 月 21 日，卡夫中国员工自发成立了工会，超过 600 名员工加入，陈宝庆当选为工会主席，卡夫中国工人的集体维权行动由此开始。

陈宝庆指责卡夫中国管理层的做法“简单粗暴”，但实际上，这种做法过去非常普遍。在 2008 年 1 月 1 日新的《中华人民共和国劳动合同法》出台前后，已有不少跨国公司和中国本土公司遭遇劳工纠纷。

卡夫裁员源于 2007 年 11 月底，卡夫食品以 53 亿欧元收购了法国达能集团的饼干业务。新成立的卡夫中国上海总部员工总数拟定为 250 人，其中有原达能员工的 150 人；而卡夫中国北京总部原有员工250人，销售人员不在其列。事实上，即使没有名额限制，卡夫中国北京总部员工也不可能都愿意迁往上海。因此，如何安置离职员工成为劳资双方谈判的焦点。

几番谈判之后，3月7日，卡夫中国工会提出3点要求：管理层公开道歉；工会与管理层签署集体合同；在双方没有就以上问题达成共识前，不再单方面宣布遣散员工。

一个星期后，在北京市劳动局调解下，卡夫中国管理层与其工会方面达成3点共识：从17日开始就集体合同细节内容谈判；当周内双方不向媒体谈论或公布谈判细节；卡夫中国管理层不向任何员工谈论或公布迁址和裁员事宜。

3月17日谈判正式开始，双方一度在“赔偿”与“补偿”问题上僵持不下。

卡夫中国认为，公司行为完全符合中国法律要求，并在谈判一开始就给出了高于中国法律规定的经济补偿。

但是，卡夫中国工会代表认为，公司单方面宣布总部迁址的做法违反了新《劳动合同法》第四条，即用人单位在制定、修改或者决定有关劳动报酬、工作时间、保险福利等直接涉及劳动者切身利益的规章制度或者重大事项时，应经职工代表大会或者全体职工讨论，提出方案和意见，与工会或者职工代表等协商确定。工会认为，公司应按《劳动合同法》第八十七条而非第四十七条，以“每满一年支付一个月工资”经济补偿标准的2倍向员工支付赔偿。

在销售团队的安置上，双方分歧更大。卡夫中国原有销售人员500余人，与达能销售队伍重叠。虽然卡夫中国口头承诺“无任何裁减计划”，但卡夫中国工会坚持向公司要一个具体的安置方案。

谈判进行了不到一个月，4月11日，卡夫中国和卡夫中国工会发表联合声明，称双方已就集体合同条款达成协议，对协商结果均表满意。历时近3个月的卡夫劳资纠纷至此和平解决。根据最终协议，卡夫中国将向现北京总部的100多名员工（约占总部员工总数的50%）发出去上海总部工作的邀约，并为他们提供安家费等补助费用；而离职员工将得到高于中国现行法律规定的经济补偿。

陈宝庆向《财经》记者表示，谈判中比较艰难的一项是离职员工的补偿标准。最终卡夫中国工会争取到以全公司而非单个员工个人的月平均工资为标准计算补偿。对于拒绝接受邀约选择离开的员工，工会也为他们争取到了经济补偿。“员工应该有更多选择。”陈宝庆说。陈宝庆同时表示，对于《劳动法》特别保护的情况（如孕妇、处于医疗期、与企业签订长期或无固定期限合同、为家庭唯一经济来源等），工会还为员工争取到了额外补偿和保护。卡夫中国还确定，留用全部销售人员。

美国众达律师事务所上海分所合伙人陈鲁明对《财经》记者表示，由于《劳动合同法》第4条并没有将公司迁址明确列入直接涉及劳动者切身利益的重大事项，在实施细则出台前，对公司难以形成强制性要求。不过，陈鲁明认为，公司应重视企业与员工的关系，尊重员工，在作出迁址等可能涉及员工重大利益的决策时，应与员工事先沟通。

在卡夫中国遭遇中国员工集体维权之时，卡西欧和GE也正面临各自的“中国劳工”问题。

3月6日，因不满工厂下调工资，位于广州番禺的卡西欧计算机株式会社电子厂数千工人集体罢工，随后大批工人上路抗议。后经各方协商后达成一致，维持原先薪酬标准不变。

3 月 25 日，美国俄亥俄州一家名为 Policy Matters Ohio（PMO）的研究机构发布调查报告，指称 GE 在中国厦门的合资公司通士达照明有限公司存在诸多问题，包括工人被要求一周工作 64 小时，超过法定标准，却没有加班费；工厂计件标准不明，使工人无法正确计算应得工资；仅雇佣 32 岁以下女性；在生产节能荧光灯的过程中使用了有毒水银，却未告知工人，也未提供任何防范措施等。

PMO 是一家位于美国俄亥俄州的非营利性研究机构，主要关注俄亥俄州的经济政策。PMO 不讳言对 GE 工厂搬迁行动的不满。此前，GE 已宣布因不能负担在美国的生产成本，将关闭在俄亥俄州的工厂，转移到中国。

报告认为，如果 GE 能负担在中国的生产成本，是因为其合资工厂没有遵守中国法律以及 GE 标准的话，GE 应提升其劳工标准以保证不损害工人的健康和基本权利。4 月 10 日，GE 发布声明，称对其中国合资工厂合资公司通士达的调查表明，该公司不存在违法用工行为。

近年来，跨国公司在华工厂屡屡遭遇"血汗工厂"的指责。2007 年 11 月，中国香港学生组织"大学师生监察无良企业行动"，发表名为《零库存策略背后的"血汗工厂"》的调查报告，揭露戴尔外包工厂的工人超强度工作和超低待遇，要求戴尔履行社会责任。

美国劳工委员会也曾在 2007 年 12 月发布一项关于沃尔玛在中国工厂的用工情况调查报告。报告称，这些工厂普遍存在违犯劳动法规的政策和实践。而在 2006 年，工会的坚决反对者沃尔玛在与中华全国总工会发生激烈冲突后，最终妥协，在中国成立了工会组织。

另一方面，在珠三角、闽东南、浙东南等劳动密集型产业的聚集地，近年来除不断发生劳资纠纷，也频现"民工荒"。

《劳动和社会保障事业发展统计公报》的数据显示，2006 年，全国各级劳动争议仲裁委员会共立案受理劳动争议案件 44.7 万起，比 1998 年增长了 3.77 倍，其中集体劳动争议案件 1.4 万件，涉及劳动者 35 万人，分别比 1998 年增长了 106.8% 和 39.29%。

在此背景下，新《劳动合同法》出台并于 2008 年 1 月 1 日正式付诸实施，成为中国劳工环境变化的一个分水岭。此外，新的《劳动争议调解仲裁法》也已表决通过，于 2008 年 5 月 1 日起正式实施。

（资料来源：汪苏，《卡夫集体维权事件》，《财经》，2008 年 4 月 28 日）

讨论题：

1. 卡夫维权事件涉及企业员工的哪些权利？这些权利在企业员工的基本权利中占有何种地位？员工是否应该拥有这些权利？

2. 从整个事件来看，你认为企业应该对员工承担什么样的伦理责任？

人力资源是社会各项资源中最重要的资源，是现代企业中最关键的资源，是一种可再生资源。企业人力资源管理的对象主要是员工。员工的素质和表现如何，在很大程度上决定着企业的生存与发展。人力资源管理的根本内容就在于甄选适合于企业发展的有能力的人才，并通过各种激励手段，激发员工工作的主动性和积极性。针对员工进行管理所涉及的首要伦理问题是员工的权利问题，企业人力资源管理中所面临的大多数伦理问题都是由此引发而来。

第一节　员工对企业的伦理

一、员工的雇员责任

员工对企业履行自己应尽的责任是所有企业发展的基础。只有企业责任而没有员工责任的企业，不可能成为一个真正对社会负责的企业。在世界500强企业中，“责任”是最关键的理念和价值观，同时，也是员工的第一行为准则。企业要强调，员工做事必须从小处培养责任心，从大处培养责任感，使员工养成自觉的行为，形成企业员工的责任文化，这对企业的发展无疑具有重要的作用。

员工的责任感要求员工作出承诺、遵守承诺并为之负责，要求员工在现在或将来为自己的承诺付出努力，而不是被动地对已发生的事情进行解释。具体来说，员工对企业应该承担以下责任：

（一）为企业劳动的责任

企业雇佣员工并付给员工报酬，是要员工完成一定的工作任务，为企业创造价值。员工在企业中所从事的工作，一般由岗位责任说明书进行确定，但更为重要的是，员工应该勤奋工作、正视困难、对结果负责、勇于执行。如果没有这种对待工作的热情和勇气，员工就不会愿意为承担更大的责任和实现更理想的结果而付出努力。

（1）员工必须敢于对工作结果负责。不少员工在身处顺境时，对企业邀功请赏；但在遇到困难时，就为自己寻找借口，推卸责任或不愿意承担责任。实际上，“每个硬币都有两面”，员工必须全面地看待问题，培养自己的主人翁精神。

（2）员工在工作中应该努力追求水平线上的表现。在工作中，员工必须运用自己的智慧，不断追寻“我怎么做才能更好”、“我还可以做些什么”。要知道，困难问题的解决方案不会自动现身，员工必须努力寻找，但千万不要在水平线下沉沦，浪费时间，因为这会使员工的感觉迟钝，丧失发掘创新解决方案的想象力。实现水平线以上的表现是一个持续进行的过程，预期结果的道路也充满荆棘，即使最具责任感的人，也可能被打回水平线以下。

（3）员工在工作中应该强调执行。强调执行是指无论一个员工因何原因而面临怎样的工作形势，都要对自己的工作结果及其实现途径完全负责。美国联邦快递的驾驶员史蒂芬在送货途中，货车过热，他通过不断给散热器加水来完成运输任务。回到运输站，他将另外一批待运包裹装在另一辆货车，继续送货，然而这辆车也在中途抛锚了，于是他借了一辆自行车，将联邦快递公司的板条箱放入自己的背包里，然后将包裹装入其中。在炎热的天气里，他踏着自行车，在陡峭的山丘上共行进了10mile，最终完成了自己所负责的货物。在休息的间隙，他又徒步步行2.2km去装运另一批货物。

（二）立足本职，放眼全局

立足本职，放眼全局，要求员工必须确立全局观念，从全局出发，正确认识本职工作在企业全局中的地位作用，把本职工作和企业整体利益结合起来。企业员工具体从事的工作往往是局部的，每个员工的局部工作都是企业整体工作的一部分，局部工作质量的高低不仅影响个人的利益，而且影响企业全局的利益。因此，企业员工应该从企业全局出发，立足自己本职工作，为企业发展贡献自己力量。河南民权葡萄酒厂有一位普通员工回外地老家探亲，他在当地百货公司购物时，发现有两瓶民权葡萄酒的商标贴歪了，他心里很不是滋味，感到十分内疚，这天晚上在家里，脑海中总是出现那两瓶贴歪商标的葡萄酒。于是，第二天，他又去了那家商店，掏钱将两瓶葡萄酒买了下来。

（三）遵纪守法，以身作则

遵纪守法，以身作则要求企业员工带头严格遵守国家法律法规和各项政策，自觉遵纪守法，严格遵守劳动纪律，自觉维护和遵守考勤制度、生产制度、质量制度、操作规程等厂规厂纪。

（四）敬业精神

敬业是一种人生态度，是一种珍重就业机会，是对自己的行为负责、肯定自己的劳动成果的态度。这种态度不仅保证了人们的职业秩序，也使得社会得以实现专业分工。在企业就职的人，如果不敬业、不能成为所从事的业务方面的行家里手，就不会有好的绩效，也就得不到升迁和加薪。在企业中，敬业往往被简单而错误地理解为员工对工作安排的服从，这是非常片面的，也是非常有害的。敬业从深层次上包含着一份对专业精神的执著，这一份执著也包括对作业标准和秩序的肯定。

阅读材料

马志冰为什么要这样做

马志冰是一家企业销售分公司经理，公司的产品在他负责区域的接壤处发生了一起严重的质量事故。按规定，这种情况不应该由他处理，但是负责那家分公司的经理正好陪同老总出国考察去了。

基于对出事区域风土人情的了解和对处理同样事故的经验，马志冰知道他面临的是一项非常棘手的工作，一不小心就会引火烧身。在总公司下达指示让他接手之前，他完全可以不与理会。但马志冰更清楚，如果任由事态发展下去，最后受损失的将是整个企业，而不是某个员工、某位经理。

于是，马志冰并没有置之不理，而是立即让助理向总公司说明情况，打出申请报告，自己抢在第一时间赶到事故现场，指挥工作人员解决问题。由于马志冰及时采取的补救措施，让总公司避免了一场大损失，也挽回了声誉。他这种主动担责的做法也给同事和总公司留下了良好印象，在后来的测评中得到了不低的评价。半年后，马志冰因勇于担责、业绩突出，当上了总公司的销售经理。

对于这一变化，马志冰却有另一番看法。他说："哪怕总公司不给我升迁机会，我也会去处理那起事故。因为在外人看来，我们都代表公司，无论哪个区域的产品质量出现问题都会造成恶劣影响。只有勇敢地承担责任，及时解决好问题才是正确的选择。"

（资料来源：杨宗华，《责任胜于能力》，石油工业出版社，2009，P7～8）

二、员工忠诚

一位外国学者早在1908年出版的《忠诚的哲学》一书中指出："忠诚自有一个等级体

系，也分档次级别：处于底层的是对个体的忠诚，而后是对团体，而位于顶端的是对一系列价值和原则的全身心奉献”。弗雷德里克继承并发展了这一观点，他认为，所谓忠诚，并不仅仅是指经营思想和战略规划，忠诚管理并不仅仅是指面向个人或团体的忠诚，更重要的是忠于某个企业据以长期服务于所有成员的各项原则。因为忠诚管理提出了一整套实用的测量标准，所以它还是一项战略策略，而且能指导日常工作的操作。

员工忠诚是指员工对企业追求的认同及为实现企业目标而竭尽全力的态度和行为。其具体表现为员工在思想上与企业价值观和政策保持一致，在行动上尽其所能为企业努力工作、维护企业利益，在情感上愿意与企业同甘共苦、共同成长。

员工忠诚可分为主动忠诚和被动忠诚。主动忠诚是指员工在主观上有强烈的忠诚于企业的愿望，这种愿望往往是由于企业与员工目标的高度协调一致，企业帮助员工发展自我和实现自我等因素造成的；被动忠诚是指员工本人并不愿意长期留在企业，只是由于客观上的约束因素（如与同行业相比较高的工资、良好的福利、便利的交通条件、融洽的人际关系等）而不得不继续待在企业，一旦约束因素消失，员工就可能不再对企业保持忠诚了。相对而言，主动忠诚比较稳定。从另一个角度看，员工忠诚也有两种：一是员工在职期间勤勤恳恳、兢兢业业，能够为企业的兴旺尽职尽责；二是在企业不适合员工或员工不适合企业而离职后，在一定时期内能保守原企业商业秘密，不从事有损于原企业利益的行为。

（一）员工忠诚的几个错误认识

目前，人们对员工忠诚的认识存在以下几个误区：

（1）行为服从等于员工忠诚。很多企业老板眼中的忠诚员工就是听话的员工。因为听话，所以他们的行为符合领导和上司的意愿，因此，行为服从就容易成为员工忠诚的代名词。听话或行为服从就一定是员工忠诚吗？不尽然。从理论上说，作为企业的员工，应该绝对服从企业，但是，服从应该有一个清楚的界限。如果说上司要求下属完成下属所完成的工作确实是该员工的工作范围，而且是符合道德的，那么员工应该执行；如果说上司要求下属完成的工作不是其工作范围或虽在工作范围内，但有违企业规章或道德原则，员工就有拒绝的权利。例如，财务经理要求财务人员报销自己的一些私人费用等。有些时候，行为服从恰恰反映的是员工对企业事务的漠不关心，无论上司说的对与错，都坚决执行。

（2）思维趋同等于员工忠诚。很多企业老板要求下属对自己不能有一点反对意见，必须在一切问题上与领导保持一致，不允许有不同意见的存在。这样做的结果是企业聚集了大批与领导思维相似的员工，限制了企业的个性和创新性，企业失去了持续发展的能力。企业要发展，就要重视员工差异的价值，不能将员工忠诚建立在员工思维趋同的基础上。

（3）从一而终等于员工忠诚。有些人认为员工终生服务于一家企业就是对企业的忠诚。之所以有这样一种认识，主要是因为员工进入企业后，企业为了让员工尽早更好地掌握工作技能，一般都会投入一定的费用对员工进行培训。一旦员工跳槽到其他企业，尤其是跳槽到竞争对手那里，企业损失就很大；如果跳槽员工将企业生产工艺或机密以及企业客户资源等带走，企业将丧失原有的竞争优势，甚至可能倒闭。人们应该知道，企业与员工之间是一种双向选择的契约关系，企业有雇佣员工的权利，员工也有选择雇主的自由。双方只要形成雇佣合同，在合同有效期内，员工为企业尽心尽力，作出自己的贡献，就不必也不应该强求从一而终。有很多员工明知道自己不适合该企业，却不愿意离开，这反而是对企业的不负责任。实际上，员工在合同期内，只要努力遵守合同中的各项承诺，努力工作，离职后又能保守原企业的商业机密，不做有损于原企业利益的行为，就无愧于忠诚这一称号。

（二）员工忠诚的表现

员工忠诚应该建立在企业与员工之间相互尊重、相互信任、视彼此为合作伙伴的关系之上。员工对企业的忠诚可具体体现在以下几个方面：

（1）积极参与企业管理。员工应该在完成好本职工作的基础上，努力改进工作方法，对企业发展积极献计献策，主动承担企业各项工作，勇于对工作承担责任。

（2）高标准要求自己。员工应该自觉履行好自己的工作职责，高标准完成工作任务，同时努力用自己良好的行为来影响身边的同事，增强企业的凝聚力。

（3）严格维护和主动执行企业制度。员工应该服从企业的指挥监督，严格遵守企业的各项管理制度，保守企业经营秘密。在此基础上，员工应积极为企业管理制度的完善提出合理化建议，维护企业制度的权威性。

（4）关心企业外部形象。员工应关心企业形象和品牌，对外不恶意散布企业内部发生的事故，不盗用企业名义做有损于企业的事情；注重个人社会行为，不给企业抹黑。

阅读材料

1. 某家销售公司的马经理一直想升职，可是公司的高层领导认为马经理工作能力还有待提高，所以劝他把心思放在工作上，等时机成熟自然会考虑他的升职问题，为此，马经理耿耿于怀，于是准备跳槽到互为竞争对手的公司。为了向那家公司显示自己的办事能力，引起领导的重视，马经理暗地里把自己公司的机密文件和客户电话散布给各地经销商，使得公司的业务一片混乱，并引发了很多业务纠纷，来自各地的电话几乎将公司电话打爆。此外，马经理还向当地工商、税务部门举报，检举公司的账目有问题，经过一番调查，证明公司是清白的，但这仍然给公司带来了很大的损失。

当马经理得意洋洋地告诉竞争对手的公司领导这一切都是他的功劳时，没有想到这家公司的领导马上拒绝了他，因为他们担心他以后会“如法炮制”对待自己的公司。这种不忠诚的人就好像一颗随时可能爆炸的定时炸弹，随时可能危害企业，自然不敢录用他。

2. 一家电子企业要招聘 1 名技术人员，月工资 8000 元，报名的人很多。王剑原是一家企业的技术人员，因单位效益不好下岗了，他也报名参加了笔试。面对考题他并不担心，外语和专业方面的考题都答得十分顺利。

但他答到第二份考卷时，有两道题令他很为难：“您所在的企业或者曾任过职的企业经营成功的诀窍是什么？技术秘密是什么？”这类题对于曾在企业搞技术的王剑并不难，可他手中的笔却始终高悬着，迟迟落不下去。多年的职业道德在约束着他：厂里的数百名职工还在惨淡经营，怎能为了自己的饭碗而砸大家的饭碗呢？他依然挥笔在考卷上写下四个大字：“无可奉告！”

答完题后，他料想应聘不上，打算另谋他职之际，那家企业却发来了上岗通知。原来，这道题考的是一个人的忠诚度。

测试题 1：看看你的忠诚度

对照自身情况，符合的画“√”，不相符的画“×”，看看你的忠诚度。

1. 你是否觉得薪水是你目前工作的唯一动力？（　　）

2. 如果其他公司为你提供更好的薪水和待遇，你会立刻选择离开现在的公司吗？(　　)

3. 你是否能够像老板那样对待自己的工作？(　　)

4. 你是否经常对工作具有高度热情？(　　)

5. 你是否对工作中的一些利益冲突、是非得失很在意，并为之投入过多的精力？(　　)

6. 你是否对企业和行业的前景充满了信心？(　　)

7. 你是否很信任你的老板？(　　)

8. 你是否能够与同事和谐愉快地相处？(　　)

9. 你是否经常自觉地维护企业的利益和形象，坚持以最佳服务态度面对公司的客户？(　　)

10. 你是否为自己能在当前的企业任职而感到自豪？(　　)

测试题2：测测你的敬业精神

以下每题有三个选项：A. 不赞成；B. 基本赞成/有点不赞成；C 赞成。

1. 只为本企业工作。
2. 不擅自离开工作岗位。
3. 在工作日的任何时间里，绝对不做一切有碍工作的事。
4. 对企业使命有清晰的认识，认同企业的价值观。
5. 积极参加企业组织的义务技能培训。
6. 乐于承担更大的责任，接受更繁重的任务。
7. 凡是支持本行业和属于本行业的人，均予以肯定。
8. 不做有损企业名誉的任何事情。
9. 不拿企业的任何物品。
10. 对企业的商业秘密绝对守口如瓶。
11. 在规定的休息时间之后，及时返回工作场所。
12. 看到别人有违反企业规定的举动，及时纠正。
13. 不管能否得到相应的奖励，都能积极提出有利于企业的意见。
14. 关心自己和同事的身心健康。
15. 对外界人士积极宣传企业。
16. 把企业目标放在个人目标之上。
17. 乐于在工作时间之外自动自发地加班。
18. 业务时间注重钻研与工作有关的技能，加强职业素质的学习。
19. 为保证工作绩效，善于劳逸结合、调节身心。
20. 能享受工作中的乐趣。

三、员工承诺

员工满意和员工忠诚不等同于员工承诺。其中，员工满意是最低层次的，员工觉得在该企业工作是件愉快的事，但这与工作效率及能力并不构成正比关系；员工忠诚代表员工愿意留在企业，而从人力资源管理角度看，员工仅有忠诚是不够的；员工承诺不仅包含了满意和忠诚，还表示员工有能力并懂得如何为实现企业战略目标和方向而努力，同时能取得正向的业绩成果。

加拿大学者梅耶（Meyer）和艾伦（Allen）将员工对企业组织的承诺定义为“体现员工和组织之间关系的一种心理状态，隐含了员工对于是否继续留在该组织的决定”。在这里，员工的组织承诺被分成三个层次：延续承诺、感情承诺和规范承诺。

（1）延续承诺。它是指员工对离开组织所带来损失的认知，是员工为了不失去多年投入所换来的待遇而不得不继续留在该组织的一种承诺。这种承诺是一种低层次的承诺。

（2）感情承诺。它是指员工对组织的情感依赖、认同和投入，员工对组织所表现出来的忠诚和努力工作，主要是由于对组织有深厚的感情，而非物质利益。

（3）规范承诺。它反映的是员工对继续留在组织的义务感，它是由于受到长期社会影响形成的社会责任而留在组织内的承诺。这种承诺是一种高层次的承诺。

员工对企业的伦理不能仅仅局限于员工对企业应尽的雇员责任上，也不应该停留在员工对企业的忠诚层次上，因为忠诚仅仅表明员工“愿不愿”，只有上升到员工对企业的承诺层次，才能体现员工“能不能”和“让不让”。员工对企业的承诺不仅仅是基于物质利益的一种承诺，更重要的应该是基于情感和义务的一种承诺。

四、员工对企业的不道德行为

在企业中，员工的伦理问题表现形式多样而且复杂，主要涉及员工泄露企业经营秘密、员工欺骗、员工偷盗、内幕交易等诸多不道德行为。随着我国经济的不断发展，企业员工偷盗、欺骗和内幕交易等伦理问题已受到社会的广泛关注。

（一）员工的“内盗”行为

现在企业面临比较严重的员工道德失范现象就是员工利用自己在企业的工作机会，为了满足自己膨胀的欲望，想方设法地偷窃企业财物的行为。据来自某国有大型企业的资料表明，近年来，盗窃生产物资等违法犯罪行为已经成为困扰该企业生产经营的突出问题。其中，“内盗”现象呈上升趋势。从该企业已经破获的93起盗窃案件来看，涉及内部员工参与的案件就有27起，占29%；在已经打击处理的140名违法犯罪分子中，内部员工占43名，占30%之多，其中被劳动教养或判刑的43名内部职工，因盗窃违法犯罪的就占29人，占总数的67%之多。某纺织企业为了开发一个新产品，投入10万支纱管，而没过两个星期，这10万支纱管连同纺制的纱线半成品陆续不翼而飞，所剩无几，导致流水线无法继续维持生产。

“内盗”现象增多的原因很多：一是社会治安大环境的影响；二是企业内部管理制度存在漏洞。但究其主要原因还是员工的道德素质下降，是非、善恶、美丑界限模糊，拜金主义、享乐主义、极端个人主义滋长。

（二）员工的欺骗行为

企业内部员工熟知企业的规则和防范体系，因而他们的欺骗行为更具有隐蔽性，同时，由于潜伏时间长，容易造成更大的破坏。现在，内部欺诈已逐渐成为当今企业，尤其是银行等金融企业的防范重点。员工欺诈是一种主动与企业对抗、与集体意志背道而驰的不道德行为，是以牺牲企业所有员工利益为代价的赌博行为。例如，2008年1月曝光的法国兴业银行受骗损失49亿欧元的案件中，交易员盖维耶尔正是利用自己对后台电脑系统的熟知来掩盖自己的不轨行为。

（三）员工的内幕交易

内幕交易是指企业内幕人员和以不正当手段获取内幕信息的其他人员违反法律、法规的规定，泄露企业内部信息，根据内幕信息买卖证券或者与外人勾结买卖证券的行为。内幕交易人员利用其特殊地位或机会获取内幕信息进行证券交易，达到获利或避损的目的。这种不道德行为违反了证券市场“公开、公平、公正”的原则，侵犯了投资公众的平等知情权和财产权益，给企业的社会信誉、社会声誉造成了不可挽回的负面影响。这种丑恶行为反映出少数员工的利欲熏心，企业组织不过是他们为个人牟利的工具，完全失去了对企业应有的责任心。例如，2007 年国内 A 股市场的杭萧钢构内部交易案中，杭萧钢构证券事务代表与公司离职人员里应外合进行证券内幕交易，严重扰乱了证券市场，损害了企业的社会公信度。

（四）员工的频繁“跳槽”行为

企业员工合理的流动是企业和员工本人发展的需要，然而随着经济的多样化发展以及人们择业观念的不断变化，很多行业的员工跳槽现象越来越普遍，周期也在缩短。人们寻找适合自己发展的空间，本是无可厚非的事情，但对企业来说，员工频繁跳槽、换工作如走马灯一样，使得一些企业工作难以为继，工作效率下降，这不仅加剧了企业与员工之间的矛盾，给企业造成重大的损失，而且引起了企业与员工之间的信任危机。跳槽的员工往往是在企业表现良好、业绩突出的优秀员工，这些员工的跳槽会给企业带来一定程度的影响和损失。不仅如此，员工跳槽还可能会引发企业客户的流失、技术和商业秘密的泄露等。例如，2000 年 11 月发生的创维中国销售总经理陆强华带领 100 多名营销人员集体跳槽事件，就给企业界带来不小的震动。

阅读案例

张某为什么被除名

（一）事件缘由

2001 年 6 月 20 日上午 9 时左右，某公司人力资源部刘部长从何总裁办公室走出，刚才何总裁召集公司分管人事、行政的马副总裁、工程中心王总经理及人力资源部刘部长开了一个短会：鉴于工程中心员工张某严重违纪、弄虚作假，决定对其予以辞退，由人力资源部负责办理此事。

（二）张某其人

张某，女，1976 年 6 月生，1999 年 7 月自成都某大学毕业后到 JP 公司工作。因在大学期间 2 门必修课补考及英语未过 CET-4，未取得学士学位。当时招聘她的负责人认为张某性格外向、善言辞，决定录用她作为市场技术支持人员。1999 年 12 月，JP 公司进行内部资产重组、人员竞聘上岗，张某因未能成功竞聘继续做市场技术支持人员，而被安排到综合计划部，负责市场营销中心与工程中心的项目协调工作。2000 年，公司机构调整，综合计划部撤销，其业务职能并入工程中心，成为工程中心下属的计划部。由于工程中心王总经理早就听说张某对工作不是很负责，在机构调整时就不想要她，但经公司做工作，王总从公司机构调整的大局出发，将她安排在计划部，负责接受客户投诉及配件返修。

由于张某性格外向、为人随和、热心参与公司文体活动，被调入不久负责公司党、工、团工作的方副总看中，在公司成立团委、工会的筹备工作中，方副总推荐张某作为团委委员及工会委员的候选人。在分别进行的两次差额选举中，张某均与另一候选人所得票数相同而需淘汰一人时，按选举规则，统计两人的反对票，终因张某的反对票多于对手而落选。有好事者采用统计概率的方法对此次事件进行概率计算，得出此类事件发生的概率为5% ~10% 左右，如此低概率事件竟然在张某身上发生，确实对张某打击不小。但方副总仍然对其大加鼓励，并多次在工会活动中，让其参与组织工作，对其安慰不小。张某也确实不负所望，在活动中发挥自己的特长，使活动搞得有声有色。

（三）发现问题

2001 年6 月18 日，刘部长偶然从一个员工处得知好像许久不见张某了，刘部长似乎也有所感悟。刘部长的办公室距计划部只隔一个办公区，有时还能听到张某说话的声音，而近一段时间却没有听到，刘部长马上要求人力资源部负责考勤的小张查一下张某本月的考勤纪录，结果显示：6 月1 日张某还上班，2、3 日是周末休息，6 月4 日就没有上班了，而张某也没有任何假单或出差单。刘部长马上给计划部蒋部长电话，询问张某最近的考勤情况，蒋部长回答："张某因家中有事，请了10 天事假准备回四川老家，当时她向我请假时，我还跟她说，我没权批那么长的假（公司规定3 天以上的假期由分管副总裁批），要她找何总批"。

"即使这样，今天已是18 号了，她的假也该到期了。"刘部长问。

"这事我再查一下。"蒋部长答。

大约过了半小时，蒋部长给刘部长电话："我已找到张某，她在回来的路上，她说假单已给何总批过，当时走得急，忘了交，到时回来交。"19 日上午，张某回公司上班了，她将假单交到了小张处。

当天下午，门卫将本月出门条汇总按惯例交到了人力资源部小张处，小张在出门条中发现一张张某的出差单，是5 月30 日由蒋部长批准的，称6 月1 日到惠州、汕头出差。小张立即将此出差单及假单交给刘部长，刘部长发现由何总裁批准的假单期限从6 月4 日~13 日已被改为6 月4 日~20 日，其中"13"被改为"20"的痕迹十分明显，而这张出差单更不知是怎么回事。刘部长立即打电话给蒋部长，要他到人力资源部来一趟，蒋部长来了后，刘部长将两张单给他看，蒋部长说："30 号确实准备派她去出差，但后来因故取消了，而我也忘了将此单要回销毁。"事情已十分清楚，刘部长立即将张某叫到人力资源部。面对出差单，张某没有说什么；对于假单，张某说："反正我都是事假，也没有工资，就算我另外写一个假单，老总也会批的，所以我就改了。"刘部长严厉地指出了张某这种弄虚作假、擅改领导已签发单据的错误做法，并要求她立即补办有关请假手续、向人力资源部写出检查。下午下班前，张某将由何总批准的假单交到了人力资源部，并答应迟些将上交检查。刘部长想：既然张某已补办有关请假手续，只要她作出了深刻检查，达到了教育张某的目的，处理就到此为止吧。

（四）作出决定

然而，已有人就此事向何总裁作了报告。以前一直在研究机构从事研究及管理工作的何总十分生气，当晚，何总就与蒋部长通了电话，严厉批评了蒋部长对属下教育不严、发现问题不及时报告的错误。

第二天，何总将马副总裁、王总及刘部长叫到了他的办公室，研究怎样处理张某。在刘部长介绍了有关情况后，以前一直是何总下属的王总首先说："我3个月前就与她说了，要她另找地方，我不用她了。每次一派她出差，事情干不好，费用一大堆"。

马副总裁："张某这次是过分了点。"

何总说："昨天下午她找我补请假手续时，正好来了一个电话，我就给她签了。"转而又问刘部长："公司对于处理此事有什么规定?"

刘部长："尚无合适条款处理此事。只是在《员工手册》中规定，有'严重违纪、弄虚作假情节严重的，将予以除名'，但怎样才算情节严重，没有定义。"

何总问："那怎么办?"

王总："反正我是不用她了。"

何总："那就辞退她。人力资源部去办理此事，顺便出一个通报。劳动纪律如果不抓几个典型，没法管"。

刘部长："估计要给经济补偿金。"

马副总裁："她严重违纪，叫她走人还要给钱?"

何总："实在没办法就给吧，但能不给就不给，你们抓紧办。"

刘部长回到自己的办公室，拿起了《劳动法》及公司相关的规定，他该怎样与张某谈呢?

（五）公司情况介绍及相关法律、法规

JP公司成立于1998年4月，是一家主要从事通信系统研究开发、工程设计、生产制造和安装的国有股份制企业，为无线和有线网络运营商提供全方位的系统集成及技术服务。公司主要产品有：拥有自主知识产权的大型局用程控交换机，GSM/CDMA移动交换系统，引进摩托罗拉技术生产的基站及基站子系统和通信电源等配套设备，以及接入、传输、视讯、集中监控、数据通信等多种产品。1999年，JP公司被广州市科委认定为高新技术企业。

秉承"创造高科技的产品，造就高水平的人才"理念，JP公司近年来在竞争激烈的通信行业中锐意进取、积极开拓，并随中国移动通信产业的发展而迅速发展，合同金额从1998年的0.2亿，发展到1999年5.28亿、2000年的16.31亿、2001年的25.8亿。在中国电子企业百强评比中，其2000年排名第61位，2001年排名上升到第40位。1998年11月，公司以自有知识产权折价700万美元及200万美元现金与美国摩托罗拉公司（出资300万美元）成立了中外合资公司，开创了中国第一家高科技企业中中方出技术、外方出资金的先例。作为高科技企业特征之一的研究开发方面，JP公司拥有一支由院士、博士生导师、研究员及高级工程师组成的120多人的强大研发队伍，1999年4月经国家人事部批准，JP公司成立了企业博士后流动科研工作站，成为广州市第一批拥有博士后工作站的企业之一，目前有3名博士后科研人员在站从事多项创新性课题的研究。JP公司员工考勤采用刷卡考勤制，即每个员工上班均应佩戴胸卡，胸卡背面有一个8位数的条形码，员工上、下班均应在门卫处刷卡，以记录本人的上、下班时间。员工工作时间因事外出均应向门卫出示本部门负责人签署的出门条，门卫方予以放行，员工因事请假或出差应事先办理手续并将相关单据交到人力资源部；特殊情况未能事先请假时，也应及时电话向部门负责人或人力资源部请假，并于工作后3个工作日内补假。这些规定在公司人手一册的《员工手册》中均有详细规定。该公司实行全员劳动合同制，员工入职1个月内均应与公司签订劳动合同。而穗府办1997127号文规定：异地迁转户粮的各类人员，应与用人单位签订5年劳动合同，并将户口迁入用人单位集体户，合同期内不得流动。根据该文要求、IT从业人员流动的特点及同行业的做法，JP公司设置了违约金这一旨在提高人才流动门槛的做法，其规定：应届毕业生须与公司签订5年劳动合同，合同期内员工单方面提出辞职的，工作不满一年，应向公司缴纳违约金1.5万元；工作每满一年，违约金可减少3000元，因公司方面原因辞退员工的，按《中华人民共和国劳动法》的有关规定执行。

《中华人民共和国劳动法》第二十五条第二款规定：劳动者严重违反劳动纪律或用人单位依法制定的规章制度（《广州市劳动合同管理规定》给这条加了一句解释：符合开除、除名、辞退条件的），用人单位可以解除劳动合同；第二十六条第三款规定：劳动者不能胜任工作，经过培训或调整工作岗位，仍不能胜任工作的，用人单位有权解除劳动合同，但必须提前三十日以书面形式通知对方；第二十八条规定：用人单位依据本法第二十六条规定解除劳动合同的，应当依照国家有关规定给予经济补偿。劳部发[1994]481号《违反和解除劳动合同的经济补偿办法》第五条规定：由用人单位解除劳动合同的，用人单位应依据劳动者在本单位工作年限，每满一年发给相当于一个月工资的经济补偿金，最多不超过十二个月，工作不满一年的按一年的标准发给经济补偿金；第十一条规定：工资标准是指企业正常生产情况下劳动者解除合同前十二个月的月平均工资。

正如刘部长向何总所说的，由于公司规章制度中没有对情节严重的定义，如果采用《中华人民共和国劳动法》第二十五条第二款规定，辞退张某，根据刘部长多年的人事经验及劳动仲裁实践，不太可行；那就只有按第二十六条的规定，辞退她并给予经济补偿，刘部长又非常的不甘心。思索良久，一个成熟的方案已在刘部长心中确定，他拿起了电话……

（六）人力资源部与张某的沟通

张某来到了刘部长的办公室，刘部长指了指桌前的椅子，说了声：“坐。”张某坐下了，刘部长似乎不急于与张某说话，而是翻着公司的规章制度汇编，旁边放着张某的假条、出差单及《劳动法及配套相关制度汇编》，大约过了2min，刘部长停止了翻阅，抬起头来，“小张，对这次事件你有什么解释吗？”刘部长问道。

“这次回家，主要是看一看我的父母，前段时间我姐将小孩放到了家里，听她说，我爸妈这段时间吵架很厉害，还动了手。”说到这里，张某眼中已满含泪水，但刘部长脸上仍然没有表情，每个员工对自己所犯的错误都有一大堆理由，且张某的理由根本就没法核实，刘部长有几次就因为心软而作出的决定最后与事实不符而受到领导的批评，这次他就更不能有什么心软，毕竟老总已作出了决定，他只能执行。张某继续说道：“这次回去我就是想劝劝他们，但他们根本不听，甚至当着我的面还吵，我和我姐就去找我舅舅，他是我们家的‘族长’，但他出差去了，要到16号才回，我就只好在家等他了。”

“那你为什么不打个电话来续假？”刘部长问道。

“我打了，但没有找到蒋部长，是周××（注：计划部的另一员工）接的，我要他转告蒋部长。”张某答道。

“请假一定要向部门负责人或人力资源部请，这是《员工手册》中的内容，这点你应该清楚，而且你也知道蒋部长的手机，为什么不多打一个电话呢?”刘部长又说。

“我当时只想省点电话费，而且我想我舅舅回来后马上就可处理好家里的事，我就可以回公司了”张某答道。

“那家里的事处理好了吗?”刘部长似乎有点关心地问。

“在我舅舅的主持下，我爸妈答应以后不吵了，好好过日子。”张某答道。

“门卫处的出差单又是怎么回事呢?”刘部长又回到了正题。张某这次没有回答。“怎么处理这件事呢?”刘部长又问。

“这次是我不对，我愿意接受公司的处分。”张某答道。

“恐怕没有这么简单。”刘部长说，“你这次犯了4个错误：一是弄虚作假，用一张作废的出差单企图蒙混事假的事实；二是擅自更改总裁批准的内容；三是你向门卫交出差单而不是向公司人力资源部交，违反规定，而实际上这张出差单也是假的；四是未按规定续假。这些错误都是严重的，按公司制度的规定是‘严重违纪，弄虚作假’。”说着，刘部长指了指旁边的规章制度。

张某没有作声，刘部长也没有接着问，双方沉默了。

“你提出辞职吧。”大约2min后，刘部长终于打破了沉默。

张某一愣，她完全没有料到会是这样的结果，还未等她说什么，刘部长继续说道：“按你错误的性质，公司完全可以将你辞退或予以除名，但考虑到你还年轻，这样的记录进入你的档案里会对你以后产生不良影响，你自己提出辞职是最好的选择，如果这样的话，公司可不要求你支付违约金”。

张某根本没有想到是这样的结果，也不愿意接受这样一个处理方式，沉默了一会儿，问：“我要是不辞职呢?”

“你必须离开公司，这是刚才总裁召集我们开会决定的。”刘部长拿出了“尚方宝剑”，“还是我刚才那句话，你的错误公司完全可以将你除名，我们还是为你的前途着想，不想那样做。”

沉默了一会儿，张某说：“我考虑一下。”

“可以，但下周五前必给我一个答复。”刘部长答。

（七）事件结束

6月23日上午11时左右，刘部长桌上的电话响了，刘部长拿起了电话，是张某打来的：“刘部长，我下午到人力资源部来领辞职表。”

（资料来源：JP公司［D］，暨南大学，2002）

第二节　企业对员工的伦理

一、员工的权利

员工与企业之间存在着一种利益上的契约关系。从公平的伦理原则出发，作为契约关系的一方，员工应该享有与企业平等的权利和义务。然而，由于现实条件的制约，员工在与企业的这一契约关系中往往缺乏应有的平等地位，正因为如此，员工诸多权利问题的解决变得相当复杂而困难。要切实地解决员工与企业之间因权利而发生的各种问题，就必须认识清楚员工在企业中应该享有哪些基本的权利。

我国《劳动法》明确规定："劳动者享有平等就业和选择职业的权利、取得劳动报酬的权利、休息休假的权利、获得劳动安全卫生保护的权利、接受职业技能培训的权利、享受社会保险和福利的权利、提请劳动争议处理的权利以及法律规定的其他劳动权利"。

（一）自由签约权

员工作为与企业契约关系的一方，具有自由签约的权利。这里的自由签约是指雇佣双方必须是自愿达成协议，反对将企业的意志强加于作为弱势群体的求职者身上。这与源于平等契约论的聘用自由理论是有一定区别的。聘用自由理论认为，员工与企业之间的关系是一种自由平等的契约关系，个人可以自由地选择雇主，雇主也可以自由地选择职员，员工可以根据自己的意愿变换工作，雇主也可以自由解雇员工。这种理论表面上看双方之间是平等的，其实却是一种不平等关系。因为这一理论的前提是市场经济条件下存在着充分就业。然而，现实是能够充分就业是可望而不可即的，大多数情况下都是劳动力供大于求，这样企业自然就处于优势地位；而员工必须依靠自己的劳动才能获得维持生存的必需品，他们必须工作，所以员工实际上无法像雇主那样自由地选择职业。同时企业与员工在双方的合约谈判中，其要价能力要比员工个人强大，所以在谈判中处于强势地位。

例如，在某房地产策划部门工作了数月的丁某由于要求与公司签订劳动合同而被公司变相解雇。公司的叶经理承认，在丁某工作期间，公司没有与丁某签订劳动合同，因此，也没有为丁某缴纳三金，公司不与丁某签订劳动合同的理由是：自己不懂《劳动法》；丁某属于试用期；丁某处理不好与主管的关系。根据我国《劳动法》，员工一旦与公司建立了劳动关系，就应当签订劳动合同。当记者问丁某为什么在没有签订劳动合同的情况下还为公司工作了数月时，丁某回答说，因为找一个合适的工作不容易，找一个自己喜欢的工作尤其不容易。类似这样的事件在国内比比皆是，它们反映出员工在自由聘用性质的契约关系中处于一种不平等的弱势地位。

员工在与企业签订雇佣合同时，有权知道自己受雇的真实条件。有些条件，如关于提升、增加工资、解聘等，是不出现在很多企业的雇佣合同中的，这可能成为企业随意解雇员工的理由。受雇人有权知道自己受雇的岗位是否临时性、试用期多长、雇主对自己是否有超出雇佣合同上规定的工作性质的要求等，如果雇主不主动向被雇人员介绍这些条件，被雇人员有权提问并得到诚实的回答。

（二）合理工资权

合理工资是一个历史概念。19 世纪的天主教对合理工资的解释是：足够家庭维持超出简单地延续生命的生活水平的工资，它设定的标准是保证男人维持家庭成员正常生活的工资。它推论出来的结果是：单身男人的工资低于已婚男人，妇女的工资低于男人的工资。发展到现在，企业普遍采用的是"同工同酬"的工资原则。当然，合理工资的界定是一个复杂的问题，它涉及如职业风险、行业工资水平、企业政策等诸多因素。合理工资可以从以下 6 个方面进行评价：

（1）合法保证最低收入。

（2）工作的困难与风险程度。

（3）同工同酬。

（4）企业的能力与政策。

（5）地区的平均生活水平。

（6）工作稳定性的保证程度。

当然，同工同酬并不是要求同一企业或者同一部门的员工在工资上应该基本接近，而是强调即使员工存在什么差别，只要在技术、能力等方面一样，就应该获得同工同酬。

员工有权得到由于通货膨胀而造成的生活补贴，有权在合理的工资增长方面得到公平的考虑。在通常，应当增加报酬而没有增加报酬的时候，员工有权得知没有增加报酬的理由。

（三）晋升权

当员工进入企业具体的工作岗位后，一般他们关注的核心问题便是职位晋升，因为它本身代表着一种将来获得合理工资的期望。员工在企业工作中有权得到定期的、公正的评估，有权要求在职位晋升的竞争中获得公平的待遇，即得到公正的评价以及平等的竞争机会，不能因为性别、种族、信仰等与职位无关的因素而受到歧视性待遇。同时，员工即便没有得到晋升机会，也不能因此而得到不公正的评价。通常情况下在应当得到提升的时候而没有得到提升，员工有权得知没有得到提升的理由。然而，在企业实际运行中，存在着一些不合理的晋升，如员工晋升到不能胜任的岗位、只使用不晋升、没有适当的培训等。

（四）员工在被解雇时的权利

员工在受雇前有获得工作机会的权利，在工作中有享受平等待遇的权利，在被解雇时也同样应该享有一定的权利。员工作为企业的主人，为企业发展作出了自己的贡献，企业不能无故解雇员工。企业解雇员工应该遵循一定的规则。

（1）企业解雇员工必须要有充分正当的理由。对解雇原因有异议的员工有权利按照正当程序进行申诉，有权得到公正的裁决，其中包括雇主的证据出示和雇员的自我辩护。在现实的市场经济中，员工被解雇的原因很多，其中既有正当的理由，如经济衰退、能力差、行为不道德、经常迟到和旷工等；也有其正当性不明显的理由，如人际关系差、对领导不尊重、工作态度差等；还有不正当的理由，如老板不喜欢某个员工、某个员工告发企业的不法行为、拒绝老板的性骚扰等。

（2）员工在被解雇时应当被告知解雇理由，并尽早提前通知，这是对人的一种尊重。

（3）对于受雇时间较短的员工，包括试用期的员工，企业应该给予充分的时间施展自己的才能，并改正自己的错误，而不应该假借试用期的名义而随意地将其无理由解雇；对于在企业工作较长的老员工，在没有经济环境或企业财政因素影响之下，应该得到企业的帮助和鼓励，甚至给予晋升的机会，而更不应当被解雇。

（五）员工在工作时间之外的权利

员工作为公民，不仅享有在工作时间内的权利，而且还应该享有在工作时间之外的权利，而这些权利，企业同样是需要尊重和关怀的。

员工在企业工作时间之外，应该享有言论自由的权利。如果员工在下班后善意地批评企业、企业领导以及企业管理人员，而且在合理的限度内，其这项权利，企业是不能剥夺的。如果员工在工作时间内随意抱怨企业及其领导的过错或出于宣泄不满而散布谣言，或者利用工作之便泄露企业经营秘密或企业工作计划等，都有悖于员工的基本权利，因为员工在正常的工作时间可以通过企业的沟通渠道与企业进行交流，而不是采取消极抱怨地方式解决问题。

员工也是社会成员的一分子，他们同样有权加入自己喜欢的合法社团或者组织，有权选择自己的生活方式。例如，某些员工在下班时间吸烟、打麻将或者喝酒，企业领导不能出于这些理由而开除员工，因为如此，企业就侵犯了员工的权利。但如果员工因为自己的某种不良生活方式，如吸烟、喝酒而影响到自己的工作绩效，就可能成为企业对其进行工作评价和晋升时考虑的因素。

阅读案例

GE 中国解聘员工案

一、解聘案基本情况

2002 年 9 月 19 日，徐某一纸状书将著名的跨国公司通用电气（中国）有限公司（简称“GE 中国”）告上法庭。在一份提交给上海静安区人民法院的起诉书中，作为前员工，徐某要求 GE 中国撤销对其解除劳动合同通知书，并提出了相当敏感的申明，涉及法律尊严、公民基本权利、维护中国客户商业机密、抵制不正当竞争等。法院受理了此案。

徐某说，他于 2000 年从上海交通大学获得 MBA 学位，1999 年加入 GE 中国，任有机硅材料的商务专员。在 1999 ~2002 年的 3 年工作时间里，为 GE 中国创造了巨大价值，累计完成个人销售额 1 亿多元。

徐某认为，2002 年 2 月发生的有机硅配方争论，是导致其遭解聘的导火线。他提供的材料中称，为了向日本客户销售某化工原料，公司管理层要求徐某将中国客户的配方告诉日本公司。徐某认为，这一做法违反了 1993 年颁布的《中华人民共和国反不正当商业竞争法》，并严重损害了中国客户的利益，因此提出拒绝。其间因受到管理层的压力，徐某向 GE 中国区副总裁发送电子邮件，反映了这一事件，并认为该做法严重背离了 GE 中国的价值观——“坚持诚信，注重业绩，渴望变革”。

2 月 22 日，徐某收到来自 GE 中国高层的通知，内容包括担心徐某的健康，请立即赴医院接受治疗，准许休假，无需赴公司办公，立即归还公司电脑及财务，不得使用 GE 中国任何专用材料及不得联系人力资源部主管以外的员工及客户，如徐某拒绝遵从忠告，将会受到纪律处分等（法院有该通知，GE 中国也确认）。恰恰是这份通知，被徐某认为是对中国员工的歧视，“像这样的邮件，GE 敢发给一个美国本土员工吗？如果一些公司员工和客户与我是朋友关系，凭什么禁止我们联系？”

徐某称，在 2 ~6 月“准予休假”期间，公司曾多次找其谈话，并表示，如果徐同意离职，公司可以给予 15 万元的补偿金。但他都拒绝了。

6 月 13 日，GE 中国解除了与徐某的劳动合同。在徐某提交的材料中，还有一份据称是原所在部门经理就该问题发给 GE 集团包括现任总裁的电子邮件。据该邮件所述，GE 中国一些高层对徐某采取了“不公平的报复行动”，并涉及有关人员的“种族主义观点和评论”。

针对徐某的材料，负责这一事情的 GE 中国人力资源部经理表示，此事已由上海劳动争议仲裁委员会作出公正裁决，相关事务也全权委托律师事务所处理，因此，他不发表任何意见。

从裁决书中可以看出，GE解聘徐某的原因有两个：

（1）徐某在求职时提交了虚假个人工作经历，这一点GE中国方面表示有确凿证据。这是解聘主要原因。

（2）徐某以恶意邮件持续骚扰公司。GE中国摆出证据称，在2002年1月7日~2月19日期间，徐某以汇报有关诚信问题后受高层和纪律检察员报复为由，利用公司电子邮箱向员工及管理层发送邮件26封；2月25日~6月10日期间，徐某又利用私人邮箱陆续向其他员工和管理层发送邮件39封，邮件涉及威胁及恶心内容，根据《员工手册》，GE中国作出解聘决定。

根据相关材料和证据，上海劳动仲裁委员会裁定，不对徐某要求GE中国撤销解除劳动合同通知书的申诉请求予以支持。9月19日，不满此项裁决的徐某向法院起诉。

上海市静安法院一审终结。法院对徐要求恢复劳动关系的诉请不予支持，仅判决该公司支付徐4000余元工资及该款25%的赔偿金。法院认为，徐某如认为遭到管理层不公正待遇，应当通过正当途径向有关部门进行投诉。而徐某采用了连续不断向公司管理层发送电邮的方式表达不满，邮件内容措辞易使人产生联想，特别对作为美国在华独资的企业员工产生不安的负面影响，从而使公司正常秩序遭到破坏。同时，徐某交给公司的履历表与他保存在某区人才中心档案材料有多处不吻合之处。根据我国《劳动法》规定，法院作出如上判决。

二、背景材料

2003年1月16日，GE进入中国12年来的第一个劳资纠纷案在上海静安区法院开庭，被中国雇员推上法庭的GE（中国）高度重视，派出多人到庭旁听。而远在美国，就在此案开庭前的25小时，为抗议医疗保健费用增加，2万名GE美国本土员工持续两天的大罢工刚刚结束，余烟还未散尽。通用电气——这家连续5年被评为“美国最受推崇的公司”，几乎同时在太平洋两岸被自己的员工指责，韦尔奇身后的GE劳工问题日渐暴露。

GE东芝有机硅有限公司是由GE中国有机硅部门和日本东芝公司于2000年1月共同投资2500万美元建立的合资子公司，公司的实际决策权掌握在GE中国的手中。徐某在GE的工作是销售一种名为TSE2186u的高分子化学原料，这种材料被用来制造电视机的阳极帽。由于电视机市场的竞争激烈，成本的压力很大，小小的阳极帽市场竞争也非常激烈。国内一家生产该产品的公司经理说：“这个产品的价格原来是一年定一次，现在每个月定一次，竞争非常激烈。”

徐某的一位客户，深圳崇林电子有限公司（简称“崇林公司”），在这场竞争中保持优势，据崇林公司老板蒋先生介绍，该公司占有国内阳极帽市场份额的80%，每年向GE购买大约2000万元人民币的原材料。而与此同时，徐某的同事也在向日本的松山公司推销TSE2186u，在阳极帽的市场，崇林公司和松山公司是竞争对手。“因为我们的工作是带有技术性的，客户有问题我会帮其解决，所以我知道他们的工艺配方。”徐某说。他所说的工艺配方是指崇林公司生产阳极帽时，使用GE的TSE2186u的有机硅化工原料催化剂和脱模剂的配方。徐某称其他地区的同事，包括负责向松山公司销售原料的同事，希望他能够提供这些配方，以期其他公司购买他们的TSE2186u原料。

“早在去年，他们就口头要过，GE有机硅整条线的领导人都知道这件事情，公司领导告诉我，说你可以电话里边告诉他们。”在GE东芝华中区一位管理人员提供的证据中，一份GE内部的电子邮件显示，2002年2月16日，GE东芝有机硅公司的一位主管指示：“关于催化剂，请直接与徐某联系以了解更多情况。为了GETOS（GE东芝），他（徐某）应该在电话上向你提供信息。”

而在2002年2月7日的一份邮件中，徐的一位同事则以书面的形式索要这些信息：

星期一我和×××访问了Matsu××××（注：松山公司英文名）公司，它们的阳极帽产品使用我们的TSE2186u（化工原料），现在催化剂和脱模剂有点问题。

你们正在成功地向一些阳极帽企业销售TSE2186u。

你们能否帮我回答如下这些问题？

1. 你们客户硫化我们的TSE2186u时，使用的是哪种催化剂？什么品牌？在TSE2186u基础上的催化剂添加量是多少？

2. 当硫化我们的TSE2186u时，你们的客户使用脱模剂吗？什么品牌？在TSE2186u基础上的脱模剂添加量是多少？

这些答案将有助于我们发展Matsu×××公司的业务。

非常感谢你们的帮助。×××（发件人署名）

这份邮件发给了包括徐某在内的5位GE员工，同时也通知了6位GE东芝有机硅公司的高层。

徐某说：“他们要的实际就是崇林公司的配方，其他的公司都是很小的。”他拒绝了这个要求：“我说，你们要的话，让公司的法律顾问出具一份文书给我，证明这样做是合法的，那么我就来提供。因为我一旦提供了，在未来的20年内，崇林公司可以随时起诉我。”

《21世纪环球报道》就此事采访崇林公司的老板蒋先生时，蒋先生显然有些吃惊，不停地问记者到底竞争对手公司有没有知道他们的配方。

“这是我们的命根子啊，如果泄露了，我们的厂子只有倒闭了。松山公司的模具比我们先进，我们就是因为工艺上的优势才比他们做得好。我是信任他们（徐某）才让他们看工厂的，以后再也不能告诉别人了。”蒋说。

徐某说：“我认为（透露崇林公司的配方）是违反了基本的商业道德的。因为没有一家公司愿意将他们的专有信息提供给它的竞争对手。这也违背了公司对客户一贯的诚信的承诺。”

于是，从2001年底开始，徐某通过电子邮件向公司领导申诉，其中包括GE中国的总裁，以及GE的最高决策者董事长兼CEO伊梅尔特。徐某认为，正是拒绝透露崇林电子公司的配方并且向公司领导申诉，才导致他和公司领导关系的僵化。

2002年2月22日，徐某收到了公司要求他行政休假的通知。

GE给徐某的休假通知

亲爱的徐：

一系列你最近的电子邮件使我们采取以下措施：

1. 根据你最近反复提到你的不稳定的精神状态，我们非常关心忧虑你的健康，并且请求你立刻寻求医疗护理。

2. 你被安置为立即生效的行政休假，在你行政休假期间，将连续向你支付工资，通过邮寄到你家庭地址的支票。

3. 当你在行政休假期间，你不得进入办公室，除非是你的中国有机硅部门经理要求。

4. 你立即上交公司的电脑和所有的公司财产。

5. 当你在行政休假期间，你不得利用公司的任何资料，包括电子邮件名单。

6. 你也被禁止、制止接触任何公司的员工，除了那些在本通知列出的名单，你也被禁止、制止接触和联系任何公司的客户，如果你需要联系公司，你应该打电话给×××，上海通用电气中国公司的人事部领导。

7. 作为你针对公司的叫屈，诉苦，申诉的答复，公司已经开始调查，如你所知，A和B（注：GE东芝的两位高层）已经提议下个星期在上海市一起坐下来讨论调查的结果，我们请你合作和他们会谈。

8. 如果你拒绝遵循上述的意见，你将因此受到纪律处分，包括解雇。

我很遗憾这些措施是必需的，但是我们需要采取措施确保你的安全。

徐某的民事诉状

原告：徐某，男，汉族，通用电气（中国）有限公司工作，住所上海市梅陇路（省略），邮编：200237，电话：（省略）。

被告：通用电气（中国）有限公司，住处：上海市南京西路（省略）

诉讼请求：

1. 判令被告撤销解除劳动合同决定；

2. 诉讼费由被告承担。

事实与理由：

一九九九年六月一日，原告经招聘到被告公司工作，同时订立劳动合同。合同规定了劳动期自二〇〇一年六月一日至二〇〇三年五月三十一日，职务为业务代表，每月工资为9576元等。二〇〇二年六月十三日，被告以原告向公司管理层人员和其他员工多次发送未经请求的骚扰邮件以及求职时提交虚假个人工作经历为由，解除了原、被告的劳动关系。

原告认为，被告所述既无事实依据，也无法律规章上的依据，倒有对原告进行人格贬低之嫌。事实是自二〇〇一年五月起，原告因为坚定地遵守公司的诚信原则，及时向公司报告导致股东利益受损的任何诚信顾虑，坚决抵制公司要求泄露中国客户的商业机密，进行不正当竞争的违法和种族歧视行为，被告此后就开始对原告打击报复。

二〇〇二年二月，被告以休假为名，以解雇相威胁，禁止原告与任何公司的员工接触，非法限制宪法赋予原告的公民的基本权利。直至二〇〇二年六月十三日，被告作出了解除劳动关系的决定，原告始终没有违反被告规章的行为，至于提交虚假工作经历更是子虚乌有。以上种种打击报复损害了原告的人格和名誉并给原告及其家庭造成一定的伤害。为维护原告的合法权益，特诉至你院，望依法支持原告的诉讼请求。

此致上海市静安区人民法院

具状人：徐某

二〇〇二年九月十九日

（资料来源：《中国青年报》，2002年9月26日）

问题：

1. 你对这件事如何看待？

2. 原告的非诚实性工作经历，公司是之前就知道还是后来才知道的？如果公司事前知道而不揭穿，其目的是什么？这种行为符合其所明示的“坚持诚信，注重业绩，渴望变革”价值观吗？

3. 原告提出的建议和辩护说法为什么会失败？原告编造虚假工作经历的行为是可以理解的吗？这种行为应该怎样理解？

4. 公司的行为与你理解的企业伦理之间有哪些矛盾？

二、企业人力资源管理中的伦理问题

我国是一个人口大国，劳动力严重过剩，就业压力巨大，因而企业与员工的关系处于一种“强资本、弱劳动”的不和谐状态。在企业的强大权力之下，员工往往处于弱势地位。从我国企业人力资源管理的实践来看，在员工招聘与用工、工作生活质量、工作时间、员工职业发展、薪酬管理等方面存在着诸多伦理问题。

（一）员工招聘中的伦理问题

招聘是企业选拔招聘人才的活动。随着我国市场经济的发展，我国各级政府对于企业招聘的法律法规逐步健全，但实施监管的力度、广度和公正程度还很不够。目前，比较突出的伦理问题有以下几种：

1. 发布虚假招聘信息

企业发布虚假招聘信息的主要目的在于扩大企业知名度。由于各种媒体的广告费用越来越高，企业如果通过媒体进行纯粹的企业宣传广告，不仅费用支出巨大，而且也很难达到理想效果；而通过人才市场发布招聘信息，只需要花费很少的摊位费，就能在求职者中产生比较大的影响。

2. 利用考察人才的机会，无偿获取求职者的智力成果

这种情况主要发生在中高级人才招聘中。在面试时，很多企业都会把自身遇到的问题巧妙地设计到面试或笔试考题中，要求求职者谈观点甚至提交书面报告或者计算机程序。求职者为了谋得这份工作，总会把自己最高的水平展示出来，把自己最新最好的创意提供给企业。企业在集思广益、使自身问题得到解决后，却并不录用这些人员，而求职者被蒙在鼓里，总以为有比自己水平更高的人被企业录用了。

3. 企业夸大宣传，不负责任地作出承诺

有些企业在招聘中有意回避企业中的不足，对应聘者许诺以后难以兑现或根本不准备兑现的待遇条件，鼓吹发展机会有多大，但员工被录用后很快就会发现情况并非如此。为了既逃避履行法律法规规定的员工福利义务的相关财务支出，又避免政府相关部门的检查或员工的投诉，不少企业在招聘、签署合同时玩弄文字欺诈。例如，在招聘广告或招聘会上，人力资源经理认真地告知应聘者企业将提供各种福利，但当员工进入公司签署劳动合同时，却被告知与福利有关的协议将要待试用合格后方可签署；当长短不一的试用期结束，签署正式聘用合同时，新员工又被告知要在符合一些条件的状况下才能享受相关福利；而当出现所列出

的一系列问题中的某一个问题时，福利即被中止。从表面上看这些程序无可厚非，然而问题在于公司所罗列的条件大多比较苛刻，苛刻到如果真正按规定执行，几乎没有一个员工能真正享受这些福利。

4. 实施就业歧视政策

实施就业歧视政策是指企业对应聘者规定各种如性别、年龄、身高、健康、户籍等方面的歧视性条件。国际劳工组织1958年通过的《就业和职业方面的歧视公约》规定：歧视是指基于种族、肤色、性别、宗教、政治、民族血统或社会身份等原因而实行的，具有取消或损失就业和职业方面的机会和待遇平等作用的任何差别、排斥或优惠。我国《劳动法》也规定：劳动者就业，不因民族、种族、性别、宗教信仰不同而受到歧视。

我国企业中就业歧视比较普遍，主要表现为：

（1）年龄歧视。年龄歧视主要是指相当多的单位设定35岁以下为招聘年龄的门槛，使得年龄稍大一些的人流动难、择业难、发展难，甚至出现了中国特有的“4050”现象。世界卫生组织给“青年”的定义是45岁以下，而46~59岁都是年富力强的“中年”。据某机构进行的网上调查，在对于企业的调查中，有50%的被调查企业都表示在求职者的个人信息中更在意求职者的年龄。2004年7月23日，广西壮族自治区人事厅与委员会组织部联合发布了《关于印发<2004年下半年广西壮族自治区国家公务员和机关工作者考试录用简章>的通知》，该简章规定的第五项为：身体健康，年龄为35岁以下。求职者刘某在因年龄已超过35周岁，未能通过招考单位的审核。刘某不服，于2004年10月向广西壮族自治区人民政府申请行政复议，复议决定维持被申请人作出的不同意申请人刘某参加考试的决定。刘某不服该行政复议，遂向法院提出行政诉讼，认为被告设定35岁强制性限制条件并据此不同意原告报考公务员的行为违反了职权法定、依法行政的原则，侵犯了公民权。一审法院审理认为，被告作为省级人事主管部门，负有对本行政区域内国家公务员录用管理的行政管理职责，并享有制定本行政区域内国家公务员考试录用的有关规定的法定职权。因此，判决驳回原告刘某的诉讼请求。

（2）性别歧视。性别歧视主要是指目前招聘市场上很多职位出于并不是职业资格的原因限定招聘的性别。这使女性求职者多了一道门槛，甚至使某些女大学毕业生、研究生因此想改变性别。全国妇联发布的《女大学生就业创业状况调查》显示，九成以上的女大学生求职时，感受到性别歧视。而90.2%的被访企业的回应是，招聘“基本上无性别倾向”，却坦承招收女生有诸多困难。

（3）户籍歧视。户籍歧视是指户口的藩篱分割了统一开放的人才市场，使得本地户口与外地户口、农村户口与城市户口成为招用人才堂而皇之的条件。这使很多非本地户口的人才在用人单位无法成为正式职工，影响了人才的社会化，也使用人单位自我限制了选才的视野。户籍歧视产生的原因比较复杂，有经济和社会层面的原因。比如，有些城市规定一些工作岗位限制聘用外地员工，就属于政策方面的原因，而当地政府制定这种政策的初衷是希望通过由本地人担任涉及财务和安全的工作职位，降低用人单位的风险。实际上，“户籍限制”并没有降低这些职位的用人风险，客观上却形成了一定程度的就业地方保护。一些城市为了提高本市人口的就业率，也会人为地增加这种职位限制的范围。从短期看，存在“户籍歧视”的城市在某种程度上可以实现就业的地方保护，减轻社保负担；但从长期看，相对于那些实行户籍平等策略的城市来说，这些城市对优秀人才的竞争力也减弱了，阻碍了当地经济的长远发展。

（4）健康歧视。健康歧视是指如果在劳动者的健康状况既不危害公共卫生安全，也足以胜任工作的条件下，用人单位依然以其健康问题为由对其就业予以不利限制，则属于健康歧视行为。2004年4月2日上午，备受媒体和法学界关注的中国乙肝歧视第一案，在安徽省芜湖市新芜区人民法院公开宣判，法院一审判决确认，被告芜湖市人事局在2003年安徽省国家公务员招录过程中做出取消原告张某进入考核程序资格的具体行政行为，主要证据不足。依照法律规定，该行政行为应予撤销，但鉴于招考工作已结束，故该行政行为不具可撤销内容。因此，原告要求被录用至相应职位的请求未获支持。2003年6月，原告张某在芜湖市人事局报名参加安徽省公务员考试，报考单位为芜湖县委办公室。经过笔试和面试，其综合成绩在报考该职位的30名考生中名列第一，按规定进入体检程序。2003年9月17日，张某在芜湖市人事局指定的铜陵市人民医院的体检报告显示，其乙肝两对半中的HBsAg、HBeAb、HBcAb均为阳性，主检医生依据《安徽省国家公务员录用体检实施细则（试行）》确定其体检不合格。张某随后向芜湖市人事局提出复检要求，并递交书面报告。同年9月25日，芜湖市人事局经请示安徽省人事厅同意，组织包括张某在内的11名考生前往解放军第八六医院进行复检。复检结论仍为不合格。依照体检结果，芜湖市人事局依据成绩高低顺序，改由该职位的第二名考生进入体检程序，并以口头方式向张某宣布，其由于体检结论不合格而不予录取。

除以上几种情况之外，学历歧视、血型歧视、姓氏歧视、籍贯歧视、身高歧视、相貌歧视等也是就业歧视的表现，同样对人才和单位都有很大危害。

5. 设置劳动合同关系陷阱

其具体表现有以下几种：

（1）企业为了降低用工成本，逃避缴纳社会保险费和解雇员工时应负的法律责任，尽量不与员工签订正式劳动合同，出现劳动争议时劳动者的合法权益得不到有效保护。2005年全国人大常委会在劳动法执法检查中发现，中小企业和非公有制企业的劳动合同签订率不到20%，个体民营经济组织的签订率更低，尤其在建筑、住宿和餐饮等流动性较大、季节性强、用工时间短的行业，劳动合同签订率低的现象更为突出。

（2）企业为了通过短期劳动合同最大限度地自由选择劳动者，并减少因解除劳动合同而应向劳动者支付的经济补偿，尽量只与员工签订短期合同。全国人大常委会劳动法执法检查显示，有60%以上的用人单位与劳动者签订的劳动合同是一年签一次，有的合同是一年签几次。

（3）企业为了降低用工成本，有意设计不规范合同，并利用员工的就业劣势，诱使和强迫员工签订不规范合同。例如，设置各种条件拖长试用期，避开与工伤处理相关的如发生工伤后的工资发放、医疗、抚恤等事项。

（4）企业利用与员工的信息不对称，故意隐瞒对员工不利的重要信息。例如，有些企业隐瞒企业生产过程中的有害物质，有些重要的信息不告诉劳动者；与劳动者签订虚假合同，合同中只强调劳动者对企业的义务，保障企业的权利，却极力推托对员工承担相应的责任；有的合同存在霸王条款，甚至签订生死合同，这严重违反了法律，侵害了员工的合法权利。

6. 缺乏对员工的品格测试

由于人力资源是与心理学密切相关的一种人力开发技术，因此，注重对应聘者的心理、人格、性格、态度等方面的测试是理所当然的。然而，许多企业在招聘员工时往往注重表面的学历、经历和其他因素，而忽视对员工道德品格或价值观的测试。许多企业由于对构成团队精神的核心要素——既独立负责又相互协作与帮助缺乏本质性把握，从而使企业在招聘员工时无法真正考核团队精神的有无。非道德的价值观从表面看似乎无关宏旨，实际上它是极为重要的文化课题，许多企业没有意识到这一点，从而使企业中所发生的价值观冲突妨碍了企业工作的正常开展，造成了大量的人际矛盾。

（二）员工工作生活质量方面的伦理问题

由于科技进步、分工进一步细化以及激烈的市场竞争，现代企业中大量员工的劳动变得单调、紧张且毫无创造性，这不仅使他们感到自己像是被操纵的机器，工作缺乏成就感和动力，而且有害于其身心健康。因此，现代企业中的员工除了关注自己正当的权利之外，已经逐渐意识到工作生活的质量要比过去关注的工资、待遇更重要，而且开始把注意力转移到对于工作生活质量的关注上。

我国《劳动法》规定：用人单位必须建立、健全劳动安全卫生制度，严格执行国家劳动安全卫生规程和标准，对劳动者进行劳动安全卫生教育，防止劳动过程中的事故，减少职业危害，劳动安全卫生设施必须符合国家规定的标准。

用人单位必须为劳动者提供符合国家规定的劳动安全卫生条件和必要的劳动防护用品，对从事有职业危害作业的劳动者应当定期进行健康检查。从事特种作业的劳动者必须经过专门培训并取得特种作业资格。劳动者在劳动过程中必须严格遵守安全操作规程，对用人单位管理人员违章指挥、强令冒险作业，有权拒绝执行；对危害生命安全和身体健康的行为，有权提出批评、检举和控告。

目前，我国企业在员工职业生活质量方面，突出的伦理问题是忽视员工职业安全和忽视职业健康。

1. 无视员工职业安全

职业安全问题是我国企业亟待解决的问题。近年来，我国企业安全事故频频发生，仅2007年1～7月份，全国共发生各类伤亡事故301343起，死亡53954人；其中，工矿商贸企业发生事故6096起，死亡7415人；工矿商贸企业中，煤矿企业发生事故1320起，死亡2163人。据统计，我国近年来各类生产安全事故绝大多数都是责任事故，而责任事故中多数又是“三违”（违章指挥、违章作业、违反劳动纪律）造成的。

员工职业安全，首先表现为员工工作环境的安全。研究表明，人一生将近有1/3时间在工作环境中度过，人在相对舒适的工作环境中工作，其效率要比在一般工作环境中高15%。这说明，适宜的工作环境能使人进入较好的工作状态；反之，就会使人感到某些不适，工作也会受到不良影响，甚至导致意外事故的发生。尤其是对于某些易造成事故的工作，工作环境的安全就显得特别重要，否则将给员工的身心健康带来极大的损害。

员工的工作环境包括物理环境，如工作场所的噪声、照明、空气、温度、卫生等；也包括心理环境，即工作氛围，如企业制度、人际关系等。就物理环境而言，《劳动保护条例》规定：作业现场噪声不允许超过85dB；生产环境中照明光线过强，会强烈刺激人的视觉神经，使人头晕目眩、精神烦乱，光线太弱，会使人视觉神经疲劳，导致头脑反应迟钝；空气中的粉尘能造成呼吸道疾病，严重影响员工身体健康；有毒气体会使人头晕、恶心，甚至失去知觉，威胁人的生命安全；人体正常体温在36～37℃之间，所以最佳的环境温度应为20℃左右，如果环境温度接近人的体温，人体的热量就不易散发，如果环境温度过高，人体也会感觉不舒服；作业现场杂乱无章会直接通过视觉神经刺激神经中枢，使人的思维受到干扰，操作中会常常出现意外。2006 年 7 月，福建长隆纺织厂女工刘运芳因车间温度过高，热射病发作，晕倒并随之死亡，其晕倒前曾向工厂请假但没有得到批准。据报道，该企业许多工人都因为高温而浑身长满痱子。2006 年 7 月 15 日上午，在南京美俐隆工艺品有限公司生产车间，18 岁的瓶检工郏龙妹突然昏倒在地，送医院抢救无效身亡，据报道，车间温度高达 43℃。天津市某服装厂 2 名员工在二楼屋顶清理物料时，由于现场环境混乱，物料横七竖八堆在一起，当 1 名员工移动一物料时，将一根长约 7m 的铁棍碰倒，压在 10kV 的高压线上，造成 2 人触电，其中 1 人死亡。

就心理环境来说，由于企业制度在企业范围内具有一定程度的一致性和强制性，如果制度不合理，容易给员工造成普遍的心理压力甚至伤害；会使员工产生对工作的厌倦甚至对企业的严重不满。例如，深圳龙岗区一家工厂在招募员工时，要求员工签署一份“特殊协议”，协议上要求员工签字认同“违反厂规我就是畜生”。该协议内容包括“对父母孝顺”、“对工厂忠心”、“对上级领导尊敬”等内容，其中第 15 条赫然写着“本人愿意宣誓：如有违反签名之保证，是畜生”。这份协议在人格上、精神上给员工施加了很大压力，影响了员工的工作情绪。

处理员工职业安全问题必须遵循一定的伦理原则。虽然分析工作中的风险程度是复杂而模糊的，但是在实际工作中，企业还是可以遵循一定的原则来处理工作安全问题。

（1）提前告知危险。企业在与员工签订劳动合同时，就应该告知其工作中可能会遇到的风险。在员工了解到未来工作可能会遇到的危险之后，在平等自愿的条件下签订劳动合同。如果由于高失业率或者急需该职位，员工别无选择而签订的合同，也不是公平的合同。雇主知道存在对健康或者安全有害的危险时，有责任减少这些危险，或者通知雇员，以便在雇员知情后再选择是否接受工作，雇员的选择应当是自愿和平等的。

（2）至少提供最低安全保障。工作场所安全应有一个最低标准，安全低于此标准产生的风险是不能为道德所接受的。其中，包括必须预防任何可以很容易避免的伤害。比如，工作的场所有充足的通风和适宜的温度，有防火措施，与危险机械、有害物质有关的工作也要有充分保护。

（3）培训员工识别和防范风险。企业对员工进行工作技能培训，帮助其识别风险，也是其中的内容。首先，企业通过工作分析等手段了解工作中可能存在的风险，提出识别防范风险的方法；其次，将这些方法与工作技能培训融合在一起，安排专门课程传授识别和防范风险办法；最后，企业将工作安全知识的掌握列入员工的日常考核，定期检查。

（4）给予经济补偿。经济补偿包含两个方面：一方面，提供津贴或者补助给从事危险岗位工作的员工，使他们的劳动价值得到体现；另一方面，企业通过购买保险等方法保障员工意外发生后的生活。

2. 无视员工职业健康

我国《民法通则》第 98 条规定：“公民享有生命健康权”，即所有员工都拥有在健康和安全的工作条件下工作的权利。目前，我国已成为全球工作时间最长的国家之一，人均劳动时间已超过日本和韩国。随着加班的普及，年轻人猝死在办公室的例子屡见不鲜。2006 年 5 月，年仅 25 岁的深圳华为公司员工胡新宇因工作任务紧迫持续加班近 1 个月，导致过度劳累，全身多个器官衰竭，离开人世。2006 年，卫生部部长高强在企业社会责任国际论坛上曾强调，我国职业病发生人数和因职业病而死亡人数居世界前列。我国现有约1600万家企业存在有毒有害作业场所，受不同程度职业病危害职工人数总数约2亿人。《2006年中国卫生事业发展情况统计公报》显示，据不完全统计，2006年29个省（区、市）共报告职业病11519例，其中，尘肺8783例，慢性职业中毒1083例，急性职业中毒467例，职业性眼耳鼻喉疾病、职业性肿瘤等其他职业病共1186例，农药中毒17791例，死亡994例。在全国报告的各类职业病中，尘肺病占到80%，其他慢性中毒约占20%。2007年根据全国30个省、自治区、直辖市和新疆生产建设兵团报告，共诊断各类职业病14296例。据卫生部的统计，2009年全国新发生各类职业病18128例，其中尘肺病仍是我国最严重的职业病。

工作场所健康促进是一种结合雇主、员工和社会的共同努力，以提高员工工作的健康福利。越来越多的证据证明，工作场所健康水平将成为商业效率和竞争力的重要因素；越来越多的员工期望通过降低意外事故发生率、增加企业效率和活力、提高产品和服务质量、提升企业形象和客户满意度，来使自己经济上获益。员工希望通过增加工作满意度、降低工作压力、改善工作环境、减少工作相关疾病来获得更好的生活条件。

从管理学的角度来看，哈佛大学商学院教授R. E. Walton认为，造成员工职业生活质量问题的原因主要在于员工的期望与企业的要求、条件和所提供的报酬之间存在着较大的差距，这些差距至少存在于以下6个方面：

（1）员工期望有挑战性的工作和个人的发展；但所做的工作却往往很简单，只需要重复运用某些专门知识。这种模式利用了员工的专门技能，却限制了他们的拓展机会。

（2）员工期望自己对企业也有所影响，想得到平等对待；企业的特征却是等级制、地位的不平等和自上而下的命令。

（3）员工日益看重自己对工作的兴趣、管理层对人的尊重和产品所反映的社会责任；而企业的管理强调的却仍然是物质报酬和雇佣承诺，忽视了员工的其他关注。

（4）员工往往期望马上得到他们想要从工作中得到的东西；但企业在设计工作职位和晋升途径时，仍然认为今天的员工像以前的员工一样，愿意推迟得到晋升。

（5）员工期望更加注意组织生活的情感方面，如个人的自我评价、人与人之间的坦率相处以及人情的温暖；而企业强调的是合理性，极少鼓励组织生活的情感方面。

（6）员工现在已较少地为竞争所驱动；然而管理人员在计划晋升模式、组织工作和设计报酬方案时，仍然强调竞争的因素，似乎员工还像过去那样看重竞争。

在Walton看来，导致这些差距产生的原因是企业管理的滞后跟不上员工的期望的变化，而其更深层的原因则是社会所发生的一些基本的、不可逆转的潮流，如教育水平、收入和社会保险水平的提高，学校和家庭不像以前那样强调对权威的服从，社会从强调艰苦奋斗和竞争转而强调自我表现和潜能的实现，从强调个人奋斗转而强调社会和谐等。正是这些潮流使员工的期望发生了很大变化，而企业管理却无视这些变化，仍然沿用过去的方法。

3. 侵犯员工隐私

隐私是指个人不受社会、他人干涉的有关私人信息的控制部分，包括个人心理活动、梦、私人日记、信件或交谈、身体的某种状况等，即个人在不同程度上不愿让他人知晓，特别要求保护和控制的东西。隐私权是个人主权的一部分，也是员工权利中的一项重要内容。

工作场所是一个介于私人住所和公共场所之间的空间。员工在工作场所工作，一方面，要接受雇主的监督，其隐私权部分受到限制；另一方面，员工有可能也有必要在自己的工作场所保留一些纯属私人的物品、心理和信息方面的秘密。

从雇主角度来看，为了追求企业的经济利益和保障安全生产，需要采用电话监听、计算机监控、全球卫星定位、电子邮件与语音邮件等电子监控以及搜查方式对员工进行监督。雇主在工作场所安装这些电子监控设备，是为了防止员工作出偷窃行为以保护企业的经济利益；防止员工网络聊天、网络购物、上班炒股以及工作时间干私活；防止员工偷懒或破坏行为以提高生产效率；发现员工在具体操作中的不合理或不安全动作以便及时指出等。企业采用电子监控措施后，使得大量的个人隐私暴露在人力资源管理的视线之下。

从员工角度来看，员工的人格尊严应该得到尊重和保护。员工在工作场所工作，在心理上应当有不同于在公共场所的感受。他们需要在工作场所有一个基本安宁的，不受他人强制、冒犯、骚扰的心理状态。员工在工作场所可能与同事谈论一些纯属私人性质的事务，可能在工作场所保存了一些私人物品，可能在工作之余在工作场所打私人电话或接听私人电话。这些心理要求和行为，属于一个正常的员工所应该具有的，应该在法律上得到确认和保护。例如，在员工的工作场所，对于员工个人的办公设备，如果没有正当理由或者与工作无关的事情，这些设备是不能搜查的，无故搜查员工的办公设备，是对其隐私权的侵犯。

综合以上分析，雇主在工作场所对雇员的监督应该受到限制。雇主在工作场所安装监视监听设备，要报请国家主管机关批准，并且需要告知员工安装的理由；雇主不能将监视监听到的员工资料向社会公众公开或泄露；雇主在工作场所一般情况下不允许搜查员工身体，如有十分重要的事由，应该向司法机关报告，请求司法机关处理。

目前，在我国企业中，有关企业隐私侵犯的伦理问题主要表现在测谎仪、身体检查等方面。

（1）测谎仪的隐私侵犯。测谎仪是一种通过检测并记录被调查者回答问题时一系列生理反应，借此来判断员工行为的仪器。若被调查者出现手心出汗、心跳加快等症状，就断定这个人在相应的考察方面是可疑的。企业应用这种仪器的目的有：一是在招聘面试过程中，通过测试了解求职者的诚信记录；二是当企业发生偷盗等情形时，在企业内部进行搜查；三是为企业裁员和职位变迁提供一种参考性记录。

测谎仪的使用产生的道德问题主要是由于误测员工引发的不公正待遇问题和隐私侵犯问题。对于有些人因为紧张或心理素质不好而被误测，这些被误测的员工就会因此受到不公正的待遇。测谎仪使用过程中，测试员工的隐私权被侵犯，如测试员工是否把办公用品带回家，测试员工小时候是否曾经偷过东西，测试员工的性倾向、家庭生活、生活习惯等与工作无关的内容；测试结果的不合理利用，会使员工担心测试结果是否能够得到保密。

（2）身体检查的隐私侵犯。一些企业以保护企业公共卫生安全为由，对员工进行强制性的身体健康状况检查，并且不能很好地将这些检测结果进行保密处理，这就构成了对员工权利的侵犯。国际上，有些企业对员工身体健康的检查，主要针对关于艾滋病、吸毒、酗酒等的检查，其行为引发了很大的道德争议。

阅读案例

测谎仪与员工隐私权

据《南方都市报》2005年4月报道，近日，位于东莞塘夏镇莲湖村的美时家具厂门口，有数十人排队围在门卫室窗口，等待财务人员为其结算工资。排在队伍后面的李先生告诉记者，他们都是刚被美时开除的员工，他们这一批被工厂裁掉的有100多人。一名知情人告诉记者，美时在当地算是一家规模很大的工厂，每次都是几十人一批地裁人，然后又是大批大批地招聘。这位知情人还透露，该厂裁人一般没有特别的理由，都是用测谎的方式进行。

4月21日上午10时30分，记者进入工厂。测谎仪设在食堂，位于整个厂最靠里面、最隐蔽的一幢楼里。记者来到3楼，只见入口处被一道铁栅栏门封住，里面光线阴暗，在过道最里面、最隐蔽的两个紧锁的房门上，分别贴有“培训室1”、“培训室2”的标志。当天下午，记者将了解到的情况及时向塘夏镇政府进行了通报，该镇当即组织有关部门到美时家具厂进行调查，证明该厂确实对员工进行测谎的事实。有关部门了解到的情况是，该厂为了防止员工中有人将工厂的样品或者设计方案偷出工厂，于是想出了这样的办法。

“工厂为什么进行这样的‘心理测试’，又为什么炒掉这么多人?”被炒工人对此有多种猜测。多数被炒工人认为，工厂是在规避劳动法的有关规定，恶意欺诈工人。因为许多工人都是在车间里工作了15~20天就被通知去做“心理测试”，结果大部分都被炒掉了，工厂通过这种不断炒人的方式可以获得廉价的劳动力。一位武姓被炒员工这样告诉记者：“我一进房间，就有人往我胸口处绑上几条带子，而两只手腕处则连接着一些电线一样的东西，等这些设备都连接到我跟前的一台计算机上后，测谎正式开始。(他们)一共问了6个问题，比如说‘你叫什么名字’，‘你是汉族吗’，‘你犯过较大的错误吗’，‘在别的工厂偷东西时被发现你将如何’。关于偷东西方面的问题，我当然回答没有了。完事后我问他‘你这样测试我们是怎么回事’，公司说，我们会帮你保密测试的结果，通过这样做，可以知道你的过去和现在。我就问他，你怎么知道我们的过去呢?我们的过去你可以去查询我们走过的历程，让我们心跳一下、紧张一下就可以测试我们做过什么亏心事，这完全没有科学道理。”

(资料来源：曹凤月，《企业伦理学》，中国劳动社会保障出版社，2007，P202~203)

(三) 员工工作时间方面的伦理问题

1. 员工工作时间问题

我国实行每周5个工作日，平均每周工作40小时的工时制度，标准工作日工作8小时。法律规定的工作日每日工作时数少于8小时的适用主体为：①从事矿山井下、高山、有毒有害、特别繁重或特别紧张等作业的职业；②从事夜班工作的职业；③哺乳未满1周岁婴儿的女职工。

国家劳动和社会保障部的调查显示，所有城市所有行业从业人员的工作时间都超出40

小时，每周工作 48.16 小时。其中，工作时间超时最严重的前 6 个行业是：批发和零售（57.09 小时）、住宿和餐饮（55.85 小时）、居民服务和其他服务业（52.33 小时）、租赁和商业服务（49.50 小时）、建筑业和交通运输业（48.93 小时）、仓储和邮政业（48.74 小时）。实际上，在科研、计算机、新闻、管理等岗位上的劳动者，经常出于工作压力和职业习惯加班，超时加班已经是一个普遍现象，许多企业甚至把员工是否经常忘我地加班劳动作为考核参考项，那些“不辞劳苦”、“废寝忘食”的员工经常被当做典范加以鼓励和赞扬。从以上可以看出，工作时间过长、员工超负荷工作是我国企业较为普遍的问题，这种做法严重侵害了劳动者的合法权益。

2. 员工加班加点问题

加班是指劳动者在法定节日或公休日从事生产或工作；加点是指劳动者在正常工作日以外的时间从事生产或工作。我国《劳动法》规定，用人单位由于生产经营需要，经与工会和劳动者协商后可以延长工作时间，一般每日延长劳动时间不得超过 1 小时；因特殊情况，在保障员工健康情况下每日不得超过 3 小时，但每月不得超过 36 小时。用人单位应当支付高于劳动者正常工作时间工资的工资报酬，即安排劳动者延长劳动时间的，支付不低于工资 150% 的工资报酬；休息日安排劳动不能安排补休的，支付不得低于工资 200% 的工资报酬；法定假日安排劳动时间，支付不低于工资 300% 的工资报酬。

频繁的加班劳动使劳动者无论在精神上，还是在身体健康上，都面临着巨大的冲击。首都医科大学心血管疾病研究所所长杨新春教授在接受采访时曾表示：据估算，目前中国每年大约有 60 万人发生猝死，劳累、生活不规律、加夜班、高度紧张是最大诱因。根据上海市最新的一项调查发现，42% 的劳动者处于超时工作状态，拼命加班成为职场潜规则。最近，国内一家门户网站就“胡新宇之殇”进行了调查，对于“你经常加班吗”这个问题，近 7000 名被调查者中，64%“经常加班”，27%“偶尔加班”。从每次加班时间来看，2 小时以上的多达 78%。尽管我国《劳动法》规定了详细的加班工资计算标准，但真正实行的企业却非常少，超时加班能获得补贴的员工仅仅占 17%，绝大多数员工都是在毫无报酬的情况下长时间加班。

（四）员工职业发展中的伦理问题

作为人力资源管理的一项基本职能活动，员工培训和职业成长是人力资源实现增值的一条重要途径，随着人力资源对价值创造贡献的逐渐增加，人力资源的这种增值对企业的意义也日益重要。

我国《劳动法》规定，用人单位应当建立职业培训制度，按照国家规定提取和使用职业培训经费，根据本单位实际，有计划地对劳动者进行职业培训。员工培训的根本问题是如何促进员工全面发展。

目前，我国企业员工的职业发展问题主要表现在以下 4 个方面：

1. 企业培训的伦理缺位

许多企业为降低成本，往往减少对员工的培训或干脆不培训，造成普通员工素质低下和技能单一，对特定企业职业依赖性强，缺乏议价能力。同时，缺乏培训的员工不具备可持续发展的能力，被解雇后缺乏再就业竞争力，往往不得不接受低工资的工作，这种被迫的选择使员工的生存状况进一步恶化。据统计，我国逾千万家的企业经营管理人员，每年年培训量不足 1%。国外企业包括中小企业每年投入在学习上的最低支出为公司薪资总额的 3%，而我国大中型企业对此的支出平均不足 0.5%。一些企业只对“关键员工”和“核心员工”

进行培训，但是为了回收培训投资成本，往往设定较高的工作标准和目标，逼迫员工在高压之下工作，为完成工作任务不得不超时工作，变相被迫加班。企业在培训内容的设计上只注重技能的强化，而忽视伦理培训，一些企业一直在进行员工热爱企业的培训，但缺乏基本素质、价值沟通、职业道德、公平态度等内容的培训，企业培训的目的往往只是要员工奉献和服从，缺乏对员工具有深度的价值引导。在培训方法上，很多企业领导往往把培训视为上级对下级的教育或是理念的灌输，这种简单化的方法其实就是强迫员工参加学习，缺乏分辨是非、检讨问题和提出改进的机会，是一种对现成观念的接受。所有这些行为都极大限制了员工的职业成长与发展。

2. 女性歧视

很多女性员工因为身为女性而丧失职位晋升或接受教育培训的机会。很多企业领导对女性人际关系处理能力偏弱，存在刻板印象，在女性员工发展空间上设置“玻璃屋顶”，使女性员工进入高层管理行列非常艰难，甚至不可能。

3. 企业利用知识、信息优势欺骗员工

企业与员工信息不对称，因而有些企业故意隐瞒对员工不利的重要信息，如有些企业隐瞒企业生产过程中的有害物质；有些重要的信息不告诉劳动者，与劳动者签订虚假合同，合同中只强调劳动者对企业的义务，保障企业的权利，却极力推托对员工承担相应的责任；有的合同存在霸王条款，甚至签订生死合同，这严重违反了法律，侵害了员工的合法权利。签订劳动契约双方必须平等自由、诚信无欺，是自己真实意思的表示。一些企业的生产中存在着严重的安全隐患和对员工潜在的危害性，虽然明明知道，却不告知员工，不加强对员工的劳动保护。

4. 变相裁员

2008 年我国新《劳动法》的实施，使用人企业的人力成本大大提升，以往企业粗放式的用人方式难以为继。为此，不少企业采用变相裁员的方法规避新《劳动法》。例如，有的企业为逃避对员工的补偿，不主动提出辞退，而是让员工做不愿意做的事情，或让员工从事不胜任的工作，有意刁难员工，实际上是逼迫员工自己开口辞职；还有的企业假借业绩考核，有意提高考核标准，以未达到企业要求为由辞退大批员工。2007 年的华为“万人辞职”事件在国内引起了广泛的争议。

（五）薪酬管理中的伦理问题

薪酬是指员工从事某个企业付出所需要的劳动而得到的以货币形式和非货币形式所表现的补偿，是企业支付给员工的劳动报酬，也是企业对员工激励的主要表现。薪酬管理是企业人力资源管理的重要职能，有效公平的奖酬制度是提高员工工作积极性的重要因素。目前，“员工待遇低”已成为外国消费者抵制“中国制造”的主要借口之一，物美价廉的中国货形象被称为“血汗工厂”，可见，我国企业人力资源的薪酬管理存在着非常严重的伦理问题。具体来说，主要有以下几个方面：

1. 拖欠员工工资

我国《劳动法》规定，企业要按期支付职工工资。近年来，一些企业在这方面的问题比较严重。2003 年，中华全国总工会对广东省的外资企业进行调查显示，有 1/4 以上的员工不能按时领取工资，湖南省劳动厅 2004 年 2 月在全省各市州的调查显示，全省各类企业累计拖欠工资约 67. 79 亿元。

2. 低于地方最低工资标准发放工资

全国总工会2005年对10个省份的20个市（区）1000个各类企业以及10000名职工的问卷调查显示，2002~2004年，企业职工工资低于当地社会平均工资的人数占53.1%，只有当地平均工资一半的占34.2%，低于当地最低工资标准的占12.7%。有的即使达到或超过了最低工资，也是把养老保险费、加班加点的津贴等加起来凑够最低工资。

3. 随意克扣员工工资

根据我国劳动部门的有关规定，克扣工资是指用人单位无正当理由扣减劳动者应得工资。目前，我国中小企业成为克扣工资的“重灾区”。2006年1~8月，上海市共查处低于上海市最低工资标准的案件907件，涉及劳动者2.7万人，在这些案件中，企业员工少于100人的中小企业共有466户，约占总数的64%，批发业、纺织服装鞋帽制造业和金属制品业位居违法行业前列。

4. 薪酬不公平

一些企业没有建立合理的工资奖励制度，给予员工的薪酬和奖励带有随意性和盲目性。外资企业高管收入与员工收入差距最大，相差50倍以上的占15.3%，国有企业高管收入与员工收入相差3~15倍，集体企业高管收入与员工收入相差3~10倍，上市公司高管收入高于员工50倍以上的占38.1%。《中国证券报》信息数据中心统计，2006年，我国1254家上市公司高管个人平均年薪16.28万元，其中国内8家A股上市银行高管年薪均在百万以上，除了固定年薪外，上市公司的高管得到的股权激励更加可观。企业家、企业管理人员与一般职工的收入差距过大，有些国有或集体所有制企业在改为股份制企业后，企业的管理者与普通员工的年收入差距高达几十倍，有的甚至达几百倍。由于人的能力不同，在企业承担的责任不同，对企业的贡献不同，实行按劳分配，按对企业的贡献分配，从而使收入的差距拉开，调动起管理者和劳动者这两方面的积极作用，这是可以理解的。但是收入的差距大到如此地步，很多企业员工拼命工作才能拿到微薄的工资，有的员工甚至连病都看不起。这种分配不公会挫伤员工的劳动积极性，致使企业干群关系紧张。

根据亚当斯的研究，奖酬制度与员工工作积极性密切相关。奖酬制度的公平性会极大提高员工工作的积极性，进而提高其绩效水平。因此，企业应当建立一套公平有效的奖酬制度。一般说来，一个公平有效的奖酬制度具有以下特征：

（1）必须满足员工个人在衣食住行方面的基本需要。

（2）应将本企业的奖酬制度与其他企业进行横向比较，避免本企业的奖酬水平过分低于其他企业。

（3）应对企业内部各类人员的奖酬加以比较，避免因员工之间奖酬的不合理、不平衡，而影响部分员工的满意程度。

（4）应充分考虑不同员工对奖酬要求的差异性，灵活采用多种奖酬形式。

第三节　企业人力资源管理伦理问题的产生原因和解决途径

一、企业人力资源管理伦理问题的产生原因

我国企业人力资源管理中出现的伦理问题与当前我国社会、经济和文化发展的大背景息

息相关。我国正处于社会的深度转型期，西方多元化的价值观冲击着人们的思想意识，我国一些传统的价值观念，伦理规范的负面影响依然存在，新的价值观念和伦理规范尚未完全确立并全面发挥主导作用，以致社会失序、行为失范、价值失衡、道德标准存在着一定程度的混乱。社会伦理的引导力、社会评价的监督约束力都很软弱；我国的法律法规不健全，执法不够严格；我国的社会主义市场经济体制还不完善，造成了经济活动中出现了种种不道德的现象，尤其在目前的市场经济体制下，企业丧失伦理道德、盲目追求经济利益的违法现象日趋严重。某些企业在生产经营活动中不遵守市场规则、不讲伦理道德，不仅在微观层面上损坏了企业自身的商誉，而且在宏观层面上阻碍了市场经济体制的健康运行，破坏了社会经济秩序，甚至导致社会整体道德水平的下降。

我国企业人力资源管理中的伦理问题是由于多种因素综合作用造成的。外部约束乏力，缺少必要的他律；企业内部管理制度不够科学完善，有些企业管理人员的法制观念和伦理观念落后，缺乏自律的动力；再加之我国目前人力资源供大于求，社会上呈现“资强劳弱”的形势，使得企业在管理过程中不顾企业经营管理的一些基本道德，甚至违背了道德底线，不善待员工，从而出现了各种伦理问题。

（一）管理者和员工的法制观念不强和伦理素质不高

企业不重视对管理者和员工的法制教育和伦理培训，很多企业的管理者和员工不重视对法律知识的自我学习和对道德的自我修养，致使管理者和员工的法律与伦理意识淡漠。一些企业家和企业的其他管理者，特别是一些私营企业主法制观念淡漠，道德修养浅薄，缺乏正确的金钱观、是非观、荣辱观，因而缺乏守法经营和遵守伦理道德规范的自觉性，这是造成企业人力资源管理中存在伦理问题的一个主要原因。其主要表现在：

1. 企业管理者的法制观念不强和伦理素质不高

一方面，一些企业的管理者，特别是一些中小民营企业的管理者，不学法、不知法、不懂法，或是对法律一知半解，没有对法律的真正认同和敬畏，缺乏法律神圣的法制观念，所以在企业的人力资源管理中就不能做到依法管理和自觉守法；另一方面，企业管理者的伦理素质不高，缺乏仁爱、公平、诚信等美德。有些企业的管理者抱有一种错误观念，认为企业对员工讲道德，会增加企业的成本，会增加管理的难度，而认识不到企业伦理在管理当中应有的地位和作用。管理者缺乏对法律和道德在精神上的内在认同，即使暂时遵守也只是趋利避害的需要，把伦理完全当工具，完全以自己的利益最大化为目标，能给自己带来好处就遵守；否则，就不遵守。尤其在民营企业中，对人力资源和管理伦理认识不到位的现象更为明显。民营企业创业者大多文化程度不高，缺乏科学的经营管理知识，对受过良好教育的专业人才不够重视；大多数企业在制定企业发展规划时，未能制定相应的人力资源战略；在工作中表现为偏好高度集权的管理方式，不重视人的真实感受和需要；在工作安排上实行“控制—服从型”的管理方式，把人才视为“归我所有、为我所用”，严重制约了人力资源潜能的发挥。

2. 企业员工的法制观念不强和伦理素质不高

高质量的人力资源管理不仅需要高素质的管理者，而且还需要高素质的被管理者。员工的素质低是对低劣管理的一种纵容；而员工素质提高了，特别是权利意识、参与意识提高了，对企业管理水平的提高是一种挑战和促进。企业不重视对员工的法律教育和伦理培训，使得一些员工的法律意识和法制观念淡漠，对自己在企业享有的权益认识不到位，缺乏运用法律武器来保护自己的意识。当员工的合法权益受到企业的不法侵害时，很多人都是忍气吞声，而不是运用法律来自救。有些员工的敬业精神不够，抱着打工的心理，一有好的工作机会就马上跳槽，这也导致有些企业不愿对员工加大培训。员工在工作上不主动去参与，认为管理只是管理者的事，自己只是消极的服从执行。管理水平的提高是管理双方良性互动的结果，被管理者过分的容忍、退让、消极参与也是造成企业人力资源管理中存在伦理问题的重要原因。

(二) 对人性和人的需要的理解偏差

纵观西方企业管理发展的历史，对人性和人的需要的认识始终是管理的前提和基础。当前，我国的许多企业对人性的认识和对人的需要的理解存在偏差，这也是企业人力资源管理中产生伦理问题的主要原因之一。

1. 企业对人性理解的偏差

企业的人力资源管理应该建立在对人性的科学认识的基础之上。优秀的人力资源管理伦理观也是建立在科学的人性论的基础之上的。我国企业对人力资源管理探索和实践的过程还很短，计划经济体制下传统的人事管理对我国现代企业的管理还存在很多负面的影响。人力资源管理是一种更有效的管理形式，它应该建立在对人性较科学认识的基础之上。人不同于其他生产要素，人在生产中处于主体地位，劳动者是生产力中最活跃的要素。人力资源是企业的第一资源，也是最宝贵的资源，在知识经济时代，人在企业发展中所起的作用越来越大。人不仅是生理意义上的人，从根本上说，人是社会的人，人生活于社会中，受社会文化和伦理道德的影响；人既有物质需要，又有精神上的需要，具有独特的人格、价值判断和理想追求。

企业对人的管理也必须跟上时代的进步，适应人的变化。随着政治、文化、教育的进步和经济的发展，人的独立性越来越强，更多的人享有越来越多的权利，人的素质也有了很大提高，人们的追求也发生着变化。泰罗是美国科学管理理论的创始人，泰罗管理理论的前提是“经济人”假设，该假设认为工人努力干活只是为了获得更高的工资，主张金钱是调动工人积极性的唯一动力，把人看做是“经济人”。而后来美国管理学家梅奥通过著名的霍桑实验指出，工人是“社会人”，除了物质方面的需要外，他们还有社会、心理方面的需要，如交往、友谊等。我国许多企业，特别是一些民营企业，并未能跟上时代的进步，对人性的认识还停留在“经济人”的水平上，还没有达到“社会人”、“复杂人”的高度，有的企业的管理甚至还达不到“胡萝卜加大棒”的管理水平。企业管理人员把丰富、具体的人性抽象化、片面化、简单化，只看到了人的社会性中对物质利益追求的经济性及其对调动工人积极性的重要性，看到了人精神需要中的理性因素，而没看到精神需要中对理想价值的追求，从而忽略了人性的具体性和复杂性。其仍然强调用严厉的监控、强制、惩罚和物质利诱的手段来对付员工，如想方设法克扣或拖欠工资等，才能促使员工尽到自己的努力；仍然认为管理人员主要是运用组织赋予的职权发号施令，要求员工服从并适应工作和组织要求，而不考虑在情感上和道义上如何给人以尊重，在工作和生活中予以员工更多的关怀。

2. 对人的需要的丰富性和满足人的需要的重要性认识不足

根据马斯洛的需要层次理论，人主要有 5 个方面的需要，即生存的需要、安全的需要、归属和爱的需要、自尊的需要和自我实现的需要。只有当低层次的需要已经得到满足时，高层需要才能对人起激励作用。因为通常情况下，人们必须首先满足较低层次的需要，而后才去追求较高层次的需要。企业全面地认识到人的需要，在管理中适当满足人的需要，不仅是调动人的积极性所必需的，从伦理的角度看，也是企业应该做的。

马克思把人的需要称为人的“内在必然性”和“本性”。这表明，需要是人一切现实活动的原动力，满足自身需要是人从事各种生产劳动的根本目的。而有些企业不能全面地认识到人的需要的多样性和层次性，重视了生理上、物质上的需求，但忽视了社会性、精神上的需要；也认识不到满足人的各种需要的重要作用，反而认为一味地满足员工的需要会增加企业的成本，会使员工得寸进尺。这些错误观念导致企业不注重对员工需要，特别是精神需要的满足，或只侧重满足某些方面的需要。

（三）企业自身价值观和管理方式不当

1. 把员工看做是实现企业目标的工具

由于外部强大的竞争压力和内部对物质利益的强烈渴求，企业为了自己的生存和发展，一味片面地追求利益最大化，强调高效率低成本，在人力资源上追求少投入、多产出。企业以追求利益最大化为目标，把员工看做是实现企业目标的工具，为达目的不择手段，侵犯员工的基本权利，而不是把员工当做同甘共苦的合作伙伴、真正当做企业发展的目的来服务；不注重增加投入、加大对员工的培训、提高员工的素质。这样，在使用人力资源时就造成了不尊重人、不善待人的错误倾向。特别是在现在我国劳动力供大于求、资强劳弱的情况下，更使得一些企业不重视员工的价值和使用，认为“企业可能缺资金、缺技术，但就是不缺劳动力”。

2. 轻视员工的权利，漠视对员工的责任

企业与员工之间从根本上来讲是一种权利和义务的关系，双方既应是权利的主体，也应是义务的主体，权利与义务相统一、权利与义务相对大致平衡既合乎市场等价交换、公平交易的原则，也是合乎伦理精神的。员工在企业中尽了自己劳动的义务，就应获得相应的权利；企业享有对员工的管理权、劳动成果的支配权，同时也必须尽到对员工的责任。员工自觉接受企业的管理，积极完成工作任务，尽到了自己的义务，也理应享受相应的权利；企业应尊重员工的权利，认真尽到对员工的责任。

我国很多企业漠视对员工的社会责任，把对员工的责任当成负担。企业有责任善待员工，包括提供清洁安全的工作环境，及时支付合理的报酬，提供基本的福利待遇，如低工资情况下提供符合要求的食宿条件，在现代社会中提供医疗、失业、养老保险等。企业还有责任遵循平等就业的原则，在招聘员工时不搞就业歧视，包括性别、年龄、种族、学历、出身、履历等歧视。但是可以看到，我国某些企业对员工的社会责任观念淡漠、态度消极。很多企业法制观念不强，企业伦理管理水平不高，对员工的社会责任认识不清。有些企业认为，只要遵守法律，尽到对员工的法律责任就可以了，这还是比较负责的企业；很多企业对员工根本尽不到应有的法律责任，更认识不到企业对员工应承担的其他社会责任，缺乏履行对员工的社会责任的自觉性和主动性。

3. 管理的方式、手段不当

企业管理的方式相对落后，不能适应人力资源管理的需要。一方面，是受传统的人事管理模式的影响。旧的人事管理方式对今天的企业人力资源管理的影响是多方面的，而且短期内不会消除。很多企业仍然“以物和事为中心”进行管理，让人去适应事；而不是“以人为中心”进行管理，促进人与工作更好地匹配。管理中用管物的方法管人，一味强调集权和领导权威，轻视员工的民主权利，要求个人服从组织需要、服从企业利益，很少或基本不考虑员工个人的兴趣、需要及未来发展。一些企业在管理中无视人的独立性和自主性，不注意授权，让员工承担更多的责任，不能发挥员工的主动性，而是采取防范、控制的方式。由于传统计划经济所形成的旧的僵化管理模式的影响和“轻程序、轻理性”的中国文化的积淀，重“人治”轻“制治”，管理的随意性大、规范性差、重人情，有制度不执行，使制度形同虚设。另一方面，很多企业人力资源管理人员过去都是搞人事工作的，缺乏系统、规范的人力资源管理理论的修养。同时，企业的人力资源管理理论也存在着缺陷，一些管理人员对此认识不清。人力资源管理理论片面强调人力资本的增值性，实质上就是片面强调企业利润最大化，必然使企业管理者特别强调人力资源管理的经济原则和科学原则，讲究理性，忽视人性，强调制度的硬性约束，强求一律。再者，我国企业发展时间短，对企业人力资源管理与伦理的结合探索不够，使得我国企业伦理建设缺乏正确理论的引导，企业伦理建设相对滞后，导致企业管理中不自觉遵循伦理的要求。

（四）外界环境对企业引导、约束乏力

我国企业是社会主义市场经济的主体，它在社会大环境中生存和发展。在激烈的市场竞争中，企业必须适应市场环境和社会环境，外界环境对企业的人力资源管理起着引导、推动和监督约束的作用。而外界环境对企业人力资源管理引导、约束乏力，使企业在管理中违背道德、甚至违反法律的成本太低，导致企业人力资源管理中伦理问题的增多。外界环境对企业管理的引导监督缺乏力度，主要表现在以下几个方面：

1. 相关法律、法规不健全，执法不严

我国的法律、法规，特别是劳动法律、法规有些地方已落后于社会形势的发展，有些地方存在着漏洞，有些地方模糊不清，定性易、执行难。再加上我国很多地方政府过分强调招商引资，加大对企业的优惠保护，却不重视维护劳动者的合法权益，在劳资纠纷上多站在企业一方，对于企业在管理中违反法律和伦理、侵犯员工合法权益的一些行为，有时违法不究，或者执法不严，更加纵容了企业侵犯劳动者权利的行为。

2. 社会舆论的引导监督不力

社会媒体和社会舆论对企业承担社会责任起着重要的教育引导和推动作用，起着重要的监督作用。一方面，报纸、电视等新闻媒体通过宣传以人为本的先进科学发展观，宣传构建和谐社会的重要意义，宣传先进的伦理文化，提高人们的文化素质和道德水平，引导企业尊重员工、善待员工，进行以人为本的企业管理，促进劳资和谐；另一方面，在这个信息化的时代，社会大众对企业有着良好的期待，希望企业能够善待自己的员工，对侵犯劳动者权益的企业给予及时的批评，对这类企业是一种外在的约束，使其他企业引以为戒。社会舆论给企业以强大的压力，这种压力会转化为对企业改进管理的推动力。新闻传媒对企业善待员工的行为进行报道宣扬，可使企业树立良好的社会形象。但由于受地方保护主义等的影响，我国传媒对企业的伦理问题并不能作出及时、客观地报道，社会舆论不能给企业以足够的压力，不能对企业实施有效地监督。

但是，在今天的市场环境中，公民道德建设相对滞后，全社会的道德水平还不是很高，违反法律和道德的事情还很多。社会上以经济利益挂帅，以金钱为最高衡量标准，忽视人的价值、尊严和权利的倾向十分严重，不尊重劳动者，践踏劳动者的尊严，侵犯劳动者权利的事情十分普遍。在这种重物轻人、监督乏力的伦理环境中，企业也会受到误导，降低对自己的伦理要求，在人力资源管理中对员工不讲道德也在所难免。

二、企业人力资源管理伦理问题的解决途径

企业要从根本上解决企业人力资源管理中的伦理问题，主要需要大力加强企业伦理建设，提高企业管理的伦理水平；同时，还需要一个优良的合乎伦理的市场环境和社会环境。

企业合乎伦理的行为是企业内因和社会外因双向良性互动的结果。当然，企业具有较高的伦理自觉性是主要的方面。企业的人力资源管理必须将科学管理和人性化管理相结合，遵守基本伦理规范，加强企业伦理建设，提高企业伦理管理的水平，实行文明管理，使管理的目的、手段和方式都要合乎伦理的基本要求，实现价值理性同工具理性的完美结合。企业既要重视人力资源管理的效率和效益，又要追求美好的价值理想；既要重视经济利益的基础地位，又要承担对员工的社会责任；既要注重企业整体利益、组织目标，又要注重个体利益、个体目标、个性发展、个人价值的实现；既要发挥个人的作用，又要发挥团队合力的优势。这就需要整合企业和个人的目标，使企业和员工确立共同的发展愿景，结成利益的共同体、责任的共同体、价值理想的共同体、干事创业的共同体，实现企业和人的和谐发展，有效地预防和化解人力资源管理中的伦理问题。

解决企业人力资源管理中的伦理问题，必须使人力资源管理与伦理相结合。企业管理和伦理相结合是现代管理发展的总趋势。伦理是反映和调节人们之间利益关系的价值观念和行为规范，是价值理性和工具理性的统一。管理和伦理紧密联系，相互渗透。管理中渗透着伦理的善恶评判性，伦理中渗透着管理的制度强制性。伦理是一种重要的精神力量，在企业人力资源管理中不仅具有引导约束力，而且为企业人力资源开发提供重要的激励驱动力。企业的人力资源管理是以人为中心的管理，既应符合伦理的要求，这是管理应有的道义追求，又要发挥伦理的管理作用，使对员工的管理达到科学性与合理性的统一。正如厉以宁先生所说："效率实际上有两个基础，一个是技术基础，一个是道德基础。只具备效率的物质基础，只能产生常规效率。有了效率的道德基础，就能产生超常规的效率。"要解决企业人力资源管理中的伦理问题，主要从以下几个方面努力：

（一）提高企业管理人员和员工的法律意识和伦理素质

企业内部人员良好的道德素质是企业人力资源管理合乎伦理的前提和基础。道德实践的过程是一个知、情、意、行互动的过程，优良的道德素质是实行道德行为的前提和基础。管理观念潜存于管理者意识的深层，从根本上左右或影响着他们的行为。一个人只有具有了较高的道德修养，提高了道德是非的判断力，才能够在日常行为中分清善恶美丑，认清自己的责任，知道哪些是自己应该做的，哪些是不应该做的；只有具有了正确的荣辱观，才能分清荣辱，培养高尚的道德情感，自觉承担自己的责任，尽到自己的责任，追求高尚的荣誉，摒弃违背法律和道德的令人不耻的行为。一个人要有善行，就要有善德。如果没有善德，即使有善行，那也不是发自内心的，这样的行为也不会持久，或者有善行也主要是出于达到利己的需要。企业对管理人员和员工进行伦理培训，使社会伦理、企业伦理以及相关法律、法规得以传播，提高管理者和员工的伦理认知与伦理觉悟，使管理者和员工由被动地遵守企业管理制度转变为出于自身向善而主动遵守，这是解决我国企业人力资源管理中伦理问题的重要前提和基础。

1. 提高企业管理人员的法制意识和伦理素质

企业家和其他企业管理人员在企业中扮演着重要的道德角色，起着非常重要的作用。他们伦理素质的高低，直接体现了企业人力资源管理的伦理水平。高层管理人员具有领导责任，给伦理的组织气氛指明了方向。企业家是一个企业的领头人，是塑造企业价值观的核心人物。在一定程度上，企业家决定着企业人力资源管理的伦理方向，因此，企业家必须具备较高的道德素质。首先，企业的管理人员是示范者，要做给其他人看。企业的管理人员时刻好像生活于透明之中，处于职工的监督之中，为其他人树立行动的榜样。领导者要倡导和身体力行企业文化，要做给下属看，带着下属干。其次，企业的管理人员是企业规章制度的制定者和执行者。管理者在企业的选人和用人上是重要的决策者和执行者，在某种程度上决定着其他人的命运。再次，企业家是一个积极的思考者、探索者、教育者，起着领航员和牧师的作用。企业家需要思考自己办企业的目的是什么，员工的需要是什么，怎样对待员工，对员工承担的责任是什么等问题。例如日本松下公司的创始人松下先生，在办企业的过程中，他认识到员工对企业的重大作用，注重对员工的教育和培训，提出了“造物先造人”口号。在企业的人力资源管理中，企业的管理者要具备多方面的伦理素质，具体体现在以下几方面：

（1）企业的管理者要有法律意识。管理者要学法、知法、懂法，自觉遵守法律，有法律意识和法制精神，遵纪守法，对法律有发自心底的认同，对员工有遵守法律的良好期待；能依法管理，管理中要以理服人，而不是以力服人；尊重他人的法律权利，自觉履行自己在法律上的义务；要有人权观念，尊重和保护员工的基本权利，不能为富不仁，为达目的不择手段，不顾员工的死活。

（2）要有仁爱之德，公道正直，诚实守信，平等待人。管理者要有仁爱之德，要有带领员工一起谋生计、找出路的责任感；有职业良心，以善待员工为荣，能善待员工、关爱员工，有与员工同甘共苦，荣辱与共的精神，以关心换忠心；尊重知识、尊重人才、重用能人、厚待人才；公道正直、赏罚分明、不徇私情、光明磊落、襟怀坦白；要以诚待人、诚实守信、言行一致；管理者还要有民主意识、平等待人，克服特权思想，消除管理者与被管理者之间的不平等观念，真诚地尊重被管理者的人格尊严和合法权利，正确行使手中的权力，公正地对待每一个员工，不随意处罚或报复被管理者，也不嫉妒和压制。

（3）有强烈的事业心和积极进取的精神。管理者要具有开拓创新精神，追求卓越，不断超越；有长远的眼光、远大的抱负，有干大事、立伟业的魄力，给员工指明努力的方向和奋斗的目标；乐于合作、善于团结人，能把全体员工团结起来，发挥整体的作用；与员工结成事业和命运的共同体，激励员工积极主动去完成工作，实现工作和生活的梦想，带领员工创造奇迹，向不可能挑战，在工作中实现自己的理想和抱负，实现员工的价值。

2. 提高员工的法律意识和伦理素质

人力资源体现在员工的智力和体力上，同时也体现在员工的道德素质上。员工道德素质的提高对企业人力资源管理伦理水平的提高是一种有力的促进。企业的员工应当具备以下伦理素质：

（1）要爱岗敬业，团结协作。员工爱岗敬业是社会主义职业道德的基本要求，是每个从业者是否具有职业道德的重要标志。爱岗就是热爱自己的企业，喜欢自己的工作岗位，热爱本职工作，安心于本职工作；敬业就是严肃认真地对待自己的职业，忠于职守。孔子把这种对待工作的态度叫做“执事敬”。爱岗敬业要做到乐业、勤业、忠于职业、精业 4 个方面。乐业就是喜欢自己的工作，热爱自己的工作，要真正认识到自己所从事的职业在社会生活中的作用和意义，从而对自己的工作抱有浓厚的兴趣，把职业生活看成是一种乐趣，而不是一种负担。勤业就是勤勤恳恳、兢兢业业，刻苦钻研自己的本职工作。要做到这一点，一要勤奋，二要肯吃苦，三要顽强拼搏。勤奋就是要做到手勤、脚勤、眼勤、脑勤，诚实劳动，勤于学习，善于总结，不断改进工作，提高工作的质量和效率；肯吃苦就是能经受得起工作中的艰难困苦；顽强拼搏就是不怕困难，努力去克服工作中遇到的各种困难。忠于职守就是要去掉打工意识，把职业当事业，能够长期为企业工作。精业就是有强烈的公平竞争意识和积极进取的精神，有提高自己素质和能力的强烈愿望，自觉学习科学文化知识，积极参加进修培训，提高自己的业务素质，更胜任自己的工作，不断地精益求精，从而优质高效地完成工作。企业的员工既要有强烈的竞争意识，又要有高度的团队精神；在工作中既能够积极进取，公平竞争，又能够与其他同事精诚合作、同心同德去完成共同的任务和目标。

总的来说，企业员工要热爱自己的职业，关心企业的发展，自觉维护企业的利益和形象，积极为企业的发展献计献策，尽量为企业的发展分忧解难；要尊重领导、服从管理、团结同事，自觉遵守企业的劳动纪律和企业的规章制度；要树立竞争意识、危机意识、全局意识，有爱国爱企的品质。

（2）要有法律意识、权利意识和民主参与意识。企业员工应努力提高自己的维权观念，当自己的合法权益受到企业的不法侵害时，不能忍气吞声，而是能够拿起法律武器通过正当的程序来维护自己的合法权益；当别人的合法权益受到不法侵害时，不能事不关己、高高挂起、袖手旁观，既要从心理上予以同情，又要在行动上给予力所能及的支持。一个员工的力量是十分渺小的，不足以维护自己的正当权益，在这种情况下，员工要团结起来与企业进行谈判。员工要积极主动地参与企业的管理，发挥自己的优势，贡献自己的力量，赢得企业的尊重和信赖。员工法律观念和伦理素质提高了，就会对企业管理中不道德的行为进行有效抵制，并推动企业的人力资源管理不断改进。因此，员工既要充分尽到自己的义务，又要好好地享受自己的权利。

（二）借鉴和学习西方企业道德管理的经验和方法

1. 借鉴西方企业实施道德管理的经验，提升管理的伦理水平

西方企业的管理呈现出合乎伦理的发展趋势。西方企业有一个很长的发展过程，其对人的管理已经日趋成熟。以美国为代表的西方企业对员工的管理已经发展到新的阶段，即从传统的企业管理发展到企业的人力资源管理阶段并向人力资本管理过渡。美国企业对员工的管理体现出越来越合乎伦理的趋势，由开始比较野蛮的强制管理方式过渡到现代比较文明、比较人性化的管理方式。而以美国为代表的西方企业对人性的认识也渐趋全面，从最初的“经济人”假设，过渡到“社会人”、“自我实现的人”、“复杂人”的阶段。

我国企业人力资源管理的水平大多还停留在由美国的旧阶段向更高阶段过渡的阶段，企业管理的科学化水平和人性化水平还不高；而且我国企业偏重于管理的经济原则和科学原则，忽视企业的人性化管理，重物轻人，重物质激励轻精神满足，导致了一些伦理问题。因此，我国企业为了提高人力资源管理的水平，必须努力学习西方人力资源管理方面的有益经验，尽快把我国企业管理的水平由较低阶段发展到现代阶段，在人力资源管理中将科学管理和人性化管理结合起来。美国的企业管理讲求理性，追求科学、精确、高效，注重发挥管理

制度的约束作用，崇尚个人主义，重视个人价值。以日本为代表的企业管理注重实行人性化的管理，重视发挥伦理文化的调控作用，强调企业即家庭，企业和员工结成命运共同体，企业关心员工，员工忠于企业。日本式管理体现出一种灵性、人性化的特点。科学管理由于过分强调科学高效，依赖于严格的制度，容易造成见物不见人；而日本式的管理由于偏重人性化，弹性太大，容易导致失去客观性。但两种管理方式正在日益融合。

西方企业道德管理的理论和实践非常丰富，对我国企业有很重要的借鉴意义。从20世纪70年代起，西方企业陆续对企业如何实施道德管理进行了有益的探索，并取得了很多成功的经验。例如，在企业设立伦理主管、制定伦理守则、对企业管理人员和员工的不道德行为进行伦理审计并进行奖惩、强调企业的社会责任、提高企业管理的伦理水平等。

2. 要学习西方企业道德管理创新的方法和勇气，大胆进行实践探索和理论创新

西方企业对人性的认识不断深入，对员工的管理不断进步，越来越合乎伦理。这种进步是建立在管理的实践经验和理论创新基础之上的。被誉为“科学管理之父”的美国的泰勒就是通过自己的观察和实验，从“经济人”假设出发，改进了管理过程，提出了科学管理理论。虽然他的理论对员工的认识还存在着诸多缺陷，但是他肯定了员工对物质利益的追求，这是有进步意义的。行为科学家梅奥通过著名的“霍桑实验”提出了“社会人”假设。他认为，人的工作动机不仅在于追求经济利益，更重要的是工作中良好的社会关系。在“社会人”假设的基础上，马斯洛提出了“自我实现人”的假设。他认为，人有各种各样的需要，每个人都希望充分发挥自己的潜能实现人生目标，自我实现是人的需要的最高层次。20世纪60年代沙因提出了“复杂人”假设，认为人的需要是多种多样的，而且是随着条件的变化而不断变化的。虽然他们对人性的认识也存在片面之处，但是对人性的认识越来越深入，这些理论都促使管理更关注人，推动了管理的进步，使管理体现出一种人性化的、合乎伦理的趋势。而这些理论和实践的突破，都得益于大胆实践和勇于创新。

要提高我国企业人力资源管理的伦理水平，解决出现的伦理问题，就需要企业密切结合实际，时刻关注员工的正当需要，大胆实践、勇于探索、不断创新，找到适合我国企业人力资源管理的有效形式。对西方道德管理经验的借鉴是一种扬弃的过程，在吸收其优点的同时，要注意克服其缺点。企业要深化对人性的认识，把管理建立在科学的人性论基础之上，注重满足人多方面的需要，将科学管理与人性化管理相结合，将管理和伦理相整合，并用合理的伦理价值观指导企业的人力资源管理，有效地预防和化解企业人力资源管理中的伦理问题。

（三）对企业人力资源实施伦理管理

1. 伦理管理的含义和要求

所谓企业伦理管理，就是指企业在经营过程中，通过建立符合社会文化的“高于法律和习俗所要求的最低水平”的道德标准，并依其指导、规范企业行为，以使企业和社会获得长远发展、人权得到切实保障的管理过程。企业对人力资源的管理要进行合乎伦理的管理，即要实施伦理管理。对企业的人力资源管理可分为伦理管理、不道德的管理和非道德管理。其中，伦理管理也称道德管理，是指既守法律，又遵守道德；不道德的管理，是指以人为工具和手段，以利益最大化为管理目标，容易产生伦理问题；非道德管理，是指只遵守法律，依法管理，追求合法的利润，但没有遵守较高道德的自觉性。

人力资源的伦理要求主要包括两个方面：一是要遵守法律。一般法律的要求要低于道

德，但是法律确认了一些最基本的、必须遵守的一些公认的伦理要求，被认为是最低限度的伦理标准，可看作底线伦理。企业在人力资源管理过程中，必须首先要遵守法律，如对劳动者权益保护的法律，这是进行伦理管理的一个前提和基础。二是这种伦理管理要遵守较高的社会道德标准，超越法律的要求，把以人为本、公平、诚信、民主、和谐等伦理原则贯穿于企业人力资源管理的全过程，能够尊重员工的尊严、保障员工的权利、促进员工的全面发展、实现员工价值、促进企业和员工的共同发展。例如，对生育女职工给予特别的关怀，对员工结婚、生育给予祝贺，对家中遭遇不幸的员工给予慰问。

企业进行人力资源管理的目的当然也要追求高效率和高效益，但是这种追求应自觉接受法律和道德的引导和规范。在追求利润的过程中，管理者应自觉考虑目的和手段的正当合理性，坚持公平、正直、诚信、责任等道德标准，寻求利润和责任的统一。伦理管理的目的、管理的手段、管理的过程和管理的结果都力求合乎伦理。这种管理是一种饱含人性化的管理，是真正的以人为本的管理。这种管理要求管理者首要的是不仅要把员工当手段，更把员工当做目的。管理者要从科学的人性论出发，激发人对“真、善、美”的追求。

企业对人力资源的管理也是一个追求“真、善、美”的过程。企业管理为了追求高效率，必须遵循科学规律，在一定的程度上进行科学管理，这是一个求“真”的层面；另一方面，要秉持管理富有人性，重视人、发展人、实现人、满足人的多层次的需要，这是求“善”的层面；最后，个人的能力得以充分发挥，企业获得效益，个人得到更多的自由和发展，企业、员工和社会达到一个和谐的境界，这是求“美”的层面。企业在深刻认识员工的基础上，突出员工在管理中的主体地位，实现以员工为中心的管理，满足员工的正当需要，调动员工的积极性，充分开发员工的潜能，把塑造高素质的员工队伍作为企业成功的基础，把人的全面发展作为管理的终极目标，体现对员工的终极人文关怀，把凝聚员工的合力作为企业兴盛的重要保证。

伦理管理并不是以伦理行为代替企业的管理行为。企业管理要追求“利”，伦理行为要追求“义”。二者似乎矛盾，但却又相互贯通。伦理管理实质上是管理自觉接受伦理价值地引导和行为规范，体现伦理精神，并不是以伦理取代管理，并不是将企业带有经济目的的管理行为与道德行为同一化。在伦理管理上，既要反对伦理无用论，又要反对伦理万能论，而是应促进二者的有机整合，提升管理的伦理水平。在某种意义上，利润与道德是统一的。这种伦理管理也可看做在现代文明时代企业一种明智的自利和利他相统一的行为。管理能否合乎伦理地对待员工，直接影响着企业员工积极性的发挥，进而影响人力资源的开发，影响企业的经营业绩；同时，企业对员工讲道德，关心员工，善待员工，就会调动员工努力工作的积极性，赢得员工的忠心。这样做还有助于企业树立良好的社会形象，从而招到更优秀的员工，也会使消费者更乐意购买企业的产品。

2. 企业对人力资源进行伦理管理

（1）企业人力资源管理的规章制度合乎伦理。企业的规章制度是企业对人力资源实施伦理管理的重要工具。企业离开了规章制度，管理就会成为无源之水、无本之木。企业管理的规章制度在企业内部具有权威性、约束性，每一位员工都必须遵守，其贯彻实施也就具有严肃性和很强的刚性。强化制度的作用，就是促使企业由“人治”进化为“法治”，增强规范性，减少人情因素的影响。利用规章制度对人力资源实施伦理管理主要体现在3个方面：

1）管理的规章制度体现伦理，合乎伦理。合乎伦理的管理制度是伦理管理的重要保障。制度要体现道德的价值尺度，体现惩恶扬善的要求，接受道德的评价。企业人力资源管理的规章制度要体现人道、公平、正直、责任等伦理要求。人道、公正是对管理制度的根本的要求；反过来，规章制度也是对人道、公正、诚信的重要保障。管理的规章制度要追求效益，但不应以经济效益的最大化为唯一追求，而应将人的自我实现作为最高目的，充分发挥人的智慧和热情，不断提高人的积极性和创造力，有效促进人力资源的开发利用和在一定时间范围内的可持续发展。这就会使制度为广大员工所接受和认同，从而由制度的强制他律提升为自律，这样就使制度的作用得到更好的发挥。企业人力资源管理的各项规章制度，如招聘、晋升、辞退制度，绩效考核制度，休息休假制度，薪资制度，工伤补助制度等，都能够充分反映员工的真实利益和要求，能够充分调动员工的积极性，实现企业和员工的共同发展。企业民主的决策机制、公平的赏罚机制、公开公正的监督机制、平等的教育机制等，是企业伦理运行的内部条件。

2）将某些伦理制度化。就是把一些伦理要求制定为企业的伦理守则，它是指将某种伦理要求规范化、条例化，从而通过明示的伦理准则来引导和规范人们的行为，即通过建立专门的制度来实现自己的伦理目的。例如，为了建立企业内部和谐的人际关系，实现管理者与被管理者之间的相互尊重，企业可以规定一定的内部礼仪，如企业管理人员对员工的语言要文明，体现出对人的尊重、关心，人们之间要相互鼓励。企业人力资源管理的规章制度合乎伦理，主要强调的是管理的手段要合乎伦理。这是管理合乎伦理的制度保障。

3）建立具体的伦理保障制度。设立伦理官员，对企业人力资源管理的伦理问题予以专门的研究和解决，使伦理问题不至于累积；制定伦理守则，对管理者和员工的行为予以有效地规范引导；设立员工关系委员会，对企业与员工之间、员工与员工之间的关系进行协调；建立伦理奖惩制度，及时进行奖惩；建立问责制，对企业管理人员在人力资源管理中的不当行为，造成严重后果的，必须得到应有的惩罚；企业实行利润分享计划、奖金和股票购买计划，把员工利益与公司整体成功紧紧连在一起，员工与企业分担责任、分享成功，使员工与企业的命运息息相关。

（2）管理过程要合乎伦理的要求。管理的过程是处理人与人之间关系的过程，特别是处理人与人之间利益关系的过程，更是体现伦理精神的过程。管理的过程也是规章制度落实的过程，在规章制度的执行上要不徇私情、一视同仁。企业在选人、用人、育人、留人上都要合乎伦理的要求。

1）在员工的招聘、辞退上，要平等地尊重和维护每一个员工的权利，做到一视同仁，不进行种族、性别、年龄的歧视。

2）在选人、用人上，要秉持公开公正原则和德才兼备原则，选拔企业所需要的人，做到知人善任、用人之长、人尽其才。

3）在育人上，企业要着眼于企业和员工未来的发展，不断对员工进行教育、培训、挂职锻炼，使员工的知识技能、业务素质和思想品德不断提高，实现企业和员工的共同进步。育人使企业的管理从“手段人”提升到了“目的人”的层次，其伦理意义不言而喻。

4）在留人上，企业鼓励员工长期为企业工作，采取合理的措施留住对企业有价值的员工，包括以真情留人、以优厚的待遇留人、以共同的事业留人等，使员工与企业建立稳定和谐的关系。企业要注重员工的满意度，提高员工的工作生活质量。

（3）建立对管理行为是否合乎伦理的评价矫正机制。企业应对管理中的重大举措进行伦理反思，扬善弃恶，避免和解决企业管理过程中的伦理问题。

1）企业要坚持较高的伦理标准，对人力资源管理伦理问题的产生采取预防措施，即进行对管理举措的伦理测试，看其是否合乎伦理。如果合乎伦理，就马上进行；如果违背伦理，就放弃或修正。在重大的管理措施实施前先思考：这符合法律的规定吗？这合乎伦理的精神吗？这一行为是否承担了对员工的伦理责任？这违背了企业的价值观吗？通过伦理测试这一手段就对管理中不道德的现象进行了有效的预防。伦理测试主要包括以下几个方面：公开化测试，即将管理的一些重大的问题进行对内对外公布，看人们对此的评价，然后综合这些评价，最后得出结论，看是否合乎伦理的要求；逆向性测试，就是假定将某种管理行为用在决策者、管理者本人身上，检验一下自己是否乐意接受，这是一种将心比心、换位思考的方法，也就是一种“己所不欲，勿施于人”的方法，这也符合西方黄金规则的要求。

2）对企业人力资源管理中存在的主要问题进行伦理审计。在企业内部建立企业与员工关系协调委员会。由员工代表与企业经营管理者或邀请中立的第三方对企业管理中涉及员工权益的问题进行沟通协商，定期召开会议。审计时要倾听来自管理者和被管理者双方的意见，保障员工受到的不道德的对待有进行申诉的权利和这种申诉能得到及时、公正、认真地对待。对待员工的申诉，要认真对待、及时回应、公平处理。

3）在企业中进行伦理奖惩。一方面，对合乎伦理的管理行为进行表彰，以鼓励这种行为持续进行和发扬光大；另一方面，对不道德的行为进行惩罚，特别是给员工和公司造成了严重损害的行为，如管理中管理者对被管理者性骚扰行为、性别歧视行为，对管理者要进行严厉的处罚，对受损害的员工要给予合理的补偿，以展示企业对员工负责任的态度。这是为了保证管理的结果合乎伦理。

（4）回应社会期望，承担对员工的社会责任。在今天民主、文明、法治的社会中，人们对于企业对利益相关者承担相应的社会责任有着高度的期待，其中就包括善待员工。企业对员工承担着提供安全卫生的工作生活环境、尊重员工的尊严和权利等责任。这相对于员工是权利，对于企业就是责任。企业的人力资源管理要积极响应社会的期望，自觉接受社会监督，主动承担对员工的社会责任，如企业自觉贯彻执行企业社会责任国际标准SA8000，为员工提供安全、卫生的工作场所，尊重和维护员工的各项权利，在员工招聘上做到在同等条件下一视同仁，而不进行性别、相貌、户口等歧视。企业实行以人为本的管理，保障员工的合法权益，满足员工的正当需求，高效开发人力资源，充分发挥人的作用。在承担对员工的社会责任上，企业不是一个被动的接受者，而要作一个积极的参与者，甚至是一个主动的探索者、引领者。

（四）建设以人为本的企业文化

企业文化不仅是一种思想管理，而且也是一种经济管理，其文化建设目标更多地体现在企业有个性的生产、经营、管理、分配的具体方式上。这里讲的企业文化是狭义上的企业文化，是指企业的精神文化，它是企业的灵魂，其中主要包括员工的教育、卫生、体育等活动，以及管理者和员工的伦理观等。价值观是企业文化的核心，而伦理精神又是企业价值观的支柱。伦理可以为企业文化建设指明方向，企业文化可以生动活泼的宣扬伦理，促进伦理的遵守。伦理文化为企业的人力资源管理开发提供了价值引导和思想动力。通过企业文化，可以使企业内部人员处在企业文化道德规范和行为准则的无形约束之中，受到企业内部舆论的影响和情感的约束，企业文化能提高企业管理人员和员工的觉悟，使他们确立正确的价值观，达到自我控制、自我管理和自我约束，从而自觉贯彻执行企业的规章制度。

企业文化还能激发员工的工作热情和工作的责任感。例如，海尔集团构建了以诚信为重要内容的企业文化，“海尔真诚到永远”的口号已经深入人心，全体员工对内真诚合作，对外真诚服务，为企业树立了良好的企业形象，员工以此为傲。企业文化激励着员工为实现美好的企业理想而奋斗。

1. 确立以人为本的企业价值观

这是企业文化的核心。许多优秀的企业在人力资源管理上都有自己的价值观，它决定了企业对待员工和他人的态度。企业要建立“尊重人”、“为了人”、“依靠人”、“发展人”、“实现人”的企业价值观，建立与员工互利共享或分享的企业价值观。企业通过企业文化建设，使全体员工树立共同的高尚的价值观，统一员工的意志，集聚全体人员的智慧和力量，同心同德，共同奋斗；使企业由经济利益共同体，在共同价值观的引领、整合下，一同追求工作的社会意义，成为追求理想、建立事业的共同体，进而形成价值的共同体。

企业文化要把“人生的完善”作为企业的最终目标，对员工的全面发展给予终极关怀。企业要关注员工的个人成长和全面发展，以员工的成长促进企业的发展。这就要求人力资源管理者能够了解员工的发展需要，着眼于企业和员工的长期发展，为员工制定职业发展规划，促进员工的全面发展，提高员工的综合素质。促进员工的全面发展，就是要全面地认识每一个员工，关注员工的个性差异，在工作中使员工的能动性、创造性和自主性得到全面发展，防止对个性的压抑，使员工获得自由的发展，帮助每个员工追求并保持独特的人格、工作和生活理想、社会形象和能力体系，显现自己独特的存在，呈现出与众不同的魅力。

因此，人力资源管理要更加注重对人力资源中的智力资源、情感资源和道德资源的开发和管理，注重满足人的精神需要，在管理中要以理服人、以情激人，加强教育与培训，加强对人的科学精神和人文精神的培养，提高劳动者的综合素质。这样就使企业的人力资源管理体现出鲜明的伦理性。

2. 营造尊重人、重用人的伦理氛围

企业文化可以塑造企业精神，营造尊重人、关心人、重用人、发展人、实现人的良好风气，促进形成能使员工充分发挥潜能的优良的内部软环境。企业文化是一种黏合剂，能把整个组织整合起来；组织文化能够引导和塑造全体员工的态度和行为。通过塑造优秀的企业文化，来营造公正、平等、合作、友好、尊重、参与的伦理氛围，消除强制、欺诈、歧视和管理者与员工的距离感，建立和谐的人际关系。

企业通过营造“人人受重视，个个被尊重”的文化氛围，能够使员工从精神上增强归属感，提高员工的积极性，使员工自觉的努力工作。企业可以通过以下措施来营造良好的尊重人、善待人的伦理氛围：

（1）通过各种口号、仪式。例如，对员工的各种赏识仪式。当某员工出色地完成了一项工作、或晋升、或退休、或达到可以继续留任的标准时，就举行各种赏识仪式。在仪式上，由公司的主要领导向受奖员工颁发奖品、奖章、礼物或纪念品，并致表扬词和祝贺词，让全体员工知道他们为什么被赏识。如美国的IBM公司在对员工进行表彰时，会邀请员工的家属一同参加，让其一同分享成功和快乐。

（2）通过丰富多彩的文体活动。

（3）通过各种各样的联谊活动。例如，企业为员工举行生日聚餐会、对员工表示祝贺等。

3. 把制度管理和富含人性的柔性管理相结合

一是要发挥制度的作用。制度具有规范性，严格执行可以有效防止管理中的人情化。二是要充分发挥企业文化的作用。企业文化属于柔性管理的重要工具。制度管理从理性出发，追求科学、高效，是一种刚性的硬约束，一味依赖严格的制度进行对人管理，容易把人变成机械的工具，再加之，百密一疏，再严密的制度也有漏洞，而人是灵活的；如能通过企业文化建设，提高员工对企业精神上的理解认同，就把制度的强制升华为自觉。将制度管理和柔性管理相结合，也就是将科学化管理和人性化管理相结合，这才是较为完善的人本管理，企业才能在经济和人文两方面都取得满意的效果，使无情管理和有情管理相结合，刚柔相济，有效地克服伦理问题。

4. 创造努力学习和互相合作的文化氛围

以人为本的企业文化，既要重视个人的学习成长，又要重视集体合力的发挥。一方面，企业倡导管理者与员工不断学习，提升他们的科学文化素质，特别是管理者要不断学习，提高对企业人力资源管理规律性的科学认识；另一方面，要倡导团队精神，提倡真诚合作，使企业管理者与员工之间、员工和员工之间形成和谐的人际关系，通过营造“理相通，情相融，力相携”的文化氛围，使企业内部能相互团结协作，形成合力，增强企业的凝聚力。

（五）优化企业人力资源管理的社会环境

任何国家的企业都植根于自己生存发展的文化土壤、伦理传统，都需要一定的社会伦理作为自己发展的“社会资本”。美国学者弗朗西斯·福山把“社会资本”定义为“一个群体成员共有的一套非正式的、允许他们之间合作的价值观与准则”。克服我国企业人力资源管理中的伦理问题，必须优化社会环境和市场环境，形成全社会共同遵守的伦理规范，为企业的发展提供良好的“社会资本”，对企业提供有效的教育、引导、约束和规范。

1. 加强立法，严格执法

国家要建立公平的法律法规，依法规范企业的非法行为。例如，制定《劳动合同法》，《劳动保护法》等，规定严格的劳工标准，由政府严厉监督这些法律法规的实施，创造一个良好的法律秩序。要充分发挥法律的制裁、威慑和教育引导的作用；有关国家机关要公平执法，严格执法；要加大违法的成本，既要让违法者心服口服，又要让他们心惊胆战，使人们敬畏法律，相信法律，从而自觉地遵守法律。法律支持和保障伦理的实现，公正完备的法律有利于企业伦理的形成与保持，促使企业由法律的强制进而达到道德的自觉，从而减少不道德问题的产生。

2. 净化社会风气，加强舆论监督

一方面，国家要着重提高整个国民的道德素质，在全社会树立热爱劳动，尊重和关心劳动者的良好道德风尚。领导人尊重和关爱劳动者的行为有助于在全社会弘扬尊重劳动者、关心劳动者的良好社会氛围。国家通过一系列的文化活动、宣传教育等形式来进行社会主义道德建设，宣扬以人为本的价值观，提高国民的道德素质，使其树立高尚的道德信念，具有坚强的道德意志，形成鲜明的正义感、耻辱感、良心感，使人们在复杂的道德环境中能够进行正确的善恶判断，促进形成团结友爱、明礼诚信的良好社会风尚。另一方面，在全社会宣扬和落实以人为本的科学发展观，把我国的经济发展由原来的粗放经营转向集约经营，把经济的发展转移到依靠科技进步和提高劳动者的素质上来，引导企业实行以人为本的管理，合理利用人力资源。再者，要加强新闻媒体的舆论监督作用。媒体要大力宣扬和谐社会理论，关注劳工权益，倡导建立和谐企业，维护社会公平正义，宣扬建立良好的社会价值观。新闻媒体要对企业的伦理建设发挥积极的推动作用。例如，中央电视台经济频道评选2006年最受尊敬的雇主，海尔集团当选。这是对善待员工企业的赞扬，有助于企业树立良好的形象，是对企业实施以人为本的管理、主动承担对员工的社会责任的积极肯定，为其他企业树立了榜样。同时，社会传媒要对企业人力资源管理中违反伦理的问题进行曝光，使之受到社会的谴责，这是对这些企业的惩罚，对其他企业也起到警示作用。例如，美国的“曼威尔”公司早在20世纪30年代就知道工人因石棉中毒有发展成癌症的危险，却迟迟没有采取任何保护措施，当这一消息在20世纪80年代被公之于世以后，数以千计的职工对公司提起诉讼，最后迫使公司建立赔偿基金并宣布破产。

本章小结

1. 企业人力资源伦理，其内容包括员工对企业的伦理和企业对员工的伦理两个方面。

2. 员工对企业应承担的伦理责任有：为企业劳动的责任，立足本职、放眼全局，遵纪守法、以身作则，敬业精神。

3. 员工忠诚是指员工对企业追求的认同及为实现企业目标而竭尽全力的态度和行为。其具体表现为员工在思想上与企业价值观和政策保持一致，在行动上尽其所能为企业努力工作、维护企业利益，在情感上愿意与企业同甘共苦、共同成长。员工忠诚可分为主动忠诚和被动忠诚。员工对企业的忠诚体现为：积极参与企业管理；高标准要求自己；严格维护和主动执行企业制度；关心企业外部形象。

4. 员工承诺不仅包含了满意和忠诚，还表示员工有能力并懂得如何为企业战略目标和方向而努力，同时能取得正向的业绩成果。员工对企业的伦理不能仅仅局限于员工对企业应尽的雇员责任上，也不应该停留在员工对企业的忠诚层次上。员工对企业的承诺不仅仅是基于物质利益的一种承诺，更重要的应该是基于情感和义务的一种承诺。

5. 员工对企业的不道德行为主要有：内盗、欺骗、内幕交易、频繁跳槽。

6. 员工具有的权利有：自由签约权、合理工资权、晋升权、工作时间之外的权利、被解雇时的权利。

7. 员工招聘中的伦理问题主要表现在：发布虚假招聘信息；利用考察人才机会，无偿获取求职者的智力成果；企业夸大宣传，不负责任地作出承诺；实施就业歧视政策；设置劳动合同关系陷阱。

8. 员工职业生活质量的突出伦理问题表现在：无视员工职业安全；无视员工职业健康；侵犯员工隐私。

9. 员工工作时间方面的伦理问题主要有：员工超负荷工作以及零报酬加班。

10. 员工职业发展中的伦理问题突出表现为：企业培训的伦理缺位；女性歧视；企业利用知识、信息优势欺骗员工；变相裁员。

11. 薪酬管理中的伦理问题突出表现为：拖欠员工工资；低于地方最低工资标准发放工资；随意克扣员工工资；薪酬不公平。

12. 我国企业人力资源管理中伦理问题的产生原因主要有：管理者和员工的法制观念不强和伦理素质不高；对人性和人的需要的理解偏差；企业自身价值观和管理方式不当；外界

环境对企业引导、约束乏力。解决途径主要有：提高企业管理者和员工的法律意识和伦理素质；借鉴和学习西方企业道德管理的经验和方法；对企业人力资源实施伦理管理；建设以人为本的企业文化；优化企业人力资源管理的社会环境。

复习与思考题

1. 员工对企业应承担哪些伦理责任？
2. 何为员工忠诚？它是如何体现的？
3. 如何认识员工忠诚与员工承诺的关系？
4. 如何理解员工在企业享有的基本权利？
5. 你认为应该如何进行反就业歧视？
6. 你认为企业无视员工职业生活质量的根源何在？
7. 有人说中国的劳动法是世界上最好的劳动法，可为什么我国企业管理中企业侵犯员工合法权益的事件时有发生？
8. 阐述你对“血汗工厂”的看法。
9. 你认为我国企业人力资源管理中产生伦理问题的原因是什么？如何解决？

案例分析

珠海美星鞋厂企业劳资状况

设在美国纽约的中国劳工观察组织在2005年6月发表了《珠海美星鞋厂调查报告》，该报告包括以下内容：工厂简介、工作时间、工资、住宿条件、伙食情况、工作强度和劳动价格、罚款与扣除、假日和福利、招工政策、工伤和职业病、监督和检查。以下是该报告的内容：

一、工厂基本情况

信星集团是一家台资企业，主要生产婴儿鞋、时装鞋、休闲鞋等。该集团在中国和越南共有35条生产线，约有2万名工人。该集团2003年的总投资超过6000万美元，其主要客户包括国际知名鞋业公司，如Skechers，Clarks，Stride Rite和Wolverine。

本报告调查的对象是信星集团在中国广东珠海市的美星鞋厂。美星鞋厂位于广东省珠海市香洲翠珠工业区，共有员工14000人。此次主要调查的是该厂的一分厂，约有员工7000人。美星鞋厂主要为Skechers（司凯捷）和Clarks（克拉克）生产鞋制品。本报告旨在记录该厂侵犯工人合法权利的一些事实，并号召该厂采取措施来改善工厂的劳动条件。

二、工作时间

美星鞋厂的工作时间为早上7点半至晚上9点，其中上午11点40分~12点40分为午饭时间，下午4点40分~6点为晚饭时间。但是该厂下班时间错开分为3个轮次，中午分别为11点40分、12点和12点20分，所有的工人都在12点40分回车间上班；下午下班时间分别为4点40分、5点和5点20分，所有的工人都在6点回车间上班。

这样，不同的车间总的工作时间就不相同。并且工厂规定，每天加班时间不能超过3小时，其余上班时间就只算白天8个小时的正常工作时间，也就是说，除此之外的工作时间工人都是拿不到工资的。但有时候订单多的时候，工人会被要求加班至凌晨1点甚至2点。这种情况下，工人一天的工作时间高达18.5个小时。

除了上班时间外，工厂还要求工人每天早上7点到7点半之间到车间开会或者打扫卫生，这半个小时的时间是没有工资的。另外，星期六加班的时候，工厂要求工人不打卡，以应付检查，虽然厂方会支付工人工资。该厂只有星期天是休息时间，但是订单不多的时候工人星期六也休息。工厂规定工人中午休息的时候不能离开工厂，只能在厂里休息。

三、工资

该厂实行计时和计件工资。仓库、样品室等部门实行计时工资，生产部门实行计件工资。计时标准工资为8小时27元人民币，即每小时3.375元。然而，加班工资为每小时2.5元，比正常工资还要低。另外，该厂不管是正常上班还是加班，不管平时还是节假日，工资标准都是一样的。这明显违反了劳动法中关于加班工资的规定，即平时加班应按不低于正常工资的1.5倍支付，休息日应按不低于正常工资的2倍支付，法定节假日不低于正常工资的3倍支付。由于计时工资收入比较稳定，工人更喜欢计时工资，但是生产部门里只有与部门主管关系好的工人才能拿计时工资。

工人反映他们的工资越来越低。2004年4月，在一些管理人员的组织下，该厂工人进行了三天的罢工，但结果只是管理人员的工资提高了。2005年5月2日，裁断部门的工人因工资低而罢工，但是厂方的态度是如果对工资不满意，工人可以到别的工厂去。

工人的工资在每月月底发放。根据工厂的规定，当月工资要到下个月的月底才能拿到，也就是说，他们的工资被拖欠一个月。如果工人要辞工，必须提前15天通知厂方，并且要经过班长、组长、科长、主任、厂长的全部同意才行，只要一个没答应，工人就辞不了工。因此，该厂很多工人选择放弃最后一个月的工资而离厂。

通过对同一名工人5个月工资情况的分析可以看到，美星鞋厂工人的工资变化幅度非常大。下面是该工人在5个月里的工资情况：

2004年11月：1152元。

2004年12月：900元。

2005年1月：754元。

2005年2月：278元。

2005年3月：853元。

从该名工人2004年11月和12月的工资单上可以看到，该名工人本薪为510元，实发工资为900元。工资单中间一栏显示该工人12月的实发件薪为975元，计件津贴515元，其他补贴和津贴分别为30元和20元。工资单的右边一栏显示总的扣除金额为125元，其中包括伙食费80元，清洁费1元，养老保险44元。

从工资单上可以看出，这名工人11月的实发工资为1152元，12月为900元。虽然两个月的本薪都为510元，但是件薪不同，说明这名工人在11月的计件总量比12月高。

这名工人的工资总数为本薪加计件，说明他的工资是计件工资而不是计时工资。也就是说，不管这名工人工作多长时间，他的工资都是按他实际生产的产品件数来计算的（与此相反的是，计时工资的工人是按他们工作的小时数计算，不管他生产多少件产品）。正如上面所提到的，在通常实行计件工资的部门里，如果工人与部门主管关系好，也可以按照计时工资算。

四、住宿条件

该厂有两栋宿舍楼。每栋楼7层，每层有20多个房间。每个房间有5张床，10个铺位，2台风扇，每个人还配有一个衣柜。每层楼只有2个公共卫生间和浴室，即200多名工人共同使用。每名工人每月要交70元住宿费（以前是46元）。宿舍管理非常严格，如果工人的被子、鞋子或者衣服放置不整齐就会被扔到垃圾箱里。工人反映宿舍里不安全，他们的个人用品经常被偷。因此，很多工人选择在厂外住，但是由于他们租不起条件好的房子，住宿情况也不尽如人意。

五、伙食情况

工厂的食堂在工人宿舍一楼。以前工厂每个月向工人收取80元伙食费，从2005年5月份起，每个月要收180元，而且不管工人在不在厂里食堂吃都得扣这笔钱。工厂提供的伙食为三菜一汤，工人说菜里的油还可以，但是味道不好，而且发生过在饭菜里吃出死老鼠的事。因此，很多工人选择在外面吃或者自己做。如果加班超过晚上12点，工厂会提供夜宵，但是都是白天剩下的饭菜。以前荤菜里只见肉皮，肉都供应给管理人员。从伙食费提高后，这种情况有所改善。由于饭菜质量不好，量也不多，工人反映他们根本吃不饱。

六、工作强度和劳动价格

该厂目前主要生产Clarks的11319、11313等型号，不同部门的计件单价不同。裁断车间一个工人8小时能做13000多双，每双0.0025元；成型车间一条线能生产2000多双，每双为1.2~1.8元；针车部一双鞋能拿2元左右。这样生产一双在国外市场上能卖几十甚至上百美元的鞋子，这三道工序的工人的工资加起来只有5.2~5.8元人民币。生产线上有很多孕妇，但是工厂对她们没有采取任何保护措施，她们和其他工人工作同样的时间。另外，工厂管理人员经常辱骂员工，骂他们是猪或骂他们的父母，有时甚至打工人。

七、罚款与扣除

“小过”罚款30元，“大过”罚款90元，主管可以任意决定；旷工一天扣除三天工资；丢失厂牌扣30元；工人必须自己购买厂服，冬装28元一件，夏装15元一件；非法搜身。如果厂里鞋子数量少了，保安就会对工人进行搜身，如果没找到他们也不道歉。

八、假日和福利

“五一”和“十一”放假没有工资；没有带薪产假、婚假和丧假；每月有30元全勤奖，前提是不迟到、不请假、不旷工；工作1~3年的工人有100元的年终奖，3~5年的150元，5年以上的200元；自从工厂给工人购买养老保险后，原来的住房补贴、伙食补贴和医疗补助都被取消。

九、招工政策

该厂工人大多来自湖南、四川、江西，其中女工至少占90%。男工如果想进厂，必须交1000元介绍费。工厂会统一组织新入厂的工人去体检，每人交体检费50元和5元车费，但实际上如果工人自己去体检的话，总共只需35元。工厂对新员工不提供任何培训。工厂每年9月份左右跟员工签订一次合同，合同期限为一年。合同只有一份，由厂方保管。工人反映合同的内容与现实存在很大区别，并且签订合同时工人只需签名就可以，对内容没有商量的余地。

十、工伤和职业病

该厂经常发生工伤。但是发生工伤后，除了保险公司的赔偿外，厂方不提供任何医疗补助。成型车间里使用一种腐蚀性有毒化学药品，由于气味难闻，工人戴着口罩也经常会晕倒。

十一、监督和检查

工人说，该厂没有工会组织。厂里设有意见箱，但是工人很少使用，因为他们知道对于他们投诉的问题，厂方根本不会进行处理。如果有客户到工厂考察，厂方会教给工人怎么跟客户讲话。工厂还威胁工人，如果他们乱说话，客户一走他们也要走人。

（资料来源：吕春晓，《企业伦理》，西安交通大学出版社，2008，P190～194）

讨论题：

1. 谁是该厂的利益相关者？这些利益相关者受到了什么影响？
2. 该厂的经营行为与社会责任的矛盾有哪些？
3. 可以选择什么样的办法改善该厂的经营行为？谁有能力影响该厂的行为方式？
4. 你如何看待该厂的健康状况，如何预料该厂的持续发展前景？

第五章　企业营销伦理

学习目标

通过本章学习，应该理解和掌握：

1. 营销伦理的本质、营销伦理与伦理营销的区别
2. 营销伦理的基本规范、营销伦理的特点和功能
3. 西方三大营销道德判定理论
4. 营销决策的评价模型
5. 影响营销伦理决策的因素
6. 企业营销中的伦理问题

引导案例

欧典地板事件

“地板，2008 元一平方米，全球同步上市！”从 2004 年 7 月开始，写有这样内容的绿色巨幅地板广告牌出现在全国许多大中城市，几乎每个装修过住房的人都听说过“欧典”这个品牌。欧典企业提供的印制精美的宣传册上也写着：德国欧典创建于 1903 年，在欧洲拥有 1 个研发中心、5 个生产基地，产品行销全球 80 多个国家。此外，在德国巴伐利亚州罗森海姆市拥有占地超过 50 万 m^2 的办公和生产厂区。而知情人士向“3·15”提供了一个消息：德国欧典总部根本不存在。对此，欧典企业总裁闫培金予以否认，称欧典德国总部坐落在罗森海姆市。

据北京欧德装饰材料公司的一位前中层管理人员透露，“欧典并不是中国最早做强化木地板的企业，最早的是彭鸿斌 1993 年左右创立的圣象，所谓 1903 年创建于德国纯属胡说。”欧典和宏耐、瑞嘉是于 1997 年前后成立的内资企业，属于地板行业的第二集团军。他告诉记者，欧典自身并没有制造工厂，这些进口地板都是由德国的汉姆贝格和爱格（Egger）、比利时等厂家贴牌生产。欧典与汉姆贝格就是买和卖的关系，早期像瑞嘉等企业也都是这样做的，这是业内尽人皆知的秘密。

他还透露，此次被曝光的 2008 系列的天价地板，其实就是汉姆贝格公司的“Haro”品牌实木复合地板，其进价在每平方米 500～600 元人民币。2004 年七八月份，闫培金大力宣传 2008 系列的本意，是想提升自有品牌——欧典的价值，没想到竟然接到一两张订单。当时仓库里并没有货，因而公司从当年下半年开始进口“Haro”，然后换上欧典的商标和外包装，2008 系列就这样出炉了。到 2004 年年底时，公司约进口了 500m^2“Haro”5 个品种的地板。

为弄清真相，央视驻德国记者专程前往该市进行调查，当地工商管理部门告知，在他们的登记资料中并没有一家叫欧典的企业。央视记者调查发现，欧典宣称的所谓德国总部，其实是当地一家木产品企业汉姆贝格公司，但这家公司声明，与欧典也没有任何产权隶属关系。不仅德国欧典不存在，央视记者在国内工商部门查询发现，被欧典公司在网站和宣传材料上频频使用的“欧典(中国)有限公司”也根本没有注册过。经查询得知，欧典这个商标在2000年才正式注册，注册人正是1998年成立的北京欧德装饰材料有限公司。

2006年3月15日，一个在建材业被反复提及的装饰材料品牌，一个号称在德国拥有百年基业的地板品牌，“欧典”地板轰然倒地。“德国欧典创建于1903年”，“在欧洲拥有1个研发中心、5个生产基地，产品行销全球80多个国家”，“欧典在德国巴伐利亚州罗森海姆市拥有占地超过50万m^2的办公和生产厂区”……，在央视的“3·15”晚会上，号称“连续6年零投诉”、“世界最好的”欧典地板被曝光。

3月15日，中央电视台“3·15”晚会揭开了“欧典”地板的黑幕：“号称行销全球80多个国家，源自德国，著名品牌地板德国欧典总部其实根本不存在，存在严重欺诈消费者行为。”欧典企业并不存在所谓的“欧典德国总公司”，德国总部与欧典也没有任何产权隶属关系。

3月16日，各地欧典专卖店开始纷纷撤柜，工商部门称等待总局对此事件定性，消费者索赔以及对欧典的处罚均要等待定性以后。

3月16日下午，“欧典”品牌拥有者，北京欧德装饰材料有限责任公司（欧典地板）对外界作出回应，将事件解释为“欧典对企业形象宣传层面所出现的失误”，但同时表示“欧典地板的质量是绝对值得信赖的，是符合国家产品质量标准的合格产品”。

2006年4月14日，中国消费者协会有关领导就此事件首次表态：“在欧典地板问题上，中消协确实存在失察”。

4月15日，北京工商部门经过调查认定欧典公司属“夸大企业形象对外宣传”，违反《中华人民共和国广告法》和《中华人民共和国反不正当竞争法》，对其处以747.3776万元的罚款。欧典地板也在各地重新恢复销售，但消费者获得双倍赔偿的愿望落空。

（资料来源：周祖成，《企业伦理学》第二版，清华大学出版社，2009，P121～122）

营销是企业经营管理中的重要环节，它不仅是一种营利性活动，而且是一种社会性活动。营销也是企业经营最容易出现伦理问题的环节之一，之所以如此是因为，在企业营销人员与用户、竞争者、媒体等利益相关者打交道的过程中，利益冲突时有发生，信息不对称现象严重。这决定了企业从事营销活动，既要遵循市场法则，又要遵循有关法律和道德规范，履行一定的伦理道德责任。企业履行的这种伦理道德就是营销伦理，它是企业进行营销活动必须遵循的基本道德准则和规范。

第一节　企业营销与营销伦理

一、企业营销的内容

美国营销学权威菲利浦·科特勒认为，企业市场营销是一种企业功能，它辨认现时还没有得到满足的需要和欲望，规定和衡量它们的范围大小，确定一个能够最好地为其服务的目标市场，以及决定服务于这些市场的适当的产品、服务和计划方案。市场营销主要有以下几个方面的内容：

（1）产品策略。产品是满足消费者需求的重要载体，企业市场营销研究产品，是从满足消费者需求的需要出发，研究企业的产品营销策略如何适应市场形势的要求；研究产品寿命周期各阶段的特征以及采取的营销策略；研究新产品开发策略；研究产品的商标、装潢和包装策略以及产品的品名、造型、色泽等因素。

（2）价格策略。产品生产出来后，定价是否恰当，直接关系到企业营销的成败。企业市场营销研究产品价格，主要是研究产品定价的原则、方法和策略，以发挥合理适当的价格在开拓市场中的积极作用。

（3）分销渠道策略。企业产品生产出来后要经过一定的分销渠道，才能顺利到达目标市场，及时满足消费者的需要，获得理想的营销成果。企业市场营销对分销渠道策略的研究，主要是了解产品分销渠道的结构，分析影响产品分销的因素，选择分销渠道策略，目的是为了使产品从生产领域流通到消费领域过程中的路程短、环节少、费用省、时间节约。

（4）促销策略。企业市场营销从消费者的购买出发，研究如何采取各种促销方法和策略，唤起消费者的欲望，不断提高其对产品的认识，确信购买后能得到满足，从而决定购买。

二、营销伦理的本质

营销伦理，简单来说就是营销主体在从事营销活动中所应具有的基本的道德准则，是用来判断市场营销活动正确与否的道德标准。其本质是营销道德问题，也是企业管理伦理的一部分。它包括两层含义：一是指营销活动中应该遵守的伦理规范，借助于这些规范，判定营销行为是否符合道德要求；二是指在营销活动中实际奉行伦理规范的状况，比如说某企业有良好的营销道德。

营销道德不同于道德营销。道德营销是指合乎道德的营销，要求企业的营销活动既要以需求为导向，又要符合道德要求；不仅要满足消费者的利益，同时还要满足其他利益相关者的利益。总之，道德营销是在合乎道德的前提下，通过整体营销活动实现企业的目标。

营销伦理有其独特性，主要表现在以下 5 个方面：①外显性。企业要想实现自己的目的，必须通过营销活动向外输出产品，但能否得到社会承认，不仅是营销技巧的问题，而且还是营销伦理的水平问题。②广泛性。任何企业的产品都具有一定的消费者，企业规模越大，产品越多，市场占有率越高，其营销伦理的影响面也就越广。③直接性。消费者一旦购买某种商品，或中间商经销某种商品，便与该商品生产者构成一种权利与责任关系，即形成了直接的利益共同体，企业的营销伦理就直接维护着这个利益共同体。④互动性。因为消费者与企业间有着利益关系，因此，营销伦理的作用不是单向的，而是双向的，表现出一种典型的互动性。⑤持久性。一般情况下，企业都会按照一定的营销伦理水平来培养一定层面的消费者，并极力维护这一利益共同体，保持或扩大市场占有率，以实现利润的稳定增长。

三、营销伦理的功能

营销伦理是营销主体在进行营销活动时所应遵循的基本道德行为准则。随着我国市场经济的发展，越来越多的企业开始在营销中追求伦理价值，伦理道德意识有所增强，形成了一些较为统一的基本营销伦理规范。其功能主要有以下4种：

（1）约束功能。这是营销伦理最主要的功能之一，它对企业具有一定的约束规范作用。法律的约束力是企业皆知的，但营销伦理的约束作用不一定为企业所认识，因为在一个企业的营销活动中，企业营销人员常会自觉或不自觉地产生一种以“我”为中心的利己主义倾向，受其支配的营销活动，虽不违反法律，但却无意中损害了其他企业或消费者的利益。营销伦理可以使营销人员在没有规章的约束下，仍能够为企业和顾客尽心尽力。忠诚可信、认真负责、顾全大局、顾客至上的营销伦理，不仅能为企业增加营销力和竞争力，而且还能为企业培养一批具有自我约束力的高素质营销人员。

（2）维系功能。企业绝非孤立的经济实体，它的存在与发展离不开其他企业和消费者，营销伦理有助于维持企业之间、企业与消费者之间已经形成的利益共同体，有助于维护正常的交易秩序，减少摩擦，降低交易成本，提高市场运行的能力。

（3）补充功能。市场是不断变化的，事前所订立的契约内容是否涵盖事后的事态发展是不能完全确定的，所以契约的执行还必须有非契约的精神来支持，营销伦理恰能弥补契约的不足。许多企业在没有有形契约的情况下，进行着正常友好的业务往来，这是因为大家都在遵守着共有的“行规”，其本质就是营销伦理。

（4）塑造功能。营销伦理有利于塑造企业形象。优质产品、华丽包装、合理价格等至多是企业形象的外在表现形式，而企业精神、营销伦理则是企业形象的真正内涵所在。营销伦理贯穿于整个营销活动中，营销人员不仅仅要销售产品、服务顾客，而且还要通过自己的言行，传播企业精神，实现营销伦理的升华，从而塑造良好的企业形象，让顾客真正体会到企业存在和发展的价值。

四、营销伦理基本规范

（一）诚信

诚信即诚实守信。在营销中讲诚信，就是指企业将诚信原则贯彻到营销活动的各个环节中，坚持诚信理念，在整个营销活动中顾及社会、企业、消费者、竞争者及内部员工等利益相关者的利益，诚实守信，注重长远发展。诚信是最好的竞争手段。开展诚信营销是建立社会主义市场经济体制的客观要求，也是我国企业应对WTO挑战的迫切需要。其要求为：依照国家法律、市场规则和商业道德规范经营管理，自觉接受社会及中介组织的审计和监督；树立企业效益和社会效益相统一的思想，不做假账，不采取不正当手段欺骗检查和监督；依法纳税，认真履行纳税义务；建立规范的企业结构，维护消费者的合法权益；加强技术改造和产品开发；不侵害他人的知识产权，不冒充、使用他人的商标，不散布虚伪事实，诋毁竞争对手；遵循“公开、公平、公正”的市场规则，倡导公平竞争，保护职工的利益，遵循劳动合同，对员工的工作和生活真诚负责，尊重员工的尊严和价值，给予员工合理的薪金和福利，积极为员工提供增长才干的机会，帮助和促进员工个人发展；加强生态环境保护，即企业在营销过程中，要树立环保的思想，注意节约资源，保护生态环境，切实提高消费者的生态质量。

（二）公平

公平，又称为公正或正义。公正并不是抽象的、一成不变的永恒规定。随着社会的发展变化，它的内涵必然会有所不同，在大力发展社会主义市场经济的今天，公正原则就是效率优先、兼顾公平的原则。公正、正义的本质是一种社会契约，它是为了保障全体成员的利益不受他人侵犯，为了维护社会的安定秩序而自然形成的一种普遍公认的道德准则。公正原则的核心内容是利益分配的公正。在营销领域，公平主要包含着以下6层含义：①平等的权利。它是指每一个企业都有基本的平等的权利，要求每个经济主体只要取得了法人资格便同其他任何法人处于同一平等地位，具有同样的义务和权利，实现生产经营者之间的自主经营、公平竞争。②消费者的知情权。它包括免受虚假、欺骗或严重误导的信息、广告、标签、定价、包装等的伤害，要让消费者充分了解信息，以作出较好的决策。③消费者的安全权。企业应设计、生产、销售更为合理的产品，以确保其产品符合现行的安全标准，保证消费者使用产品的安全。④消费者的选择权。它是指人们可以从几种产品和品牌中作出选择。⑤消费者被聆听的权利。它是指人们可以向商家、政府及其他部门表达自己的观点或抱怨。⑥机会均等。它是指每一个企业和员工在市场竞争中都有同样的参与机会、获胜机会，是参与市场竞争的机会均等、自主权利的均等、遵守规则的义务均等、承担税收和社会责任均等、自负盈亏的要求均等。其中，分配的平等是公平的核心内容。在市场营销中主要是等价交换，其要求为：交换双方所交换的商品在交换价值上等价；遵守市场规则惯例；交换物事实上是公平的，不得进行虚假货物交换；交易是互利的，无一交易方的财产受损失；在合同中实现公平的利益平衡，并实行公平交易道德。

阅读案例

朱燕翎与雀巢的官司因何而起

一个女人、一场官司，使“转基因”这个词语一下子变得敏感起来。为了转基因食品的知情权和选择权，朱燕翎挺身而出，状告全球第一大跨国食品企业雀巢。因不满意雀巢公司在欧洲和中国采取的双重标准，她飞赴瑞士雀巢公司总部，向其高层主管递交公开信以示对抗，她说她要撬开雀巢沉默的大门。

2003年3月，朱燕翎在上海家乐福古北店购买了一袋雀巢巧伴伴，在包装上并没有标注含转基因成分，但实际上并非如此。4月份，她向法院状告瑞士雀巢产品有限公司上海雀巢及销售该产品的公司，提出了退一赔一及要求雀巢公司在其产品上标注含转基因成分的诉讼请求。

朱燕翎曾向瑞士雀巢公司高层写过信，但没得到任何答复。她此次自费去瑞士就是想与雀巢高层面对面交流，反对其在全球实施转基因双重标准并呼吁在中国实施转基因标注。朱燕翎说，如果雀巢公司还是不理，就在当地召开新闻发布会。朱燕翎的瑞士之行得到了国际绿色和平组织的支持。自1999年起该组织就因转基因食品问题与雀巢交涉，包括通过独立组织测定并公布雀巢部分食品含转基因成分，朱燕翎也是因此才知道巧伴伴中含转基因成分的。

经过朱燕翎及雀巢方委托的上海市农科院生物技术中心鉴定，雀巢巧伴伴中含有转基因抗草甘膦大豆成分。

对于转基因食品进行标识已经成为国际惯例。2001年1月，包括中国在内的113个国家在加拿大共同签署的生物安全议定书规定，消费者拥有对转基因产品的知情权，转基因产品在越境转移时应当明确标识，而国际消费者联合会也提出各国政府应要求食品生产商对转基因食品作明确标识。2003 年的国际消费者权益日，国际消费者联盟将主题专门确定为转基因食品。中国政府于 2002 年 3 月 20 日起已正式施行农业转基因生物标识制度，经过政府机构多次执法检查，目前国内市场上的转基因大豆色拉油等产品都已经公开标识，以便让消费者知情并自行选择。

雀巢公司公关部日前发出过一封雀巢（中国）有限公司致媒体的公开信，对于雀巢产品是否含转基因成分，信中没有明确承认也没有明确否认。雀巢有些产品可能含有转基因农作物所制成的配料。如果有的话，它们的安全性是已经证明的，正像所有配料一样，都是严格遵守中国的法规和雀巢自己非常严格的标准，尊重国际准则的。公开信还说，在某些欧洲国家的法律法规要求对转基因产品进行标识，雀巢严格遵守这些规定，这不是雀巢执行双重标准，而是表明雀巢是一个遵纪守法负责的公司。法人信中声明，在每一个运作的国家，雀巢都尊重当地的文化并融入当地环境。按照雀巢公司的说法，在欧洲作出承诺是根据欧洲的法律环境，不在中国内地作出承诺也与中国现有法律环境有关，雀巢的产品不在中国农业部农业转基因生物标识管理办法规定的强制标识之列，所以就可以不标识。

根据欧洲基因时代公司的检测结果，雀巢巧伴伴的转基因成分来自美国孟山都公司的抗农达大豆，但雀巢公司认为，雀巢巧伴伴中的大豆磷脂是由巴西供应商提供的，是不含有转基因成分的，按国际惯例雀巢也没有核实义务。从政策法律规定层面来看，雀巢似乎并未做出违反相关法条的行为，雀巢方面表示中国对农业转基因生物实行标识制度，而雀巢食品不在标识目录管理范围之内，故无需申报转基因标识。

但是雀巢在欧洲和中国市场使用的是双重标准。1999 年 5 月 11 日，德国雀巢作出承诺，将继续保证其在德国出售的雀巢食品不使用转基因原料，随即瑞士、法国、英国、巴西等国雀巢公司也作出了相应承诺。雀巢在欧洲和中国实行双重标准，主要是由于在欧洲国家反转基因的呼声非常高，食品公司迫于压力不能使用转基因原料，在欧洲，食品如果有转基因成分就卖不出去了。原中科院生物科学与技术局局长钱迎倩认为，正是商业利益促使雀巢实行双重标准。

（三）顾客至上

现代企业的市场营销观，是在买方市场的经济条件下产生的一种如何更好地解决市场商品供应和商品需求之间矛盾的经营思想。这种经营观的核心是要求企业从市场出发，围绕消费者的需求和满足展开工作，一切为顾客着想，奉行顾客之上的经营原则。它的主要内容是企业的生产和经营活动以消费者需求为导向，处处为消费者着想，竭尽全力满足消费者的利益，企业员工共同努力最大限度地满足顾客需求，以求赢得顾客 100% 的满意，甚至超出顾客的期望值。例如，对产品实行“三包”、无障碍退货、质量满意保证等，都是顾客至上经营原则的具体体现。

（四）互利

互利的“利”是指功利，即功效、效用或利益。经济学中的互利原则是指买卖双方讲求权利与义务的对等，即等价交换。而道德范畴的互利是承认每个人都拥有为他人幸福作贡献的权利，但这种权利不是绝对的，不能视他人或社会是否提供回报来决定自己如何行动，更不能因得不到回报而拒绝自己所应承担的责任和义务。道德上的互利源于市场经济的内在法则，又高于经济法则。每个人都存在逐利心理，具有功利意识。区别只在于追求的是个人的功利还是集体的功利，是眼前的功利还是长远的功利，是正当的功利还是不正当的功利。

市场道德是反映市场经济关系的道德行为准则，是一种功利道德。它是基于公平正当的利益原则而产生的，是基于市场经济规律发展的要求而产生的。也就是说，人们自觉地遵守经济规律，就是在主动地遵守一定的道德。道德在社会中有高低不等的表现形式，纯粹利他的行为并不适合利益驱动的市场经济活动，利己不损人、人我两利才是市场经济运行所要求的道德行为类型。

阅读案例

太子奶的“假慈善事件”

2003 年 1 月 12 日上午，“太子奶”集团在北京人民大会堂举行隆重捐赠仪式，宣布向“希望工程”和“母亲健康快车”各捐款 100 万元，用于修建希望小学和购买 10 辆“母亲健康快车”等项目。多位领导都出席了新闻发布会，全国各媒体的报道更是铺天盖地，而北京太子童装有限公司董事长金晓林也因这一公益捐赠荣登《福布斯》“2004 中国慈善榜”第 72 位。在捞得“公益明星”的企业名誉和巨大的传播广告收益之后，其慈善捐赠却迟迟没有兑现，截至当年 8 月，该集团以“基金会未履行对太子奶的回报”为由而拒绝支付捐款，中国妇女发展基金会愤而将之告上法庭，最终达成庭外和解。而该集团旗下的北京太子童装有限公司同时承诺向中国青少年发展基金会“希望工程”捐赠的 100 万元，至今也只到账 20 万元首期款，其余 80 万元仍不见踪影。当有记者问太子奶集团为什么不履行捐赠协议时，其总裁谭孝敖还振振有词地公开扬言：“得不到约定的回报，我们就可以改变捐赠意愿。”而太子奶集团董事局主席李途纯曾经表示，太子奶集团以“发展民族工业，以产业报国为己任”为企业使命，着力打造民族品牌，实现“企业发展、产业提升、区域经济和扶贫社会效益同步发展”。

（资料来源：徐金发，《企业伦理学》，科学出版社，2008 年，P182 ~ 183）

第二节　营销决策的伦理评价

一、企业营销伦理的提出

关于营销道德问题的研究起源于消费者主义运动，它最早可以追溯到 20 世纪初的美国。1906 年，尼普顿·辛克莱在《丛林》揭发出的肉类加工业的恶端，引起了消费者的极大义愤。1911 年，全美广告俱乐部联盟召开第七次大会，发表了广告十诫，对广告业进行道德整肃。第二次消费者运动发生于 20 世纪 30 年代中期，由于经济大萧条、物价大战及其他影响，药品行业的丑闻而更加激烈。最近的一次消费者利益保护浪潮形成于 20 世纪 60 年代并一直延续至今。这一运动由拉尔夫·纳德倡导，提出了企业应当承担社会责任的口号，强调企业之间的竞争以道德为本。1962 年，美国总统肯尼迪提出消费者在企业市场营销活动中具有4项基本权力，即“安全权、认为权、选择权、呼吁权”。1969年，美国总统尼克松对消费者的权力进行了扩展，认为应加上“追索权”。这标志着企业营销中的社会责任及营销道德问题，已引起了包括政府在内的全社会的重视。

各国企业在进行营销经营时，都面临着一系列道德问题的挑战，如在商业活动中的贿赂、逃税、金融欺诈、企业造成环境污染以及在营销过程中违背道德的行为等，从而引起了西方学术界及企业界逐步重视对道德问题的研究。美国对企业营销道德的真正研究始于20世纪60年代。第二次世界大战后的美国经济在实现飞速发展的同时，也出现了一系列违背道德的营销行为，如社会腐败、社会生态失衡、环境污染等，引起了保护消费者利益活动。当时美国宗教界人士率先呼吁人们重视对企业道德的研究。他们著书立说，提出了企业应当承担的社会责任，强调了企业之间竞争要以道德为本，还初步设计了企业伦理决策模型。20世纪70年代末，美国出现了严重的贿赂、欺骗性广告、价格共谋、产品安全等问题，此时很多学者主要研究企业社会责任、道德在经济决策中的作用以及影响企业营销道德性决策因素的问题。20世纪80年代，研究企业营销道德的国家和地区从美国扩展到西欧、日本、澳大利亚等经济发达国家。许多公司都建立了道德委员会以及社会政策委员会，制定了企业应当遵守的道德标准。

二、西方三大营销道德判定理论

1960~1970年，西方企业营销伦理的研究主要成果包括对市场营销哲学的发展，提出了社会市场营销观念；将伦理学理论运用到营销领域，提出了两个重要的营销伦理判定理论，即加勒特的相称理论和罗尔斯的社会公正理论；对影响营销者作出伦理决策的因素和决策模型进行了探讨。

（一）罗斯的显要义务理论

显要义务理论由当代英国学者罗斯提出。他认为，企业在营销活动中要承担显要义务。所谓显要义务，是指在一定时间、一定环境中人们自认为合理的行为。在大多数场合，一个有足够智力、成熟的、神志正常的人往往不需推敲就能认识到自己应当做什么，并以此作为一种道德义务。比如，企业营销人员在多数情况下非常明了自己应做什么和不应做什么，但重要的是把它作为一种道德义务承担起来。在1938年出版的《“对”与“善”》一书中，罗斯系统地提出了关于显要义务或显要责任的观念。他明确列出了6种显要义务：

（1）诚实，包括信守诺言、履行合约、实情相告和对过失补救等。例如，企业不应有欺骗和误导消费者的行为。

（2）感恩，即知恩图报。当关系密切的老客户或供应商遇到困难时，应给予适当的扶助。

（3）公正，即不应厚此薄彼。例如，对富裕的消费者和贫困的消费者不应有服务上的差别待遇。

（4）行善，即乐善好施，助人为乐。例如，企业要热心于社会公益事业，承担力所能及的社会责任。

（5）自我完善，即要使企业处于不断完善的状态中。例如，尽可能地不断改进其产品，为社会创造更多效益，同时自身也得到发展壮大。

（6）不作恶，即不损害别人。例如，企业要保证其营销行为不伤害他人的利益、不欺行霸市、不强买强卖、不以劣质品和危险品充斥市场等。

显要义务理论的积极意义是明显的：①它认为道德义务可以从对日常的道德信念的反省而直观的把握，所提的6种显要义务直观明白，符合人们的生活体验，易于实行；②它淡化对行为结果的考虑，帮助营销人员抛弃单纯从功利角度来判断市场营销行为是否可取的观点；③它有助于提高营销人员的道德敏感性，在营销行为中考虑道德责任，强调营销人员在营销活动中应当审视和决定承担那些无处不在的显要义务。

但是，作为具有浓厚道义论色彩的显要义务论也有类似道义论的困难，即如何解决道德义务相冲突的问题，仅靠具体人员的直觉和常识来解决难免主观和不可靠。例如，实情相告会不会损害企业的利益，消费者是否能得到实际的好处等都是困难的问题。

（二）加勒特的相称理论

加勒特于1966年提出相称理论，认为判断一项营销行为是否道德，应从其动机或意图、手段和后果这三个方面加以综合考察：

（1）动机或意图，是指从什么出发点来行事。加勒特认为，行为背后的动机是构成道德的一部分，动机纯正与否应作为判断行为是否道德的一个重要因素。例如，营销经理从事市场调查，其目的并不是为了获得真实、准确的市场信息，而只是为某一项早已决定了的营销方案提供支持证据，且仅仅是为了堵住反对者的口舌，这样的市场调查活动从动机上看就不道德。

（2）手段，是指使目的得以实现的过程，以及在此过程中所采用的方法。例如，为使企业获得政府采购订单，营销人员通过给政府官员回扣或贿赂来达到目的。尽管获得订单这一目的无可非议，但其实现目的的方式方法显然是不道德的，同样应该受到谴责。

（3）后果，是指行为所引起的结果。它包括两个方面：一是行为人意欲达到的结果；二是虽不为行为人所期望，但能被行为人预料到的结果。加勒特认为，虽然行为结果有助于对整个行为进行评价，但决不能用结果来证明手段的合理性，也不能不加区别地根据行为的结果判断行为是否合乎道德。例如，一家饮料公司声称将把某运动会期间销售的全部收益捐献给残疾人福利基金，然而这家公司的饮料是通过行贿成为该运动会指定产品的。在这里，结果并不能证明手段的合理性。

如何运用目的、手段与结果，来综合地对某一行为的道德合理性进行评价呢？加勒特提出了这样几条原则：

（1）无论是作为手段还是作为目的，旨在对他人造成“大恶”就是不道德的。

（2）假定所用的手段和想达到的目的均无可指责，但如果行为人预见该项行为将产生不好的副作用，则行为人应当有足够的理由来允许副作用的发生；否则，该项行为就是不道德的。

（3）如果提不出相称理由就允许或放任一种“大恶”，或给他人造成重大损害，就是不道德的。

（4）期望、允许或放任一种对他人的“小恶”或小害发生，且提不出与之相称的理由，也是不道德的。

加勒特所提出的“大恶”是指人或组织进行活动所必需的重要能力的丧失，如使人残废、使竞争对手破产等。“小恶”则是指造成他人物质利益方面损害的结果，如夸大产品的功能，或通过有奖销售等方法来刺激消费者购买一些他们并不需要的产品等。而所谓“相称理由”，是指行为人所期望的善的效果超过可能的不为行为人期望的恶的效果。例如，某种药品由于其副作用在本国已被明令禁止销售，但在其他国家并没颁布这种禁令，那么，如果某公司将这种药品大量销往他国，则该项行为显然是不道德的。但如果该公司获悉本国法令所依据的试验结果并不可靠，确信本国有关部门将很快向政府申请撤销该项禁令，则这种“夸大事实的试验结果”将构成继续向国外销售该药品的“相称理由”，从而便可认为这项行为是合乎道德的。

相称理论对营销人员进行决策具有很多积极意义。

（1）它具有综合性。这一理论从动机或意图、手段和后果三个方面来考虑某项行为是否合乎道德，能克服单纯依靠功利论或者道义论的缺陷，能促使决策者从动机或意图、手段和后果三个方面较为全面地评估行为的道德性。

（2）它告诉营销人员至少不应去从事那些明显提不出相应理由，又会给对方或他人造成伤害的行为。

（3）它具有可操作性。相称理论提供给营销人员一个分析特定情况下决策的伦理性的三步式框架。第一步是评估动机。决策者需要问自己，在特定情况下，什么是预期的手段和目标。如果目标是施行一种“大恶”，那么这种行为是不道德的，不能去做。例如，某电视机生产商决定与国内最大的彩色显像管供应商签订买断合同，目标是通过垄断关键配件，挤垮竞争对手，当竞争对手陷入困境时再低价收购它。这种行为的目标就是施行一种“大恶”，显然是不道德的。第二步是预测负面影响和考察有无相称理由。决策者需要思考，在特定情形下，会有哪些可以预想到的却不是主观故意的负面影响。如果没有正当的理由去冒险或允许“大恶”或“小恶”，那么，该行为就是不道德的，不能去做。第三步是考察备选方案。确定哪种备选方案能产生更多的好结果和更少的坏结果。如果有能产生更多好结果的备选方案，那么不选择这样的备选方案就是不道德的，不能去做。

相称理论也有主观和模糊的缺陷。①对于超出预期的结果的出现有没有道德责任。如果没有，那么就为推卸道德责任留下借口。②对结果的预期是否合理、全面如何来判定，是普遍的常识还是个体的知识，是否允许超常的情况。③找到相称的理由就可以放任已经预见的大恶、小恶，使是否是“相称”的理由成为焦点，其主观色彩很浓。④大恶、小恶是相对的，可转化的。小恶可以引起大恶，或者对 A 主体的小恶对 B 主体可能就是大恶。

（三）罗尔斯的社会公正理论

美国哈佛大学罗尔斯教授在 1971 年出版了《正义论》一书，指出哲学问题的一个基本概念是“正义”，认为正当的行为就是重视和尊重人的各种基本权利或与自由的正义原则相一致的行为。他认为，只有从社会成员对其未来在社会中的地位以及贫富状况等不明了这一“初始位置”出发，才能构建和演绎出公正的理想社会。所谓“初始位置”，犹如游戏前的状态，参加者并不知道最后的结果。在一个社会中，各个人都无法知道他们未来会在社会中处于什么地位，不知道他们在禀赋、能力、体力等方面的特质，甚至不知道他们的特定观念或心理倾向。如果某人知道他将来会变成巨富，那么，对于从富人手中征税救济穷人的做法，他可能会认为不公平；反之，如果他知道自己将来是穷人，可能会持相反的观点。因而，处在“起始位置”的人被迫对每个人都要公平，因为只有这样才能对自己公平。既然谁都不愿意冒险，谁都有可能成为社会中地位最不利者，那么，理性的、最安全的行为就是站在社会中潜在的最小受惠者的角度来考虑问题。

以此为基础，罗尔斯提出了自由原则和差异原则。

（1）自由原则。它是指在不影响他人行使同样权利的前提下，让每一社会成员尽可能多的享受自由。每一社会成员均有权决定自己的命运，有权享受与其他社会成员一样的平等待遇。按此原则，公民享有同样的基本权利，享受同等的自由。公民的权利和自由是由社会主要制度确定的权利和义务决定的。

（2）差异原则。它是指社会、经济的不平等应如此安排：一方面，这种安排应普遍适合社会各阶层；另一方面，应使社会最底层获得最大的利益。按此原则，公民在收入、财富和权力分配方面可以是不平等的，但这种不平等必须合乎每个人的利益，以便使每个人在这种不平等中都获利，使最底层获得最大利益。在此，正义优先于效率，它要求通过制度安排来改善那些状况较差者的生活前景。这就要求识别出一种处于较差状况的代表人——最少受惠者，保证制度安排对其有利，以实现社会公正。

社会公正理论从道德公正角度肯定了树立企业正确的经营观念，体现了将处于弱者地位的消费者的权利纳入企业营销计划与决策中的重要性与迫切性，对企业进行营销道德判断具有多方面的指导意义：

（1）根据自由原则，每个消费者有权根据自己的意志选择产品，有权获得关于产品或服务方面的完备信息，有权获得安全、可靠的产品等。企业在营销过程中，应充分尊重和维护消费者的这些权利。

（2）根据差异原则，企业在营销活动中不能以损害别人的利益来换取自身利益，尤其是不能以强凌弱、对弱者进行剥夺。企业不能凭借垄断地位、信息不对称而欺骗、压迫消费者。

社会公正理论的局限在于这一理论重在从宏观制度安排考虑社会公正，而要界定“人的权利”、“最小受惠者”这样的问题是困难的，对单个企业而言更是如此。

多种道德评判理论的存在反映了人们价值取向的多样性和复杂性。了解这些不同的评判理论有助于企业家、经营管理者辨别形形色色的对企业决策行为的道德或者不道德的评价所依据的标准和价值观，理解、尊重持有不同道德观、价值观的各种利益相关者，吸引与自己的价值观相同或相容的合作者。特别是企业家在构建企业的领导核心时，更有必要了解候选人的价值观念和道德水准，求大同、存小异，做到善于识人、用人、留人，组成和谐的核心管理层，这是企业成功的关键。

三、营销决策的道德评价模型

（一）费雷尔和格瑞夏姆的商业道德决策模型

1985年，美国德克萨斯艺术与妇女大学市场营销系副教授欧·费雷尔和拉里·格瑞夏姆在前人的研究基础上，提出了商业道德决策模型（见图5-1）。这个模型以社会和文化环境为外部变量，认为营销者个人的决策主要受个人因素与组织因素（重要相关者和机会）相互作用的影响。

该模型从论述道德问题的出现开始，认为道德问题或道德困境是在社会文化环境中产生的。当一个营销人员面临道德困境进行道德决策时，受个人的知识水平、价值观、态度和意图，以及当时的社会伦理规范影响，同时组织内有影响力的其他人通过自己的行为和与决策者之间的关系也会影响个人的道德决策。例如，因为权力和服从的需要，所以高层管理者比一般同事对个人具有更大的影响力。该模型用差异学习理论和角色定位理论来阐释组织内有影响力的其他人对决策者的作用机制，认为差异学习的产生（从关系密切的团体或个人中学习）可以预测道德或不道德行为的产生。营销人员在进行道德决策时还受不道德行为发生机会的影响，这种机会是否存在与职业伦理守则、公司政策和奖惩制度相关。例如，对不道德行为的奖励越大，不道德行为发生的可能性越大；对不道德行为的惩罚越小，不道德行为发生的可能性越大。而对实际发生行为的评价又反过来影响个人的道德观念和不道德行为发生的机会。该理论模型整合了前人研究的成果，系统地提出了影响营销人员道德决策的基本因素有个人因素和组织因素。个人因素包括知识水平、价值观、信念、态度和意图。组织因素包括组织内有影响力的其他人和不道德行为发生的机会。但在该模型中，没有对社会、文化、行业等其他外部环境加以考虑，而仅仅提到了道德问题或道德困境是从社会或文化环境方面产生的。另外，该模型没有对道德判断和道德选择加以区别，道德判断和道德选择在该模型中被视为是同一的。

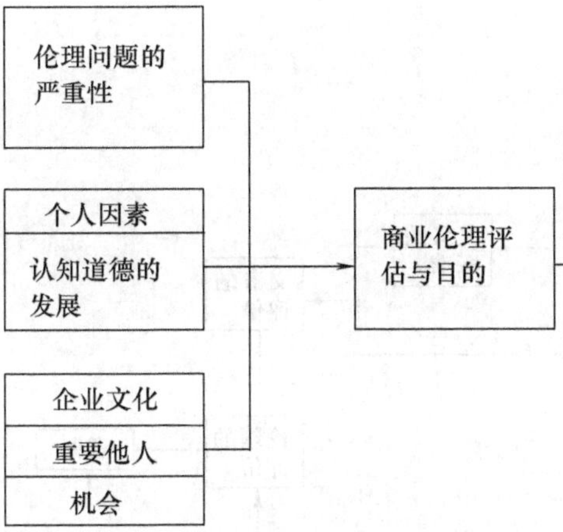

图 5-1 商业道德决策模型

1993 年，已经是孟菲斯州立大学教授的欧·费雷尔和南伊利诺斯大学教授约翰·弗雷德里克在他们合著的《商业伦理道德的决策与案例》第 5 版中提出了改进后的营销道德决策模型，认为企业文化、机会、企业中的重要相关者、个人因素都作用于道德的评价和意图，最终导致道德或不道德的行为。

（二）道德和不道德决策行为模型

1987 年，迈克尔·布默等人提出了道德和不道德决策行为模型。这是一个比较全面地包含了各种影响因素的模型，它把营销者个人道德决策过程视为一个信息处理的“黑箱”，输入的变量有政府、法律环境、社会环境、行业环境、直接组织环境、重要相关者和个人特征，输出的变量是道德决策，最后导致道德的行为或不道德的行为。其中，每个变量都细分成多个亚因子。这个模型的全面性使它成为指导企业建设营销道德的一个很好的框架。

（三）亨特和维特尔的营销道德理论模型

1986年，美国密西西比大学教授夏尔比·亨特和斯各特·维特尔从描述性角度解释道德决策过程，探寻影响道德判断的因素和原因，建立了营销道德决策理论模型。1991年，他们又对1986年的模型进行了一些修正，扩充了各个环境因素的具体内容，并且把情境约束因素换成了内容更多的行为约束因素（见图5-2）。该理论模型认为，道德决策过程包括道德判断、建立道德意图、道德行为发生和行为实际产生的后果评价。当营销人员面对道德困境时，各种环境因素（文化环境、行业环境和职业环境、组织环境）和个人因素（价值观、道德品质、信念体系、道德敏感程度等）共同影响营销人员确定可供选择的方案。同时，营销人员对这些方案从义务论和结果论两个角度进行评价。其中，义务论评价受当时的义务论规范的影响；结果论评价受行为结果出现的可能性、行为结果出现的希望程度和利益相关者的重要程度影响。营销人员的总体道德判断是综合了义务论评价和结果论评价两种评价的结果。在接下来的建立道德意图阶段，即形成行动意图阶段，亨特和维特尔认为意图由

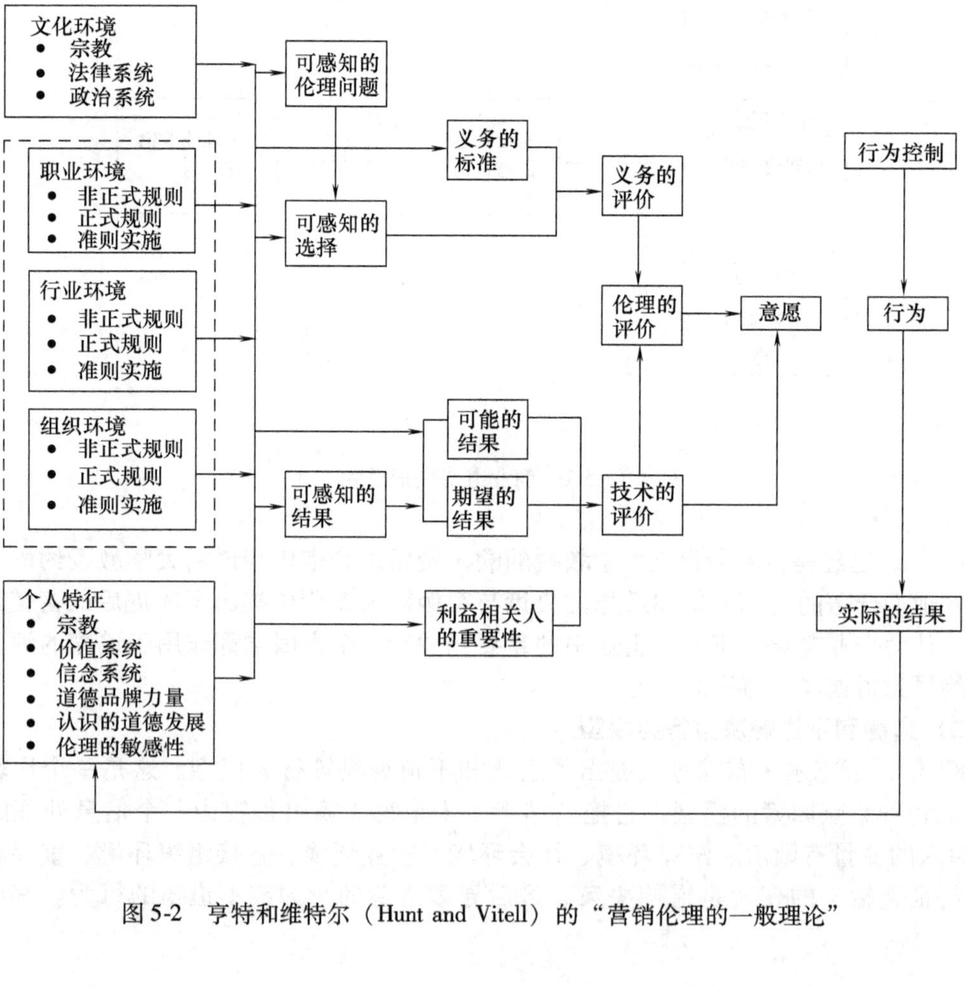

图5-2 亨特和维特尔（Hunt and Vitell）的“营销伦理的一般理论”

总体道德判断和结果论评价决定。其中，意图有时候受结果论评价的影响更大，因为决策者虽然在总体道德判断上认为某一行为方案是符合道德的，但是行为的结果与决策者的自身利益更直接相关，致使结果论评价更容易使决策者建立道德意图。意图建立后是否最终产生实际的行为，还受到行为约束因素的影响。所谓行为约束，是指个人对某种行为方案的控制力，如实施某种特定行为方案的机会。最后，营销人员对行为的实际结果进行评价，这种评价将反过来成为个人经验的一部分，影响以后的道德行为或不道德行为的发生。该模型从义务论评价和结果论评价两种角度，提出影响道德判断的因素有环境因素、组织因素和个人因素。环境影响因素包括文化环境、行业环境和职业环境。亨特和维特尔的模型比费雷尔和格瑞夏姆的模型中多加入了职业环境和行业环境，对影响道德决策的外部影响因素考虑更加全面。个人因素包括宗教信仰、价值观、信念、道德品质和道德敏感程度等。对于组织因素具体包括哪些因素，该模型并没有加以详细阐述，但提出组织环境因素无论是对义务论评价，还是对结果论评价都有影响。该模型把道德判断和道德选择区分开来，而且认为道德选择（即建立道德意图）受总体道德判断和结果论评价两个因素影响，有时候受结果论评价影响更大。这就有力地解释了为什么有些营销人员的道德判断和意图存在不一致的内在原因。该模型的另外一个特点就是提出了对行为的实际后果进行评价，体现了这种反馈对个人的影响。比如影响个人的道德敏感度，从而成为个人道德经验的一部分，影响下一次的道德决策，形成不断循环的过程。这提示人们，某一次的道德决策与个人上几次相似类型的道德决策之间存在着极大的关联性，这种关联性通过每次的实际行为结果评价起作用。

（四）克雷格·史密斯的营销道德连续体模型

克雷格·史密斯提出了从消费者自行负责到企业对消费者负责的道德连续体分析框架（见图5-3）。

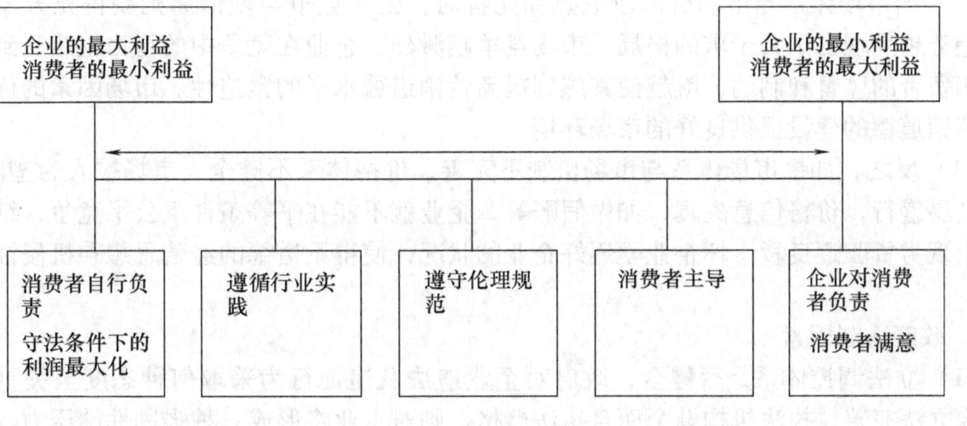

图5-3　营销道德连续体模型

他倾向于消费者主导观点，他认为这一观点不仅有其合理性，而且相对比较简单直观（见表5-1）。

表 5-1 消费者主导测试

维度	衡量指标
能力：消费者的能力	易受伤害因素：年龄、所受教育、收入等
信息：可获得性和质量	应足以判断是否满足了购买期望
选择：转换的机会	竞争程度 转换成本

消费者主导要求营销者接受市场营销观念，即把消费者的利益置于优先地位。营销者有义务确保消费者的能力、信息、选择。例如，尽管法律上可能没有这样要求，或者把一些人排除在目标市场外会给企业带来经济损失，营销者仍然会考虑，目标市场是否能充分了解产品的风险。

消费者主导测试如表 5-1 所示。其中，选择维度是指转换的机会，即消费者是否可以到别处去，它意味着营销者不应该寻求对市场的垄断。竞争程度或市场占有率可以作为选择维度的一个衡量指标，另一个衡量指标是转换成本。

该框架只考虑了营销决策对顾客的影响，而没有考虑到对其他利益相关者的影响，虽然企业与顾客的关系是营销者面对的主要关系，但毕竟不是唯一的关系，营销决策也不仅仅影响顾客，还会对公众、对社会产生影响。从这一点来说，该框架是有局限性的。

四、影响企业营销道德决策的因素

（一）影响企业营销道德决策的外部环境因素

1. 市场因素

市场因素是指在一定社会经济发展水平条件下，市场体系与市场机制发育的程度及市场供求状况的变化趋势。

（1）当市场体系与市场机制较成熟和完善时，公平竞争与诚信原则获得充分发展。当市场趋势越呈现出供大于求的格局，市场竞争越激烈，企业在竞争中的行为越是受到其他企业和消费者的监督和制约，就越使其感到提高营销道德水平的紧迫性。市场因素的优化将为企业营销道德的建设提供良好的市场环境。

（2）反之，如果市场体系与市场机制不完善，价格体系不健全，市场被人为垄断分裂，内幕交易盛行，价格信息失真，如做假账等，企业就不能在平等条件下公平竞争，结果导致市场出现劣货驱逐良货、坏企业驱逐好企业的状况，使得不道德的经营思想乘机侵蚀人们的头脑。

2. 政府法制因素

（1）立法调控体系是否健全，政府对企业违法及违德行为采取何种态度至关重要。如果政府立法完善，执法机构健全而且执法严格，则对企业将形成一种强制性的压力，使企业感到如果不按市场法则及政府立法从事经营活动，就必然会遭到市场规律与政府法律的制裁；反之，如果政府立法不健全，执法不严，就必然为某些企业违法与违德行为提供可乘之机。例如，我国一些地方司法腐败现象严重，法院吃完原告吃被告，久拖不决，即使官司判决了执行也很难到位。这样的法制环境一方面使得企业依法保护自身权益的成本相当高，甚至是得不偿失；另一方面助长了违法违德经营，打击了合法合德经营。

(2) 地方保护主义是危害市场机制的毒瘤。如果地方政府对企业的非法与非道德行为采取严肃的态度，即从批评、处罚到法律制裁，则将有力地限制非道德行为的泛滥；反之，如果地方政府对本地企业的违法与违德行为持纵容或包庇、保护态度，则必然会加剧和扩大本地区企业的非道德行为。

3. 社会文化因素

文化因素是制约企业营销道德水准的又一重要外部因素。任何企业均在一定的社会文化中生存和发展，受到社会文化的制约和影响。每个国家的文化构成都是复杂的，既存在为全体社会成员所共有的核心文化，又存在不同价值观念和风俗习惯的亚文化。此外，还存在囿于各国经济交流而产生的交叉文化。例如，我国除了以社会主义文化作为主流文化外，还存在西方资产阶级文化及历史遗留下来的以儒家思想为代表的封建主义文化，这些文化交融在一起，对企业经营哲学及企业文化产生了复杂的影响。

某些企业的营销行为可能在一种社会文化环境下被视为不道德行为，而在另一种社会文化环境下则被广泛认可接受；或在同一种社会文化环境下，公开地被社会道德标准视为不道德的，而在行业、职业的亚文化中却被不成文地认可，如贿赂、回扣等行为，并且成为达成交易的通常条件之一。

有的企业领导素质较高，能识别和区分美与丑、文明与腐朽、道德与非道德文化，并自觉抵制腐朽文化对企业的侵蚀，吸纳优秀的社会文化，塑造企业优秀文化，提高企业营销道德水准；反之，有些企业领导者不能识别优劣文化，更有甚者，吸纳劣质文化而影响企业营销道德的规范。

4. 社会整体的道德水准因素

社会整体的道德水准是社会对企业营销决策和行为评价的依据，也是企业作出符合道德的营销决策的参照系统。在健全的社会环境中，当企业的营销道德水准低于社会道德水准的要求时，就会引起消费者的不满、舆论的谴责和政府的干预，从而形成强大的社会道德压力。

5. 消费者因素

消费者的消费观念、对商品的识别能力、对自身权益的保护意识，以及对社会利益和企业利益的态度都会对企业决策产生影响。如果消费者的消费观念倾向于及时行乐，享乐主义的产品策略和服务就容易被市场接受，企业营销决策者不可能无视现实且不受到影响；如果消费者在自身利益受到侵害时，勇于维护自己的权益，进而借助政府、媒体、公众的力量讨回公道，企业就必须考虑自己的行为会引起消费者怎样的反应，给企业带来怎样的后果，从而放弃不道德的营销企图。

6. 压力集团因素

美国等西方发达国家20世纪60年代曾爆发了保护消费者权益的运动，涌现了许许多多消费者组织。这些组织揭露出企业种种不道德的营销行为及其带来的诸多社会问题，采取各种方式保护消费者合法权益，把保护消费者权益运动推到了高潮。我国的消费者协会也正是这样一种压力集团，对保护消费者合法权益、抵制不道德营销行为、树立全社会营销道德新风尚起到了显著作用。新闻媒介对企业不道德营销行为的揭露可以唤起群众抵制其产品，引起国家执法部门的注意，增加这类企业的经营风险和投机成本，通过舆论的力量使其回到道德营销的规范中来。近几年，我国新闻界配合“中国质量万里行”活动对假冒伪劣产品大量曝光，取得了很好的效果。

社会进入信息时代，网络成为新兴的媒体，企业的不道德行为通过网络能够很快传播到公众之中，激起社会的道德谴责，给企业施加巨大的压力。英特尔公司就有过这方面的教训。有一次，该公司开发了一种新的芯片并投入市场进行销售，后又发现该芯片设计有问题，运算有百万分之一的错误。因为概率很小，该产品的买家大多又不是专家，不一定能发现，英特尔公司决定不予声张，希望能蒙混过关。但不幸的是，很快这个毛病就被美国一所学院的一位教授发现了，而且他当即就通过互联网发布了这一信息，顿时引起社会的强烈反响。面对这种情形，英特尔公司却拒绝为所有买主退货或换货，只为已发现有出错产品的用户调换。公众对此极为不满，认为英特尔公司凭借自己在芯片业的强势地位压迫消费者，康柏、戴尔等公司也向英特尔公司提出意见，强烈要求它采取弥补措施，平息事态。因此，英特尔公司股价大跌20%，企业形象大损，最后还是以收回全部已售产品才解决该事件。可见，身为芯片行业霸主的英特尔公司也不得不在巨大的社会压力面前让步，若是一些实力差的企业，面对这样的风浪恐怕就更加难以承受了。

（二）影响企业营销道德决策的内部因素

1. 企业核心管理层的道德偏好因素

企业核心管理层的道德偏好对营销决策的道德品质起决定性作用。这是因为企业核心管理层是企业的实际决策者、执行者、评价者，协同企业家或最高管理者共同作出最高经营决策。企业家和企业最高管理者并不完全等同。企业家是企业最高管理者，但企业最高管理者未必是企业家，未必具有企业家的道德素质和伦理追求。

企业家是企业的人格化、企业的头脑和心灵。由于管理幅度的限制，其个人哲学主要通过身边核心管理层的融合，形成核心管理层的道德偏好，并通过组织结构层层推开，从而决定企业整体道德观、价值观和企业文化的形成。也就是说，企业家可以通过对核心管理层发挥影响力，引导核心管理层形成良好的道德偏好，进而影响整个企业。但是，如果企业家或企业最高管理者不善于领导控制核心管理层组成一个和谐的领导班子，给个别道德低下者以可乘之机，就可能在企业中产生不道德的决策，给企业和社会造成危害。

企业核心管理层的道德偏好必然融入企业经营决策的制定与实施中。如果企业核心层具有正确的经营哲学，在制定营销决策中，才能既考虑企业的利润目标，又考虑消费者及社会的利益，体现出企业营销决策的道德性；反之，如果企业核心管理层片面追求利润最大化而损害社会与消费者利益，营销决策就必然会偏离道德的轨道。

2. 企业文化因素

企业文化是影响企业营销道德决策的重要内部因素。企业文化是指企业处在一定社会文化背景下，在长期生产经营过程中逐步形成的独特的企业价值观、道德标准、企业传统、风格习惯、企业经营哲学及经营战略等。企业文化的内容很宽泛，包括企业经营哲学、企业价值观、企业目标、企业民主、企业制度及企业道德等。企业文化对营销道德水平的影响表现为：

（1）它制约着营销决策的动机。企业文化的核心是企业价值观，而企业价值观引导着企业的经营行为，规定了企业领导者及广大员工的决策动机。比如在企业员工处理突发事件时，如果企业价值观强调以消费者利益为重，则员工对维护消费者利益的考虑将优先于企业眼前利益；反之，如果企业价值观是眼前利益就是一切，员工就会把眼前的金钱得失看得很重。

（2）企业文化规范着营销决策的内容。例如，企业文化中的企业目标为企业营销决策指明了发展方向；规章制度对企业主体行为进行强制性规范，使营销决策更加合理化、科学化及道德化。此外，企业文化的凝聚功能有利于营销决策的实施。优秀的企业文化使企业形成一种凝聚力和向心力，即通过企业文化所塑造的共同价值、共同意识，把全体员工凝聚在一起，对实现企业目标、提高营销道德水平起着重要作用。

3. 道德行为准则因素

企业制定的行为准则是企业文化内容的具体表现。它对企业员工的行为有较强的影响力，可以支持道德或不道德的行为。对于一个刚参加销售工作的人，如果其上级或同事告诉其本企业的行为准则是对顾客永远要忠诚，因为长期的顾客关系对本企业很重要，这样，行为准则就支持道德的行为；反之，如果其被告知完成销售任务是最重要的，至于怎么销售是次要的，这一行为准则就支持不道德行为。

道德行为准则的缺失是构成企业在营销决策和决策执行中采取不道德手段的重要原因。一段时间里，我国空调行业竞争十分激烈，营销人员为达到销售目的不惜采用包括色情在内的低劣手段，严重污染了市场环境，成为企业不道德营销的反面典型。

4. 企业员工素质因素

企业员工素质的高低深刻地影响企业营销道德水准。调查表明，企业员工的文化、业务及思想素质高低同企业营销道德水准呈正相关的关系。当企业员工文化水平高、有正确的道德观和较强的业务能力时，对企业经营决策的制定和实施会产生积极的影响，有利于营销道德水准的提高；反之，便会产生消极的影响，并促使营销道德处于较低水平，甚至出现违德的局面。决定企业员工素质高低的有两个因素，一是员工的基础素养，包括员工的家庭环境、教育水平、个人经历等；二是企业文化的影响，特别是同事、上级的道德观念、处事态度等的影响。

5. 机会因素

机会是指限制或允许道德或不道德行为的条件。它包括两个方面：

（1）内部奖惩机制。它是指从事道德或不道德的行为会得到什么样的报酬或惩罚。报酬分为内部报酬和外部报酬。内部报酬是指一个人因为行善而产生的良好感觉；外部报酬是指个人期望从别人那里得到的评价及回报，如赞扬、地位、尊重、升迁、加薪等。获得报酬能鼓励员工继续同样的行为。惩罚包括公开批评、罚款、赔偿、降级、解雇等。如果道德的行为没有得到奖励、表扬，不道德的行为也没有得到惩罚，决策者在下一次决策中偏向不道德决策的可能性就会增加。

（2）不道德行为被发现的几率。不道德行为被发现的几率越大，作出不道德决策和行为的几率就越小。如果企业的内部控制制度及其执行和监督都比较健全，则不道德行为被发现的几率就较高。

总之，企业最高管理者及其核心管理层和企业的员工都受到来自企业外部因素、内部因素以及自身因素的相互影响和作用，这些因素彼此渗透交叉，共同对企业的营销决策和行为发生作用。根据马克思主义哲学，物质决定意识，经济基础决定上层建筑，企业所处的社会生产力发展水平对整个社会的道德包括企业整体营销道德水平的作用也是决定性的；企业行为对环境有适应的一面，也有能动性。企业内部因素中最重要的是核心管理层的道德偏好，而企业家对核心管理层有极大的影响力。

阅读案例

一包方便面引发的风波

是“五谷道场”广告违反了《中华人民共和国广告法》，还是油炸方便面所含的丙烯酰胺真的如此恐怖？

起因：广告引发风波。

2007 年，电影演员陈宝国代言的“五谷道场”非油炸方便面的产品广告几乎在一夜之间充斥各大电视和平面媒体。近日，成都一方便粉丝生产企业公开宣传“油炸方便面含可能致癌物质”，宣传活动中还用该方便粉丝以“以二换一”方式从消费者手中换取油炸方便面，并当场投入一个印有“油炸食品为垃圾食品”的类似于垃圾桶的巨型物体中，更推波助澜引起一片哗然。

2006 年年底，卫生部曾发布公告，建议尽可能避免食用经长时间或高温油炸的淀粉类食品，以降低因摄入致癌物丙烯酰胺可能导致的健康危害性。据悉，早在 2005 年 3 月 2 日，世界卫生组织和联合国粮农组织就发出了“丙烯酰胺对人体有潜在致癌风险”的警告；国家卫生部更是发出公告，要求远离油炸食品，倡导健康和均衡饮食。

四川省质检局监督处表示，消费者如有疑虑，可以向质检局投诉，执法人员会将样品送质检单位检测，按照国家标准如确有超标现象，质检局将依法对生产厂家做出相应处罚。

四川省工商局则表示，目前卫生部门还没有发出“油炸方便面确实致癌”的有关公告，所以工商部门不会对流通领域中的方便面采取任何干预措施，但会密切关注此事。至于方便粉丝炮轰油炸方便面致癌一事，省工商局表示不赞成、不支持企业的这种竞争行为，因为市场竞争行为不应损害竞争对手的商业信誉和商品信誉。但企业行为是否涉嫌不正当竞争，还需要经过严肃调查。

在四川省成都市内的一家商场，两位挑选方便食品的顾客正在谈论“听说油炸方便面致癌”，促销人员立刻上前解释，“我们的产品都是符合国家标准的，如果泡面时先把头道汤倒掉后再续水加料，吃起来就更没有问题了。”一位购买了一大包方便面的消费者表示，以前只知道薯条之类食品是油炸的，现在才知道方便面也是油炸食品，以后会尽量少吃。

某方便面公司一位到卖场巡查的管理人员告诉记者，食品含有害物质与食品有毒是两码事，因为按现有科学检测水平，绝大多数食品都存在有害物质。国家检测机构通过对食品中有害物质进行健康危害风险评估，根据“剂量决定毒性”的原则，只有当有害物质达到一个临界区域时，才会对健康造成危害，而目前油炸方便面所含的丙烯酰胺并没有超过国家的食品安全标准。

有业内人士甚至不客气地指出，生产“五谷道场”非油炸方便面的中旺集团有不正当竞争之嫌。而国家工商总局广告司监督处在接到对该广告的举报后，近期将组织专家从技术上对油炸方便面的健康问题进行论证，以确定五谷道场的广告是否违反《中华人民共和国广告法》。

（资料来源：饮食中国 www. addcn. cn，2007 年 1 月 31 日）

第三节 企业营销中的伦理问题

一、市场竞争中的伦理问题

企业向市场提供产品或服务，其价值必须为顾客接受和认可方能得到实现。企业是否能够赢得顾客，受到企业产品和服务质量、产品和服务价格、企业营销能力、企业知名度和美誉度等诸多因素的影响。当企业与竞争对手向市场提供相同或相似的产品时，特别是当自己的产品与竞争对手存在差异时，如何与竞争对手竞争，争取到顾客，就涉及企业的伦理思考和判断。

在近年来的市场竞争实践中，表现突出的伦理问题主要有以下几个方面：

（一）混淆行为

混淆行为是指不正当经营者在市场经营活动中，利用种种不实手法对自己的产品或服务作出误导性标示，使其与特定竞争对手的商品或服务相混淆，从而造成或者足以造成顾客误认误购的行为。混淆行为是一种主观上的故意欺骗，不仅损害了同业竞争者和消费者的利益，还会严重扰乱市场秩序，破坏市场环境，危害极大。

1. 假冒他人注册商标

商标是一种商品的标志，是区分不同生产者和经营者所提供的产品或服务的重要标记。我国《商标法》第八条规定：“任何能够将自然人、法人或者其他组织的商品或者服务与他人的商品或者服务区别开的可视性标志，包括文字、图形、数字、三维标志和颜色组合，以及上述要素的组合，均可以作为商标申请注册。”商标按照是否经过国家商标注册主管机关核准注册，可分为注册商标和未注册商标。商标保护一般使用“申请在先”而非“使用在先”原则，即商标使用者如想取得商标使用权，就必须到商标注册主管机关申请注册，而且是先到先得。注册商标是一项专用资产，根据我国《反不正当竞争法》规定，受法律保护，商标也只有注册后才受法律保护。

商标具有显著的区分功能，能够将不同生产者和经营者的产品区分开来，从而便于消费者识别；商标作为一种知识产权，是商标所有人生产或经营的质量信誉和企业声誉、形象等的重要载体，因而成为一种重要的无形资产，具有价值；也正是因为商标是商品或服务质量与信誉等信息的载体，所以商标具有竞争性，是参与市场的工具。其表现形式就是商标知名度和美誉度越高，其商品或服务的竞争力就越强。例如，可口可乐商标价值为 696. 4 亿美元，微软为 640. 9 亿美元，英特尔为 308. 6 亿美元，麦当劳为 263. 8 亿美元等。但商标的知名度和美誉度一般需要花费较多的时间、人力、物力和财力，于是一些不正当经营者就通过假冒知名企业商标来谋取利益。他们之所以假冒对手的注册商标并非是要获取其作为无形资产的价值，而是看中了伴随着品牌的市场占有率，以及伴随市场份额的利润。假冒商标行为不仅侵犯了被假冒企业的知识产权，而且由于使用假冒商标的商品的质量无法保证，消费者的利益也会受到损害。这种行为是一种违背商业道德和商业伦理的行为，其不正当竞争性质十分明显。

自1985年以来，假冒郎酒便风起云涌，市场上出现了如清郎、池郎、毛郎、优郎、湖郎、郎乐、郎陶、郎双、郎乡等商标名称与郎酒看上去大致一样的商品，一般消费者很难分辨，据说就是工商行政管理部门的人员也真假难辨；北京同仁堂制药厂的“同仁堂”商标，更是在市场上经常被“××市同仁堂”药品，以假冒同仁堂商标，出售药品，从中牟利；2004年，林建书伙同他人在未经注册商标“绿箭”所有人美国箭牌糖类有限公司许可的情况下，雇佣工人在福建包装生产假冒的“绿箭”口香糖，从中谋取利益。据国家工商行政管理局统计，10年来全国共查处假冒商标案件10万余起，没有查出的，谁又知道有多少。

2. 仿冒知名商品所特有的或近似的名称、包装、装潢

商品的名称、包装、装潢是商品的外在特征，它们不但起着使一种商品区别于另一种商品，保护和美化商品的作用，同时也在一定程度上反映了企业的商业信誉，也是商品美誉度的一种体现。因此，使用知名商标特有的名称、包装，或者使用与知名商品近似的名称、包装、装潢，通过造成消费者错觉、混淆消费者视听的方法，达到与对手竞争的目的。这种做法不但危害被仿冒企业的利益，更有甚者，由于仿冒企业往往采取以次充好、地下生产等方式，在产品成本上远远低于被仿冒商品；同时，由于消费者信息的不对称，根本无法区别两者谁真谁假，上当受骗之后，往往不再购买该种商标的商品。因此，在竞争中往往是“李逵斗不过李鬼”。

3. 仿冒他人企业名称

企业名称是表示企业性质以及区别商品或服务来源的标志。企业对其依法注册的企业名称在其注册地和注册行业享有独占使用权。企业名称和商标一样，也是企业的无形资产。一个知名度和美誉度高的企业名称，往往也是企业全体成员长期努力的结果，其本身具有极高的经济价值和社会效应。那些被仿冒的企业名称，一般都是高知名度和高美誉度的企业，仿冒者利用这些知名企业的巨大社会效应和影响力来谋取非法利益，如最近几年出现的“致和腐乳”仿冒“王致和腐乳”、杭州杭生通风设备公司冒用杭州杭生空调设备厂的企业名称等。

以上3种混淆行为采取欺骗手段，都会误导消费者将不正当经营者的产品或服务与其他经营者的产品或服务相混淆，这是对同行竞争者和消费者合法权益的侵害，违背了市场营销伦理的基本准则。

（二）诋毁行为

诋毁行为是指从事生产、经营活动的企业，为了达到其各种目的，故意捏造、散布虚假事实或信息，损害竞争对手的商业信誉和商品声誉，使其无法参与正常市场交易活动，削弱其市场竞争能力，从而使自己在市场竞争中取得优势的行为。商业诋毁行为的构成条件包括主观故意捏造、散布虚假事实等。对竞争者的诋毁行为，一方面会造成社会对经营者的综合评价降低，从而影响其正常的生产经营活动，使其销售量下降，合法利益受损；另一方面，这种行为也败坏了商业道德，污染了社会风气。因此，诋毁行为是一种极其恶劣的不道德行为。

目前，市场上诋毁竞争对手的手法五花八门，较为突出的有两种情况：

1. 故意制造事实

宏达啤酒厂和风华啤酒厂是某市主要的两大啤酒生产商，其产品都受大众喜爱。进入冬

季后，啤酒销路不是很好，两家啤酒厂都勉强维持生产，效益较差。宏达打算以销促产，到城里各商店、酒店联系销售，并动员员工联系销售，多售多奖。很快，宏达的销路打开了，效益提高了。但由于该市的消费总量没有增加，宏达的多销了，风华的啤酒就少销了。风华见此情景，在没有反思自己销售工作以及产品是否适应市场需求的情况下，认为是宏达抢走了自己的生意。于是，风华就琢磨如何将宏达搞垮，以便自己独占市场。主意既定，风华派员买了50箱宏达啤酒，又是太阳晒，又是锅炉房烤，如此折腾一个来月，硬是将这50箱啤酒搞变质了。随后，他们通过关系将这50箱啤酒混入宏达厂销售给其他商店的啤酒中。消费者买了这些啤酒后都觉得苦涩难饮，纷纷要求退货，说宏达对产品质量不负责任、宏达啤酒质量不行等等。如此，消息传开，许多人对宏达啤酒的质量产生怀疑。风华这时趁机宣传自己的啤酒质量可靠，并推出了有奖销售。这样一来，宏达啤酒几乎就卖不出去了。风华厂对宏达采取的行为就是典型的蓄意制造事实，属不正当经营，这种行为破坏了竞争对手的产品或服务质量，使顾客对竞争对手产生误解、丧失信任，自己从中获取利益。这种行为也是极其恶劣的不道德行为，应该受到法律和道德良心的谴责与惩罚。

2. 捏造和传播虚假信息

不正当经营者凭空捏造一些关于竞争对手产品或服务的不实信息，然后通过电视、平面媒体、新闻发布会或者口头传播等手段，将这些虚假信息广泛传播，诋毁竞争对手的商业信誉和商品信誉。金山软件有限公司与北京世纪豪杰计算机有限公司都从事DVD播放软件的研发和生产，是直接的竞争对手，为了推广“金山影霸2003”，金山公司在《播放软件综合功能性评测》一文中，自行将其产品与豪杰公司产品进行了41项对比，对豪杰产品的某些功能作出有或无、效果差等评价。金山公司的这些结论没有得到国家权威部门的承认，而他们将结果传播出去，这一做法严重损害了豪杰公司的声誉和合法利益，是极不道德的行为。豪杰公司通过诉讼程序后，经北京第一中级人民法院终审判决，判令金山公司停止不正当竞争行为，向豪杰公司赔偿损失30000元。

（三）虚假宣传行为

我国《反不正当竞争法》第九条规定：“虚假宣传行为是指利用广告或者其他方法，对商品的质量、制作成分、性能、用途、生产者、有效期限、产地等作引人误解的虚假宣传。”这种行为是市场竞争中常见的不道德行为之一。

这种不道德行为会对消费者而且对同行竞争者产生极大的危害。由于虚假宣传所提供的不实信息，对消费者的认知产生误导，使消费者作出错误判断；对其他同行竞争者，虚假宣传行为也会令其销售额减少，利益受损。目前，商品宣传中虚假或引人误解的信息主要包括商品信息和价格信息。有关商品信息虚假宣传常见的做法是在包装上或者广告宣传中对商品质量、制作成分、性能、用途、生产者、有效期限、产地等信息弄虚作假或进行引人误解的宣传，此外，还在产品包装上隐匿依法必须标明的信息，在广告宣传中过度夸张、玩文字游戏等；有关价格信息的虚假宣传主要包括模糊定价、虚假降价、价外加价等，如很多商家借“促销价”、“优惠价”、“清仓价”、“跳楼价”等手段来降价酬宾，但实际上却是先提高价格，再进行打折，造成降价的假象，使消费者误入陷阱。

（四）低价倾销行为

低价倾销行为是指经营者为排挤竞争对手，故意在一定的细分市场上和一定的时期内，以低于商品成本的价格销售某种商品，以挤垮对手，造成自己长期独占市场的行为。

低价倾销行为表面上看似乎有利于消费者和活跃市场，但事实上，低价倾销的目的是为了挤垮竞争对手，并不是为了消费者，当经营者达到挤垮竞争对手目的，独占市场之后，就会利用其垄断地位，以比原来更高的价格向消费者销售商品，以弥补其低价倾销的损失并取得高额垄断利润。可见，低价倾销可能在最初会使消费者得到一些实惠，但最终还是"羊毛出在羊身上"，低价倾销者会从消费者身上加倍索取，使消费者的合法权益受损。

低价倾销行为严重破坏了市场的公平竞争机制，是一种极为不道德的行为。面对低价倾销行为，正当经营者如果不作出回应，有可能被其挤出市场，成为对方不正当竞争的牺牲品；如果作出回应，也可能被迫采用同样的手段进行报复，这样你来我往，市场就进入了恶性竞争的循环，社会危害性较大。因此，低价倾销行为是一种扰乱市场秩序、侵犯其他经营者公平竞争权利的极不道德的行为，应该受到各方的谴责和管制。

（五）限制竞争行为

限制竞争行为是指经营者利用各种不正当手段，迫使或者诱使分销商或消费者购买其商品，从而将其他经营者排除在公平的市场竞争之外的行为。其手段主要包括滥用优势地位、利用行政权力、进行商业贿赂等。

1. 滥用优势地位

优势地位是指经营者所拥有的经济优势和市场优势，这种优势会帮助经营者在市场竞争中处于有利位置。但是，经营者也可能利用这种优势地位来侵害竞争对手和消费者的正当利益，破坏正常的市场秩序，这种情况就是滥用优势地位行为。

具有行业优势地位的企业主要是公用企业和其他依法具有独占地位的经营者，如邮政、电信、烟草、铁路、石油等。我国《关于禁止公用企业限制竞争行为的若干规定》第四条规定，公用企业滥用优势地位的行为包括：

（1）限定用户、消费者只能购买和使用其附带提供的相关商品，而不得购买其他经营者提供的符合技术标准要求的同类商品。

（2）限定用户、消费者只能购买和使用其指定的经营者生产或经销的商品，而不得购买和使用其他经营者提供的符合技术标准要求的同类商品。

（3）强制用户、消费者购买其提供的不必要的商品及配件。

（4）强制用户、消费者购买其指定的经营者提供的不必要的商品。

（5）以检验商品质量、性能等为借口，阻碍用户、消费者购买、使用其他经营者提供的符合技术标准要求的其他商品。

（6）对不接受其不合理条件的用户、消费者拒绝、中断或者削减供应相关商品，或者滥收费用。

（7）其他限制竞争的行为。

2. 利用行政权力限制竞争

利用行政权力限制竞争的行为主要包括以权经商和地区封锁行为两种情况。以权经商是指经营者利用政府及其所属部门的行政权力，限定他人购买其商品，限制其他经营者正当的经营活动。地区封锁行为主要是指当地政府为了保护地方利益，利用其行政权力设置市场壁垒，阻碍本地资源流出或者阻碍外地商品流入本地市场。其常见的手段有：实行交通封锁、抬高技术标准、设置行政障碍、实行税收歧视、实施价格差异、向外地企业封闭及误导信息等。这些利用行政权力限制竞争的行为剥夺了部分企业公平参与市场竞争的权利，有悖于公平竞争的市场机制，破坏了正常的市场秩序，是非常不道德的行为。

3. 进行商业贿赂

商业贿赂是指经营者在市场交易中为了排挤竞争对手、推销自己的产品，而向对交易达成起决定作用者提供种种好处，以达到成交目的，最终获取市场。

从现今市场上出现的各种商业贿赂手段来看，主要有：给付或收受现金贿赂；给付或收受各种费用（包括促销费、赞助费、广告宣传费、劳务费等）、红包、礼金等贿赂；给付或收受有价证券；给付或收受各种实物（包括高档生活用品、奢侈消费品、工艺品、收藏品以及房屋、汽车等）；以其他形态给付或收受（包括减免债务、提供担保、免费娱乐旅游考察以及就学、荣誉、特殊待遇等）；给予或收受回扣；给予或收受佣金不如实入账，假借佣金之名进行商业贿赂。

对于回扣、佣金、折扣等行为，我国《反不正当竞争法》规定，这种行为必须以明示方式进行，即必须如实入账，否则就构成商业贿赂行为。

以上商业贿赂行为不仅侵犯了消费者的合法权益，而且还使其他经营者处于不平等地位，侵害了其他经营者的正当权利，助长了不正之风，败坏了社会风气，严重违背了交易自由、公平竞争的商业原则，不仅是一种严重的违法行为，而且是一种严重违反商业道德的行为，危害极大。

阅读案例

一、关于“亮甲”产品不正当竞争的纠纷案

2000年11月21日，哈尔滨乐泰药业有限公司（简称“乐泰公司”）申请的乐泰牌“亮甲”杀菌液获卫生部批准，并同时取得卫消字（2000）第0063号国产消毒剂和消毒器械《卫生许可证》。2001年1月1日，乐泰公司取得黑龙江省药品监督管理局颁发的黑药管械生产许20010016号医疗器械《生产企业许可证》。同年2月2日，黑龙江省药品监督管理局经审查批准乐泰公司开发研制的“亮甲”产品以黑药管械（准）字2001第2640003号医疗器械注册，并向乐泰公司下发了《医疗器械注册证》。2001年3月，“亮甲”产品开始投放市场，截止到2003年2月，乐泰公司投入全国17个省市的广告费累计达14408997.25元。“亮甲”产品已在黑龙江、辽宁、河北、山东、浙江等23个省、市、自治区的药品市场销售，并建立了2万余家销售点。

2002年5月8日，中国质量认证标准协会和人民日报社《市场报》下发中质标联字[2002]第018号《关于开展医药行业：国家权威机构认证质量信得过好产品公告宣传活动的通知》的文件。同年10月30日，中国质量认证标准协会为乐泰公司颁发了国家权威机构认证质量信得过的好产品（知名产品亮甲）证书。2003年1月14日，《人民日报》市场与法专栏刊登了国家检测“质量信得过产品”优秀企业集中展示的企业名单，在所展示的49家企业中，乐泰公司和其生产的“亮甲”产品列入该优秀企业集中展示的排行榜中。2002年9月，乐泰公司董事长郎伟君研究的“亮甲”项目荣获哈尔滨市科学技术进步三等奖。

2002年8月26日，河南省卫生厅批准了南阳市济生医药保健品有限公司（简称“南阳济生公司”）申请的济生堂牌“亮甲”擦剂并下发了保健品备案凭证。同年9月8日，南阳济生公司生产“亮甲”产品。2002年9月29日，河南省卫生厅还批准了南阳济生公司对济生堂牌“亮甲”擦剂制作健康相关产品广告。南阳济生公司的企业法人营业执照经营的范围有“亮甲”项目。

乐泰公司于2001年生产销售专治灰指（趾）甲的“亮甲”产品，使用现有包装装潢。2002年9月，乐泰公司发现南阳济生公司、南阳保健品开发公司生产的“亮甲”产品，使用了与乐泰公司同类产品相似的包装装潢，在全国各地销售。乐泰公司遂于2002年9月~2003年2月26日共在哈尔滨、武汉、衡阳、深圳、秦皇岛、福州、南宁、柳州、南京、山东、重庆、沈阳、抚顺、温州、贵阳、张家口、南阳、嘉兴、云南等地购买了价值928元的南阳济生公司、南阳医疗保健品开发公司（简称“南阳保健品公司”）生产销售的“亮甲”产品，销售部门亦出具了销售票据和发票27张，其中包括哈尔滨市宏腾医药商店（简称“宏腾药店”）和哈尔滨市南岗区爱心保健品经销处（简称“爱心经销处”）出具的销售票据和发票。

2003年6月10日，黑龙江省工商行政管理局公平交易处根据群众举报，对乐泰公司生产、销售的“亮甲”商品被济生公司等多家企业仿冒一事进行调查并下发文件。同年6月16日，卫生部卫生监督中心为乐泰公司下发了《卫生部健康相关产品受理通知书》。

乐泰公司认为南阳济生公司、南阳保健品公司的行为构成不正当竞争，宏腾药店、爱心经销处销售南阳济生公司、南阳保健品公司产品的行为侵犯了其合法权益，遂于2002年10月30日向哈尔滨市中级人民法院提起诉讼。同年12月14日，南阳济生公司以黑龙江省药品监督管理局为被告，乐泰公司为第三人向哈尔滨市道里区人民法院提起行政诉讼，要求撤销黑龙江省药品监督管理局向乐泰公司颁发的黑药管械（准）字2001第2640003号《医疗器械注册证》。目前该案仍在审理中。2003年5月13日，南阳济生公司以乐泰公司“亮甲”产品侵犯其公平竞争权为由向河南省南阳市镇平县人民法院提起诉讼。

哈尔滨市中级人民法院审理认为，在市场上有一定知名度、为相关公众所知悉的商品为知名商品，其特有名称、包装、装潢受反不正当竞争法保护。乐泰公司开发生产的专治灰指（趾）甲的“亮甲”产品投放市场以来，耗费巨资在各地媒体进行了大量、广泛的宣传，该产品受到消费者好评，并多次荣获有关部门颁发的荣誉证书，应认定为知名商品，“亮甲”为其特有名称。该产品的包装、装潢设计独特，属于该知名商品的特有包装、装潢，依法应予保护。南阳济生公司生产销售的同类产品，包装盒形状（长方形）、大小与原告产品包装盒相同，正视图主要为两种颜色，左1/6为红色，右为白色，红色旁边竖写“亮甲”二字，右上书写“专用于灰指（趾）甲”汉字一红杠下为拼音字母，右下部用小号字体书写其企业名称，整体构图和色彩与原告的相似。南阳保健品公司生产销售的同类产品使用的包装、装潢，除右下角绘有双手持花图以外，其他部分与乐泰公司的基本相同。南阳济生公司、南阳保健品公司使用乐泰公司产品的特有名称，并使用与乐泰公司产品基本相同、相似的包装、装潢销售同类产品，普通消费者一般很容易误以为是乐泰公司的产品，故可认定南阳济生公司和南阳保健品公司明显具有“搭便车”销售自己产品、进行不正当竞争的故意。乐泰公司诉其上述产品侵犯其合法权益、构成不正当竞争并要求赔偿经济损失的诉讼请求证据充分于法有据。哈尔滨市道里区人民法院受理的有关行政案件，不影响本案的审理。被告要求本案中止诉讼的理由不充分，不予采纳。乐泰公司要求被告赔偿损失100万元没有提供充分的证据，被告因不正当竞争行为的获利数额无法查清，故根据本案具体情况酌定赔偿数额。乐泰公司未提供宏腾药店、爱心保健品经销处故意销售侵权产品的证据，故宏腾药店、爱心经销处不应承担赔偿责任。一审法院依据我国《反不正当竞争法》第五条、第二十条的规定判决：第一，南阳济生公司立即停止使用“亮甲”名称，于本判决生效后10日内，销毁侵权的包装盒，赔偿乐泰公司经济损失40万元；第二，南阳保健品公司立即停止使用“亮甲”名称，于本判决生效后10日内，销毁侵权的包装盒，赔偿乐泰公司经济损失30万元；第三，宏腾药店立即停止销售侵权产品；第四，爱心保健品经销处立即停止销售侵权产品。

南阳济生公司和南阳保健品公司不服一审判决，向黑龙江省高级人民法院提出上诉。

黑龙江省高级人民法院经审理认为，公平竞争是经营者应当遵守的法则。我国《反不正当竞争法》规定，采用擅自使用知名商品特有的名称、包装、装潢，或者使用与知名商品近似的名称、包装、装潢和他人的知名商品相混淆，使购买者误认为是该知名商品的不正当手段从事市场交易，损害竞争对手的，是不正当竞争行为。

（资料来源：《“亮甲”产品不正当竞争纠纷案评析》，法律论文网，2008年12月20日）

二、泰顺有无商业贿赂?

泰顺福泰酒业商行（简称“泰顺”）系某县雪津系列啤酒总代理商，为提高雪津系列啤酒的知名度，增加销售量，提高酒水供应商、经销商推销该品牌啤酒的积极性，该商行从2005年3月份开始进行推销。

在交了“进场费”后，酒店或KTV包厢里，全部摆上“雪津”啤酒，并由“雪津小姐”进行推销。泰顺一家KTV，从去年3月份开始，由“雪津”啤酒“包场”，而“雪津”代理商则每月给该KTV4200元钱的“进场费”，至今已达6万余元。“奖励金”指的是每箱“雪津”以48元钱进场后，如果销售量每月超过30箱的，则每箱回扣6元作为“奖励金”；如果少于30箱，则每箱只给二三元；如果有消费者在酒店、KTV摆结婚酒、生日宴等，经介绍全部喝“雪津”啤酒的，每次给介绍人30元“酒席介绍费”。

以“进场费”、“奖励金”、“酒席介绍费”等方式，“雪津”啤酒向泰顺的一些酒店和KTV，送出了55万余元。

问题：泰顺福泰酒业商行的行为构成商业贿赂吗?

二、产品定价中的伦理问题

价格竞争是企业参与市场竞争的重要手段，也是使用最为频繁的手段。价格竞争一方面可以迫使企业在技术革新上加大投入，降低产品生产成本，节约社会资源；另一方面，消费者在商家价格竞争过程中也可以获得实惠，从而增加消费福利。当然，要实现这两个目标，企业之间的价格竞争必须在公平、公正的基础上进行。

企业和消费者是一对利益统一体。作为企业来说，价格是影响企业利润的最为重要的指标之一；对消费者来说，商品的价格意味着自己获取该商品需要付出的货币成本。因此，能否合理定价不仅影响到企业效益，同时也关系到企业的伦理形象。

企业在进行定价时，主要运用的策略和方法有成本加成法、目标利润法、需求导向定价法、竞争导向定价法等。无论采取何种方法，其主要目的是实现利润最大化。因此，在利益引诱和操作方便的双重作用下，企业容易为实现利润最大化在定价方面违背伦理准则。

合理定价必须考虑价格立法及道德标准，这对于任何企业来说都是不能逾越的规则。为广大用户提供合理的价格以及提供真实的价格信息，是企业履行社会责任的重要组成部分。然而在现实中，有些企业严重违背了价格道德。产品定价中的不道德行为包括歧视性定价、串通性定价、垄断性定价、掠夺性定价、欺诈性定价等。

（一）歧视性定价

歧视性定价也称差别性定价，是指对同一产品的不同买主索要不同的价格，对不同消费者的划分则是根据收入、地域或教育程度等因素进行的。歧视性定价主要存在于垄断或寡头市场上。经济学中价格歧视的实行条件是：各自分开的市场和各市场之间需求弹性的差异。

有关歧视性定价的伦理问题，主要是要考虑这种策略是否真正从根本上削弱了竞争关系。企业出售同一产品对不同客户实行不同的价格，这势必造成给不同消费者带来不同的利益后果。我国 1998 年开始实施的《价格法》的第十四条对经营者的价格行为作了明确规定，经营者不能在提供相同商品或服务，对具有同等交易条件的其他经营者实行价格歧视。

根据以上规定，可以认为，企业歧视性定价行为确实妨碍了社会的公平竞争，那么这种行为就是不道德的。即使某些企业的某些歧视性定价行为在目前还不能由法院明确判定是违法的，但如果这种行为妨碍了社会公平竞争，可以判定这种行为是不道德的。这就要求企业在运用歧视性定价追求利润时，必须考虑这种定价对消费者所造成的公平问题，以免在实质上形成对消费者的歧视。

（二）串通性定价

串通性定价也称串谋定价或价格协定，是指生产经营者之间互相串通，订立价格协议或达成价格默契，以共同占领销售市场，获取高额利润。串通性定价主要存在于寡头市场。在寡头市场上，由于寡头垄断企业之间是一种相互依存关系，那么，它们就有可能通过同行企业之间暗中协商、互换价格信息，将产品价格固定在统一水平上进行销售，或者统一默认行业领导企业的定价。

我国《价格法》第十四条规定，经营者不得相互串通，操纵市场价格，损害其他经营者或者消费者的合法权益。《反不正当竞争法》第十五条规定，投标者不得串通投标，抬高标价或者压低标价。2003 年 11 月开始实施的《制止价格垄断行为暂行规定》第四条规定，经营者之间不得通过协议、决议或者协调等串通方式实行价格垄断行为。

串通性定价是一种不道德行为。这种定价行为的特点是：一般没有正式的协议，极为隐蔽，以逃避法律的检控；无视公平竞争原则，人为地垄断价格，坐享超额利润；造成价格信号失真，破坏了正常的经济秩序；影响社会公正，损害消费者权益。

我国现实中还存在着一种备受争议的价格行为，即行业自律价。行业之间自律是可以的，但不能制定自律价格。我国《价格法》明确规定，只有“极少数商品和服务价格实行政府指导价格或政府定价”，多数商品或服务价格由经营者自主定价，通过市场竞争形成。因此，擅自制定行业自律价的行为违背了《价格法》的基本精神，属于串通价格或垄断价格行为，在商业伦理上也是不能接受的。

2007年11月8日，《第一财经日报》报道，在成都市医药商会及所属19个会员单位策划下，于2007年8月17日召开理事会，研究并通过了《确定第一批名优药品统一市场零售价的决议》和《成都市医药商会推荐品种违规销售处罚规定》；2007年9月1日起，成都市医药商会推荐的3种药品统一市场零售价开始在其会员单位及直营店执行。而这19家药品连锁机构占成都市药品零售市场90%的份额，这种串通性定价会对消费者的权益产生怎样的侵害是不言而喻的。

吉林玉米中心批发市场有限公司等多家企业，于2009年10月17日，召集16个省区市109家绿豆经销企业在吉林洮南市召开“第一届全国绿豆市场产销行情研讨会”。会后，该公司将会议纪要及其撰写的《2009年产区绿豆种植情况调研报告》印发与会企业，宣称“2009年绿豆主产区产量同比下降64.05%”，与《中国粮食年鉴》中国内绿豆产量下降14.9%的统计数据相差悬殊。吉林省洮南市及其周边地区是我国绿豆的主要生产地和集散地，与会的绿豆经销企业遍布国内绿豆主产、主销区，其中许多是当地绿豆经销大户。这些企业相互串通，捏造、散布绿豆大幅减产等涨价信息，统一价格上涨共识，对全国绿豆价格的上涨起到了推波助澜的作用，违反了我国《价格法》和《价格违法行为行政处罚规定》的有关规定。

（三）垄断性定价

垄断性定价是指处于自然垄断或行政垄断的企业采取远高于产品成本定价的行为，而不是指企业由于最先进入某一市场或产品创新性而采取的高价行为。因为后者的超额利润会吸引别的企业进入，从而使价格不断降低。垄断性定价不仅使产品的供应不足，使消费者的合理需求得不到满足，而且使消费者为了获得这种产品而额外付出，直接损害了消费者的经济利益。在这种垄断背景下，还容易滋生贿赂、拉关系等问题。

我国企业现阶段的定价主要采取市场调节价、政府指导价和政府定价三种方式。目前，市场调节价已达到90%左右，但在关系群众切身利益的公用事业、公益性服务、自然垄断经营的商品方面仍然实行政府指导或政府定价，其中又以政府指导定价为主，这就为垄断企业制定垄断价格提供了空间。从我国商品或服务的实际价格来看，电信、铁路、民航、燃气、自来水、教育、医疗等领域的商品定价仍然存在垄断高定价问题。例如，中国电信业在收费上一直受消费者的质疑。在国际上，一般都是采用单项收费的方式，而在中国经过多年讨论，依旧双向收费。北京某律师2007年在北京网通东单营业厅签署业务受理单一份，该公司规定速率512KB宽带的资费为包月120元，后来北京网通又推出1MB宽带包月服务，费用为138元。当他了解到中国电信北京分公司提供的512KB宽带服务包月费用为99元，中国铁通北京分公司提供的1MB宽带包月费用为100元时，该律师想更换电信服务商，但中国铁通北京分公司和中国电信北京分公司告知他，只能找北京网通解决宽带服务问题。

（四）掠夺性定价

掠夺性定价也称排挤性定价，是指某家企业为将竞争对手挤出或吓退意欲进入该市场的潜在对手，而降低价格至成本以下，待对手退出市场后再提价。它以驱逐竞争对手、获得或增强市场控制力为目的。通常在市场中处于优势的企业可能采用这种策略打击竞争者，迫使竞争者退出市场。一旦竞争者完全丧失竞争力，它便可以垄断市场价格，获取高额利润。

我国《反不正当竞争法》第十一条规定，经营者不得以排挤竞争对手为目的，以低于成本的价格销售商品。但也规定了几种例外情况，如销售鲜活商品，处理即将到期商品或者积压商品，季节性降价，清偿债务、转产、歇业降价销售商品等。

企业试图通过掠夺性定价来获取垄断地位的行为于人于己都是一种不道德的行为。对于企业自身而言，损害了股东以及员工的利益；对于他人来说，其主要的危害性表现在：

（1）损害其他企业的利益。这种定价行为迫使竞争对手只能低价销售，造成惨重损失，甚至走向倒闭。这严重损害了竞争企业的利益相关者的利益，如造成失业、给社会带来不稳定因素、造成股东资本无法收回等。从根本上说，这种行为严重妨碍了市场公平竞争。

（2）损害消费者的利益。采取掠夺性定价的企业在挤垮竞争对手之后，会造成事实上的市场垄断。此后，其凭借垄断地位，抬高价格，损害消费者利益；或者为了维持低价，在产品元器件、功能等方面大做文章，侵害消费者利益。家电业内人士透露，在家电价格竞争中，这是一种常用的方法。

（3）造成社会资源的浪费。有序的、公平的竞争可以实现资源的优化配置，但在低价竞争中，价格失去了导向功能，社会资源浪费严重。

2002 年 11 月，广州天河北路段新开了“好又多”超市，上演了一场高举价格牌的“百佳”与“好又多”之争。11 月 8 日，两家超市的鸡蛋已经卖到 0.1 元 1 斤，烤鸡 0.8 元 1 只。如此行为是典型的掠夺性定价，严重违背了我国《价格法》和《反不正当竞争法》，是一种不道德行为。

（五）欺诈性定价

欺诈性定价是指企业以不正当的价格手段，欺骗消费者并使其经济利益受损的行为。其主要包括虚假价格标示、虚构原价、不履行价格承诺、不标示价格附加条件等。

欺诈性定价是最容易受到公众关注和非议的定价方式。在超市、百货商场、家具店等销售场所，几乎每天都可以看到“促销价”、“优惠价”、“清仓价”、“跳楼价”等。销售商惯用的做法是开始时将产品定一个很高的价格，但这个价格只维持很短的时间，然后销售商在其后的大部分时间内进行打折销售，不知情的消费者将现售价与“原价”比较后，认为获得了优惠从而购买该产品。

我国 2003 年制定的《禁止价格欺诈行为的规定》第六条，对价格欺诈行为作出了规定：经营者收购、销售商品和提供有偿服务的标价行为，有以下行为之一的，属于价格欺诈行为：

（1）标价签、价目表等所示商品的品名、产地、规格、等级、质地、计价单位、价格等或者服务的项目、收费标准等有关内容与实际不符，并以此为手段诱骗消费者或者其他经营者购买的。

（2）对同一商品或者服务，在同一交易场所同时使用两种标价签或者价目表，以低价招徕顾客并以高价进行结算的。

（3）使用欺骗性或者误导性的语言、文字、图片、计量单位等标价诱导他人与其交易的。

（4）标示的市场最低价、出厂价、批发价、特价、极品价等价格无依据或者无从比较的。

（5）降价销售所标示的折扣商品或服务，其折扣幅度与实际不符的。

（6）销售处理商品时，不标示处理品和处理品价格的。

（7）采取价外馈赠方式销售商品或提供服务时，不如实标示馈赠物品的品名、数量或者馈赠物品为假劣商品的。

（8）收购、销售商品和提供服务带价格附加条件时，不标示或者含糊标示附加条件的。

（9）其他欺骗性价格标示。

该规定的第七条还进一步明确以下行为也属于价格欺诈行为：

（1）虚构原价，虚构降价原因，虚假优惠折扣，谎称降价或者将要提价，诱骗他人购买的；

（2）收购、销售商品和提供服务前有价格承诺，不履行或者不完全履行的；

（3）谎称收购、销售价格高于或者低于其他经营者的收购、销售价格，诱骗消费者或者经营者与其进行交易的；

（4）采取掺杂、掺假，以假充真，以次充好，短缺数量等手段，使数量或者质量与价格不符的。

（5）对实行市场调节价的商品和服务价格，谎称为政府定价或者政府指导价的。

（6）其他价格欺诈手段。

以上定价行为由于主观上存在对消费者或其他经营者欺骗的故意，因此是一种不道德行为。目前这种定价行为在生活中还是屡见不鲜的，对这些定价行为除了要严格按照法律来进行规范以外，还必须大力加强道德规范的约束。

阅读案例

家乐福与沃尔玛价格欺诈

国家发改委近日公布，在中国长春、沈阳、南宁、上海、武汉、长沙、昆明和哈尔滨等城市的某些家乐福超市存在对消费者的价格欺诈行为。

一、虚构原价

长春市家乐福新民店销售“七匹狼男士全棉横条时尚内衣”，价签标示原价每套169元、促销价每套50.70元，经查实原价应为每套119元；沈阳市沃尔玛 中街店销售5kg装的“香雪高级饺子粉”，价签标示原价每袋30.9元、现价每袋21.5元，经查实原价应为每袋23.9元；南宁市沃尔玛朝阳路分店销售“雀巢咖啡”，价签标示原价每盒43.9元、现价每盒35.8元，经查实原价应为每盒37.3元。

二、低价招徕顾客高价结算

上海市家乐福南翔店销售弓箭球形茶壶，价签标示每个36.80元，实际结算价每个

49.00 元；销售丁香吉祥茶壶，价签标示每套 36.90 元，实际结算价每套 66 元。长沙家乐福韶山路店销售男士手套，价签标示每双 6.90 元，实际结算价为每双 21.90 元。

三、不履行价格承诺

昆明市家乐福白云店销售老树普洱茶，宣传海报标价为每盒 60 元，实际结算价为每盒 120 元。哈尔滨市家乐福会展店销售内衣，广告宣传“全场 3 折起”，经查实际销售中没有一个品种以 3 折价格进行销售。

四、误导性价格标示

昆明市家乐福世纪城店销售特色鱿鱼丝，销售价格为每袋 138 元，价签标示时用大号字体标示“13”，用小号字体标示“8.0”，诱导消费者误认为销售价格为每袋 13.80 元；销售 2000g 火腿礼盒，销售价格为每盒 168 元，价签标示时用大号字体标示“16”，用小号字体标示“8.0”，诱导消费者误认为销售价格为每盒 16.80 元。

发改委指出，上述行为违反了我国《价格法》的有关规定，构成了价格欺诈的违法行为，严重侵害了消费者权益。目前，国家发改委已责成相关地方价格主管部门依法予以严肃处理，没收违法所得，并处违法所得 5 倍罚款；没有违法所得的或无法计算违法所得的，最高处以 50 万元的罚款。

（资料来源：《成都商报》，2011 年 1 月 27 日）

三、产品营销渠道中的伦理问题

营销渠道是产品从生产商到终端消费者的路径。生产商在为市场提供产品的过程中要与营销中介机构发生业务联系，这些营销中介机构组成了营销渠道，也称为分销渠道。广义的营销渠道包括生产商、经销商、赞助商以及终端消费者和用户；狭义的营销渠道包括中间商、代理商等。营销渠道成员的目标本应该是一致的，就是在满足消费者需求的基础上求得企业的生存与发展，然而在实际运营中，渠道成员间却存在着不同的具体利益选择问题，都有可能为双方带来伦理问题。例如，生产商当前目标是打开市场，增加知名度，而中间商的目标则是希望能获取更多的利润与返点；零售商想要提供多样的产品来满足消费者，而批发商则要求主打一个生产商品牌，从而获得最大数额的回扣。不同的利益追求导致矛盾的产生，而矛盾冲突中又滋生了非伦理行为。

著名营销大师科特勒说过，对营销渠道无论进行怎样好的设计与管理，总会有某些冲突，最基本的原因就是各个独立的业务实体的利益总不可能一致。概括起来，营销渠道冲突的类型主要有：

（1）不同品牌的同一渠道之争。生产商为争夺同一渠道，都会制定更优惠的渠道政策来吸引渠道成员，这就使得渠道成员在营销中的地位较为主动，如大型家电连锁卖场对家电生产商提出各种苛刻要求；不同渠道成员对一家二级经销商或销售终端的争夺也可能造成彼此之间的冲突。

（2）同一品牌的内部渠道冲突。在销售区域未划定或进行调整的时期，容易出现渠道成员之间的冲突。窜货与低价出货是冲突最常见的方式。较为严重的是跨区域延伸渠道——发展经销商、设立销售终端或抢占用户等。

(3) 渠道上下游冲突。生产商或分销商从自身利益出发，采取直销与分销相结合方式。这就不可避免地要与下游经销商争夺客户，挫伤下游渠道的积极性；经销商实力增强后，对目前的等级体系不甘心，希望更上一层楼，向上游渠道成员提出挑战；给二级经销商供货是渠道上下游冲突的核心，生产商出于产品推广需要，可能越过一级渠道成员而直接向二级渠道成员甚至销售终端直接供货，使上下游产生矛盾。

在营销过程中，营销渠道成员之间应根据各自的利益和条件，选择以合约形式规定双方的权利和义务。如果违背双方有关规定，损害一方利益就会产生伦理问题。例如，生产商要求零售商只能销售自己一家的产品，而不准销售其他企业的产品，但零售商为了自身利益，不顾合约规定，销售其他企业好销的产品；合约规定中间商要按时付款给生产者，并及时反馈其库存情况，如果中间商未能及时付款，势必严重影响生产商的资金周转。再如，某些零售商回避合法生产者和批发商，另从非法渠道进货，而损害了生产者、批发商及消费者的利益。同样，当生产者凭借自身的经营优势，为了自身利益，控制供货，采取威逼手段对中间商减少或停止供货，或者是生产者凭借自己的经营性垄断地位，迫使中间商屈服自己的指挥，限制中间商只能从事某种特别的经营活动。

四、产品促销中的伦理问题

产品促销也称为销售促进，是指企业通过人员推销或非人员推销（包括广告、宣传报道等）方式，将商品或服务以及企业本身的信息传递给广大顾客，引起他们的兴趣及购买行为。企业促销一般采取组合方式进行，组合工具主要包括人员推销、广告促销和公共关系。

（一）广告促销中的伦理问题

广告是一种企业与消费者进行沟通的方式，通过大众传媒，将产品的信息传递给目标消费者，以塑造企业品牌、开拓市场和扩大销路。由于广告以说服消费者为目的，它必然结合消费者的消费心理、文化背景以及审美习惯等进行创作，并进行一定的夸张。这使得广告不仅具有引导消费的作用，还具有文化传播、教育等社会功能，对大众的道德取向、价值观和生活方式等产生潜移默化的影响。因此，广告不仅是一种经济活动，也是一种社会活动，企业需要考虑广告活动中的伦理问题。

1. 广告的伦理规范

伦理是人类社会在长期发展过程中形成的用于调节人与人之间关系、约束人们行为的道德规范和价值判断标准的总和。广告伦理不仅是广告从业人员经营活动的行为道德准则和道德规范，也是一切与广告活动发生关系的广告参与者的道德要求和行为规范。广告的直接目的是经济利益，但是任何利益的追求都必须在经济秩序和社会秩序允许的范围内进行，违背法律和道德的不择手段的利益追求，肯定要受到法律制裁和道德的谴责。广告是服务于企业的，是企业实现利润最大化的主要方式，企业的广告行为也必须受到社会秩序和规范的双重约束。

我国已经制定了《广告法》，也确立了《广告道德规范》，概括起来，广告经营中的相关主体应遵循的道德规范主要有：

(1) 客观真实。所谓客观真实，就是客观真实地反映商品面貌，既不增大优点，也不缩小缺点，不故弄玄虚，不哗众取宠。我国《广告法》第四条规定，广告不得含有虚假的内容，不得欺骗和误导消费者。世界各国的广告法规也几乎都把广告真实可信、禁止欺骗列为最重要的条款。

（2）公平公正。广告是一种经济活动，主要目的是获取利益。因此，公平公正的竞争也应该是广告道德规范的基本内容。我国《广告道德规范》规定，广告主应当自觉遵守国家广告法律法规，与其他广告主进行公平、正当的竞争，不得用不正当的方式和途径干扰、损害他人的合法权益。广告主不允许进行欺诈性广告宣传，不允许有贬低其他同类产品的情节或语言的广告宣传，不允许过度自我夸耀的广告宣传，不允许用不正当和不公平的利益引诱消费者。

（3）高雅健康。广告不仅要在内容上高雅健康，而且在所使用的技巧、道具、语言、文艺表演等艺术表现手法上也要高雅健康，必须遵循必要的社会伦理道德和民族传统风俗习惯以及富有积极意义的文化精神。广告必须承担应尽的社会责任与义务。

（4）以义取利。由于广告在社会经济生活以及社会文化观念中具有特殊的功能，广告应义利结合，注重他人利益和社会利益，做到功利追求的根本性、长远性和整体性。

2. 不道德广告

目前，有违于广告伦理道德的广告主要表现在以下几个方面：

（1）虚假性广告。虚假性广告是指广告内容不真实，宣传内容与商品的客观事实不符。在广告活动中，广告信息的真实性是其前提。然而，在激烈的市场竞争中，有些企业为了产品销售，制作和发布虚假广告，使消费者对产品的质量、价格、性能等产生错误的认识，损害了消费者的权益。据2005年6月9日《人民日报—华南新闻》报道，2004年，广西各大媒体共发布医疗广告1.29万（条）次，违法虚假广告占总数的98%以上，其虚假主要体现为内容虚假、疗效不可信。2006年，上海工商局曝光的十大虚假违法广告，包括“莎丰瘦身产品”化妆品、“双灵固本散”药品、“大中鲜活虫草”普通食品、“脑力健”保健品、“吸油基”保健食品、“朵而胶囊”保健食品、“葛根胶囊”保健食品、“全科纳米波治疗仪”医疗器械、“奇爽一贴好”医疗器械等产品广告以及上海博爱医院的妇科治疗服务广告。这十大虚假违法广告的表现主要有虚构企业名称、虚构消费者使用案例、虚构权威机构验证数据、将食品当做药品对产品功效进行虚假宣传等。这些虚假广告不仅是对消费者身心的威胁、社会资源的浪费，还严重威胁人类的健康生存、正常生活和有效生产，更重要的是扰乱了经济秩序，使广告传播活动面临尴尬的信任危机。

（2）误导性广告。从内容上看，这类广告并没有包含虚假的信息，只不过是利用人们的习惯思维，或者利用人们精力的不集中，使人们得出错误的推论或结论。误导性广告可以是语言表达，也可以是采用商品包装，或者将通过刻意加工的信息传达给消费者，使消费者产生错觉。从表面上看，错误的推论或结论是消费者自己所犯，但是产品生产商或销售商却是要承担道德责任的。

广告误导性的突出表现有三种：一是艺术表现形式过于夸大或言词具有强烈的煽动性而对消费者产生误导，这些广告不仅使得消费者精神上产生不安，而且在无形中逐渐改变着消费者的价值观，如使消费者过于追求漂亮的外表，而忽视对自身修养的提高；二是过分强调物质享受，许多广告使用明星代言，以前卫的打扮和充满诱惑性的肢体语言推销产品，着力宣传一种时尚的生活方式，会在很大程度上误导消费者的审美观和价值观，将消费者引至享乐至上，倡导一种盲目的高消费；三是过分夸大的广告对少年儿童的成长也会产生误导，因为儿童和青少年心理和生理尚未成熟，好奇心又强，分辨能力差，接受能力强，很容易被广告所误导。例如，“送爸爸、送妈妈、送老师、送朋友”，会让孩子误以为要通过物质交往去获得亲情和友谊等。

(3) 媚俗性广告。所谓媚俗性广告，是指有违于社会主流道德文化精神，甚至是低级趣味、庸俗化的广告。在信息泛滥的今天，消费者的注意力已经成为稀缺资源，为了吸引消费者的眼球，“姿本主义”盛行，滥用美女形象进行产品宣传。有一些广告还利用女性宽衣解带、敞胸露背、作出不雅姿势的画面来刺激受众的感官。一个竖立在深圳闹市区的“广告牌发包”的广告，左半部是一性感女子的巨幅剪影，下面写着一行“等着你来包”字样。有市民称其为“包二奶广告”并投诉到有关单位。《北京晚报》曾报道，在北京四通桥下立着一个醒目的广告牌，上书醒目大字：“有本事你就上”，让人想入非非。实际上，这是一个招聘网站的广告。可见媚俗广告以牺牲广告的严肃性和评价尺度的客观性为代价，以不道德观念和审美情趣支配行为，其危害后果不亚于虚假广告，且影响更甚，有的甚至影响了传统文化，污染了社会风气。

(4) 比较性广告。比较性广告也称对比广告、竞争广告，是指以任何明示或暗示的方法，将自己的产品或服务与同类竞争者的产品或服务进行对比或比较，以凸显其产品优于或不同于竞争对手的产品。这类广告能产生较好的效果，但也易引起争议，因此有“悬崖边上的舞蹈”的比喻。

比较性广告的伦理问题主要表现在真实性、限制性以及侵权性几个方面。首先，比较性广告必须真实、明白，不能误导消费者；其次，比较性广告不能超出所涉及行业范围的限制，从世界各国广告立法来看，一些与人民生活密切相关的特殊商品均被严格限制发布比较性广告；再次，比较性广告不能侵权，即不能进行对比性诋毁。

(5) 广告的暴力传播。广告的暴力传播是指广告的无孔不入和高频率“轰炸”，而非指广告中含有大量的暴力内容。现今的广告已经涵盖了人们生活的各个方面，从大众传媒中的电视、报纸、杂志、广播广告，到路牌广告，车身广告，商场和超市的悬挂广告，电影隐性广告，网络视频广告等，可以说是无孔不入。如果保持在合理的范围内，广告对大众的影响不会太大，但现在的广告已极为膨胀，大有泛滥之势。过度的广告不仅影响了人们生活的安宁和城市的美观，而且干扰了正常的社会经济秩序。

3. 广告的道德责任分担

对于非道德性广告，以下各个方面都应该相应地承担这些广告的道德责任。

(1) 广告发起人。大多数情况下，广告发起人是产品生产者或是产品销售商，其应该对广告的正确性、传播方式以及与此相关的问题负主要责任，但不是全部责任。

(2) 广告机构。广告机构接受产品生产者或销售商的委托进行广告策划与制作，虽然它们不生产产品，但它们了解广告信息的真实与否以及是否有误导性，因此，它们有责任向消费者说明产品的质量和性能。

(3) 各种传播广告的媒体。媒体是广告信息传播的载体，它们在刊登或者传播企业广告时，有权利对广告提出质疑和审查，还有道德上的义务拒绝播放或刊登虚假和带有误导性的广告。

(4) 政府有关部门。政府不仅要扮演公众利益保护者的角色，而且要扮演广告审查与监管者的角色。市场上各种非道德广告的出现，与政府的监管不力有很大关系，因此，政府也应该承担它应该承担的道德责任。

（二）人员推销中的伦理问题

人员推销是企业促销的重要手段。在人员推销过程中，企业推销人员身处营销活动的最前沿，他们的这种特殊地位使得其经常要进行伦理选择。推销人员直接与消费者进行接触，他们一方面是企业产品或服务的拥护者，另一方面，也要拥护消费者，迎合消费者的需求。企业和消费者都希望推销人员对他们具有一定的忠诚度，但这种期望是有差异的，因此，推销人员经常陷入伦理的困惑之中。同时，推销人员工作独立性强，经常要面临企业销售业绩的巨大压力，这种压力迫使其不择手段地推销，出现了所谓的“恶劣销售”或“高压销售”。具体来看，推销中比较常见的伦理问题主要有：

1. 高压推销

其高压手段的表现有两种：一种是推销人员对消费者纠缠不放，即使消费者已经明确表示了不需要，他们还是频繁出现在消费者的周围，竭尽全力迫使消费者购买他们的产品；另一种是推销人员经常利用消费者购买时面临的不确定性，通过一些花招，如“限时销售”“限量销售”等，使消费者产生紧迫感，或者实行产品大幅度打折或加送赠品，使消费者感到该产品物超所值而大量购买他们本来用不上的东西。这两种手段都是推销人员人为地给消费者施加压力，从而剥夺了消费者依靠自己的主观判断进行决策的机会，这些所为都是典型的不道德行为。

2. 故意误导

在推销活动中，推销人员迫于完成任务的压力或受到高额提成的诱惑，常常利用消费者的知识漏洞，采取夸大产品功能的行为，对产品作出不正确的陈述或虚假的承诺，或者通过猎奇玩惊险，甚至不惜歪曲产品用途，这是典型的故意误导行为。如果推销人员夸大产品和服务功能，实际上对消费者构成了欺诈，对产品或服务进行了不正确的陈述或者作出了虚假的承诺。当与产品有关的信息被误导时，推销人员不仅要承担法律责任，而且由于其扰乱了消费者的自由购买意愿，在道德上也应该受到谴责。

3. 差别对待

差别对待消费者主要表现在以下两个方面：一是对不同消费者在服务态度或提供方便上有差异，如对有些顾客提供快捷的送货和更大的折扣，而对其他顾客则没有这些优待，伦理上表现为顾客歧视。例如，商业银行对大客户和一般客户的服务态度和方便性上就截然不同，落差较大。二是对同一消费者在其购买前后态度上的差异，购买前笑脸相迎，购买后冷若冰霜。

4. 送礼和款待

给顾客送礼是许多推销人员的传统。销售过程中，推销人员经常送礼给顾客可能是为了与顾客建立亲密的人际关系，或者是感谢顾客，但当这种送礼是为了诱使顾客购买产品，那就是一种不道德行为。另外，给顾客送礼的价值大小也是区分送礼与行贿的标准。如果款待被用来对顾客施加额外的影响和压力，超出了产品本身的特点和好处对顾客的吸引力，款待行为就存在一定的伦理问题。

五、企业服务中的伦理问题

一般认为，企业对消费者的服务包括产品的售后服务和企业提供的“纯粹”服务。当企业为消费者提供物质形态的产品时，售后服务就是提高消费者满意度或改进产品的重要保证；当企业为消费者提供的是非物质产品时，是一种“纯粹”的服务，服务的品质就是企业收入最重要的影响因素。无论是何种形态的服务，都要直接与消费者进行接触，所以企业服务中的伦理问题就显得特别重要。

（一）售后服务中的伦理问题

有营销专家说过，企业真正的营销是从售后服务开始的。售后服务被称为“后营销”，它不仅包括投诉处理、产品维修、退换和保养等，还涉及与顾客的关系营销，如建立顾客资料库、加强顾客接触、对顾客满意度进行调查、信息反馈等。售后服务对形成忠诚客户、提高企业产品形象、维系与顾客的良好关系具有非常重要的意义。

1. 售后服务正式合同中的伦理问题

售后服务主要有两种渠道：一是企业自己设立服务网点，二是售后服务外包。售后服务的内容一般通过合同形式确定，但在实际操作中，不少企业却以各种手段规避合同的约束，使消费者利益受到损害。下面以手机售后服务为例，进行伦理分析：

（1）退手机难。手机“三包”规定，自售出之日起7日内，移动电话机主机出现《移动电话机商品性能故障表》所列性能故障，消费者可以选择退货、换货或者修理。但在消费者要求退货时，商家往往以各种理由拒不退货，如手机价格已下调，损失无法弥补；消费者使用不当、机壳有磨损，或者以维修或检修等为借口，拖延时间，导致最后超出期限无法退货。

（2）维修手机时，不提供备用机。手机“三包”中规定，客户在维修时，维修商应该提供手机备用机。但在消费者手机维修中，由于消费者普遍不知道“三包”规定，因此很少有人要求提供备用机，维修点对此也装作不知情，几乎很少主动提供备用机或询问消费者是否需要。

（3）不做维修记录。手机“三包”规定，经过两次修理仍然不能正常使用的，消费者可以凭“三包”凭证中的修理记录，由销售者负责免费为消费者更换同型号同规格的手机。有些经营者为了逃避“三包”责任，在维修过程中，不做维修记录，致使消费者因没有证据而无法维护正当权益。

（4）在维修或更换新机时偷梁换柱。维修手机时，有的维修点将其零部件换成其他旧机零件而不是原厂配件，这很可能导致维修后手机使用寿命缩短，或者使手机越修毛病越多；有的消费者在维修两次不好，要求更换新机时，经营者提供的不是新机，而是翻新机。

（5）拒绝对赠品实行“三包”服务。赠品是手机厂家在促销时采取的惯用手法，手机销售价格中包括了赠品的成本，因此，赠品应该与手机享有同等的“三包”权利。但有的厂家在销售手机时，将手机必备的电池、充电器等作为赠品，并声称赠品不属于“三包”范围。

2. 售后服务格式合同中的伦理问题

格式合同又称为标准合同或定型化合同，是指当事人一方预先拟订合同条款，对方只能对合同表示全部同意或者不同意，拟订方通常是企业。对企业售后服务来讲，包括通知、声明、店堂告示及行业惯例等方式。格式合同具有节约交易时间、减少事先分配风险、降低经营成本等优点，但同时也存在伦理问题，如限制了合同自由，制订的合同有利于企业而非消费者等。

（二）“纯粹”服务中的伦理问题

1. 通信行业服务中的伦理问题

通信行业历来受到消费者的诟病。目前，在通信服务中存在的伦理问题主要是“霸王条款”，具体表现为：

（1）超过约定收费期限仍未交纳通信费用的，通信公司有权暂停提供服务，并收取暂停期间的月租费和违约金，不满月的全部按月收费，不满半月的按半月收费。

（2）暂停、挂失期间收取月租费。

（3）强制收取预存话费，消费者的移动电话被他人非法并机或被盗用而给消费者造成的经济损失，通信公司不负任何责任。

（4）客户同意自赠送手机验收后，一切质量问题与通信公司无关。

（5）客户充分认识到移动电话通信服务不可避免会受到网络覆盖、网络故障及移动通信系统优化、升级时的影响，并可能造成通信中断，客户承诺和保证其不会因该类情况而向公司索赔。

（6）在同一通信公司，消费者登记两部以上电话的，如果其中一部欠费，则全部停机。

（7）宽带预付款概不退还等。

2. 旅游行业服务中的伦理问题

旅游行业服务中存在的伦理问题主要是旅行社与游客签订的合同中含有众多推脱责任的条款和行为，具体表现为：

（1）旅游如未成行，旅行社应在不迟于出发日3天前通知游客，旅行社有权要求延期或更改旅游线路（价格以更改后的旅游时间、线路的收费标准计算）；否则，旅行社应退还游客已支付的费用，但不涉及其他赔偿。

（2）游客在支付团款后如遇国家政策性调价，旅行社向游客说明并提供有关政策性文件后，有权调整相应收费价格。

（3）鉴于旅途中可能出现各种情况，旅行社有权对行程表内各项安排临时作出适当调整，所发生的费用按多退少补原则处理，即因调整导致服务档次降低或活动内容减少，旅行社向游客退还差额部分等。

3. 摄影行业服务中的伦理问题

摄影行业提供的服务项目主要是婚纱摄影、艺术摄影和照片冲洗等。目前，在婚纱摄影、艺术摄影服务中存在的伦理问题主要有：预约金概不退还、转让或更改他用；摄影当天，客户需付清全部款项；除非加洗付费，否则客户不得要求超出所订套系组数以外的照片或摄影；经营者可将制作相册后的多余照片或底片私自截留，如客户需要，则另行收费；经营者将消费者不肯买走的照片扔掉或者销毁等。在照片冲洗服务中存在的伦理问题主要表现为：经营者遇到意外事故或遗失胶卷时，对消费者只赔偿同类同量胶卷，不负责其他损失，如精神赔偿等。

4. 保险行业服务中的伦理问题

保险行业服务中存在的伦理问题主要由保险公司的单方限制而引起。例如在医疗保险中，有些保险公司规定若已通过其他途径支付了器官移植或手术的部分费用，保险公司只承担剩余部分费用的保险责任；家庭病床不理赔；净保费扣除比例为35%等条款，这些都是保险公司单方决定限制消费者的主要合同权利和扩大消费者的主要合同义务。在车辆保险方面，已形成以下行业惯例：保险车辆发生保险责任范围内的损失应当由第三方负责赔偿的，被保险人应当向第三方索赔，如果第三方不予赔付，被保险人应提起诉讼或仲裁；经保险人同意的，由被保险人支付第三者的抢救费、施救费、仲裁及诉讼费、律师费，赔偿的总数在保险单载明的责任限额以外另行计算，最高不超过责任限额的30%。

5. 其他行业服务中的伦理问题

在洗衣行业服务中，洗衣店规定，衣物洗涤毁损，赔偿额不超过洗涤费的10倍；物业公司物业管理规定，在停车场停放自行车每月每户××元、摩托车××元、轿车××元，车辆损坏或丢失及车内物品损坏或丢失均由车主自己承担责任；自来水公司收费规定，自来水公司按最低用水量实行低度收费，用户每月最低用水量为××t，不足××t按××t收取等。

以上问题的产生是因为商家利用信息不对称、供求关系不平衡，将不平等消费条款强加给消费者。这些行为从根本上侵害了消费者的公平交易权、知情权、选择权和索赔权，是一种逃脱伦理责任的表现。

六、网络营销中的伦理问题

网络营销是企业营销实践与现代通信技术、计算机网络技术相结合的产物，是指企业以电子信息技术为基础，以计算机网络为媒介和手段而进行的网络调研、网络新产品开发、网络促销、网络分销、网络服务等各种营销活动。

20世纪90年代初，飞速发展的互联网促使网络技术应用的指数增长，全球范围内掀起应用互联网热，世界各大公司纷纷上网提供信息服务和拓展业务范围，积极改组企业内部结构和发展新的管理营销方法，抢搭这班世纪之车，一种新的营销模式——网络营销随之诞生。与传统的营销手段相比，网络营销无疑具有许多明显的优势：网络营销利于取得未来的竞争优势；决策的便利性、自主性；成本优势；良好的沟通；优化服务；多媒体效果等。根据艾瑞市场咨询的调查和预测，近几年我国企业网络营销发展迅猛，平均年增长率为40%。2006年网络经济市场规模为228.2亿元，2010年为1513.2亿元。由此可见，我国网络营销市场潜力巨大。

然而，互联网是虚拟的，它具有广泛性、开放性、隐蔽性和无约束性，正是这些特征使人们的网上行为也具有这些特点，使企业在进行网络营销过程中的一些网上行为突破了传统道德的规范，如发生网络病毒、网络隐私侵犯、网络垃圾、病毒邮件、网络欺诈、网络色情、网络黑客等一些行为。这些行为不仅不符合广大网络消费者及社会的利益，而且给广大网络消费者以及社会造成了极大的危害。因此，企业网络营销道德面临着信息网络新时代的挑战，加强企业网络营销道德建设势在必行。

目前，突出的网络营销伦理问题主要有以下几个方面：

（一）虚假、不健康，甚至违法的网络广告日益增多

网络广告在传播速度、方便受众、增强交互性等方面发挥巨大优势的同时，也存在着很多困扰网络广告健康发展的问题。①网站发布虚假广告，欺骗消费者。互联网上许多广告主利用虚假的事实进行广告，以骗取消费者对其产品或服务的信任，从而成为购买其商品或服务的潜在客户。②有些特殊商品广告发布前未经有关部门审查，内容不健康，存在着严重的问题。经常上网的人会发现，在网上想逃避广告的“骚扰”几乎是不可能的。这些“网络

牛皮癣”，往往散布的是不健康、黄色下流的内容，甚至有的就是计算机病毒。③有的网站发布法律、法规禁止或限制发布的商品或服务的广告信息。由于信息发布者的身份是隐蔽的、位置是不固定的，客观上使得网络广告信息的发布基本处于无序状态，一些企业的信息发布者正是利用互联网络的虚拟环境，发布违反国家法律规定的广告。④企业利用网络强迫性广告进行不正当竞争行为。只要我们上网，很多网站都会弹出很多的广告，有的是整版的广告，或某广告在眼前晃来晃去，令人心烦。这些强迫性广告占用了网民很多的时间，人们面对这些强制性广告一筹莫展。

（二）网络隐私权侵权现象日渐突出

在利益驱使下，有些商家在网络应用者不知情或不情愿的情况下，采取各种技术手段取得和利用其相关信息，侵犯了上网者的隐私权。网络隐私权侵权现象主要有以下几种表现形式：①个人的侵权行为。个人未经授权在网络上宣扬、公开、传播或转让他人或自己和他人之间的隐私；个人未经授权而进入他人计算机系统收集、获得信息或骚扰他人；未经授权打开他人的电子邮箱或进入私人网上信息领域收集、窃取他人信息资料。②商业组织的侵权行为。专门从事网上调查业务的商业组织进行窥探业务，非法获取他人信息利用他人隐私。③部分软硬件设备供应商的蓄意侵权行为。某些软件和硬件生产商在自己销售的产品中做下手脚，专门从事收集消费者个人信息的行为。④网络提供商的侵权行为。互联网服务提供商直接侵害用户的隐私权。把其客户的邮件转移或关闭，造成客户邮件丢失，个人隐私、商业秘密泄露。⑤网络所有者或管理者的监视及窃听。对于局域网内的计算机使用者，某些网络的所有者或管理者会通过网络中心监视使用者的活动，窃听个人信息，尤其是监控使用人的电子邮件，这种行为严重地侵犯了用户的隐私权。

（三）垃圾邮件营销泛滥

电子邮件营销是一种拥有巨大潜在商机的新兴广告营销手段，其营销效果毋庸置疑。然而源源不断、不请自来的广告邮件的狂轰滥炸令消费者苦不堪言，企业这种冒昧的广告营销方式极大地侵犯了消费者私人空间，使得人们对电子邮件营销产生了误解或者错误看法，也对电子邮件营销的前景产生了不好的影响。另外，这里面可能蕴含着一个更深层次的道德问题，那就是消费者的邮件地址等私人信息可能被邮件运营商非法出卖。

（四）网络营销欺诈行为突出

由于网络空间的虚拟性以及网络行为的匿名性，在繁杂的网络信息中充斥着大量的虚假内容。网络欺诈已成为其中一项重要的道德问题。违反道德的网络欺诈行为主要表现如下：①一些企业通过发布虚假信息，造成企业和消费者之间信息不对称。由于一些企业通过发布对自己产品有利的虚假信息，而消费者只能从企业、销售人员和自身的经验中获取信息，并且这些信息往往是不全面的，这使得企业的不道德营销有了实施的可能。例如三鹿奶粉事件，实际上在 3 月就接到了群众投诉电话，但三鹿集团检测仍在网上发布信息声称奶粉没问题，谋求自己的最大经济效益。还有一些企业通过虚构爆炸性新闻，来提高自己网站的点击率，以扩大自己的知名度，谋求经济效益，而对这些信息可能造成的后果则置之不理。②在企业营销行为层面上，有些企业在网站上宣传的商品与实际销售给消费者的商品大相径庭，原本价高质优或物美价廉的商品到了消费者手中就变成了假冒伪劣产品。更甚者，有些企业干脆采用虚假交易来直接骗取消费者的钱财，这些坑害欺骗消费者的行为已经远远地超出了道德的界限。

阅读资料

美 FTC 要求消费者警惕十大网络欺诈

互联网的发展也给骗子带来了机会，网上商业欺诈的手段花样翻新。美国联邦贸易委员会（FTC）最近根据消费者投诉，运用委员会的投诉数据库作出相关分析，总结出十大网络商业欺诈行为，并提出消费者警示：

一、网络拍卖欺诈

不法商人以虚拟市场为诱饵，放出大量的拍卖信息。然而在消费者支付以后，他们得到的往往是价值较低的商品，或者什么也没有。FTC 提示消费者在参加竞拍时，要向网站核实拍卖品的详情并坚持用信用卡支付。

二、ISP 接入服务欺诈

ISP 以免费（如送多少免费时间和送现金、支票以支付前期上网费用）为诱人上钩的手段，使消费者与他们签订长期合同。如果消费者要解约或提前终止合同，那就必须支付高额罚金。FTC 提示消费者在接受 ISP 的支票时，先仔细检查合同条款。

三、信用卡欺诈

成人网站在点击进入时宣称是免费网站，但要消费者提供信用卡号码和证明其年满 18 岁。消费者一旦输入号码后，浏览就会产生费用。FTC 提示消费者应当向你所信任的商家提供信用卡信息。

四、国际电话欺诈

消费者可以免费浏览成人网站，但必须下载某个特别的浏览和拨号软件。当使用这些特别软件后，消费者的调制解调器被中断，电话线被接入国际长途。FTC 要求消费者不要下载这类免费软件。另外，要高度注意电话的使用状况。

五、免费网站欺诈

消费者可以免费一段时间使用个人网站而无须承担支付义务。但即使消费者没有超时使用，也会收到电话账单。FTC 指出，消费者应慎重使用个人网站并细心检查电话费用。

六、网络传销欺诈

网络传销与传统传销的诱饵一样，通过发展下线来赚钱。但此时的下线不是其他消费者，而是商家自己或商家精心策划的网络。消费者一旦入网，即被套住。FTC 提示消费者绝对拒绝网络传销，不买高价商品，不买进商家所谓的“最低额度商品”。

七、网络旅游欺诈

不法旅行社以低价旅游或“零团费”为诱饵，旅行者上团后旅行社会提出各种隐蔽费用和增加费用的要求，使旅行费用大大增加。FTC 要求消费者在签约时应考察旅行社的资信，并签订详尽的合同。

八、网络创业欺诈

骗子提出宏大的商业创业计划，保证消费者能得到高额回报，但实际完全是子虚乌有。FTC提示消费者在投资时应多寻求法律和商业咨询，避免落入圈套。

九、网络投资欺诈

与前者不同，商家要求消费者参与风险投资，并承诺可迅速得到回报。FTC提示，高回报意味着高风险，消费者应当查阅美国联邦和州各级证券交易的法规和相关规定，以避免过高的风险。

十、网上兜售假药

骗子宣称他们的药品还未上市，但可治愈重病甚至是绝症。事实上，这些药物对重病毫无疗效。委员会请求消费者不要对包治百病的"神药"抱有幻想，有病还是要去医院。

FTC提出了预防欺诈的办法：

（1）不要轻易相信商家的夸大其词和潜在盈利承诺，在签约前仔细研究合同。

（2）注意商家的所有文字和所有链接，骗子往往利用浏览者的粗心而在文字和链接中有意识地"隐藏"不可告人的秘密。

（3）注意隐私条款，如果商家未提供或含糊其辞，一定要放弃交易。

（4）对所有未在网站上提供其详细住所、营业所地址、电话的企业保持高度警惕。

七、直销中的伦理问题

直销是一种具有独特优势并获得巨大成功的营销模式。它是一种通过人员接触，在不固定商业地点，主要在家里进行的消费者产品或服务的配销方式。直销强调的是人员面对面的交流，这就使其与其他行销方式比较具有许多优点：①弹性。它不受时间与空间的限制，随消费者与直销商的方便，在任何时刻、地点都可进行。②信息的品质和数量。经由面对面的沟通，所有的沟通感官都可以应用，同时消费者可以说明自己的需求，让直销商有针对性地提供信息。③长期关系。直接营销的范畴已经越来越广泛，更倾向于与顾客建立长期的关系。④经济性。销售人员是公司员工或独立的直销商，由于采用独立的直销商可以省掉一大笔固定的人事费用。此外，直销广告的到达率很高，可以为公司节约大量的促销资源。

以上特点使得直销这种方式在激烈的市场竞争中保持着旺盛的生命力，但正是这些获得成功的独特之处，也导致直销这种方式引起广泛的伦理道德争议。直销是一种在很多国家都受到法律严格管制的销售方式。目前来看，主要在以下方面存在着伦理道德问题：

（一）侵犯隐私权

这可能是直销中最棘手、谈论最多的一个问题。由于直接营销者需要拥有其目标消费者资料，以便采用相应的媒介手段，很多机构就会利用为消费者服务的机会收集消费者的个人资料并出卖给需要的公司，消费者的个人隐私就受到侵犯。例如，医院将病人的资料卖给医药公司，就会暴露个人病史等信息，这些医疗信息都是个人的隐私。

美国直销协会制定了非常详细的直销商应该遵守的伦理守则，其中对个人隐私保护方面的规定更是非常细致。例如，规定：个人信息资料仅仅应当用于营销用途；顾客的信用卡号码、支票账户和社会保险号码是不应该被出租、销售或交换的私人信息；未经消费者事先许可，医疗服务机构不能将消费者的医疗资料出售、出租给其他公司用于销售用途。直销公司也不应该使用这些资料；直销商在使用消费者的个人医疗资料进行营销活动时，必须先给消费者一个清楚的通知，告知使用这些信息的目的，并给消费者表示拒绝或接受这类推销的机会，在消费者要求的情况下，需要告知消费者信息的来源和内容；营销者应该确保其拥有的消费者资料的安全，不会被不正当地修改、盗窃和未经授权而使用等。

（二）激怒

很多人对没完没了的垃圾邮件感到厌烦，这包括邮局邮寄来的各种广告资料，也包括互联网上的电子邮件。现在互联网上的垃圾邮件泛滥，很多人每天都要花费宝贵的时间识别和删除垃圾邮件。这给广大消费者制造了很大的麻烦和烦恼。但并不是所有的消费者对所有的邮件都是感到烦恼的，有些消费者乐于收到相关的商业信息，并且这也是非常有效的一种营销方式，可以节约大量的资源。所以，直销商要尽可能地针对愿意接受其广告信息的潜在客户发送信息。

由于发送电子邮件的成本非常低廉，有些公司就毫无选择地发送电子邮件，从而造成互联网上垃圾邮件泛滥。很多国家都已经制定法律对这种行为进行限制，但在还没有制定相关法律的地方，公司是否就可以随便发送广告邮件呢？负责任的公司是否应该为了节省费用而不根据邮箱使用者登记的兴趣爱好或其他信息来有针对性地发送邮件？

电话推销也是让很多消费者感到厌烦的一种方式。在美国，直销商使用电话营销方式时，必须注意不应该给那些已经在州或者联邦注册登记为“不接受电话推销”（Do-Not-Call）的客户拨打电话，除非该客户在最近（18 个月内）和公司有过交易，或者客户给予公司书面许可允许公司打电话。在中国，还没有这样的规定和服务，但不表示公司任意拨打消费者的电话是正当和合理的。特别是那种不顾消费者反应、反复拨打骚扰电话的行为，肯定是不道德的。例如，某地的电信公司通过电脑系统自动拨打客户电话介绍其新业务，如果客户对其介绍不感兴趣没有听完录音就挂断电话的话，他们过一段时间还会再打过来。这种行为就是一种不道德的行为，是营销者所应该避免的。在美国，直接营销协会制定的伦理守则中还特别强调：“在使用计算机系统自动拨打给消费者的电话中应该告诉消费者销售公司的客户服务电话号码，以便不感兴趣的顾客能够回复该电话告诉公司其以后不希望接到类似的电话。”这个意见非常值得国内的一些公司学习和采用，只有这样，才能最大限度地消除顾客的不满。

消费者还有可能在非常不愿意受到打扰的时候接到电话访问或者接待敲门的推销人员。在美国，直销协会制定的伦理守则中关于电话营销的第一个要求就是在合理的时间（Reasonable Hour）拨打电话，而“合理的时间”在美国是有法律法规规定的。在中国，直销商在打电话或上门拜访时也要充分考虑到目标群体的生活习惯和作息时间。比如说，很多人都有午休的习惯，这个时候去打扰肯定是不合时宜的。

（三）欺诈

直销是直接把商品和服务送达消费者的输送和流通渠道，很多时候因产品性能决定其需要面对面进行，由独立销售人员讲解和亲身演示。目前，大多数的直销公司都采用独立的直销商，他们并不是公司的员工，公司对他们的要求或管控较难掌握。而且由于员工或直销商的收入与其销售业绩是高度相关的，一些销售人员为了自身的利益，在讲解和演示产品时会故意回避产品的缺点，夸大产品的功效，作出无法实现的口头承诺等。这也是顾客投诉比较多的问题。

另外，由于直接营销的广告大多是通过电话、电子邮件或广告信函等方式，直销商容易进行一些欺骗性或误导性的广告宣传。大部分电视和报纸广告都要经过一定的审查程序，并且借助于媒体的公信力，广告内容相对来说应该比较真实的，不敢明目张胆地误导消费者；而没有这些限制和审查程序的直接广告就往往采用一些欺骗性或误导性内容。这些行为明显是不道德的。

（四）不公平

国外学者认为，直销中的不公平问题体现在两个方面：

（1）由于采用直销的方式，很多消费者失去了获得相关产品信息的机会。因为直接营销中使用的客户资料不可能包括所有潜在的消费者，部分消费者失去机会是必然的。此外，公司根据其掌握的消费者详细资料，会对客户进行进一步的筛选。但这种选择性也正是直接营销的一个优点——经济性。但这是一项有争议的内容，没有明显的、确切的结论，很多学者倾向于不认为直销商的有选择性营销是不道德的。

（2）直销商利用所掌握的消费者的资料，对消费者实行区别待遇。比如说，直销商根据消费者的收入资料，对收入较高的消费者收取更高的价格（这种情况比较容易被发现，很多公司采用不同产品型号的方式来进行掩盖，不同型号的产品成本质量是差不多的，但价格相差比较大）。这种行为主要是属于定价中的伦理问题。另外一个典型的案例是美国花旗银行根据不同消费者的刷卡消费资料，建立了一个庞大的数据库。该银行根据消费者的刷卡消费情况，定期有选择地给消费者发送电子折扣券。产生争议的问题是，一些低收入或没有条件使用互联网通信工具的消费者受到歧视，并有可能助长消费者收入差距的增加。

（五）传销

很多国家都立法对传销进行限制或禁止。由于按照计酬方式的不同，直销又分为单层次直销和多层次直销，一些地方习惯将“单层次直销”称为“直销”，而将“多层次直销”称为“传销”。“传销”一词最初主要流行于我国香港、台湾地区，而在我国内地，由于最早采用直销方式进行产品营销的以香港、台湾的商人居多，于是也将这种营销方式称为“传销”。

传销在我国是非法的。1998 年 4 月国务院颁布《关于禁止传销经营活动的通知》，宣布传销为非法行为，不分种类名称，全部停止活动。

直销与传销的主要区别在于“产品销售基础”。合法的直销是将优质产品直接销售给消费者，同时公司的退货保障政策保护推销员免受经济上的损失。

一般来说，合法的直销具有 4 项容易辨识的共同特色：①直销公司的加入费用通常极低。一般而言，加入者仅需购买创业资料袋、销售辅助用品或示范工具即可。直销公司时常以非营利方式，提供资料给新加入者。新加入者可享有一段犹豫期，在此期间可以重新考虑自己的决定；若是退出，可以要求退还加入费用。②直销公司极不鼓励囤积过量产品，直销人员可将未使用过、仍可销售的产品退还给公司，并获得不低于直销价格 90% 的退款。③直销公司的重心在于将产品销售给消费者。它们以产品品质优异著称，因而广受推崇，同时提供消费者满意保证或犹豫权，不满意的消费者可将产品退还给公司，并获得合理的退款或可换购其他产品。④直销公司会避免夸大直销人员的收入。任何与收入相关的说明，都必须以事实根据为基础。这几个标准就间接地指出，即使是合法运作的直销公司，如果其行为与这些要求有背离，其道德性就要打上一个问号。有关调查表明，国内很多合法的直销公司并没有完全符合上面的要求，特别是在第③、④两点上有很大的背离。合法的直销公司要获得社会的认同，建立起良好的信誉，伦理道德问题是其在决策中决不能忽视的一个内容。

本章小结

1. 营销伦理是营销主体在从事营销活动中所应具有的基本的道德准则，是用来判断市场营销活动正确与否的道德标准，其本质是营销道德问题。它包括两层含义：一是指营销活动中应该遵守的伦理规范，借助于这些规范，判定营销行为的道德与否；二是指在营销活动中实际奉行伦理规范的状况。营销伦理有其独特性，主要表现在：外显性、广泛性、直接性、互动性、持久性。营销道德不同于道德营销。

2. 营销伦理是营销主体在进行营销活动时所应遵循的基本道德行为准则，其主要有约束、维系、补充、塑造四大功能。

3. 营销伦理应遵循的基本规范主要有诚信、公平、顾客至上和互利。

4. 西方三大营销道德判定理论主要包括罗斯的显要义务理论、罗尔斯的社会公正理论以及加勒特的相称理论；以此为基础，西方学者提出了很多营销伦理的决策模型，如欧·费雷尔和拉里·格瑞夏姆的商业道德决策模型，迈克尔·布默的道德和不道德决策行为模型，夏尔比·亨特和斯各特·维特尔的营销道德理论模型，克雷格·史密斯的营销道德连续体模型等。

5. 企业营销道德决策是多种影响因素作用的结果。这些影响因素既包括外部环境因素，也包括企业内部诸多因素。具体包括市场、政府法制、社会文化、社会整体的道德水准、消费者、压力集团、企业核心管理层的道德偏好、企业文化、道德行为准则、企业员工素质以及机会等因素。

6. 在市场竞争中，伦理问题主要表现为混淆、诋毁、虚假宣传、低价倾销和限制竞争等行为。

7. 在产品定价中，存在的妨碍公平竞争的行为包括歧视性定价、串通性定价、垄断性定价、掠夺性定价以及欺诈性定价等。

8. 在产品营销渠道中，生产商、批发商和零售商都有各自的利益需要，围绕这些利益需要的冲突导致了伦理问题。

9. 广告宣传必须遵守客观真实、公平公正、高雅健康、以义取利等伦理规范。广告的真实性经常引起巨大争议，不道德广告主要有虚假性广告、误导性广告、媚俗性广告、比较性广告以及广告中的暴力传播等。

10. 由于推销人员地位的两难性和压力性，致使他们采取高压推销、故意误导、差别对待以及送礼和款待等销售手段，引发与消费者和竞争者的伦理冲突。

11. 企业对消费者的服务包括产品的售后服务和企业提供的“纯粹”服务。在企业售后服务的正式合同和格式合同中存在着企业与消费者的伦理冲突；在企业提供“纯粹”服务的若干行业中也都存在着严重的伦理问题。

12. 目前，网络营销中存在的突出伦理问题有虚假、不健康、违法网络广告日益增多，网络隐私侵权现象日益突出，利用垃圾邮件开展营销泛滥成灾，网络营销欺诈行为突出等。

13. 直销中存在着侵犯隐私权、激怒、欺诈、不公平以及传销等不道德行为。

复习与思考题

1. 什么是营销伦理？其本质是什么？
2. 营销伦理与伦理营销有何不同？
3. 西方典型的营销道德判定理论有哪些？如何理解？
4. 如何评价夏尔比·亨特和斯各特·维特尔的营销道德理论模型？
5. 企业营销应遵循的伦理规范有哪些？为什么要遵循这些规范？
6. 影响企业营销伦理决策的因素有哪些？
7. 如何看待市场竞争中存在的伦理问题？
8. 如何认识串通性定价和垄断性定价？
9. 网络营销中存在的伦理问题有哪些？你认为应该如何解决？

案例分析

A公司

A公司是一家年产值在5亿元左右的制药企业，拥有员工500多人，其中销售人员170多名，销售网络遍及全国主要23个发达省市。A公司主要生产和销售头孢类及喹诺酮类抗生素十多个品种，17种心脑血管、肿瘤专科药；此外，根据一些商业老客户的需要，A公司还生产120多个品种的普通药品，形成了以抗生素为主、专科药和普通药品为辅的产品群。A公司是一家从国营背景转制而来的企业，1999年被一家民营企业收购，经过几年的市场锤炼，A公司无论是在产品结构上还是销售网络上都积累了一定的基础，但是，由于国家医药政策的不断调整，市场竞争的不断加剧，A公司也面临着很多挑战。

首先是来自市场的竞争。抗生素是医药行业用药数量最多、使用范围最广的品类，据北京中经纵横经济研究院2004年的相关资料显示，在中国医药市场上抗感染药物已经连续多年位居销售额第一位，年销售额为200多亿元人民币，占全国药品销售额的30%。面对这样一块“肥肉”，这几年很多药厂都想来瓜分这一块市场。在A公司改制时，生产同类抗生素的厂家不过六七家，品种不过十几个；而现在，国内一下冒出了几十个生产厂家、上百个同类产品。产品同质化使得市场竞争变得异常激烈，很多小型药厂由于管理成本低，又没有在企业品牌上过多投入，因此产品成本普遍比大型药厂的低。由于有成本优势，在药品招标中小厂反而比大厂更容易中标，这就出现了名牌大厂在招投标中一招就死的怪现象。A公司的头孢匹胺就是在2006年的广东挂网采购中失利，挂网价低到没有利润空间去运作。为了不影响四川、湖北等重点省份的市场，A公司只好以废标处理放弃了广东市场。为此，A公司一直耿耿于怀。

其次，国家发改委每年都针对抗生素降价，降幅都保持在30%以上。企业好不容易弄个医保品种指望它能赚钱，可是每年的降价风险都像一把达摩克利斯之剑高悬于首。头孢吡肟、头孢匹胺、头孢尼西钠这几个品种这几年都在降价范围之列，而近年抗生素的原材料一直在上涨，价格一降，利润空间随之缩小。为了保持公司正常的运营，A公司只好缩减销售费用。但销售人员纷纷反映公司调整的费用政策无法支持市场运作，如果公司不提高销售费用，那么其他厂家的同类品种就会乘虚而入，公司将失去应有的市场份额。一些销售人员看到公司的销售政策不仅会失去一部分市场份额，而且还将影响自己的收入，便私下兼职做其他厂家同类品种的销售以弥补自身收入的减少。目前市场上有的厂家出厂价及销售政策的确比A公司的要好。如果按销售人员的要求维持原来的销售政策，有可能导致公司亏损；可是如果不这么做，A公司又将面临市场份额及销量下滑的危险，这如何是好？

最后，也是最让A公司头痛的问题，是这两年刮起的反商业贿赂的风暴。对医疗系统拿回扣、药价高等问题，群众意见很大，一时间，民怨沸腾、社会舆论高涨，检察院和相关机构介入调查出现的违法违规情况。不是听说这家医院的科主任出事了，就是看见某代理商或医药代表被检察院带走了。舆论影响了公司的日常运作，医院不敢与医药代表接触，销售陷入了停顿，销量比起去年同期下降了至少30%。

对于上述出现的问题，A公司管理层进行了多方调研，组织了多次会议来研究对策，最后形成如下措施：

(1) 调整产品结构，引入新品种来优化结构。

鉴于市场上头孢类的抗生素厂家过多过滥，A公司认为与其在市场上无序地低层次竞争，还不如在优化产品结构上下工夫。会议决定只保留较具竞争力的头孢吡肟、头孢匹胺两个品种、四个规格的品种继续按新药销售方式运作，其余的低端抗生素品种全部介入流通渠道，并入普药部一同销售。通过技术改良，在原有水针剂型的基础上增加冻干粉针剂型，并且又增加了两个小规格的水针剂型来面对二甲以下医院。新剂型和新规格的报批工作同时进行。

引入第四代喹诺酮类抗生素PAX-Ⅱ，目前该品种在市场上暂时还没有出现，有较大的市场潜力。为了方便临床上的推广，A公司同时在重点省份申请当地的地方医保。

(2) 鉴于国内反商业贿赂形成的强大舆论压力和法律风险，A公司决定调整营销模式以规避风险。

具体措施是，在市场基础较好的区域保留原来的医院终端销售模式，在市场潜力较小或是市场风险较大的区域改由招商方式销售，两种模式在不同区域并行运作。所谓底价招商模式，是指厂家以出厂价（底价）将产品委托给代理商代理，以先款后货的结算方式，由代理商全权负责市场的推广，厂家只负责市场的管理。招商模式对厂家而言，虽然利润低了一些，但是将市场风险几乎全部转移到了代理商一方。从目前的市场环境来说，这一举措似乎是明智的，国内近80%的药品生产企业都是采用这种销售代理模式，并逐渐成为药品营销的主流模式。改为招商方式运作的市场后，原来的销售队伍除保留一部分骨干转作招商外，其余人员要么改变身份成为公司的代理商继续与公司合作，要么就解除聘用关系。在保留原来医院销售模式的区域，公司为了规避法律风险，与销售人员签订了免责协议。该协议的主要内容规定："A公司是奉公守法的公司，严禁所属员工进行商业贿赂或不正当的交易，如果出现上述行为，则是个人行为，与A公司无关。"

会议决议形成后，A公司各部门开始行动：新药的报批、医保目录的申报、销售队伍的改组和招商工作全面启动。

在新药的报批中，由于同类抗生素的竞争厂家很多，大家都在寻找更新换代的产品；而国内制药企业在产品研发上普遍投入较低加之科研能力有限，几乎所有的厂家都采用改剂型的方式来申报新药。在政策和监管存在漏洞的时候，特别是道德观念滑坡的今天，"打擦边球"和贿赂就成了办事的最佳捷径。

A公司也不例外，为了搞到几个新药，特别是PAX-Ⅱ的批文，并且要使其竞争厂家至少在一年之后才拿到相关批文。A公司不惜血本，与某些部门的相关工作人员达成了“排他协议”，以达到目的。PAX-Ⅱ是A公司从一家美国公司购买来的专利保护即将到期的产品，早在一年前，美国食品药品监督管理局（FDA）就根据专家的意见，在该产品说明书上增加了禁忌的范围，并要求在使用时需要做皮试以免出现可能的不良反应。A公司在国内申报新药的时候，为了“方便销售”，在产品说明书上沿用美国一年以前的标准而不是新的标准。相关政府职能部门在接受PAX-Ⅱ的申报时，由于与A公司早就有良好的“关系”，也就睁一只眼闭一只眼让其通过报批了。医保的申请同样也是靠打通关系，找到能申报成医保的“种种理由”进了医保目录。

在价格制定上，A公司一方面从压缩原料成本上下工夫，通过拉拢供应商的销售经理，给其适当的“好处”让他将原料价格下调了一些，并承诺他将加大对原料的采购量。另一方面，A公司精心测算了与新品种的市场定位相适应的价格（临床上抗生素的零售价一般为50~60元/支最为市场所接受），考虑了药品供应链上每个环节的利益，并充分利用了“新药”的身份从物价部门获得的宽松的政策，制定了PAX-Ⅱ的零售价为60元，批发价为52.17元（零售价÷1.15），招商底价为12元的价格体系。表5-2为A公司的定价情况。

表5-2 PAX-Ⅱ的定价过程

编号	药品PAX-Ⅱ在药品供应链中费用环节	费用/元	所占比重(%)
1	生产成本	2	3.3
2	前期申报费用摊销	1	1.7
3	税费	1	1.7
4	销售(招商)人员工资及提成	2	3.3
5	管理费用	1	1.7
6	A公司的预期利润	5	8.3
7	招商价格	12	20
8	医院开发费摊销	2	3.3
9	临床推广费	18	30
10	销售人员工资及提成	8	13.3
11	其他杂费	1	1.7
12	商业公司配送费	4	6.7
13	代理商的利润	15	25
14	零售价	60	100

新药PAX-Ⅱ投入市场后，由于在市场上还没有同类竞争对手，代理商看到市场前景纷纷要求代理该产品，PAX-Ⅱ一时之间成为了抗生素市场上的新宠。可是，新的问题又接踵而来了。

代理抗生素品种需要占用很多资金，每销售一支PAX-Ⅱ，就需花费表5-2所示第7~12项的费用，共计45元，占零售价的75%，这是一笔不小的销售费用，对A公司的代理商，特别是刚刚从A公司员工身份转变为代理商的销售人员而言，是一种沉重的资金压力。因此，在医院临床使用PAX-Ⅱ时，代理商们为了迅速回款周转资金，就不择手段地让医生开处方，并在宣传时不失时机地突出PAX-Ⅱ作为第四代喹诺酮类抗生素的卖点，打压其他竞争产品。有的医药代表和代理商甚至贬低、诋毁其他品种以达到推销PAX-Ⅱ的目的。不同厂家都有医药代表同时做医生的工作，医生为了平衡各个厂家的关系，在使用高效广谱抗菌药时不但二联、三联应用，甚至达到四联应用，抗菌药物滥用导致产生的不良反应危害逐渐显露。在某省的一家三级医院，由于医生联合用药不当（这其中就有A公司的PAX-Ⅱ），导致了患者在接受静脉滴注时过敏并休克，经抢救无效后死亡。这家医院为了减少自身损失，将大部分责任推给了A公司。医院指出A公司的PAX-Ⅱ说明书有疏漏，与该产品原研地美国FDA的新版说明书存在差异。如果A公司依照的是原研地的说明书，医院也会参照该说明书上的用药注意事项，在给患者用药之前作过皮试就不会出现这件事，因此，这件事的过错在A公司。并说A公司不对此事负责的话，医院将把说明书的事情公之于众，这样A公司将面临灭顶之灾。经过反复权衡后，A公司与医院达成协议，同意为此事负责，由A公司赔付死者家属40万元人民币，医院负责作死者家属的工作，死者家属对此事不再追究和张扬，医院也不会将这起药品不良反应事件上报。于是这件事就这么“私了”了。

可是，一波未平一波又起。A公司的一些销售人员私下兼职在做其他公司品种的销售时出事了，并影响到了A公司。这些销售人员利用自己熟悉的医院销售网络，代理了B公司的抗生素品种。B公司是一家刚拿到药品生产批文不久的小公司，以委托其他药厂加工的方式生产产品。由于刚开发市场又没有什么历史包袱，B公司的产品销售政策上就比A公司这样的大公司要好得多，市场推广的“路子很宽”。其推广策略说白了就是与其他公司拼费用的政策，对医生和其他相关人员进行赤裸裸的金钱交易。A公司的销售人员范某和吴某就是在给医生兑B公司产品的临床费时，被人举报送进了检察院的。

按理说，A公司已经和销售人员签了免责协议，并且出事的是B公司的产品，但是范某和吴某一进检察院，B公司就像“消失”了一般对此事不再理会。检察院得知两人是著名的A公司销售人员后，顿时来了精神，“拔出萝卜带出泥”，于是顺着这条线查A公司。范某和吴某看到B公司已经不管自己了，现在只有A公司能“救”自己出去，便向检察院透露了很多A公司关于商业贿赂方面的情况。结果检察院将矛头对准了A公司，并在侦察过程中发现了很多发票“高开”和商业“过票”的行为，便将这些行为作为涉嫌偷逃税款的案件移交给了税务机关，到了此时，连税务局也介入了此案开始展开调查，A公司面临着空前的危机。

讨论问题：

1. 基于相称理论对A公司的利益相关者进行分析。
2. 依据卡罗的社会责任理论，分析A公司对利益相关者应承担的道德责任。

第六章　企业财务伦理

学习目标

通过本章学习，应该了解和掌握：

1. 企业财务管理中的道德风险
2. 企业财务管理应遵循的伦理原则
3. 企业财务管理实践中的伦理问题
4. 企业财务管理中不道德行为的防范

引导案例

西安达尔曼是如何进行财务舞弊的

西安达尔曼实业股份有限公司（简称“达尔曼”）于1993年以定向募集方式设立，主要从事珠宝、玉器的加工和销售。1996年12月，公司在上海证券交易所挂牌上市，并于1998年和2001年两次配股，在股市募集资金共计7.17亿元。西安翠宝首饰集团公司一直是达尔曼的第一大股东，翠宝集团名为集体企业，实际上完全由许宗林一手控制。从公司报表数据看，1997～2003年间，达尔曼销售收入合计18亿元，净利润合计4.12亿元，资产总额比上市时增长5倍，达到22亿元，净资产增长4倍，达到12亿元。在2003年之前，公司各项财务数据均衡增长，具有较强迷惑性。2003年，公司首次出现净利润亏损，主营业务收入由2002年的3.16亿元下降到2.14亿元，亏损达1.4亿元，每股收益为－0.49元。同时，公司的重大违规担保事项浮出水面，涉及3.45亿元人民币，133.5万美元；还有重大质押事项，涉及5.18亿元人民币。

2004年5月10日，达尔曼被上海交易所实行特别处理，变更为“ST达尔曼”，同时，证监会对公司涉嫌虚假陈述行为立案调查。2004年9月，公司公告显示，截至2004年6月30日，公司总资产锐减为13亿元，净资产－3.46亿元，半年亏损高达14亿元，不仅抵消了上市以来大部分业绩，而且濒临退市破产。此后，达尔曼股价一路狂跌，2004年12月30日跌破1元面值，成为中国A股市场成立至今诞生的首只“仙股”。2005年3月25日，达尔曼被终止上市。

2005年5月17日，证监会公布了对达尔曼及相关人员的行政处罚决定书（证监罚字［2005］10号），指控达尔曼虚构销售收入，虚增利润，通过虚签建设施工合同、设备采购合同、虚假付款、虚增工程设备价格等方式虚增在建工程，重大信息（主要涉及公司对外担保、重大资产的抵押和质押、重大诉讼等事项）未披露或未及时披露。同时，证监会还处罚了担任审计工作的三位注册会计师，理由是注册会计师在对货币资金、存货项目的审计过程中，未能充分勤勉尽责，未能揭示4.27亿元大额定期存单质押情况和未能识别价值1.06亿元的虚假钻石毛坯。

调查表明，达尔曼从上市到退市，在长达8年的时间里都是靠造假过日子的。这场造假圈钱骗局的导演就是公司原董事长许宗林。许宗林曾担任多个社会职务，荣获多项荣誉称号。然而在这些光环的背后，许宗林是一个不折不扣的“窃企大盗”、“大骗子”。现已查明，1996~2004年期间，许宗林等人以支付货款、虚构工程项目和对外投资等多种手段，将十几亿元的上市公司资金腾挪转移，其中有将近6亿元的资金，被转移至国外隐匿。2004年12月1日，西安市人民检察院认定，许宗林涉嫌职务侵占罪和挪用资金罪，应依法逮捕。2005年2月，证监会对许宗林开出“罚单”：给予警告和罚款30万元，并对其实施永久性市场禁入的处罚。

达尔曼虚假陈述、欺诈发行、银行骗贷、转移资金等行为是一系列有计划、有组织的系统性财务舞弊和证券违法行为。在上市的8年时间里，达尔曼不断变换造假手法，持续地编造公司经营业绩和生产记录。

（1）虚增销售收入，虚构公司经营业绩和生产记录。达尔曼所有的采购、生产、销售基本上都是在一种虚拟的状态下进行的，是不折不扣的“皇帝的新装”。每年，公司都会制订一些所谓的经营计划，然后组织有关部门和一些核心人员根据“指标”按照生产、销售的各个环节，制作完全虚假的原料入库单、生产进度报表和销售合同等，为了做到天衣无缝，相关销售发票、增值税发票的税款照章缴纳，公司还因此被评为当地的先进纳税户。

公司在不同年度虚构销售和业绩的具体手法也不断变化。1997~2000年度主要通过与大股东翠宝集团及下属子公司之间的关联交易虚构业绩，2000年仅向翠宝集团的关联销售就占到了当年销售总额的42.4%。2001年，由于关联交易受阻，公司开始向其他公司借用账户，通过自有资金的转入转出，假作租金或其他收入及相关费用，虚构经营业绩。2002~2003年，公司开始利用自行设立的大批壳公司来自我交易，达到虚增业绩的目的，年报显示，这两年公司前五名销售商很多是来自深圳的新增交易客户，而且基本都采用赊销挂账的方式，使得达尔曼的赊销比例由2000年的24%上升到2003年的55%。经查明，这些公司大多是许宗林设立的壳公司，通过这种手法，两年共虚构销售收入4.06亿元，占这两年全部收入的70%以上，虚增利润1.52亿元。

（2）虚假采购、虚增存货。虚假采购一方面是为了配合公司虚构业绩需要，另一方面是通过虚假采购达到转移资金目的。达尔曼虚假采购主要是通过关联公司和形式上无关联的壳公司来实现。从年报看出，公司对大股东翠宝集团的原材料采购在1997~2001年呈现递增状态，2001年起采购额占到了全年购货额的26%。2002年年报显示，公司当年存货期末数增加了8641万元，增幅达86.15%，系年末从西安达福工贸有限公司购钻石毛坯4.5万克拉，估价1.06亿元所致，该笔采购数额巨大且未取得购货发票。后经查明，此批上亿元的钻石实际是从壳公司购入的没有价值的锆石。锆石在形态上与钻石几乎相同，非专业人士难以分辨，注册会计师也因未能识别该批虚增的存货而受到处罚。从2001年公司开始披露的应付账款前五名的供货商名单可以看出，公司的采购过于集中，而且呈加剧状态，到2003年，前五位供货商的应付账款占到全部应付账款的91%。

（3）虚构往来，虚增在建工程、固定资产和对外投资。为了伪造公司盈利的假象，公司销售收入大大高于销售成本与费用，对这部分差额，除了虚构往来外，达尔曼大量采用虚增在建工程、固定资产，伪造对外投资手法来转出资金，这样公司造假现金就可以循环使用。此外，还通过这种手段掩盖公司资金真实流向，将上市公司资金转匿到个人账户占为己有。据统计，从上市以来达尔曼共有大约15个主要投资项目，支出总金额约10.6亿元。然而无论是1997年的“扩建珠宝首饰加工生产线”项目，还是2003年的“珠宝一条街”项目，大多都被许宗林用来作为转移资金的手段。2002年年报中的“在建工程附表”显示，公司有很多已开工两年以上的项目，以进口设备未到或未安装为借口挂账，而2003年年报的审计意见中更是点明“珠宝一条街”、“都江堰钻石加工中心”、“蓝田林木种苗”等许多项目在投入巨额资金后未见到实物形态，而公司也无法给出合理的解释。证监会的处罚决定指控达尔曼2003年年报虚增在建工程约2.16亿元。

（4）伪造与公司业绩相关的资金流，并大量融资。为了使公司虚构业绩看起来更真实、更具欺骗性，达尔曼配合虚构业务，伪造相应的资金流，从形式上看，公司的购销业务都有资金流转轨迹和银行单据。为做到这一点，达尔曼设立了大量壳公司，并通过大量融资来支持造假所需资金。在虚假业绩支撑下，达尔曼得以在1998年和2001年两次配股融资。同时达尔曼利用上市公司信用，为壳公司贷款提供担保，通过壳公司大量融资，从银行融入资金作为收入注入上市公司，再通过支出成本的方式将部分转出，伪造与业绩相关的资金收付款痕迹。

（资料来源：马军生、高垚、董君，《财务与会计》，2006年03期）

企业财务伦理是企业在其财务活动中涉及财务关系时，所必须遵循的行为准则和道德规范，是企业财务的道德体现。企业是社会的经济细胞，它担负着不断提高自身经济效益、不断增加社会财富的任务。有效的企业管理，尤其是有效的财务管理，是企业充分合理配置内外各种社会资源、自然资源、人力资源，实现短期效益与长期效益、经济效益与社会效益共同提高的有力保障。财务管理涉及成本、利润、投融资等一系列与股东、员工、顾客、供应商、经销商、政府等利益相关者经济利益密切相关的环节，是企业价值观的最终体现之一。由于财务与会计工作的特殊性，往往引发与技术性、专业性相关的伦理问题，如财务造假、会计信息不实等，这些问题不仅损害了企业自身的利益和形象，而且也损害了社会利益，影响了社会经济的健康发展。

第一节　企业财务管理的道德风险及伦理原则

企业管理是一个复杂的系统工程，包括企业战略管理、人力资源管理、市场管理等。财务管理作为管好、用好企业“钱袋子”的活动，是企业管理的重要组成部分，而努力提高企业财务管理水平则是保证企业的生存发展、企业的效益、企业的市场份额、企业的竞争实力以及企业相关者切身利益的有效途径。

马克思在《资本论》中指出：“如果有10%的利润，资本就保证到处被使用；有20%的利润，资本就活跃起来；有50%的利润，资本就铤而走险；为了100%的利润，资本就敢践踏一切人间法律；有300%的利润，资本就敢犯任何罪行，甚至敢冒绞首的危险。”企业财务管理的特殊性使其面临一定的道德风险，在实际操作过程中，只有严格遵循一定的伦理原则，彻底消除这些道德风险，才能保证企业财务信息的真实性、公开性，充分发挥财务管理的内部理财功能和外部融资功能，为企业发展提供源源不断的“养分”。

一、企业财务管理的特殊功能

企业管理是一个系统工程，不但包括对企业内部资源的管理，而且包括充分有效利用企业外部各种资源。资金是企业存在、发展的前提条件和物质基础，所以企业管理的中心是财务管理，财务管理水平的好坏直接关系到企业的效益、企业的发展、企业相关利益者的切身利益以至整个社会的经济水平。

企业财务管理是指针对企业资金的形成、运用、耗费、收入和分配所开展的一系列分析、计划、协调、控制和监督的综合经济管理工作，它独立于劳动管理、生产管理、销售管理等其他各项业务管理活动，体现了企业财务活动和财务关系。

我国颁布的《企业财务通则》明确规定：企业财务管理主要包括企业筹资管理、流动资产管理、固定资产管理、无形资产管理、递延资产和其他资产管理、对外投资管理、成本和费用管理、营业收入、利润及分配管理和企业外币业务管理等方面内容。

企业作为社会的经济细胞，要想生存和发展，就必须在经营中获得一定的利润，因为只有盈利，才能使企业有效地应对市场风险，在激烈的市场竞争中发展壮大，不断开拓新的市场领域；只有盈利，才能充分保障各个企业参与者尤其是投资者和管理者的利益，使他们更加积极地参与企业的建设，促进企业的健康发展；只有盈利，才会促进整个社会经济水平的不断提升。一个不讲求经济效益的企业也不可能长久，因为如果不追求经济效益，企业就不可能及时地更新设备、引进人才、改造技术、拓展市场、扩大投资。为了盈利，企业必须制定符合实际情况的长远发展战略，根据内外部环境的变化及时调整资本结构和投资方向，充分有效地利用人力资源，建立富有个性的、能不断提升企业管理水平的企业文化，但最关键的则是进行有效的财务管理，因为资金是企业的“物质食粮”，是企业的生命力。

企业财务管理的目的就是通过确定合理的资本结构和投资方向，有效利用企业从内部和外部筹措到的资金，保证经营活动有一定的盈利。其中，盈利的手段主要体现在财务管理的两大功能上，即针对内部的理财功能与针对外部的投资功能。

（一）理财功能

资金是企业发展的前提和基础，“巧妇难为无米之炊”，缺少足够的资金，即使有再好的外部环境、再高明的管理者，企业仍然“寸步难行”，因而合理有效地利用资金是确保企业持续成长、不断壮大的有效途径。对于一个企业来说，首先应利用好内部资金，因为这是带动内部其他资源发挥作用的前提。只有高效使用内部资金的企业，才会有足够的实力和基础去筹措外部资金，而且投资者和金融机构也只愿意把资金投给有实力、有能力、有信誉的企业。就内部资金的控制而言，企业财务管理主要发挥理财功能。随着社会主义市场经济的建立、政府管理企业职能的转变以及适应我国社会主义市场经济发展要求的新经济运行机制的建立与完善，要求企业财务管理不仅仅是过去的记账、算账、报账，而应转向对企业生产经营的预测、决策、控制、反映和监督，逐步建立起以提高经济效益为中心，并有利于转换和完善企业经营机制的财务管理，真正行使财务参与企业经营管理职能，把工作重点转移到更好地参与本单位的经营管理上来，使资金流向形成良性循环。

企业财务管理要根据企业的内外部环境、企业发展现状、企业经营状况及企业未来发展战略等因素进行科学的成本分析和成本控制，以保证资金的收支平衡；及时处理企业临时闲置资金以获取短期投资收益；加强对存货、应收账款的管理，提高资金周转速度，以节约资金，提高资金使用效率，使企业现有的资金最大限度地发挥作用；主动通过互联网把财务信息向企业的内部和外部网页上发布，把财会资料以电子邮件方式传至税务、会计师事务所、证券交易所等机构，接受内、外部监督。为了充分发挥内部理财功能，企业财务管理还必须利用自身职能参与企业经营决策。例如，在筹建新项目的建议书中，财务人员需要对新项目的经济效益进行预测与分析，分析如何筹集资金，对投资少、见效快、收益大的方案提出初步意见；在项目可行研究中，财务人员对投资额、资金比例、出资方式、成本费用、税金、利润分配等内容进行预测与分析，对不同的方案进行分析评估，作为该决策的依据；通过参与经营决策，保证企业资金使用的正确性与科学性，提高资金利用率，保证经营目标的实现。

（二）投资功能

拥有足额的资金对于企业发展必不可少，而用好这些资金则是真正解决企业能否盈利、能否应对市场竞争的根本。资金只有在流动中才会不断增值，而企业只有通过投资才会获得更大的利润。所谓投资，就是指以支出现金获取更大收入为目的而发生的现金流出。就外部资金的利用而言，企业财务管理要进行资本结构及融资成本的分析与投资风险的评估等活动，以便为企业筹措到低成本的资金并进行有利可图的投资，最大限度地实现企业价值最大化目标，为企业健康稳定发展创造一个良好的财务环境。

（1）根据企业的实际情况和发展需要，确定合理的资本结构。资本结构也称财务结构，是指企业各种资本的构成及其比例关系。广义的资本结构是指企业全部资本的构成及其比例关系，不仅包括权益资本和长期债务资本，还包括短期债务资本；狭义的资本结构是指企业长期资本的构成及其比例关系，包括权益资本和长期债务资本，而不包括短期债务资本。合理的资本结构是保证企业发展的必备条件，当企业进行负债性筹资决策时，应在权益资本和债务资本之间确定一个适当的比例结构，使负债水平始终保持在一个合理的水平上，不能超过自身的承受能力，负债经营的临界点是全部资金的息、税前利润等于负债利息。在达到临界点之前，提高负债将使股东获得更多的财务杠杆利益；一旦超过临界点，加大负债比率就会成为财务危机的前兆。若长短期债务比例不合理，还款期限过于集中，会使企业资金周转缓慢，影响企业的正常生产经营活动。因此，形成合理的资本结构，还应该要综合考虑企业发展的前景、收益的稳定性、同行业的竞争情况和企业的资本结构等情况，充分利用财务杠杆原理来权衡企业产生的效益和可能承担的风险，避免可能在经营困境中产生的权益资本收益率低于负债筹资率的现象。

（2）通过积极有效地融资，解决企业发展资金问题。企业要不断扩大生产规模、开拓新的领域、不断提高自身竞争能力，必须以强大的资金流作为保证。企业财务管理必须根据企业实际发展水平和需要分析内、外部融资成本，以最佳融资方式和渠道取得企业发展所需资金。企业首先应该培育内源融资能力，因为对于一个企业来说，如果没有任何内源融资能力，仅靠外部投入或借入的资金去发展，企业要面临巨大的经营风险和财务风险，此时即使细小环节出现失误，也会使企业陷入沉重的债务负担，甚至破产倒闭。盲目扩大外源融资，会增大企业的经营成本，降低资金的使用效率和报酬率。但只要企业按照实际情况，将内源融资与外源融资有机结合起来，就能筹措到更多更有效的资金。在外源融资方面，企业还可以采取吸收风险投资来扩大融资。所谓风险投资，是指风险投资公司为有发展潜力但缺少资金的中小型科技企业而提供最初的风险资本投入，待被投资企业进入稳步发展阶段，风险投资公司就通过股票上市或转让方式收回投资，获取利润。正确处理内源融资与外源融资的关系，解决企业发展资金不足给企业带来的障碍，是企业财务管理投资功能的一个重要组成部分。

（3）不断提高投资管理水平，使企业"以钱生钱"。企业生存和发展的前景如何，在很大程度上取决于投资管理水平。企业投资管理是对企业投资活动及其所形成的财务关系的组织与调节，是指企业如何以最合理的资金投入达到最佳配置企业财务资源，从而实现最大化投资效益的过程。企业财务管理通过对投资项目进行可行性预测分析，制定科学的投资战略，确定合理的投资比重和格局，将有限的资金投入到技术先进、竞争能力强、产品市场容量及可占市场份额大、回报率高的领域，切实实现价值最大化并降低企业经营风险。

二、企业财务管理的道德风险

企业财务管理的最终目标是追求利益最大化，企业财务管理通过充分发挥内部理财和外部投资功能，能够不断为企业发展提供后续力量。但由于企业财务管理的复杂性使其面临着一定的道德风险，给企业乃至社会带来不少负面影响，因而研究企业财务管理道德风险的发生机制、加强财务人员的道德风险防范，对提高财务管理效率有着重要意义。

财务人员道德风险是指在财务业务过程中，由于财务人员的恶意行为或不良企图等道德问题，故意使财务风险事故发生或损失扩大，从而发生的财务风险。财务人员道德风险可分为职业道德风险和社会道德风险，前者是指财务人员不认真履行职责或玩忽职守造成企业损失，后者是指财务人员主观上具有强烈的不良企图和恶意行为，如贪赃枉法、徇私舞弊等，给企业带来巨大损失。

德国心理学家勒温（K. Lewin）曾提出著名的行为归因公式

$$B = F(P - E)$$

该式表明，人的行为是个人特性与外部环境共同作用的结果。由此可见，财务人员道德风险是个人内在不良品质在财务管理环境中疏漏的刺激引诱下产生的。

（1）由于企业所有者与财务人员之间的委托—代理关系而产生道德风险。从本质上讲，企业所有者与财务人员间的关系是一种委托—代理型的契约关系。在企业的任何契约中，由于各契约联结者的地位、分工、偏好、行动不同以及信息的传输、甄别和加工存在成本，导致某些契约联结者拥有私人信息，而其他契约联结者却不知情，或者某些契约联结者拥有的私人信息多于其他契约联结者。比如，企业管理当局比股东、债权人、政府管理部门拥有更多的财务信息，股东比债权人拥有更多的财务信息，大股东比小股东拥有更多的财务信息。而通常情况下，由于代理人处于信息的前沿地位，其信息获取以及依赖程度上总是比委托人更为有利。与企业所有者（委托方）相比较，财务人员（代理方）对市场信息的了解更为充分，即存在信息不对称问题，由此会产生财务人员的逆向选择，或称机会主义倾向。所谓机会主义倾向，是指财务人员在与企业所有者的博弈过程中，会采取隐瞒真实情况等不正直和不诚实手段来达到个人目的，其行为有投机取巧、见机行事、有意隐瞒和歪曲信息等，其具体表现就是财务道德风险。

（2）财务环境的复杂性及市场机制的转变带来价值观念、道德标准的变化，使企业财务管理人员面临困境而产生的道德风险。现实中的财务人员不仅工作在财务领域，更生活在社会大环境中，其工作作风与生活习惯不可避免地要受到社会各种不良因素的影响和干扰。如果在一个道德意识淡泊、公共意识低下、自我中心突出的社会环境中，财务人员的敬业精神与诚信意识必然受到影响。而且财务人员本身就是企业的职员，其自身利益与所在单位的兴衰息息相关，单位收益的提高可能意味着全体员工奖金的增加，而一笔贷款的获得可能使企业起死回生，使大家都不至于失去饭碗，但更多的原因还是出于对个人岗位、职位和待遇的维护。因为企业财务人员受聘、受雇于其所在单位，其衣、食、住、行、奖惩、升迁，均依靠其在单位的任职及任职的业绩，但同时他又承担着为社会负责的义务，这种“双重身份”往往使他们陷入两难境地。企业财务人员一般都懂得应依法办事，能够遵守职业道德，但在当前经济体制转型的过程中，他们同时接受着计划和市场两种机制的作用，要适应原有的和变化了的道德标准、价值观念和法定职责。在职业道德自我修养上，本来就存在着习惯上的新旧交替和矛盾，需要财务人员去适应去解决；如果遇到激烈的碰撞和对立，财务人员则会深感困惑、茫然、不知所措。在现实的经济活动中，某些私营企业为了企业、个人的私利，在市场经济法制尚不健全的条件下，违背规则，指令财务人员做假账、编制虚假财务报告、偷税漏税、欺骗公众，财务人员明知违法，但迫于生计为其服务，甚至通同作弊、同流合污。

调查资料显示，当财务人员在工作中，本着实事求是、客观公正精神，坚持原则处理财务事务，同单位负责人的意见产生分歧时，16.87%的财务人员认为应当做到坚持原则；21.86%的财务人员认为应直接按照单位负责人的意见办；61.7%的财务人员认为应作好“技术处理”以按照单位负责人的意见办。1998年的成都红光实业股份有限公司编造虚假利润、骗取上市资格一案，就是在公司领导人授意后，由财务部副部长陈哨兵具体组织实施的。他们将折旧方法由双倍余额递减法改为直线法，虚开增值税专用发票等虚报利润10805万元，使得红光公司股票得以上市。

（3）企业财务人员自身道德素质欠佳造成企业财务管理面临道德风险。虽然我国关于企业财务管理法律法规的实施和社会精神文明建设使企业财务人员的道德水平已经上了一个新台阶，但现实生活中，由于我国财务管理制度及专职企业财务人员的准入机制还不够健全，使得企业财务管理人员队伍良莠不齐，部分道德素质欠佳之人混迹于财务管理行列，当在工作中能够利用职务之便为自己牟私利时便违背道德准则去操作。例如，有人将公司资金转移到个人账户，有人利用公款购房、购车，有人利用公款参与赌博，有人对于公务开销常常“少花钱多报账”，这些都给企业造成了一定的经济损失，同时也破坏了整个企业财务管理行业的道德水平。

（4）企业外部环境的变化使企业财务管理面临更大风险。随着企业所面临的金融全球化、知识经济和电子商务等财务环境的变化，企业所承受的财务风险进一步加大了。金融全球化和电子商务所产生的“网上银行”及“电子货币”将使国际间的资本流动更快捷，资本决策可在瞬间完成，这使得货币的形式及本质发生变化，从有形形态演化成无形形态、从直接价值演化成间接价值等。知识经济将使信息传播、处理、反馈以及更新的速度大大加快。这些新变化都给企业带来了更多机遇，但电子商务业务，特别是金融性业务的拓展，往往容易出现一种严重的脱节现象，这就是业务发展与有效监督机制不能同步进行，业务和技术有新的发展，而有效的监督跟不上，一些信誉欠佳的企业在经济往来中就会出现投机现象，给企业财务管理带来更大风险。

阅读案例

轰然倒下的巨人——安然

2001年12月2日，名列世界500强的巨人企业安然公司向纽约破产法院申请破产保护，开列的资产总额近500亿美元，成为美国有史以来规模最大的企业破产案。此案引起了人们普遍的关注和思考。

美国能源巨头安然公司成立于1985年，总部设在得克萨斯州休斯敦。该公司拥有资产498亿美元，雇员达2万多人，曾是全球最大的天然气交易商和最大的电力交易商，鼎盛时期年收入达1000亿美元，在美国500强企业中名列第七。此外，它还曾被《财富》杂志评为美国最具创新精神的公司。

1985年，经济学博士肯尼思·雷看准美国政府放弃能源业务管制所带来的无限商机，在得克萨斯兼并两家石油管线公司的基础上组建安然公司。在杰弗里·斯基林等得力干将的协助下，公司高速发展。到1996年底，安然成为名扬四海的天然气和电力交易巨人，每股股票市值21.50美元。

1997年元月，肯尼思·雷隐退，杰弗里·斯基林接任总裁兼首席运营官，2000年任首席执行官。杰弗里·斯基林是一位熟谙财务与金融工具、强调智力资本取胜的管理者。在首席财务官安德鲁·法斯托的大力协助下，他推行了以下被认为导致安然公司毁灭的管理战略。

（1）将安然公司创建为“资产轻便型”公司。为了维持高水平的信用等级，募集更多资金，用以支撑公司投资高利润项目，杰弗里·斯基林决定通过账目调整，将安然公司的部分问题资产（如电信光缆和水务开发项目）作为资本和合作项目，与外来投资者重新组建，并由公司少数高层管理者参与运作。这样，一来可以减少负债表中的不良资产数目，保证对外报表的信用等级；二来可以为公司部分高层管理者赢得较大的利益回旋空间。由首席财务官安德鲁·法斯托负责这些合伙公司的业务。作为条件，合伙公司要求，一旦安然公司的信用等级和股票价格降到某一个点位，他们将出售自己的股票来偿还债务。因此，安然公司潜伏债务约达40亿美元。

（2）进入一系列崭新的高利润行业。处于为了维持公司的高额利润，并弥补公司在投资上形成的高额债券，挽救转入合伙公司中的表外负债等原因，1999年，安然公司成立“安然在线”，杰弗里·斯基林领导公司由传统能源领域进入纸张、金属、木制品和宽带网交易领域，希望用能源交易方面的专业技术在电子商务平台上获得“新经济”带来的高额利润。然而，投资12亿美元的光纤容量和交易，却随着宽带网市场一溃千里而无法获益。

与此同时，安然公司为了拓展海外业务在巴西投资13亿美元，以及下属公司Azurix

为购入英国西撒克斯水业务而支付24亿美元，收益却不如预期的高。更糟糕的是，2000年8月，Azurix的每股股票价格由19美元跌至5美元。

2001年3月，安然公司与其他能源供应商一道被加利福尼亚州指控涉嫌价格欺诈。6月，安然公司股票从最高点（2000年8月17日的90美元）下挫39%。公司高层开始秘密出卖所持公司股票，斯基林出卖所持公司股票总额为1750万美元。8月，斯基林以个人原因辞职，投资者无不感到吃惊。

肯尼思·雷再度出山，担任安然公司首席执行官。10月16日，安然公司宣布第三季度亏损6.18亿美元，股东股本缩水12亿美元。肯尼思·雷认为这些损失部分是由安德鲁·法斯托负责的合伙公司造成的。10月22日，安然公司告知美国证券交易委员会，它已经开始对法斯托的合伙公司进行调查。两天后，法斯托下台。11月，美国动力能源公司拟出资100亿美元收购安然，但很快因安然公司的账目和债务状况错综复杂而放弃。安然公司的信用等级降至垃圾级。12月2日，安然公司申请破产重组。此时，安然公司本部负债131亿美元，子公司负债187亿美元，此外还有公司资产负债表外的负债约200亿美元，数千名持股员工的养老基金化为乌有，数千名员工失业。4家检察院拟将对安然公司和斯基林等27位高级管理人员提出刑事指控。

安然丑闻不仅仅是一桩经济丑闻。据《纽约时报》、《华盛顿邮报》等披露，安然与美国政界关系十分密切，其负责人曾是白宫领袖们的座上客；在1989~2001年期间，美国共有71位参议员和187位众议员收受了安然公司的政治资助；安然还曾资助布什竞选美国总统；布什政府诸多核心人物是安然股份的持有者——这些为安然丑闻蒙上了一层政治色彩。

与安然公司同时遭受谴责和起诉的是负责安然公司审计事务的安达信会计师事务所。这是一个具有88年历史、原居世界第二位的会计师事务所。公众认为安达信事务所在安然公司为其每月支付高达百万美元酬金的吸引下（2000年，安达信会计师事务所从安然公司获得大约5000万美元的审计费），违反了公共审计的职业准则和相关法律，“失去了判断的准确性”，成为安然公司财务作假和欺骗股民的帮凶。

在法院调查安然破产案的过程中，安达信会计师事务所毁掉了部分有关安然公司的重要资料，包括电脑文件、审计报告等。美国证监会据此认为，安信达的行为已构成犯罪或有意阻碍司法调查。

三、企业财务管理的伦理原则

现代市场经济是法律经济，通过对各种市场行为的立法、执法，规范正当的市场秩序，采用法律约束控制市场主体的行为，同时现代市场经济也是伦理经济，要求各经济主体必须道德经营、道德竞争，同时也为以德取财的企业提供了更多的机会和市场。孔子在回答子夏问政时说：“无欲速，无见小利。欲速，则不达；见小利，则大事不成。”也就是说，一味追求“利”，可能反而得不到利；“以义取利”，则会有持续的利益。而合乎道德的企业财务管理是充分发挥企业财务管理功能、不断增强企业实力、提高企业信誉度的必然要求。企业财务管理必须遵循以下伦理原则：

（一）真实性原则

真实性原则是指要如实记录企业财务信息、真实反映企业财务状况，即财务处理的经济业务必须符合实际。这是企业财务管理的第一大伦理原则。

财务信息在整个社会的经济活动中处于基础性和中枢性的地位，它既是企业经营状况的直接反映，又是国家掌握宏观经济运行趋势的重要依据。当前，我国企业财务信息失真现象异常严重，并呈不断蔓延之势。这一现象不仅造成了恶劣的影响，也对我国经济的发展产生了极大的负面作用。财务信息失真现象一方面破坏了我国的投资环境，严重影响了资本提供者的投资决策；另一方面，破坏了正常的生产秩序，严重影响了生产经营者的财务决策和生产经营决策。尤其是上市公司的财务信息失真现象，已对我国社会环境的安定构成了严重的威胁。此外，财务信息失真现象还在很大程度上造成了国家税收和其他国有资产的大量流失。

真实性是企业财务管理的生命，是其价值所在。因为企业的资产及负债、流动性及偿债能力、收益能力以及现金流转等综合财务状况，不仅直接涉及企业的财务管理，而且同时也反映了企业的经营状况。一方面，企业内部的管理决策要根据企业的财务状况进行，企业的管理制度、融资方式、投资领域、营销模式乃至企业文化都必须与企业具体的财务状况相适应；另一方面，企业外部的有关各方也要根据企业的经营状况进行决策，如政府要根据它进行税收，银行要根据它决定是否贷款，股东要根据它决定是否对企业进行投资，投资市场上潜在的投资人要根据它决定是否购买企业的股票等。所以从企业伦理的角度看，根据经济效率与经济公平两大伦理原则，企业财务管理最根本的一条伦理准则就是真实，即以实际发生的经济业务的合法凭证为依据，真实、准确地记录企业的财务状况和经营成果，尤其不得假造文件和账目，参与欺诈和其他不道德的活动。

（1）从经济效率的角度看，真实准确的财务信息是良好财务管理的基础。虚假的、不真实的财务信息会使财务管理作出错误的判断和决策，从而给企业管理带来重大损失，而且会严重地损害相关各方的利益。

（2）从经济公平的角度看，造假账、提供虚假的财务信息往往是为了某种目的而进行的欺骗，实质上是一种侵害他人权益的欺诈活动。比如企业内的财务人员为了掩盖自己贪污或挪用公款的真相而做假账，就侵犯了普通纳税人的利益；企业为了获取一笔贷款需要提高净收益指标，财务人员就采取改变存货计价方法、折旧方法或者修改坏账比率等，从而减少了其他企业获取贷款的公平竞争机会。

大量的信息是制定决策的前提，没有足够可靠、真实客观的信息，决策就会流于形式，走过场，起不到应有的作用。在企业，大量及时有效的信息来自用于反映企业经营状况的财务信息，它成为企业制定经营决策的重要基础，是企业市场营销决策、产品生产决策和技术改造决策的衡量标准。

我国新《会计法》规定：在企业内部，财务人员处理经济业务，必须按照国家统一的财务制度的规定对财务资料进行审核，对其合法性、经济性作出判断，对不真实、不合法的经济业务有权不予接受，并向单位负责人报告。对记载不准确、不完整的财务资料可予以退回，并要求按照国家统一的财务制度的规定更正、补充。为了保障企业内部人员及外部相关各方的利益，企业财务管理必须贯彻真实的原则，准确反映企业收支状况。

（二）互利性原则

交易本来就是互通有无的一种权利交换，在市场经济条件下，各企业之间只有互相尊重对方的平等主体性，贯彻互惠互利的交易原则，才能保证“游戏规则”的正常实施。企业财务管理不仅仅为企业统筹安排资金服务，而且作为社会的经济细胞，每个企业只有与其他企业“和平共处”，才能利己又利他，实现“双赢”甚至“多赢”，所以企业财务管理还必须兼顾企业内部其他部门、企业外部利益相关者以及竞争对手的利益。尤其在电子商务日益发展的今天，更要充分发挥其带给企业财务管理的便利性，而坚决抵制其带来的负面效应。

（三）责任性原则

被誉为“经营之神”的日本松下电器公司董事长松下幸之助曾说：“经营非私人之事，乃公众之事，它是社会的公器。因此，要对社会具有责任感，要与社会共存荣。”同样，责任性也是企业财务管理必须遵循的原则。

责任是指由一个人的资格（包括作为人的资格和作为角色的资格）所赋予、并与此相适应的从事某些活动、完成某些任务及承担相应后果的法律的和道德的要求。责任是一个非常重要的伦理学范畴，从伦理学角度看，这是对责任内蕴所作的形象阐发。责任具有的伦理意义体现了道德实践精神内在要求，在道德关系主客体具备的前提下，道德主体还要依据社会所提供的道德规范积极行动，自觉地实践道德理想和道德目标。责任作为伦理范畴的实践精神规定是对道德主体更高层次的要求，是道德社会本质的内在规定。

在市场经济条件下，存在着利益主体多元化趋势，而多元化利益主体的经济活动基本上是利益驱动所致的，这样，一笔经济业务所涉及的利益主体往往也是多元的，财务管理能否依法、真实地反映这些发生的经济业务，一方面直接关系到各利益主体的利益分配，另一方面会间接地影响国家税收、社会分配等方面，这就涉及社会公众的利益问题。在现代社会，经济主体之间相互影响、相互制约的局势越来越明显。企业的存在和发展，离不开政府、供应商、经销商、消费者、股东、投资商等的共同发展。所以，企业有责任向利益相关者提供真实、及时的财务信息。因为有效的财务信息是各种契约关系存在的基础，也是评价契约履行情况的依据。例如，一个潜在的股东会依据企业提供的财务信息决定是否购买该企业的股票而成为其股东；一个持股者则会依据企业提供的财务信息决定是继续持有股票还是转让股票；一个潜在的债权人会依据企业提供的财务信息判断借款是否安全、利息是否有保障而决定是否提供债权资金，等等。再如目前对国有企业管理人员的考核，包括国有资产保值增值率等，主要是建立在财务信息基础之上的，同时，财务信息还在相当程度上决定了管理当局及全体员工包括财务人员的经济奖励。

“没有基于道德感基础之上的责任感，任何职业都将失去它的社会价值：对于社会，它不能有效地实现职业职能、创造效益、组织社会结构、稳定社会的价值；对于个人，它不能长期谋生，进行个人技能的积累，为社会服务与作出贡献的价值。”责任的道德内涵要求人们把责任性原则作为企业财务管理的重要原则。企业依其内在发展要求产生不同的部门分工而不同部门的人们具有不同的责任，由此决定责任者在实现责任的过程中，必须从企业的长远利益出发，做好企业财务管理工作，不造成任何资金浪费，并及时、准确地向各利益相关者及国家监督部门提供真实全面的财务信息。

阅读案例

格林柯尔引发科龙危机

格林柯尔从2005年8月1日起停牌，于2007年5月18日退市，顾雏军资产从此灰飞烟灭。顾雏军从注册成立顺德格林柯尔企业发展有限公司的那一刻开始，就已经瞄准了科龙。他先是利用从科龙电器划拨的1.87亿元资金，采取反复对倒、反复划账的方式注册顺德格林柯尔，并使其从表面上符合《中华人民共和国公司法》的相关出资规定。打造好了顺德格林柯尔这一购并平台后，科龙电器的梦魇从此开始。2001年10月31日，科龙电器在香港发布公告：公司大股东容声集团与顺德格林柯尔（顾雏军的私人公司）订立买卖协议，后者将以5.6亿元的总代价获得科龙电器20.64%的股权。一个月后的临时股东大会上，顾雏军等8人被正式委任成为董事。新一届的董事会中共有9名董事，其中5名执行董事全部来自于格林柯尔。中国的家电生产巨头科龙电器已经在顾雏军的掌控之中了，而此时顾雏军仅支付了1.5亿元，20%的股权也只是质押，还没有过户。2002年4月，科龙电器公告：原单一大股东容声集团向格林柯尔出售2.05亿股科龙电器股票（占已发行股本的20.64%）的总代价减至3.48亿元人民币。在顾雏军率管理团队进驻科龙电器几个月后，出台巨亏15亿元的2001年年报，使掌控科龙的代价顺势降了2.12亿元。2005年4月26日，科龙电器公告预亏4000万元（按国际会计师准则），并给出了两点原因：一是华意压缩机连年亏损，需将相关7100万元商誉撇除；二是4700万元存货拨备。2004年前三季度，科龙电器盈利已达2亿元，投资机构纷纷作出乐观的预计。后来突然曝出亏损令国内外舆论哗然，连科龙的大股东格林柯尔及顾雏军本人都被置于难堪的焦点。2005年4月29日，科龙电器公布2004年年报：亏损6000多万元，这与上一年盈利2亿多元的业绩形成巨大反差。5月，中国证监会就此问题立案调查，科龙危机爆发，国内投资者眼看着科龙股票从25元掉到了1元多。据有关资料指出，科龙电器与格林柯尔系公司或怀疑与格林柯尔系公司有关的公司之间进行的不正常现金流出总额约为40.71亿元，不正常现金流入总额约为34.79亿元，至少给科龙带来5.92亿元的损失。顾雏军本人遭遇四面楚歌，于同年7月底被捕。

顾雏军1959年生于江苏泰县，1981年于江苏工学院动力工程系本科毕业，1984年于天津大学热能工程系研究生毕业。1985~1988年在天津大学热能研究所从事科研工作，1988年9月发明格林柯尔制冷剂。1989年，在英国，顾雏军创办了顾氏热能技术有限公司，1995年12月，他回国发展，投资5000万美元在天津建成亚洲最大非氟制冷剂生产基地。2000年7月，以北京、深圳、海南和湖北4家工程公司为主体，格林柯尔科技控股有限公司成立并在香港创业板上市，发行2.5亿股，筹集资金5.45亿港元。以发行价计算顾雏军持有上市公司股权的市值折合人民币17.3亿元，加上他的非上市资产，其总身价应当在20亿元以上。从1989年只身赴海外到1995年回国创业，再到2000年成功上市，顾雏军11年挣了20多亿元。

从格林柯尔公开的财务报表看出，1998年该公司收入仅11万元，利润为-800万元，而2000年年报统计的收入则达到3.64亿元，3年里增长了3300倍，这个数字引起了国内外诸多媒体质疑。格林柯尔招股书中关于收费模式的计算公式是客户系统的动力乘以当地电费，乘以估计每月运作小时，乘以收取费用的月数再乘以10%。从财务上看来，这是一个格林柯尔和顾客双赢的收费模式，格林柯尔在这里面的利润是很惊人的，而客户并没有损失什么，反而节省了更多的电费。再就是格林柯尔制冷剂的采购、消耗及库存情况。根据年报披露，1998~2002年上市公司通过关联交易从天津格林柯尔购进制冷剂价值共计3.86亿元，2002年以后再没有购进。2004年年底库存货值仍达1.18亿元。购进的制冷剂只有两种用途：分销及用于替换工程。理论上说，下面的等式应当成立

本期用于替换工程的量=期初存货量一期末存货量+本年购入量一本期分销量

用这个公式推出2001年、2003年和2004年3个年度替换工程消耗的制冷剂金额刚好等于当年替换工程收入的12.5%，没有人会相信这是巧合。格林柯尔一直宣称制冷剂替换工程收费是根据客户用电数据推算出来的，涉及的参数有客户制冷设备功率、当地电价、设备每月工作时数等。在格林柯尔这里两者居然连年精准地维持8:1的比例，所以两组数据中至少有一组是人为编造的，这也许是格林柯尔业绩神话的最大秘密。

格林柯尔财务舞弊的特征主要表现在：

（1）现金舞弊的“高端运作”。通常上市公司会选择不易被发现的资金运作，运用高技术的舞弊手段。他们通过集团内部的债权债务互转，通过中间公司使关联交易非关联化，通过银行或集团内部财务公司配合资本运作等，而技术含量最高且难以识别证明的就是现金舞弊。被曝光者往往是资金链断裂被逼现形，或者被监管机构调查后才得以曝光。这类公司虽然手段高明、造假过程复杂，但都有一个共同的特征：上市公司处于一个关系复杂的集团当中，而且频繁担保与被担保；集团的实际控制人资金链断裂，十分迫切需要现金；上市公司有莫名其妙的资金往来，特别是现金往来非常复杂，尤其是与关联方的，资金流入流出量非常大；现金流量表中“收到（支付）其他与经营活动有关现金”金额巨大。这类公司往往处于关系复杂的集团当中，尤其是多家公司组成的一个“系”。如果该集团的实际控制方资金匮乏陷入困境，那么马上应该引起警惕，他们随时会想尽各种办法挖走上市公司的现金。格林柯尔是一整个“系”，而科龙危机的爆发正是其不小心掉的“链子”，两者之间不正常的现金流入流出总额高达70多亿元，这实在是格林柯尔的“货币转换中心”。

（2）审计机构的串通舞弊。现行的财务舞弊不光是单纯的企业管理层或员工的舞弊，而与银行、证券管理机构、会计师事务所等单位或部门串通舞弊的情况时有发生。格林柯尔是典型代表。虽说审计不可能发现所有的财务舞弊，但德勤在格林柯尔审计中显然没有尽职。格林柯尔存在太多违背常识的现象，其造假手法非常低劣，德勤没有发现“水面上的造假”，不但有未勤勉尽责之嫌，还有审计合谋之嫌。事务所起码一定要把审计程序做足，以便东窗事发能够及时免责。专业人士认为，“四大”审计技术及程序也要顺应中国上市公司财务舞弊特点而作实质性调整，不要追求形式上的完善及程序上的完美，而要根据常规舞弊手法设计有效的审计程序。发现重大舞弊才是审计的终极目标，而不是完善工作底稿。企图以审计工作底稿对抗审计失败的指控，那是一种形式主义。可是这种情况在证券审计市场比比皆是，绝不是德勤独家所有。

(3) 隐蔽的财务造假行为。近年来，随着监管机构打击力度的加大，某些公司的财务造假行为也更加隐蔽多样。而格林柯尔的造假手段就更是丰富多彩，涉及伪造身份证、虚假注资、造假账、诈骗国家土地等多种手段。在对顾雏军及其“格林柯尔系”的一系列财务调查与分析中可以看到，在“国退民进”以及“产业国际化”这两大背景下，格林柯尔代表着这样一种全球化资本运作的“典范”，它以香港资本市场为融资终端，以开曼等“海外银行中心”为资本运作平台，以退出中的国有企业为并购对象。通过一系列堪称精巧的报表操纵与资本运作手法，充分利用不同地区的制度差异与监管“空隙”，将全球化的资本链搭建在正企盼国际化的国内产业体系上。同时，操作者准确地把握住了国企改革过程中国有产权退出的时机，并在深刻理解政府“非卖价目标”内涵的基础上，利用自身大股东的有利地位，在与政府“讨价还价”的过程中获得充分的资本转让溢价。“格林柯尔系”正是利用这一资本杠杆，在短短5年内建立起了规模庞大的产业体系，同时也为顾雏军自己带来了惊人的财富。这与人们所理解的种种“黑幕”最大的不同之处在于，他充分利用了不同制度的合法性——我国大陆不合法的不表示我国香港不能做，而我国香港要谴责的也不表示开曼群岛不允许。

格林柯尔财务舞弊的常用方法主要有：

(1) 关联方交易舞弊。所谓关联方交易舞弊，是指管理当局利用关联方交易掩饰亏损，虚构利润，并且未在报表及附注中按规定做恰当、充分的披露，由此生成的信息将会对报表使用者产生极大误导的一种舞弊方法。根据年报披露，1998～2002年上市公司通过关联交易，从天津格林柯尔购进制冷剂价值共计3.86亿元，2002年以后再没有购进，至2004年年底库存货值仍达1.18亿元。令人奇怪是的格林柯尔制冷剂的生产者——天津格林柯尔并没有包括在上市公司里，《招股章程》中解释道：“本集团专注于中国市场，天津格林柯尔约94%的销售对象（注意是销售对象而非销售额）为海外机构”。1999年度天津格林柯尔的营业额为8.6亿元、纯利润5.73亿元，纯利润率为66.7%，确实是很惊人的数字，要说成非关联方交易估计谁也不会信。

(2) 资产重组舞弊。资产重组有资产置换、并购、债务重组等形式，多发生在关联方之间。我国自2001年1月1日起开始执行的《企业会计准则——非货币性交易》规定，企业以非货币性交易取得的资产应以换出资产的账面价值，加上应支付的相关税费，作为换入资产的入账价值。这项规定封掉了公司利用资产转让、置换和出售进行欺诈的空间。格林柯尔经过一系列的并购，使其很快腾空了流动资金，随之产生的一系列造假更是不断上演。从国外成熟的资本市场情况看，上市公司收购兼并的交易金额大大超过证券市场的融资额。收购兼并作为资本市场配置的重要手段，是上市公司增强竞争力、提升公司价值的有效方式，是资本市场高度活跃的助推器。当我国“民企参与国企重组”一时成为主流话语，体制变动突然带来饕餮盛宴，这正好成就了一些别有用心之人的发财路，他们大肆吞并国家财产，严重损害了人民利益。顾雏军正是利用这些地方政府急于加快国资退出的思路，将收购与改制打包在一起，大玩了一把互惠互利的双赢游戏。

(3) 地方政府援助舞弊。顾雏军的起诉书里透露了当年科龙改制中许多鲜为人知的细节。2001年，顾雏军为收购科龙成立了顺德格林柯尔企业发展有限公司，注册资本12亿元。由于当时仅能筹集3亿元现金，余下的9亿元是以其两项专利使用权作为无形资产出资。按照当时我国《公司法》规定，无形资产在公司注册资本中的比例不能超过25%，可见顺德有关部门当时对顾雏军“网开一面”。根据佛山市检察院的起诉书，2002年4月，由于顺德格林柯尔注册资本中无形资产占75%，远远高于法律规定的比例，顺德市工商部门不予年检。后凭顺德市容桂区办事处出具的协助年检函，最终办理了工商年检。但顾雏军无法筹足6.6亿元来置换注册资本中55%的无形资产，为了骗取公司变更登记，顾雏军指使手下携带相关公司的印章在顺德市容桂信用社内，通过来回倒款的形式，制造天津厂向顺德格林柯尔投资6.6亿元的假象，并将相关虚假资料交给会计师事务所验资，同年12月，骗取了顺德市工商行政管理局对顺德格林柯尔的变更登记。由此看来，顺德政府部门确实是大费苦心。

(4) 利用不当的“会计技术”舞弊。通过观察格林柯尔收购的公司，它们都有很多共性：业绩连年下滑，有的甚至被特别处理或濒临退市，基本上已失去在二级市场上的融资功能。那么，如何使这些“休克鱼”起死回生，再次造血呢？不二法门就是要盈利。而盈利的根本途径应该是核心竞争力和运营效率的提升。可是这个途径在短期内很难实现。怎么办呢？走偏门。简单说

赢利 = 收入 - 成本 - 费用 - 息税

这个公式告诉人们，公式右边任何一项都有文章可做。格林柯尔又是如何做的呢？通过研究它的财务报表和股市表现，不难发现它在上市公司的“费用”上做了文章——大幅拉高收购当年费用，形成巨亏。一方面，降低收购成本；另一方面，为将来报出利好财务报表和进一步的资本运作留出空间。只此一招，就可以“洗去”未来年份的大块费用负担，轻装上阵，出来一份干干净净报表，“盈利”就变得容易多了。

（资料来源：节选自王棣华，《格尔柯尔财务舞弊案例分析及启示》，中国论文下载中心）

第二节 企业财务管理中的伦理问题

随着市场经济的产生与不断发展，作为管理的一种新趋势，伦理观念在财务管理活动中越来越受到重视，在规范市场经济行为中的重要性也越来越突出。企业财务管理活动，就是从财务会计的角度（根据收入、成本和利润以及支付给股东的股息计算）对企业的经济行为进行反映和控制，这些常与社会行为产生某些冲突。因为社会行为表现为对员工、顾客、债权人、供货商、批发商和公众的责任，可持续发展、环境与增长极限、效率与公平的关系等问题。因此，如何使两者之间达到某种平衡，如何在有效培育与配置财务资源的过程中恰当地处理与其利益相关者之间的财务利益关系，如何处理社会因素和伦理道德因素，就成为企业为实现经济利益和社会利益必须考虑的核心问题。

由于企业财务管理中存在较大的道德风险，如果不遵守伦理规则，就容易造成道德失范行为。目前在企业财务管理中的伦理问题，主要表现在融资活动、企业兼并以及财务人员违规等几个方面。

一、企业融资活动中的伦理问题

要创办企业，就必须要有资本，企业的资本如同人的血液，血液循环正常，人体才能行动自如、精力旺盛；资金充足并周转顺畅，企业才能充满活力、生机勃勃。因此，它是企业发展的第一推动力和持续推动力，而企业要不断做大，就必须进行有效的融资。

融资是资金融通的简称，是指资金不足（超额投资）部门与资金剩余（超额储蓄）部门通过建立债权债务关系，使资金从剩余（超额储蓄）部门流向不足（超额投资）部门。融资伦理是指企业在筹措、投资和分配资金时，在处理受资与授资关系中所形成的自律性的行为准则。企业融资是扩大企业资金的有效途径，但在现实的融资活动中，常常存在各种不道德融资行为，其实质是融资者利用他们与投资者之间的信息不对称，以各种欺骗的手段来进行融资，诱骗投资者对不利于投资者或有很大风险的项目进行投资，用别人的钱财来填补自己的窟窿。

（一）企业筹资活动中的非伦理行为

在企业筹资活动中，企业可能出现不伦理的行为，如利用财务报表造假和虚假交易等来达到筹资目的。这种行为严重损害了投资者的利益，导致了上市公司与利益相关者之间的伦理冲突。其主要表现为：

1. 虚假陈述

上市公司在招股说明书、认股书或者公司债券募集办法中，隐瞒重要事实或者编造重大虚假内容，借以发行股票或公司债券。由于股票融资的非偿还性及低成本性，融资者往往首选股票融资方案，将企业的发展规划描绘得前程似锦，而投资者由于信息不对称及认知等条件限制，难以透视融资者的全部情况。从这个角度看，融资者群体，即上市公司与投资者群体之间是一种不平等的关系，上市公司的优越地位为其“圈钱”提供了方便。

2. 担保黑洞

上市公司融资担保本来是一种正常的经济行为，但某些上市公司已将担保演变成为一种恶意的“圈钱”手段，这种变相的担保极大地损害了债权人和中小投资者的利益，造成一些上市公司业绩大幅滑坡，甚至诉讼事件层出不穷，如ST幸福、ST猴王，就是例证。近年来，我国不断加大监管力度，使关联担保现象有所收敛。但是，上市公司之间相互担保已成为中国资本市场上的普遍现象，是导致上市公司与投资者冲突的多发地带。

（二）企业投资活动中的非伦理行为

我国上市公司仍然有较强的投资扩张冲动，投资行为具有明显的短期性和投机性。上市公司在投资活动中，由于投资约束机制弱化，往往置投资者利益而不顾，募集资金滥用现象严重，同时因投资效益不高而对股民的回报搞数字游戏。

1. 随意改变募集资金使用投向

我国《公司法》和《证券法》都规定，公司上市募集的资金只能用于招股说明书中列明的用途。虽然法律并未规定不能变更募集资金的用途，但上市公司频频修改募集资金投向的举措，使投资者不得不对上市公司募集资金的目的产生疑问。统计显示，2000年至今，已有220家左右的上市公司变更了募集资金投向，其中近90家是融资公司，其余多为首次募集资金的企业。2004年如期履约募股资金投向的上市公司尚不到一半，按原计划实际投入金额的公司更是有限。可见，募集资金滥用是上市公司以投资项目为手段，通过采取形式合规的具体措施，改变资金投向，借此达到行为主体“圈钱”的预定目的。

2. 投资的短期性、投机性，令投资者“画饼充饥”

大多数公司上市时业绩平平，上市后并未在主营业务上开拓创新，而是频频改变公司的投资结构和经营范围，以此来分担风险；一些公司盲目上项目，使公司主营业务利润下降，不但不能以优良的业绩回报股东，反而每年都要向股东配股圈钱，以资金优势掩盖经营不善；还有些公司资产收益率不高，甚至低于同期银行存款利率。因投资效益不高，公司现金收益不多，不少公司年度投资回报玩数字游戏，通过送配股方式给股民派发股利，这种变相盘剥的做法使得投资者频频“用脚投票”。

（三）企业分配活动中的非伦理行为

长期以来，我国上市公司的股利政策存在股利支付率低、现金分红刚性和间断性、股利政策缺乏连续性和稳定性等特征，近期呈现两极化局面，其冲突显现出一些新的特点。

1. 无端不分配

在2001年前，上市公司一直存在较严重的不分配问题，即使分配，也很少采取分配现金的方式。据统计，从1997~2001年的5年中，“不分配”公司占上市公司总数的比例分别为9.28%、20.12%、32.08%、50.13%、56.61%。这种“不分配”现象呈明显的递增态势，绝大部分公司对不分配的原因也未作任何解释。有的公司自上市以来从未分配过，有的公司只是偶尔分配一次，即使在某些有分配的公司中，分红派息的比例也非常小。

2. 非良性高额派现

与分红不积极的公司相对的是，一些上市公司热衷分红，甚至存在非良性分红的情况。对上市公司的分配方案加以分析不难发现，大股东若是自然人或民营企业，上市公司会更加倾向于推出分红派现方案；而大股东为国家，如当地国资局时，对分红派现方案的要求就没有那么强烈，分配时则倾向于送转增股本。相比之下，我国民营企业的上市公司分红比例偏高，甚至有非良性分红的嫌疑。在这些涉嫌非良性高额派现的公司中，往往大股东高度集中，并绝对控股。例如，通威股份在2004年4月22日的股东大会上否决了之前“不分配也不转增”的董事会决议，通过了与之完全对立的临时提案，将公司上市前累积的未分配利润对公司老股东进行高额分配。老股东通过这次分红不仅一下子收回全部投资，还盈利10%，这一做法引发了轩然大波，极大地损害了中小投资者的利益，使资本市场的伦理冲突愈演愈烈。

正如亚当·斯密所说，“由于可能获得更大的利益，冒险者愿意违背伦理而尝试获得超额回报”，传统财务管理不完备的经济人假设导致了资本市场财务伦理的失范。财务主体既有经济性的一面，也有社会性的一面；既要讲经济利益，又要讲人与人之间的关爱，讲伦理道德；人与人之间既有经济利益冲突的一面，又有利益统一的一面。财务伦理的前提必须是，企业追求利润不能损害他人利益、社会利益，在此基础上，企业的利益才能与利益相关者的利益统一起来。

（四）上市公司信息披露中的伦理问题

1. 信息披露不及时

及时性是会计信息发挥有效性的前提和基础。真实可靠的会计信息只有及时被使用者所了解，才能成为有效决策的依据。上市公司信息披露的基本义务，首先是及时披露所有对上市公司股票价格可能产生重大影响的信息。虽然我国《上市规则》分别对定期报告和临时报告提出及时性的要求，但是信息披露不及时问题仍然比较突出。

2. 会计信息不真实

上市公司应当确保信息披露内容的真实、准确、完整，而没有虚假、严重误导性陈述或重大遗漏；同时，上市公司董事会全体成员也必须保证信息披露内容真实、准确、完整，而没有虚假、严重误导性陈述或重大遗漏，并就其保证承担连带赔偿责任。但是上市公司在信息披露内容上仍然存在严重的会计信息不真实问题，典型的表现是披露虚增利润、作虚假陈述。

例如，银广夏公司通过虚构交易事实来虚构巨额利润以支撑股价。通过伪造购销合同、伪造出口报关单、虚开增值税专用发票、伪造免税文件和伪造金融票据等手段，虚构主营业务收入，虚构巨额利润7.45亿元。其股价从13.97元大幅上涨至37.99元，折合为银广夏除权前的价格75.98元，较一年前上涨440%，全年涨幅高居中国股市第二位。郑百文股份有限公司在其股票上市前就采用虚提返利、少计费用、费用跨期入账等手段虚增利润1908万元，并据此制作了虚假的上市申报材料。公司上市3年后又采用各种手段，累计虚增利润1.4亿多元。

3. 信息披露不充分

充分披露在整个信息披露制度中是一条不可缺少的原则。只有充分披露，才能为信息使用者的投资决策提供完整、客观、真实的依据。目前，上市公司信息披露存在严重不充分，主要表现在：①对关联企业间的交易信息披露不够充分；②对企业财务指标的揭示不够充分；③对资金投向及利润构成的信息披露不够充分；④对一些重要事项的披露不够充分；⑤以保护商业秘密为由，故意隐瞒重要的企业会计信息。

阅读案例

ST春都是如何骗取社会投资的

一、ST春都的IPO过程

ST春都当年的IPO招股书称，公司是“由洛阳春都集团有限责任公司独家发起，将集团公司生产西式低温肉制品、中西式清真制品、传统高温肉制品和PVDC薄膜及其再制品的肉类分公司、大同分公司、周口公司、汕头分公司四家公司的经评估确认后的全部经营性净资产折资入股，采用社会募集方式设立的股份有限公司”。而这些“经评估确认后的全部经营性净资产”，价值13987.72万元，“折为国有法人股10000万股。由洛阳春都集团有限责任公司持有”。这里需要特别注意的是“社会募集方式设立”这句话。

采用“募集设立”方式进行IPO而成立上市公司，其特点有二：一是IPO时的发行主体是“某股份有限公司（筹）”；二是公司成立的时间一定是在IPO之后。

ST春都完全满足了这两个条件：公司IPO招股书披露的发行人名称是“洛阳春都食品股份有限公司（筹）”；而公司的上市公告则披露，“本公司于1998年12月26日召开创立大会，1998年12月31日在河南工商行政管理局完成注册登记后成立”。

二、ST 春都的“资本运作”

2000 年 6 月 27 日，ST 春都发布了一则对 1999 年年报的“补充公告”。别的年报“补丁”少则百余，多不过千字，ST 春都则有 6000 余字、一个整版的年报“补丁”，着实让人眼睛一亮。

这份“补丁”披露了多项 ST 春都与控股股东春都集团和其他关联企业之间的资产转让受让事项。其主要内容如下：

（1）将公司属下的“大同分公司”出让予集团，原因是“由于该分公司为异地分公司，距离遥远，管理不便”。

（2）将公司属下的“汕头分公司”出让予集团，原因同上。

（3）将公司属下的“周口邦杰食品有限公司”股权等相关资产出让予集团，原因是“将利于公司资产重组，整体运作”等。

在这份“补丁”中，被出让予集团的“大同分公司”、“汕头分公司”和“周口邦杰食品股份有限公司”，恰是 IPO 招股书中所记载的集团公司的折股资产之一。

三、ST 春都“资本运作”过程浅析

根据 ST 春都的 1999 年年报“补丁”，转让给集团的“大同分公司”和“汕头分公司”的转让价格，均是以其净资产“1998 年 12 月 31 日的账面价值为准”，金额分别为 3759.69 万和 3375.79 万，共计 7135.48 万元；转让给集团的“周口邦杰食品股份有限公司”50%股权，作价 500 万元，恰是周口邦杰公司注册资本 1000 万元的一半。以上三公司资产的转让总价为 7635.48 万元。

虽然招股书没有对这三家公司的资产负债进行披露，但鉴于转让作价的基准日为“1998 年 12 月 31 日”，而其时 ST 春都刚刚完成 IPO，那么，与这 7635.48 万元的净资产对等的股权转让价，应与 ST 春都 IPO 时集团公司此等“折股资产”的价值所差无几。

更为重要的是，转让协议的签署日是 1999 年 4 月 14 日和 7 月 15 日，其时距 ST 春都上市日的 1999 年 3 月 19 日，分别不足 1 个月和 4 个月。而这些资产的转让，竟出自于实施时已仙逝西去的原公司董事长高某，于“1999 年 3 月 25 日的建议，并经全体董事会签字同意”。而此时此刻，ST 春都才挂牌交易了 4 个交易日。

必须指出，仅此三项资产的转让价格 7635.48 万元，就已占 IPO 时集团“折股资产”13987.72 万元的 55%，这就是说，在集团将这三家原属集团的分公司投入 ST 春都后，兜了一个大圈子又立刻回到了集团。

四、ST 春都 IPO 的实质问题

ST 春都的那份年报“补丁”称，“截至 1999 年 12 月 31 日，公司（即集团）账面净资产为 71426 万元，净利润为 -5171 万元”。原来是这样—— 一个亏损的集团，将其属下分公司“经评估确认后的净资产”折股投入，粉饰包装一番后“募集设立”IPO 圈到了 4 亿多元，之后再将其刚刚投入的一半多净资产转回。这就是 ST 春都当年的“改制”和“IPO”故事，难怪集团是以“筹委会”名义招股，更难怪年报的“补丁”要有洋洋洒洒 6000 余字。

（资料来源：节选自吕春晓，《企业伦理》，西安交通大学出版社，2008，P9 ~ 11）

二、企业兼并中的伦理问题

所谓兼并，《大不列颠百科全书》解释为："两家或更多的独立的企业、公司合并成组成一家企业，通常由一家优势企业吸收一家以上的公司"。企业兼并的主要方法有：用现金或证券购买其他公司的资产；购买其他公司的股份或股票；对其他的公司股东发行新股票以换取其所持有的股权，从而取得其他公司的资产和负债。

从发达国家的历史与现状来看，经济的发展和国家的强大，同大企业的形成是一个过程。美国著名经济学家、诺贝尔经济学奖获得者乔治·斯蒂格勒在《通向垄断和寡占之路——兼并》的论文开篇说："没有一个美国的企业兼并不是通过某种程度、某种方式的兼并而成长起来的。"作为一个大国，如果没有国际驰名的大企业，就没有强大的产业竞争力，也绝不可能成为一个经济强国。

改革开放30余年以来，经济高速增长，中国已经成为一个产业大国，中国市场参与国际市场的融合程度越来越高，巨大的市场空间为企业的规模行为提供了有力的需求条件，大企业、大集团之间的强强联合，是世界产业结构调整进程中的重要趋势。就目前我国企业而言，企业兼并模式主要有4种：

（1）净值购买式。这种方式即兼并方一般以现金为支付条件购买目标企业的整体产权。

（2）承担债务式。这种方式即目标企业的资产等于债务时，兼并企业以只承担债务的方式将其兼并过来，目标企业的整体资产归入兼并企业，其法人主体地位和经济主体资格同时丧失。

（3）吸收股份式。这种方式即被兼并企业将资产作为股份投入兼并方，成为兼并企业的股东，被兼并企业作为经济实体不复存在，其债务由兼并企业承担。

（4）投资控股式。这种方式即兼并企业通过购买目标企业的股份进而控制目标企业，被兼并企业仍然存在，且仍具有法人资格，兼并企业作为新股东对目标企业的原有债务仅以控股股金承担责任。

当前，企业兼并的主要动因是为了追求效率效益和实施多元化战略。如果生产同种产品的两家企业合并，就能以利用规模优势降低成本，获得效率效益。有些企业并购原材料或零部件的供应企业是为了节约中间成本，而多元化经营可在经济衰退时帮助公司渡过难关。因为在市场货币紧缺时，产品需求弹性大的企业可能会比产品需求弹性小的企业遭受更大的损失。这种情况下，集团企业可以用在一种行业获得的利润弥补另一种行业的损失。

典型的兼并过程是：由于估计被兼并的企业在兼并后会提高效率，因此，兼并者会提供一个超出被兼并企业市场价（股价）的价格，向原有的股东购买其手中的股票，从而达到控制被兼并企业的目的，而原有的股东则会为了盈利抛出股票。企业被兼并后，原有的管理层一般会被撤换，并在新的管理层领导下进行重组。常见的情况是，其中不需要的一部分资产会被出售，以支付购买价；而属于不良资产的部分往往会被关闭，随之人员被解雇。因此，企业的重组或兼并在很大程度上是一个资产重组或财务管理的过程。

企业的重组或兼并有善意与恶意两种。前者是指双方自愿的合并，后者是指并非双方自愿的兼并。在企业的恶意兼并过程中，会出现兼并与反兼并的活动。一方面，如果企业在重组中有一方不愿意被兼并，如成为兼并目标的企业的管理层会担心，企业被兼并后自己可能失去原有的位置，那么便会采取一些行动来防止被兼并；另一方面，兼并的一方也会采取各种手段来减轻反兼并的阻力，促使兼并的成功。

在现实中，这些兼并与反兼并的手段中出现了一些在道德上有争议的财务行为，它们有可能对各种利益相关者产生严重的后果，因此便成为是否应当在经济法规中立法禁止的议题。这也是企业重组或兼并的道德评价所要考虑的一个问题。

在企业兼并过程中，带有的恶意手段一般有三种：

（1）软敲诈。“软敲诈”是一种以盈利而非兼并为真实目的的恶意兼并手段。所谓“软敲诈”，是指某些投机者表面上装做要收购企业，于是（按法律的要求）购买了一个公司5%以上的股票并宣布打算接管该公司，但他们的真实动机并不是要收购企业，而是用手中已掌握的股权来对企业的管理层进行“合法的”敲诈。因此，他们在公开宣布打算接管该公司的同时又私下里与该公司的管理层接触，要求该公司出高于市场的价格把这些股票买回去。原公司管理层要么用高价买回股权，要么就在企业兼并后被解雇。

（2）金降落伞。“金降落伞”是一种促进收购的兼并手段。所谓“金降落伞”，是指在兼并过程中，兼并者向被兼并企业的主管们保证：如果兼并成功，那么企业的主管们虽然要被解雇，但他们同时会得到大笔补偿——有时候每个主管都能得到一笔高达百万元的补偿。

（3）杠杆收购。这是一种反兼并的手段。所谓“杠杆收购”，是指某些经理人员由于害怕企业被兼并后自已被解雇，于是设法或者联合企业外部的投资者根据企业的资产发售债券，然后用出售这些债券所得的钱买断企业的股票，使一个公众公司（或称上市公司）变为私人公司。这种做法的实质是，企业用债券来代替公众持有的股票（业主产权或自有资本）。但这样做会使企业在经济萧条时期更加容易倒闭，因为通过筹股建立起来的公司如果赚不到钱，可以不付红利；但靠发行债券建立起来的公司即使不赚钱，也要支付利息，否则就要破产。显然，由于面临被兼并的企业往往经营状况不良，因此，这种债券一般低于投资水平，风险较大，所以被称为“垃圾债券”。而为了吸引投资者，它的回报率往往定得很高，这又加大了它的风险。

合乎道德的兼并动机与手段会产生良好的结果，成功的企业兼并在客观上能起到提高效率的作用，从而符合经济效率的伦理原则；而不合乎道德的兼并动机与手段往往会导致恶劣的结果。以上三种恶意兼并手段从企业伦理的角度看都是不道德的，目的都是以各种不正当的诈骗手段牟利，导致各种利益冲突，包括企业所有者、管理人员及员工的利益冲突，并使得以提高效率为动机的兼并不一定会达到提高效率的结果，甚至会造成各种社会经济问题。

三、财务人员的违规

会计活动是财务管理的一项基本活动，任何企业都要借助于这一活动，记录下企业的收入与支出以及两者的平衡情况，如企业的资产、流动资金、应收账目、盈亏等情况，来反映企业的财务状况，为企业的财务管理决策提供依据。财务人员在企业财务管理活动中居重要位置，他们的行为直接关系到企业内外各相关主体的利益所在。但随着改革开放以来，旧有的财务行为规范模式在一定程度上被否定或遭到严重破坏，逐渐失去对财务人员的约束力，造成一些财务人员在职业道德方面的失落、在财务会计事务处理上的违规，甚至于违法犯罪。其主要表现在以下几方面：

1. 少数财务人员职业道德败坏、沦丧，主动违法犯罪

有些财务会计人员个人利益膨胀，故意伪造会计资料，监守自盗；或是利用职务之便贪

污、挪用公款，以身试法。某事业单位会计许某，在其担任会计兼出纳的10年中，利用各种手段贪污公款7272万元，是新中国成立以来某省最大的一宗经济案件，媒体报道时冠以“惊天大案”，许某已被判死刑；某房地产公司会计黎某，中专毕业，参加工作3年，利用单位财务制度不严密，贪污公款200多万元。这些严重的违法犯罪行为虽是少数财务会计人员所为，但也反映出现阶段在市场经济条件下，财务人员队伍中确有一些人职业道德沦丧，走上犯罪道路。

2. 相当一部分财务人员职业道德严重欠缺，违规现象严重

（1）违反实事求是、客观公正的道德规范。①财务人员在工作中不实事求是，不坚持原则处理财务会计事务。实事求是、客观公正是财务人员职业道德中最重要的道德规范，而财务人员在工作中，一旦单位领导有要求、有指示，往往有大部分人不会坚持原则处理会计事务，而认为应作好“技术处理”，按单位负责人意见办理。有调查表明，当财务会计人员面对这种要在坚持原则和个人利益、单位利益之间作出取舍两难的选择时，会有83.13%甚至更多的会计人员会舍弃职业道德原则。②违规进行所谓的“技术处理”。欺骗单位外部财务会计信息使用者的所谓“技术处理”，就是在财务会计处理方法、财务会计科目使用，以及财务会计要素的确认、计量、记录上弄虚作假，掩盖问题，欺骗单位外部财务会计信息使用者，也就是人们所说的“做假账”。在大多数财务人员中，特别是一些中、老年财务会计人员，在领导的授意下，不得不帮单位弄虚作假时，表现出高超的技术处理能力，操作极具隐蔽性，易于逃避外部监督。例如，海南民源股份有限公司（简称“琼民源”）董事长马玉和为树立琼民源公司在深圳证券交易所的良好业绩形象，以达到北京凯奇通信总公司发行10亿元人民币可转换债券，挽回该公司经营亏损的目的，授意该公司主办财务会计班文绍从1996年5月~1997年1月，违反国家关于公司经营管理制度和财务管理的有关规定和法规，向股东和社会公众提供了5.66亿元的虚假利润和资本公积金，虚增6.57亿元的财务会计报告，从而误导了广大投资者，造成“琼民源”股票交易停牌，严重损害了股东和股民的利益。

另据报道，国内的一些企业为了给个人或小团体骗取各种利益，经常备有几本财务账，最多的竟然有七本账：一是虚增资信以贷款的“引资账”；二是为偷漏税而设的“逃税账”；三是应付工商行政管理部门的“年检账”；四是应付财税大检查的“备检账”；五是虚报浮夸的“邀功账”；六是便于非正常开支的“账外账”；七是只有法定代表人等少数人知晓的“实际营销账”。国家财政部1999年12月22日发布的第三号《中华人民共和国财政部财务信息质量抽查公告》披露了100户国有企业1998年度财务报表抽审结果。其中，81户企业存在资产不实问题，共虚列资产37.61亿元；83户企业存在所有者权益不实问题，共虚列所有者权益26.12亿元；89户企业存在损益不实问题，共虚列利润27.47亿元。

（2）财务会计人员道德素质低，专业素质差。一些企业的财务会计人员在做出违纪违规的行为时，大多数都是在自己职权范围内，出于主观故意，主动而为之的，这反映出相当一部分财务会计人员自身的道德素质偏低。还有不少的财务人员在工作中表现出记账不符合规范、账簿混乱、账账不符、报表挤数等现象。这些对财务制度知之甚少、专业技术能力差、职业胜任能力明显不够的财务人员，使财务会计的工作效率与工作质量都大大降低。

阅读案例

德隆财务报告舞弊案

1986年，乌鲁木齐市新产品技术开发部和天山商贸公司先后成立，从事彩相冲扩、服装批发、食品加工、计算机销售等业务，这也是德隆的前身。1992年，新疆德隆实业公司注册成立，注册资本人民币800万元；并成立新疆德隆房地产公司，开始进入娱乐、餐饮和房地产投资领域。1994年，新疆德隆农牧业有限责任公司成立，注册资本人民币1亿元，在新疆进行农牧业开发。1995年，新疆德隆国际实业总公司成立，注册资本人民币2亿元；设立北美联络处，拓展国外业务。1996年，受让新疆屯河法人股，组建新疆屯河集团。1997年，受让沈阳合金法人股，进入家用户外维护设备、电动工具制造领域；受让湘火炬法人股，进入汽车零部件制造领域。1998年，新疆德隆国际实业总公司改制为新疆德隆（集团）有限责任公司；并成立中国民族旅行有限公司，进入旅游业。1999年，成立了北京喜洋洋文化发展有限公司和北京国武体育交流有限责任公司，进入文体产业。2000年，在上海浦东注册成立德隆国际投资控股有限公司，注册资本人民币2亿元，控股新疆德隆集团和新疆屯河集团；同年8月，更名为德隆国际战略投资有限公司；同年10月，注册资本增至5亿元人民币。2001年，成立德隆国际战略投资有限公司党委。2002年，德隆大厦落成并投入使用。可见，德隆的发展历程非常神速，然而2004年4月14日，这对于风光的德隆来说是个黑色的日子，德隆系旗下的“三驾马车”：湘火炬、新疆屯河、合金投资第一次集体“跌停”。这不仅反映了市场对德隆的信心丧失，也增加了市场流传的德隆资金链断裂的真实性。德隆王朝的瓦解在2004年成为了一个不争的事实。

德隆财务报告舞弊的主要手法是通过财务报表造假、关联担保和关联交易等方式骗取银行巨额贷款、挪用上市公司现金。德隆财技高明是大家公认的，只需在一夜之间就能弄来几亿到上市公司账上去，或者更简单的方法，只需通过关联的金融机构（如南昌市商业银行，昆明市商业银行）出示一下存单。从上市公告的数据来看，合金投资为苏州太湖担保贷款9959万元，为星浩特担保4500万元的贷款，为苏州美瑞担保1.38亿元的贷款，然而，苏州太湖委托德恒证券理财8000万，星浩特委托德恒证券理财6400万，苏州美瑞委托恒信证券国债投资7000万元，除了与美资合作的苏州美瑞外，委托德隆旗下金融机构理财的数目都大致与担保借贷的数目相同。在这一过程中，银行的2亿多资金就合法地成了德隆炒股的资金。

德隆财务报告舞弊的动因主要有激进目标和盲目扩张与业绩的失衡、上市保壳、圈钱谋私利等。首先，从目标定位来看，德隆一直遵循着的理念是通过产业整合做成行业老大，而且只涉足传统产业。从德隆发展及扩张过程来看，企业战略政策过于激进，上市公司激进的目标在无法实现时必然会成为上市公司操纵财务报告、粉饰财务指标的导火索。其次，为上市保壳，进而圈钱谋私利，粉饰财务指标、操纵会计信息就成为了德隆的重要事务。

（资料来源：节选自郑康尹，《基于国内外财务报告典型案例的研究分析》，应届毕业生求职网，2010年11月24日）

第三节　企业财务管理中不道德行为的防范

企业财务管理中的不道德行为会给企业、社会带来一定的损失，所以一定要充分利用法律与道德的双重作用来防范企业财务管理中的不道德行为。法律和道德是经济建设的两种调节手段，法律起着主导作用，但在重视法治作用的同时，也绝不能忽视道德的力量，注重德治在维系社会政治、经济秩序中的重要作用。

萨缪尔森曾这样对中国记者讲过："在当今没有什么东西可以取代市场来组织一个复杂的、大型的经济。问题是市场是无心的，没有头脑的。它从不会思考、顾忌什么"。无独有偶，1990年诺贝尔经济学奖获得者、美国纽约市立大学教授马维茨也这样对中国记者讲过："市场没有心脏和大脑，因而不能指望市场自身能够自觉地意识到它所带来的严重的社会不平等。"在经历了一味追求利润、一味追求经济效益所带来的负面影响后，人们逐渐认识到市场经济不仅需要经济，更需要伦理，经济伦理、制度伦理、企业伦理应运而生。企业作为社会有机体的细胞，它的生存、发展不只需要物质投入，同时也需要社会的人力资源、文化资源等。因此，企业除了追求利润最大化、向社会作出经济贡献之外，还要履行社会责任，体现企业的社会价值。企业财务管理中的不道德行为会给企业、社会带来一定的损失，所以一定要充分利用法律与道德的双重作用来防范企业财务管理中的不道德行为。因此，企业除了追求利润最大化、向社会作出经济贡献之外，还要履行社会责任、体现企业的社会价值。在美国，有人提出"公司公民"概念，认为公司要依法经营、以德经营，正确处理公司利益与社会利益之间的关系，寻求有效的途径使小我（公司）与大我（社会）达到完美的统一，这正是对企业社会价值和伦理价值综合要求的体现。

"毫无疑问，对于经济尤其是市场经济来说，道德意味着一种约束、一种限制。但这是一种合理的和必要的限制。更重要的是，合理的约束或限制不仅仅是为了建立和维护某种秩序，而且也有助于创造一种有效的秩序和运作。"

在中国普遍出现信用危机之时，加强企业伦理建设必须与加强法律建设齐头并进。而且行为归因公式也启发人们，防范财务人员道德风险，一方面要注重满足其正当要求以降低产生不道德行为的内在动力；另一方面，应大力加强财务管理环境建设，堵塞管理漏洞，使得个别财务人员即使主观上想发生不道德行为，客观上也不具备条件。具体的防范措施有：

一、严守财务人员道德

恩格斯指出，在社会生活中，"实际上，每一个阶级，甚至每一个行业，都有各自的道德"。普遍的道德准则不可能涵盖不同职业的方方面面，职业道德应时而生。所谓职业道德，就是同人们的职业活动紧密联系的、具有自身职业特征的道德准则和规范。职业道德虽因人们的劳动方式、职业特点不同而有所不同，但它的作用却是一致的：约束人们的职业行为，保证人们的职业行为守法、守德。财务人员的职业道德就是保证企业财务管理人员行为守法、守德的道德准则。

人是决定生产水平的关键因素，"其他生产力要素是由于人的参与才使其成为生产力。劳动者本身和劳动工具、劳动对象的能量发挥大小和好差与劳动者的品性，即对人和社会的负责精神有直接的关系。劳动者的责任心强，劳动工具就能最大限度地发挥能量，劳动对象也就能最好地被利用职权。”尤其在现代市场经济条件下，人力资源的作用更是日益突现。然而，人的能力固然重要，但其道德素质更重要，因为高度的责任心能使其更好地发挥自己的能力，而且能够充分发挥其他劳动要素的价值。

在市场经济条件下，人力资源是企业各种资源中最宝贵、最活跃的因素，也是使其他资源充分发挥作用、使企业在竞争中生存和发展的最重要的物质基础。而企业中的财务人员担负着特殊而重要的责任，其道德意识与道德水准更是关乎企业利用资金、增强实力、不断发展壮大的重要因素。所以加强企业财务管理的第一大任务便是严守财务人员道德。财务职业道德的形成取决于财务职业的产生，它是财务人员在长期的职业活动中逐步形成和总结出来的，用以调整财务人员与社会之间、财务人员个人之间、个人与集体之间的职业道德，是主观意识和客观行为的统一。

在市场经济条件下，竞争机制和企业成为独立的经济实体，使得财务活动中所涉及的各种经济关系日趋复杂，而且这些经济关系的根本是经济利益关系，尤其在我国经济转轨时期，经济实体的利益与国家利益、与社会公共利益的矛盾尤为突出。财务职业道德允许个人和经济实体合理、合法地获得自身利益，但是反对不合理地获取违法利益，反对损害国家和社会公共利益。财务职业道德可以配合国家的其他各种措施，来调整职业关系中的各种利益关系，兼顾各方面利益，维护正常的经济关系。

综观国际上一些先进发达国家的会计职业道德，例如1980年7月，国际财务师联合会职业道德委员会拟订并经国际会计师联合会理事会批准，公布了《国际财务职业道德准则》，规定了正直、客观、独立、保密、技术标准、业务能力和道德自律7个方面的职业道德内容。1983年6月1日，美国管理会计师协会的管理财务事务委员会发表一份公告，概括了管理会计师的职业道德行为准则包括：正直、客观、独立、遵从、保密、披露相关性和职业的胜任能力。日本、英国、德国虽然没有明确的财务职业道德准则，但从其文化特征、公司法、财务准则及其他规范中，可以认知其财务职业道德的要求。

尽管不同的国家因经济发展程度不同，社会制度和经济体制各异，使其财务职业道德具有一定的差异，但也有许多共同点，只是实施方式和管理方式不同而已。我国《财务基础工作规范》根据我国国情和现有的财务职业道德规范，结合国际上财务职业道德的一般要求，规定了财务人员职业道德的内容为：敬业爱岗、熟悉法规、依法办事、客观公正、提高技能、搞好服务。

加强财会人员道德建设是保证企业健康发展、不断壮大的有力措施，同时也有利于财务领域反腐倡廉、纠正行业不正之风的开展。现在经济生活中许多贪污受贿、偷税漏税、挪用公款等经济违法犯罪活动，以及大量腐败现象，几乎都与财会人员做假账分不开，这已经成为严重危害市场经济秩序的一个“毒瘤”。要从根本上解决这个问题，除了强化法制、严格管理外，还必须加强财务人员道德建设。“不做假账”是财务从业人员的基本职业道德和行为准则，所有财务人员必须以诚信为本，以操守重，坚持准则，不做假账，保证财务信息的真实、可靠。财务人员身份的特殊性，往往使他们面临着很多诱惑，这就更需要高水平的道德素养来保证行为合法。因为他们置身于企业中，其利益与本部门和本企业息息相关，部门收益的提高，可能意味着包括财务人员在内全部门人员年终奖金的增加；而一笔贷款的获得，可能使企业走出破产的边缘，使大家都不至于失业，这便会使财务人员处于两难境地。俗语讲，“顶得住的站不住，站得住的顶不住”，可以算是对财务人员这种两难境地的一种形象的描述。而严守职业道德是他们面对诱惑可以说“不”的力量来源。

外因是变化的条件，内因才是变化的动力。外在规范的他律实际上是作为道德主体的自律的生成条件而存在，真正的道德行为最终须依赖于行为主体的道德自律，所以加强经济主体的道德意识、增强他们的道德自律能力是进行企业伦理建设的突破口。规范财务人员职业行为的规则主要体现在各种财经会计法律、规章、制度之中，但在强调运用会计法规、法令、纪律来规范财务人员职业行为的同时，仍必须辅之以财务道德规范。其原因在于法律的完备性总是相对的，再完善的法制也会存在某些“空隙”和“疏漏”。如果财务人员没有良好的财务道德的自我约束，他们就会利用财经会计法律中某些不完备的条款，干各种损人利己的勾当，想方设法搞投机、钻空子。

人的行动是在思想指引下产生的，如果没有从思想上把一件事重视起来，那么就很难会尽心尽力去做它。“没有基于道德感基础之上的责任感，任何职业都将失去它的社会价值：对于社会，它不能有效地实现职业职能、创造效益、组织社会结构、稳定社会的价值；对于个人，它不能长期谋生、进行个人技能的积累、为社会服务与作出贡献的价值。”财务不是被动地适应各方面对财务信息的需要，而是通过提供财务信息，能动地影响决策行为。

只有企业财务管理人员真正将外在的规范约束转化为内心的自我评判标准，才会在实际工作中不断增强责任意识，积极地对自己的行动进行意志约束，严守职业道德底线，保证在企业财务管理过程中不掺杂私人利益因素，发挥积极的影响作用。

二、完善企业财务管理制度

在由计划经济向市场经济转轨的过程中，财务环境的频繁变动，使会计法规的建设明显滞后，而且我国现行《会计法》中还残留着不少计划经济体制下的内容，不能适应市场经济发展的需要。这样，在新旧法规之间就存在“真空带”。具体分析有以下几个方面：

（1）《会计法》中有的内容落后于经济现实，有的缺乏可操作性。例如在市场经济条件下，财务人员的双重身份就无法实现；单位领导人如何对财务数据的合法性、真实性负责也不明确。

（2）财务准则体系不完善。只有制定科学、规范的财务准则，才能对企业财务核算和信息披露进行严格规范。1992 年颁布的《企业财务准则》，随着社会主义市场经济体制的建立和逐步完善，已显现出一定程度的不适应。到目前为止，具体财务准则也只出台了 8 项，其中 6 项还只在上市公司中实施。随着市场经济的发展，新的经济行为、新的经济业务、新的市场工具不断涌现，财务准则的缺位就使财务事项的确认、计量和报告带有很大的弹性。

（3）会计法规之间不协调。基本财务准则与具体财务准则之间，具体准则与行业财务制度之间、财务准则与财务通则之间、财务准则与税收制度之间都存在不协调甚至矛盾、冲突的地方。会计法规体系内部的不协调，必然会增大经营者、财务人员与监管部门、社会公众之间的“博弈空间”，增加全社会的交易成本。

因此，应结合我国当前实际情况，建立和完善会计法规体系以及发挥注册会计师的审计监督作用，修订和完善《会计法》。《会计法》是财务工作的根本大法，对其与新的经济形势不相适应的地方加以修订，使之真正成为具体财务准则的准则，加快具体财务准则的研究和出台步伐，以尽早形成与国际财务惯例相协调并体现中国当前市场经济发展特点的企业财务准则体系，对企业财务核算和信息披露进行严格规范，从制度上保证注册会计师的独立性和公正性。要对企业财务行为实施严格监管，加大抽查面，以增大舞弊被发现的概率，对舞弊的单位领导和财务人员应给予严厉处罚，通过实施增大违规风险和违规成本的制度来引导、规范企业行为。

博弈论中有一个著名的模型叫“囚徒困境”，意为制度有着与法律和道德不同的巨大效力，有效率的制度不仅会减少直接监督、法律制裁等方面的成本，而且可以通过对个人利益的尊重，消除当事人损害他人利益的不良动机，促进其良好道德观念的形成，使人性中善的一面体现出来。财务人员道德风险与企业管理的规范化程度有关，管理越规范，漏洞越少，则发生财务人员道德风险的可能性越小；反之，则不能不使财务人员产生利用管理契约中赋予的权力进行寻租的行为。防范财务管理人员道德风险的制度设计应该在承认个人利己动机的前提下，设计一套约束规则，这些制度规则是框架性、原则性的，它为财务人员在不违反制度的前提下谋求个人利益留下了空间。

靠国家强制力执行的法律是社会政治、经济秩序的保证。因为市场经济的“游戏规则”是一切经济主体机会平等、公平竞争，但利益驱动会诱使一些人用各种方式来违反这些游戏规则，导致竞争的不公平，这就需要法律来约束行为主体的市场行为。而且在一般情况下，市场行为主体是有某种公共道德的，但是现代社会激烈的市场竞争是无情的，昔日的成功者可能在一夜之间就变成债台高筑的失败者。这时，虽然他仍可能心存道德，但求生存的侥幸心理会驱使他践踏人类的一般道德准则，以此来逃避破产的命运，这就需要外在的法律威慑力来“迫使”经济主体行为不偏离轨道。

如果社会的法制不健全，社会生活主要依靠道德调节，那么道德没有法律的强制性和权威性则会事倍功半或甚至劳而无功。我国 1993 年修正的《中华人民共和国会计法》，对违法财务行为的制约缺乏强制性和操作性，客观上不能制约违法财务行为的滋生蔓延，又使财务人员在抵制违法财务行为时缺乏法律保障。正像有的财务人员面对弄虚作假的授意、指使、强令而承认自己行为有失职业道德时所说：“法律都管不了的事，我们的道德更无能为力了”。

提高企业财务管理伦理水平，除了财务人员恪守职业道德之外，还必须不断完善企业财务管理制度。1999 年颁布的《中华人民共和国会计法》第 39 条规定：“财务人员应当遵守职业道德，提高业务素质。”会计法是我国社会主义法律体系的重要组成部分，是为了调整和处理财务工作与各方面关系而制定颁布的法律、法令、条例的总称，具体主要有《中华人民共和国会计法》、《企业财务报告条例》、《企业财务制度》、《总财务师条例》、《财务人员工作规则》、《财务人员岗位责任制》。《中华人民共和国会计法》明确规定：“为了规范财务行为，保证财务资料真实、完整，加强经济管理和财务管理，提高经济效益，维护社会主义市场经济秩序，制定本法。”除了法律之外，很多国家还制定了一系列关于财务管理的条例制度，如全美注册会计师协会制定了三个规则：“通行财务原则”、“通行审计标准”和“职业道德准则”。

中国企业财务管理的道德水平亟待提高，而不断完善企业财务管理制度则是提高财务管理水平的关键和有力保证。

（1）加强企业财务管理制度建设可以规范企业财务管理行为。有了明确的法律界定，企业财务管理的运作就有章可循，对于某种行为是对是错以及是否有利于整个财务管理行业的规范就有了统一的评判标准，不至于出现对同一行为褒贬不一的现象。

（2）加强企业财务管理制度建设可以保障合作企业的权利。如果某一企业在与其他企业的合作过程中，为了自身私利而不遵守企业财务管理制度，提供虚假的财务信息，就会误导合作企业，使其遭受损失。通过加强企业财务管理制度建设可以切实保障合作企业的权利不受侵犯。

（3）加强企业财务管理制度建设有利于稳定整个财务管理行业的运作秩序。企业财务管理有了明确的运作秩序和行为规范后，就不会出现企业之间互相侵占权利、利益的现象，这有利于整个企业财务管理行业有序运作。

总之，加强财务管理制度建设有利于尽快形成企业财务管理行业的道德规范。因为以法律保护道德的企业财务管理行为，能为守德经营的企业提供更多的支持与帮助；同时，以法律手段惩处企业财务管理中的不道德行为，使企业与财务管理人员为不道德经营付出代价，这就能够以强制手段维护企业财务管理行业的道德状况。

三、优化资本运营环境

资本运营是指作为经营主体的企业，围绕实现企业利润最大化和资本的保值增值，通过重组、收购、兼并、参股、交易、转让、租赁等多种途径，进行优化配置、有效运营的高层次经营方式。

从我国目前资本运营的现状分析，由于种种原因，资本运营的活动还难以大规模有效地开展，主要问题在于：

（1）没有权责明确的国有资本运营主体。我国企业产权虽为国家所有，但至今仍未明确由谁代表国家行使国有产权，没有明确的资本运营主体，使资本运营工作难以展开。

（2）企业决策者对资本运营缺乏动力，甚至有抵触情绪，根源在于现行的干部管理体制，由于企业领导与管理者的提升、名誉、待遇等跟资本运营效率无直接联系，因此，他们一般没有出售企业或是兼并企业的动力。

（3）国有资本运营的行政指令现象严重。资本运营应借助于市场来完成，这是市场规律所决定的，而我国现实情况则是不少地方政府站在行政命令角度，或出于地方保护主义，或是完成形式上改制任务的考虑，并购、重组，不但没有形成规模效益和集团优势，达到资本运营目的，反而由于搞“拉郎配”，造成亏损企业没救活而盈利企业被拖垮的现象。这就要求社会通过优化资本运营环境，为企业提供更便利、更有效的资本获取途径和投资渠道，可以更好地防范企业财务管理漏洞。

良好的资本运营能提高资产质量，加快企业扩张速度，促进企业现代化制度的建立。企业要建立现代企业制度，其目的并不是简单地改变企业原有的组织形式，而是要通过改组，建立多元化投资主体，广泛吸引国有、集体、个体、外资等多种经济成分，或通过并购、联合、出售等产权交易，实现存量盘活、资产盘活、优势资产膨胀，提高资产运营效率。

良好的资本运营能开拓和完善金融市场，构建良好的金融调节机制。金融市场的完善程度，对提高企业经济效益，实现财务管理的良性循环有着重要作用。因为在社会主义市场经济条件下，金融市场作为企业筹资的场所，能反映企业的分布状况和供求关系，决定筹资的难易程度。可想而知，如果没有一个完善的金融市场，企业根本不可能科学地安排资金的筹集和使用，根本无法实现资本结构的优化和闲置资金灵活自如的投资，特别是不利于大规模地吸收社会资金，影响获得规模效益。因此，为了给企业创造良好的资本运营环境，必须花大力气、有计划、有步骤地开拓与完善金融市场。

四、建立企业财务伦理监督体系

（一）设立企业财务伦理委员会或首席财务伦理官员（CFEO）

美国道德发展心理学家科尔贝格认为，企业对员工如果没有任何约束，那么员工就不会有责任意识。所以，可以在企业中设立财务伦理委员会或首席财务伦理官员（CFEO），将伦理道德这种“软”约束向“硬”约束转变，企业伦理态度从消极、被动向积极、主动转变。企业财务伦理委员会或首席财务伦理官员致力于企业伦理规则、伦理执行等方面的工作，不断推动企业开展伦理计划、声誉管理，引导企业关注“我们的财务目标是什么”，“财务行为的准则是什么”，“对于顾客、投资者、债权人等利益相关者，我们的责任是什么”等伦理责任问题。企业通过对这些问题的讨论，将伦理道德问题引入公司管理，逐步形成企业管理伦理化、伦理训练经常化、伦理官员职业化的可持续发展态势。

（二）建立公众性的财务伦理评价体系（FEES）

道德是从内在价值上自然地规范人的关系的原则，它更多地依赖人的自律而发挥作用。人们虽然具有道德好坏的评判标准，但是人性的复杂性决定了很难用简单而易操作的量化指标去度量。但是，并不能否定道德量化的作用，因为对财务道德的培养仅限于自律和教育是远远不够的，还必须通过可行的道德量化标准加以衡量，以形成某种意义上的“硬”约束，从而约束财务行为的选择。目前，西方国家从上个世纪开始探讨财务伦理评价，已推出了多米尼道德指数、道琼斯可持续发展指数、商业道德指数、伦敦金融时报道德指数等评价指标，这些指数以金融数据的具体化标准反映投资者对上市公司道德选择的支持力量。建立公众性的财务伦理评价体系（FEES）仅是一种监督手段，企业还需要将道德规范内在化，用教育的手段构筑企业的道德人格。

（三）在公司治理中融入伦理纬度

公司治理的背景之一就是企业存在道德无序的现象，道德无序使得无法节省本来基于道德自律可以节约的成本，所以，要想搞好公司治理，必须解决公司道德问题。可以说，财务伦理的培育有助于解决公司道德问题，进而有利于完善公司治理；反之，随着公司治理的逐步完善，公司道德将会提升，必然可为财务人员创造一个良好的财务环境，财务伦理问题也会相应减少。基于这个思路，可以在公司治理中融入伦理纬度，将企业决策伦理化。企业在进行投资决策或其他财务决策分析时，要考虑决策行为的伦理道德因素。企业可以在决策过程中撰写道德报告，反映财务行为的思辨过程。道德报告可以监督企业是否按照伦理思维决策，也可以帮助企业做出符合伦理道德的财务行为。道德报告是一种自我监督方式，它通过企业自身反省、对照财务行为，形成比较稳定的财务伦理。这种“惯性”有助于培养企业的内在道德规范，为其协调发展提供道德保障。

五、加强外部监督和惩治违规力度

除了加强财务管理人员道德素质的培养、财务管理法律法规的健全和资本运营环境的优化之外，加强外部监督对于减少公司财务管理中不道德行为所带来的负面效应和及时预防其发生也有着一定的现实意义。

外部监督，首先在监督范围、监督内容上应有合理的分工，各司其职。各监督部门应认真搞好部门之间的协调配合，处理好监督检查的交叉、重复和执法疏漏的矛盾，要加强社会监督的力量，具体可以采取以下措施：

（1）财政部门应加强对会计师事务所执业质量监督，发现问题及时纠正，并根据情节追究有关责任，对中介机构造假行为要加大处罚力度。不断完善注册会计师制度，因为注册会计师制度在维护财务报告可靠性、防范财务报告粉饰等方面发挥着经济警察的作用。

（2）健全企业董事会建设，进一步完善独立董事制度。

（3）充分发挥监事会的作用，或根据需要设立审计委员会，负责聘请注册会计师并对公司经营和财务活动进行审计监督。

（4）完善或出台有关法规，鼓励涉及上市公司的购并行为，若公司出现经营状况不佳，或被发现财务信息披露虚假等，可能陷入被收购的境地。

（5）形成经理人的代理权竞争机制，逐步培育经理市场，使得股东能够及时在经理市场挑选合适的人选取代不称职的管理人员。

（6）加强对会计证的管理，以保证持证财务人员真正具备从事财务工作的能力。同时，结合会计证的年度检查，对全国的持证财务人员进行注册登记，建立道德行为档案。对在各种财政、审计、税务检查中提供虚假财务信息的财务人员，进行量化记分，在会计证所检时根据档案记录，采取相应的措施。

仅仅有完善的制度并不能完全保证企业财务管理的合法性，加大对违规行为的惩治力度可以从另一个侧面来保证财务管理的高效性和合法性。“有法不依”比“无法可依”更恶劣。通过有力的惩治，使违规的成本大于违规的预期收益，促使其选择守法经营。同时，还可以充分利用社会舆论的力量来防范企业财务管理中不道德行为的发生。因为社会舆论作为人们行为的外在道德法庭，可以行使监督、内化的作用。所谓社会舆论，从最一般的意义来说，就是指一定社会或社会集团中，相当数量的，有组织或无组织的，从某种传统、经验、信仰或愿望出发，自觉地或自发地在或大或小的社会范围内，表达、传播、交流关于某一现象、事件、关系、行为和人物的评价性看法和倾向性态度。“社会舆论的力量往往是权力、习俗和风尚所不及的。”社会舆论与财务制度建设、内外部监控及财务人员自身道德建设紧密结合，标本兼治，就可以有效杜绝企业财务管理中不道德行为的产生。

经过30多年的经济改革应当看到，随着国际市场竞争的日益激烈和管理水平的不断提高，中国经济要在全球化和经济一体化的国际市场竞争中发展，一方面应在宏观上把握经济的运行规律，搞好宏观调控；更重要的是要在企业层面提高管理水平，包括加强企业管理伦理建设。“没有道德的交易是一种社会罪恶”，众多企业的成功证明，企业伦理是市场经济运行的一种有效调节方式，尤其在目前中国关于企业财务管理行业具体法律法规不够健全的情况下，加强伦理道德建设显得更加任重而道远。

良好的企业财务管理是保证企业不断盈利的有效途径，是推动整个社会经济发展的强劲动力。促进企业财务管理道德水平的提高是一项长期而艰巨的任务，需要企业财务管理人员不断加强自身道德素质建设，需要社会不断改善企业财务环境、加强法律法规建设和内外部监控力度。

本章小结

1. 企业财务管理具有内部理财和外部投资两大功能。

2. 财务人员道德风险是指在财务业务过程中，由于财务人员的恶意行为或不良企图等道德问题，故意使财务风险事故发生或损失扩大，从而发生的财务风险。这种风险是个人内在不良品质在财务管理环境中疏漏的刺激引诱下产生的。

3. 在企业财务管理中存在着一定的道德风险，主要有：由于企业所有者与财务人员之间的委托—代理关系而产生道德风险；财务环境的复杂性及市场机制的转变带来价值观念、道德标准的变化，使企业财务管理人员面临困境而产生的道德风险；企业财务人员自身道德素质欠佳造成企业财务管理面临道德风险；以及企业外部环境的变化使企业财务管理面临的风险。

4. 企业财务管理要真正发挥企业的理财和投资两大功能，就必须遵循真实性、互利性和责任性三大伦理准则。

5. 在企业筹资、投资、分配以及上市公司信息披露等方面存在着各种不道德行为。这些不道德行为，实质上是利用企业与投资者之间的信息不对称，以各种欺骗的手段来进行融资，诱骗投资者对不利于投资者或有很大风险的项目进行投资，用别人的钱财来填补自己的窟窿。

6. 在企业兼并过程中存在着软敲诈、金降落伞和杠杆收购三种恶意的不道德手段。

7. 企业财务人员在职业道德方面存在着严重的问题。相当一部分人职业道德严重欠缺，违规现象严重；还有少数人职业道德败坏、沦丧，主动违法犯罪。

8. 针对企业财务管理中的不道德行为，可以采取的防范措施有：严守财务人员道德、完善企业财务管理制度、优化资本运营环境、建立企业财务伦理监督体系、加强外部监督与惩治违规力度等。

复习与思考题

1. 企业财务管理中存在哪些道德风险？
2. 企业财务管理应遵循的伦理准则有哪些？为什么要坚持这些准则？
3. 企业融资活动中有哪些不道德行为？
4. 如何理解企业兼并中存在的不道德行为？
5. 你认为企业财务管理中的不道德行为应该如何防范？

案例分析

张裕集团管理层收购

一、管理层收购过程

张裕集团从2004年7月开始进行管理层收购，到2005年2月9日完成，共经历了三个阶段：设立烟台裕华投资公司、向烟台裕华投资公司转让部分股份、分拆余下股份并向外资转让。

（一）设立烟台裕华投资公司

烟台裕华投资公司（简称“裕华公司”）成立于股权转让的前一天，即2004年10月28日。该公司注册资本3.88亿元，出资人为46个自然人和两家企业。46个自然人为张裕股份（A）(000869) 的普通职工，出资37.8%；两家企业分别为烟台裕盛投资有限公司（简称“裕盛公司”）和中诚信托投资有限公司（简称“中诚信托”），各出资17.2%和45%。其中裕盛公司成立于股权转让的前两天，即2004年10月27日，该公司注册资本0.67亿元，由26名自然人出资。其中张裕集团及张裕股份高级管理人员共14人，出资64%；12名中层骨干出资36%，因此，裕盛公司的实际控制人为张裕管理层。中诚信托是中国银行业监督管理委员会直接监管的全国性信托投资公司，在张裕改制中起融资平台的作用。中诚信托通过发行集合资金信托，融资1.74亿元，参与设立裕华公司。公司所有参与融资的股东（公司管理层）以个人名义订立《个人信托—融资协议书》。随着参与融资的个人股东逐步还款，中诚信托在裕华公司股权中所占的比例将逐渐减少，直至完全退出。因此，中诚信托的实际控制人也是张裕集团及张裕股份的管理层。

以上资料说明裕华公司是为进行管理层收购而专门成立的壳公司，其实际控制人为张裕管理层，他们是直接控制裕华公司62.2%股份的股东，处于绝对控股地位。

（二）向烟台裕华投资公司转让股份

2004年10月29日，张裕集团的控股股东烟台市国资局将所持股份的45%以协议方式转让给裕华公司，转让价格为3.88亿元，其中转让给高层的股份为18%，中层为10%，普通员工为17%。此次转让股权后，烟台国资局对张裕集团的持股比例由原来的100%下降为55%，裕华公司拥有张裕集团45%的股权。烟台国资局向裕华公司转让股份，改变了张裕集团的股权结构，但并没有改变张裕集团的国有控股性质，这为后期进一步实施管理层收购奠定了基础。

（三）分拆余下股份并向外资转让

2005年2月7日，张裕集团的控股股东烟台国资委以招标的方式，向意大利意利瓦公司转让33%的股权，转让价格为4.81亿元。向外资转让后，张裕集团的股份结构为：烟台国资局占22%，意利瓦公司占33%，裕华公司占45%。至此，通过分拆烟台国资局所持张裕集团55%的股份，并加入引进外资概念，裕华公司成为张裕集团的控股股东，并成为张裕股份的实际控制人。前面的分析已经表明，裕华公司的实际控制人为张裕管理层，他们间接控制裕华公司62.2%的股份。自此，张裕集团在短短几个月内，实现了管理层收购，其实际控制人由原来的烟台市国资局变为裕华公司，百年张裕实现了从国有到民营的转变。

二、管理层收购中的行为

（一）转让价格制定行为

国家有关部门明确规定，国有资产转让必须按不低于净资产的价格转让；不得采取转让前将有关费用从净资产中抵扣的方法进行企业国有产权转让。这些规定为管理层收购中转让价格的制定提供了基本依据。张裕集团在向裕华公司转让股权时，转让价格的制定行为是：①以2003年8月31日为基准日，张裕的净资产为12.54亿元，但在制定转让价格时，却以扣除作为文物不能出售的张裕酒窖、对外担保损失、预留内部职工及离退休职工等费用后的净资产11.1665亿元作为基本定价依据；②即使以扣除相关费用后的净资产11.1665亿元为定价依据，裕华公司要想获得张裕集团45%的股权，转让价格也应为5.0249亿元（即11.1665×45%），但裕华公司仅以3.88亿元就获得了张裕集团45%的股权。

在张裕集团MBO中，裕华公司以3.88亿元获得了张裕集团5.64亿元（12.54×45%）的净资产，通过转让这个环节，裕华公司（主要是张裕管理层）就获得1.76亿元的收益，而国有股遭受1.76亿元的损失。如果以张裕集团将国有股权转让给意利瓦公司的转让价格作为国有股的实际价值，裕华公司想要获得张裕集团45%的股权，其出资额应为6.56亿元，但裕华公司实际只付出了3.88亿元，通过收购这一环节，裕华公司获得了将近3亿元的收益。张裕股份于2000年10月16日首发A股，其发行价为每股20元，而张裕集团管理层收购的国有股，每股价格仅为3.9元，两者购买价格相差约5倍。

（二）股利分配中的行为

张裕股份在2005年4月发布的年报中称，2004年公司实现主营业务收入13.384亿元，净利润2.041亿元，较上年分别增长18.17%和34.96%。张裕董事会建议公司以2004年12月31日总股本40560万股为基准，按每10股派5元人民币的比例向全体股东分配现金红利，共计2.028亿元。

而根据公开的资料，张裕股份此前的现金分红并不慷慨，2000～2003年4年累计现金分红2.002亿元。而2004年的分红政策，意味着公司欲将上年2.04亿元利润中的99%用于分红。张裕集团管理层收购刚刚落幕，其控制的上市公司张裕A就立即推出如此大比例异常的现金分红。

张裕集团管理层收购完成后，张裕管理层控制的裕华公司仅用3.88亿元就获得了张裕集团45%的股权，而张裕集团持有张裕21840万股，占总股本的53.85%。按照上述分配方案，张裕集团可以从张裕获得1.092亿元现金，其中以张裕集团管理层为主的裕华公司可以分得的税前现金股利为0.49亿元（1.092×45%），税前收益率高达13%（0.49/5.88），这对裕华公司的控股大股东——张裕管理层来说无疑是一块丰盛的蛋糕。但以市价购买股票的原始股股东（每股的购买价格为20元），其税前收益率仅为2.5%（5/200），前者的税前收益率是后者的5倍。

（三）信息披露中的行为

裕华公司中出资比例最大的中诚信托，在改制过程中扮演着极其重要的角色。但中诚信托的股权结构如何？持股是自身投资还是受托经营？这些重要的信息均未予以披露，外部投资者很难看出中诚信托的持股意图及实际控制人。此外，在张裕股份于2004年11月2日公告其管理层收购前后的公告中，未对一些外界最为关心的细节，比如管理层的资金来自哪里，股权转让的资金款当地国资局是否已全额收到等问题进行披露。

（资料来源：节选自许艳芳，《管理层收购中的非伦理行为——基于张裕管理层收购的案例分析》，《财务与会计》，2006年8月）

讨论题：

1. 张裕管理层的收购行为有没有非伦理行为？有哪些非伦理行为？
2. 张裕管理层的收购中存在非伦理行为的原因是什么？
3. 你认为，企业在并购中应该承担什么样的伦理责任？

第七章 企业社会责任基础

学习目标

通过本章学习，应该了解和掌握：

1. 企业社会责任的产生背景
2. 企业社会责任的内涵
3. 企业社会责任的相关理论及其要点
4. 企业应该履行社会责任的原因
5. 中国企业社会责任的成绩与问题

引导案例

巨人网游的社会责任之争

上海巨人网络有限公司（简称“巨人网络”）成立于2004年11月18日，是一家以网络游戏为发展起点，集研发、运营、销售为一体的综合性互动娱乐企业。该公司于2007年11月在美国纽约交易所挂牌上市。《征途》成为全球第三款同时在线人数超过100万的网络游戏，巨人网络一举成为中国第一家登录纽约交易所的IT企业、在美国发行规模最大的中国民营企业、中国市值最大的网游企业。

从招股说明书看，《征途》虽然从2004年底才开始开发，2006年4月公开测试，2007年7月正式商业运营，却有着快速成长的用户群。截至2007年第三季度，《征途》平均同时在线人数达到48万人，同比增长77.6%；活动付费用户131.8万人，同比增长88.9%。

根据史玉柱的说法，《征途》要靠“没钱的人来撑人气，赚有钱人的钱”，以“100个人陪1个人玩”。因此，在营销策略上，巨人网络首先全力抢占二、三级城市网吧市场。对于网络游戏，网吧是一个重要市场。在一线大城市，随着计算机的普及，网吧业即使不萎缩也难有发展，而且这些市场早已被盛大、网易等厂商占据。而在计算机还不普及的二、三线城市，网吧市场具有很大的拓展空间，依靠史玉柱在保健品行业的营销网络，《征途》可以迅速建立起强大的营销队伍，将海报地毯式地铺设到各个网吧中，快速抢占市场份额。

为了拉动人气，史玉柱出了一记怪招——不仅游戏免费，还能领“工资”，在线时间长的玩家每月最多“工资”可达100元。免费玩游戏，还能领“工资”，这对于二、三线市场的玩家有着巨大的吸引力。此外，《征途》还不定期举行抽奖活动，奖金高达国家最高标准的5000元。2007年11月巨人上市时，史玉柱又策划了送虚拟股票、当巨人股东等活动。

巨人网络依靠“农村包围城市”汇聚了“没钱的人来撑人气”，但领“工资”的玩家显然不是史玉柱想要的有钱人。在免费游戏中，游戏商主要需要通过销售装备等增值服务获得收入。但与其他厂商不同的是，巨人网络利用现实生活中平常人想做“超人”的欲望，在游戏中设置了更多的卖点，吸引高端玩家掏钱，使游戏的商业化更为彻底。

《征途》中的钱币分为银币和金币，银币是在游戏中获得的，金币是用人民币购买的。任务一般是不花钱的，有一些任务是花银币获得经验的，还有一些任务是可以获得银币的，而好的装备只能用金币购买。《征途》中的装备有很多属性，这些属性是随机生成的，如果打造了一个属性都对自己有用的装备概率是很小的，而且装备是随机生成的，如果打造了一个自己不需要的装备，即使对别人有用也不可以交易给别人，基本就相当于浪费了。每件装备从免费到上千元不等，每个人物最多可以穿11件装备，而且不能保证你每次都会打造好属性，那就要接着打造，这些都需要钱。

在收费游戏中，玩家要获得更高的级别和装备，主要依靠持续的时间投入，游戏时间多的玩家往往级别较高、装备较好。在免费的《征途》等游戏中，史玉柱不仅设置了不同装备，还增加了制造装备的材料这一环节，要打造装备必须先买材料，装备分级别，材料也分三六九等，要想在游戏中威风八面就要花钱购买。在很多游戏中，玩家打怪（杀掉怪物）时可以获得装备，《征途》却把这些装备装进了“秘银宝箱”，玩家必须买“钥匙”才能打开“宝箱”，一把钥匙则需一元钱。

巨人还在游戏里设置类似赌博的环节，并通过收税增加收入。例如《征途》中有类似赌球的“国战竞猜”，即每次下注封顶10万个“紫金丹”（一种游戏道具）来赌两个虚拟国度之间战争的胜负，由于赔率高达20～60倍，对玩家有很大的吸引力，但买一瓶“紫金丹”需要10文金子。由于《征途》对下注征收10%的税收，所以下一次注其实需要11文金子。此外，在《征途》中还可以购买保险。玩家只要投入足够的人民币，就可以在游戏里达到“天下无敌”的境界。

《征途》中还有一个有奖竞猜的功能，即游戏中随机刷出0～9这10个数字中的一个，玩家来押大小，也可以押个别数字，这个功能一度非常火爆。《征途》对这个功能的解释是根据国家法律，投注金额在一定数量以下不算赌博。征途的有奖竞猜功能对每个玩家的单日投注金额限制在国家规定范围内，因此不算赌博。

游戏中环节众多的增值产品，由于创造了巨大的需求，为巨人网络带来了巨大的收益，也使其平均每用户收益高达305.2元。从2006年第二季度到2007年第二季度，巨人网络季度平均净利润率达到67.4%。

与此同时，对《征途》游戏是否缺乏责任感的争论一直没有停止过。对此，网络游戏公司和史玉柱有自己的看法。

网络游戏公司认为“和所有的玩家总数相比，沉迷在网游中的青少年是极少数。游戏产业的产生是一个必然的结果”。企业生存的根本是经济，所以首先应该是经济责任的考虑，如果没有经济基础，那么企业根本就不存在，社会责任也就无从谈起。当然，企业有了经济基础之后，也必然考虑它的社会责任。

有人认为，有时在现实社会中被认为不道德的行为，到了虚拟社会就不再是不道德的了；有时在现实中被认为道德的，可能到了游戏里就成为不道德的了。虚拟游戏社会，那是另外一个世界，和现实生活不一样。没有必然要求一款网络游戏能够带来全体玩家精神世界和道德观的显著提升。而衡量史玉柱是不是有社会责任感，主要还是要看他是不是依法赚取利润、依法纳税、在公司里和生活中注意环保、积极支持慈善事业等。至于个别玩家是否会走火入魔，这真的不应该是用来苛责史玉柱的问题。在现代公民社会，从观众到读者，从股民到游戏玩家，都必须逐渐学会对自己的行为负责。

关于社会责任和商人逐利，史玉柱认为追求利润是一个企业的第一要务。不赚钱就是在危害社会。企业不盈利是最大的不道德。在运营企业时，应该第一不能违法，第二要尽量做大家认可的东西。

在史玉柱看来，网络游戏本质上属于娱乐行业，好玩的网络游戏往往使人流连忘返，未成年人不具备判断力和自制力，难免沉迷其中。但是《征途》里未成年玩家人数比例已控制在0.5%范围内，远低于40%的行业平均水平。以下是《征途》中采用的预防措施：①未满18岁内成年人不能注册；②登录界面禁止未成年人进入；③在游戏中发现玩家有未成年行为，GM（Game Master，游戏管理员）劝其离开或踢出游戏；④游戏内容按照成年人喜欢的方式设计，并且提供带有提醒功能的宠物。史玉柱也亲自致信全国玩家，呼吁“中国成年玩家，奉劝身边未成年人远离网游”。

但是，真正有网瘾的大多数是自制力较差的青少年，他们只需要借用一个朋友或者亲人的身份证，填写对方的姓名、身份证号，就可以以成年人的身份玩了，而且这套防沉迷系统本身也存在可笑的漏洞。

史玉柱建议国家给游戏分级，认为分级会解决这些问题。如果实施游戏分级，《征途》将直接申请为三级游戏，让未成年人远离《征途》。可是，国内的网络游戏却并未启动，网游用户实名制也收效甚微，因此，造成了法律自身困顿无能的尴尬。

（资料来源：周祖城，《企业伦理学》，北京：清华大学出版社，2009年8月第2版，第64~66页。）

讨论题：

1. 谁是《征途》游戏的利益相关者？他们可能得到什么利益或受到什么伤害？
2. 对网游公司和史玉柱的观点有何评论？
3. 在开发和提供网络游戏过程中，网游公司有何社会责任？为什么？

第一节 企业社会责任相关理论

一、企业社会责任的概念

一般认为，企业社会责任（Corporate Social Responsibility，CSR）是1923年由欧利文·谢尔顿（Oliver Sheldon）提出，他将企业社会责任与公司经营者满足产业内外各种人类需要的责任联系起来，认为企业社会责任包括道德因素在内。

鲍恩（H. R. Bowen）被认为是开创了现代企业社会责任研究领域的开拓者。因为看到大型公司所拥有的权力及其经营活动对社会所造成的重大影响，鲍恩于1953年在其著作《商人的社会责任》中提出“商人应该为社会承担什么责任”的问题后，给出了商人社会责任的最初定义："商人有义务按照社会所期望的目标和价值，来制定政策、进行决策或采取某些行动"。这个定义正式提出了企业及其经营者必须承担社会责任的观点，从此开创了企业社会责任研究的领域，他因此被誉为"企业社会责任之父"。

1962 年，米尔顿·弗里德曼（Milton Friedman）把企业的社会责任定义为增加利润，强调企业是纯粹的经济结构，并且无一例外地坚持批判的立场。弗里德曼认为，在自由经济下财产完全私有，如果公司进行捐赠，股东就无法按照自己的意愿去花钱；公司只有在追逐更多利润的过程中才会增加整个社会利益。

1972 年，曼恩（Manne）提出了一个严谨的企业社会责任三要素来界定企业责任的范围：一是企业社会责任的支出或行动给企业带来的边际回报低于其他支出的边际回报；二是企业社会责任的行为必须是自愿的；三是企业社会责任的行为必须是企业行为，而不是个人行为。

1979 年，阿齐·卡罗（Archie B. Karroll）认为，企业社会责任指某一特定时期社会对企业所寄托的经济、法律、伦理和自由决定（慈善）的期望。因此，它包括经济责任、法律责任、伦理责任和慈善责任。

1997 年，约翰·埃尔金顿（John Elkington）提出三重底线概念：企业不仅关注其财务结算底线，同时也关心对公司生存有关的两项因素——环保和社会公正。

2001 年，欧盟（EU）的定义为：企业社会责任是指企业在自愿的基础上，将对社会和环境的关注融入其商业运作以及企业与其利益相关方的相互关系中。

2003 年，世界银行（WBG）把企业社会责任定义为：企业与关键利益相关者的关系、价值观、遵纪守法以及尊重人、社会和环境相关的政策和实践的集合，使企业为改善利益相关者的生活质量而贡献于可持续发展的一种承诺。

2006 年，国际标准化组织（International Organization for Standardization，ISO）的定义：组织对其活动给社会和环境的影响承担责任的行为。这些行为要符合社会利益和可持续发展；以道德行为为基础，符合适用法律和政府间的契约。

社会责任国际（Social Accountability International，SAI）对企业社会责任概念的表述为：企业社会责任区别于商业责任，它是指企业除了对股东负责，即创造财富之外，还必须对社会全体承担责任，一般包括遵守商业道德、保护劳工权利、保护环境、发展慈善、捐赠公益事业、保护弱势群体等。

哈罗德·孔茨（Harold koontz）认为，公司应当承担的社会责任就是要认真地考虑公司的一举一动对社会的影响。

彼得 F·德鲁克（Peter F. Drucker）认为，企业的目的必须在企业本身之外，事实上，企业的目的必须在社会之中，因为工商企业是社会的一种器官。

凯思·戴维斯（Keith Davis）和罗伯特 L·布卢姆斯特朗（Robert L. Blomstrom）提出："企业社会责任是指决策在谋求企业利益的同时，对保护和增加整个社会福利方面所承担的义务。"

爱泼斯坦（Edwin M. Epstein）认为，企业社会责任就是要努力使企业决策结果对利益相关者产生有利的而不是有害的影响。企业行为的结果是否正当是企业社会责任关注的焦点。

菲利普·科特勒（Philip Kotler）认为社会责任是企业通过自由决定的商业实践以及企

业资源的捐献来改善社区福利的一种承诺。

约瑟夫 M. 麦克格尔（Joseph M. McGuire）提出："企业社会责任概念意味着企业不仅仅有经济和法律义务，而且还对社会负有超过这些义务的某些责任。"

世界可持续发展企业委员会（World Business Council for Sustainable Development）提出："企业社会责任是企业针对社会（既包括股东也包括其他利益相关者）的合乎道德的行为。"

维基百科解释：企业社会责任是指企业在其商业运作里对其利害关系人应负的责任。企业社会责任的概念是基于商业运作必须符合可持续发展的想法，企业除了考虑自身的财政和经营状况外，也要加入其对社会和自然环境所造成的影响的考量。

仲大军认为，企业的社会责任可分为经济责任、文化责任、教育责任、环境责任等几方面。就经济责任来说，企业主要为社会创造财富、提供物质产品、改善人民的生活水平；就文化责任和教育责任等方面来说，企业要为员工提供符合人权的劳动环境，教育职工在行为上要符合社会公德，在生产方式上要符合环保要求。这些属于企业的刚性责任。除此之外，企业还应该参加一些公益活动，这属于企业的非刚性责任。

张维迎则认为，企业家的真正责任，是在诚信守信的基础上，通过为客户创造价值，赚取利润，同时给更多的人创造就业机会，给国家上缴更多的税收。

管益忻则将社会责任界定为本源社会责任与派生社会责任，也可以称为第一社会责任与第二社会责任。对于一个企业来说，它的第一社会责任就是生产客户需要的产品和服务，真正实现客户的价值主张，这是本源的、核心的社会责任。至于抗震救灾、希望小学、母亲水窖等社会公益事业，原则上都是外在的、派生的社会责任。

常凯认为，企业社会责任是指在市场经济体制下，除了为股东追求利润外，也应该考虑相关利益人，即影响和受影响于企业行为的各方的利益。而其中雇员利益是企业社会责任最直接和最主要的内容。

卢代富将社会责任认定为企业在谋求股东利益最大化之外所负有的维护和增进社会公益的义务。

陈炳富、周祖城将社会责任归纳为企业应该以利益相关者为对象，承担包括经济责任、法律责任和道德责任在内的一种综合责任。

在运营实践中，一些企业也提出了自己的企业社会责任观。比如 IBM 认为企业社会责任是企业为了实现可持续发展，致力于获取社会信赖，成为社会期待的企业。

2005 年 1 月，丰田宣布为可持续发展作出贡献的社会责任方针，并在 2008 年 8 月进行了修改，即通过制造寻求人、社会和自然环境的和谐，实现社会的可持续发展。丰田还在其供应链上推广社会责任方针，作为相关企业共同的 CSR 方针。

SK 集团确立了企业社会责任的促进领域和框架，分为保护顾客、共存经营、环境经营、社会贡献、道德经营领域，并对各个领域的促进战略分别进行成果管理和监控、促进利益相关者的参与。根据自身经营特点，选择 SK 电讯的顾客信息保护、提供优质服务等作为责任重点。

浦项制铁的可持续发展和社会责任的重点清晰界定在企业经营领域，突出钢铁业大气污染物排放等行业特点，重点加强环境管理。同时，运用可持续发展理念，梳理企业的人才、价值、环境、质量等管理体系，使之产生蓬勃的内在发展动力。

美国辉瑞的社会责任的目标是使企业中的每个成员，以及每个受到该企业影响的人能站在一起，同时企业的利益是不以牺牲社会为代价的，因为归根到底商业活动的良性发展取决于它所服务的社会的良性发展。

杜邦将企业与利益相关者之间的关系，包括世界各地的客户、供应商、员工、社会和股东的关系，来共同维系同一诉求，即在可持续发展的框架内，以有市场前景的方式来调动各方的参与，进而满足人们的需求。

大众汽车集团的核心价值是贴近顾客、最佳业绩、创造价值、创新能力、尊重与伙伴关系、责任、可持续发展、公开与透明。其中，基于“尊重、责任、可持续发展”的原则，承担企业社会责任，促进所在国家和地区的经济、社会的全面发展，已经成为大众汽车集团在全球都要遵循并积极落实的意识与行为准则。根据这些基本原则，大众汽车集团在中国的企业责任方向主要集中在以下几方面：遵纪守法；为所在地区和国家，为中国经济和社会全面发展、可持续发展作出自己的贡献；以人为本，为本企业职工提供最好的工作和发展环境；积极参加社会各项公益活动。除了上述的一般企业应该承担的社会责任以外，作为一个汽车企业，对整个社会发展还具有一些特殊责任，主要体现在交通安全、节能和环保等方面，这是当前整个中国社会面临的一些巨大挑战。在这方面，大众也在积极地承担自己的责任。

国家电网公司的企业责任观是“企业为实现自身与社会的可持续发展，遵循法律法规、社会规范和商业道德，有效管理企业运营对利益相关方和自然环境的影响，追求经济、社会和环境的综合价值最大化的行为”。

中国移动秉持“以天下之至诚而尽己之性、尽人之性、尽物之性”的企业责任观，积极追求企业经济成长与社会责任的有机统一。中国移动认为，企业社会责任只有与企业经营发展相融合，才能实现社会责任的可持续，也才能实现企业发展的可持续。中国移动致力于以切实有效的社会责任管理，将企业社会责任标准整合嵌入企业运作的全方位和全过程，实现企业经济、社会与环境三方面绩效动态平衡，协调企业与相关方的可持续发展。

通过检验国际上各大公司的实践，可以认定以下 3 个条件常常是不可或缺的：①自愿履行其社会责任，而不是法律、规定和习俗使然；②真诚推动与利益相关者的互动；③将社会、环境和经济三方面都纳入公司目标。

分析国内外学者、业内人士以及相关机构对社会责任的概念界定不难看出，随着社会的进步和发展，企业社会责任的要求和内涵发生了明显的转移：即将对股东和投资人的关注转向利益相关者，特别是对环境的关注；从早期侧重于道德伦理层面，之后逐渐转移到法律层面。而国外不同区域的理论和实践关注的社会责任的重点则有着较为明显的差异：欧洲强调企业工会在监督社会责任方面的职能；美国学者则更倾向于立法确立企业社会责任的边界；而日本学者则从企业的公益捐赠行为阐述企业社会责任的作用。

综上所述，本书认为卡罗的企业社会责任包括经济责任、法律责任、伦理责任和慈善责任的定义比较全面地反映了企业社会责任的内涵，不过需要澄清的是，这四种责任对于企业并不是处于同等地位的，社会责任的核心在于伦理责任，而本质在于企业自愿、自觉承担的责任和义务，而且能够将这些社会责任融入其发展战略之中的一种自觉的战略安排。随着企业发展阶段的不同和企业地位的提升，社会责任的内容和履行程度都将发生变化，具体来说，这一定义包含四层含义：

（1）企业应该承担并履行好经济责任，企业的任务是发展和盈利，并担负着增加税收和国家发展的使命。企业必须承担起发展的责任，搞好经济发展，要以发展为中心，以发展为前提，不断扩大企业规模，扩大纳税份额，完成纳税任务，为国家发展作出大贡献。但是这个发展观必须是科学的，任何企业都不能只顾眼前、不顾长远，也不能只顾局部、不顾全局，更不能只顾自身、不顾友邻，要保证利益相关者的合法权益。

(2) 企业要承担伦理责任，努力使社会不遭受自己的运营活动、产品及服务的消极影响。应加速产业技术升级和产业结构的优化，大力发展绿色企业，为环境保护和社会安定尽职尽责。随着经济发展，环境日益恶化，特别是大气、水、海洋的污染日益严重。野生动植物的生存面临危机，森林与矿产的过度开采，给人类的生存和发展带来了很大威胁，环境问题成了经济发展的瓶颈。为了人类的生存和经济持续发展，企业作为社会公民，对资源和环境的可持续发展负有不可推卸的责任。企业履行社会责任，通过技术革新可减少生产活动各个环节对环境可能造成的污染，同时也可以降低能耗，节约资源，降低企业生产成本，从而使产品价格更具竞争力。这将有助于缓解城市尤其是工业企业集中的城市经济发展与环境污染严重、人居环境恶化间的矛盾，实现人与自然的和谐发展。

承担伦理责任是企业的自律责任，是企业内在的、自愿的、主动的责任选择，也是企业社会责任的核心所在，反映着企业承担社会责任的真实水平和意愿，也是公众对企业的社会形象的判断的主要依据。

(3) 企业在遵纪守法方面要作出表率，遵守所有的法律、法规，包括《环境保护法》、《消费者权益保护法》和《劳动保护法》。由于种种原因造成的诚信缺失正在破坏着社会主义市场经济的正常运营，由于企业的不守信，假冒商品随时可见，为了维护市场的秩序、保障人民群众的利益，企业应带头诚信经营、合法经营，带动企业的员工、企业所在的社区等共同遵纪守法，共建法治社会。从立法实践来看，越来越多的国家纷纷对企业法规进行修改，加强对公司行为的限制，尤其是对消费者权益和环境等方面的保护。

(4) 企业要承担扶贫济困和发展慈善事业的责任。现阶段构建和谐社会的一个重要任务是要大力发展社会事业，教育、医疗卫生、社会保障等事业的发展直接关系人民的最直接利益，也直接决定着社会安定与否、和谐与否。虽然我国的经济取得了巨大发展，但是作为一个有 13 亿人口的大国，还存在很多困难。特别是农村的困难更为繁重，有部分地区需要扶贫济困。这些责任固然需要政府去努力，但也需要企业为国分忧，参与社会的扶贫济困。为了社会的发展，也是为企业自身的发展，广大企业更应该重视扶贫济困，更好地承担起社会责任。

慈善责任是企业按照既定的价值观和社会希望而采取的额外行动，企业作为社会的一分子，对社会肩负着广泛的责任，因此，适当的捐赠行为也是企业回报社会的一种方式和途径，但必须强调，这种捐赠是自愿和自觉的。

企业社会责任的概念中包含了三部分重要内容：①承担社会责任的主体是现代大公司；②社会责任的实施者是公司管理者；③企业社会责任的原则是自愿。

二、企业社会责任的相关理论

自 20 世纪 70 年代以来，一些学者从公司治理、社会责任分级理论、企业公民等视角，建立了较为成熟的理论体系。

（一）利益相关者理论

1965 年，伊戈尔·安索夫（Ansoff）在其《公司战略》一书中首次提出利益相关者理论，他认为要制定理想的企业目标，就必须综合平衡考虑企业的诸多利益者之间互相冲突的索取权，他们可能包括管理人员、工人、股东、供应商和顾客。1984 年，安索夫的理论经由弗里曼（Freeman）的详细阐述，即利益相关者是指对那些企业战略目标的实现产生影响或者能够被企业实施战略目标的过程影响的个人或团体。利益相关者理论主要是从企业社会绩效评价的角度提出企业不仅要对股东负责，而且要对所有的利益相关者负责。弗里曼的利益相关者分析将当地社区、政府和环保主义者等部门纳入研究范畴，大大扩展了利益相关者的内涵。

1995 年，英国学者克拉克森（Clarkson）认为，那些对企业及其过去、现在和未来的活动享有或者主张所有权、权利或者利益的自然人或社会团体属于利益相关者。他又根据利益相关者与企业之间联系的紧密性将利益相关者分为一级利益相关者和二级利益相关者，前者是指与企业经营密切相关的群体，包括股东、投资机构、员工、供应商和消费者等；而后者则是不直接介入企业事务的相关群体，包括媒体、社会团体等。而普瑞斯顿则通过投入产出模型和利益相关者模型的比较研究，认为供应商、投资机构和员工等对于企业来说皆为投入要素，其地位都是平等的，没有一方的利益优先于其他方的利益。斯蒂纳认为利益相关者模型的核心问题是企业是各种利益的中心，企业不仅要处理好与股东的关系，而且要处理好与其他各利益相关者的关系，承担起对利益相关者的责任。

从利益相关者理论的研究和发展过程可以看出，利益相关者的覆盖范围越来越大，反映了社会对企业承担责任的要求。不过企业作为经济组织，承担责任的范围和强度都是有限的，否则，必然影响其运营业绩，这些是利益相关者理论必须正视的问题。企业活动究竟应该对谁负责，负什么责任呢？有人提出这样的观点，企业在照章纳税之后，就算完成了企业对社会的责任，就没有必要再去承担其他社会义务。企业如果负有太多的社会责任和道义感，肯定不易发展，成不了大气候。这种观点甚至将道义感太重笼统地概括为东方企业的特点，最后得出结论：东方文明难以产生大企业，发展到一定阶段便会被社会责任所压垮。还有人认为，企业首先要为自身的生存与发展负责，然后才能考虑到社会。这些观点也有一定的道理，但思维方法似乎并不全面。企业是否仅仅是一架机械运转的机器？企业具不具有人性化？市场经济下的企业到底都负有哪些责任？这些的确是当前我国社会值得认真研究和讨论的问题。

毋庸置疑，企业的首要任务是创新和生产。企业应当是社会物质财富的创造者，其主要目的是给社会提供物质产品，也包括精神产品。企业是支撑人类社会生存的基本经济单位。企业如果失去了生产和创新功能，那么就失去了其存在的基本价值。因此，任何企业的第一要义是搞好生产，创造出市场效益，争取为社会多纳税，实现它对社会的经济责任，这就完成了它的主要任务。至于企业的其他社会责任，有人认为是第二位的事情，可以称之为“分外”的事情。譬如，如何保障职工的劳动权利、要不要教育职工、要不要从事清洁生产和保护环境，要以企业的发展程度来定。如果企业具有一定经济实力，就可以考虑；否则，就顾不上了。

企业要不要承担经济责任之外的社会责任还取决于体制因素，在不同社会制度下企业有不同的表现。中国企业责任的变化以政府变革的程度而定。如果在经济体制上，中国仍然实行计划经济，那么企业的社会责任既是无限的，又是有限的。如果中国社会仍然是一个“大政府、小社会”的模式，那么企业的确不需要承担多少“分外”的社会责任；如果政府变革向着“小政府、大社会”的方向变革，那么企业所承担的非刚性的社会责任必然加大。因此，中国企业今后承担社会责任的多少，在很大程度上取决于中国政府的改革方向。就目前中国的形势看，中国企业应尽的责任主要停留在“分内”的事情上，有些企业甚至连“分内”的责任也没尽到，如缴纳社会保险基金。

在计划经济时期，政府就是一个大企业，企业实际上是政府组织的一部分，企业不仅担负起生产的任务，更肩负着对劳动者在生产之外的一切生活保障。在计划经济下，企业不仅是生产组织和经济组织，更是行政组织、教育组织甚至军事组织。随着经济体制改革的深入和全能政治在中国的解构，政府在社会中的全能角色也在发生变化，企业与政府逐渐分离，企业对政府的一部分责任也在不断剥离。到目前为止，中国各类企业，不管是国有企业还是民营企业，都基本上实现了政企分开。

在国有企业与政府指令逐渐分离的同时，企业也在不断推卸身上所肩负的许多社会责任，许多国有企业已经将职工的养老金发放交给了社会，不少厂属学校、医院、服务机构也实现了社会经营。从整个趋向看，经过30多年的改革，国有企业逐渐走上了独立经营的道路，计划经济下形成的企业办社会现象逐渐消失，民营企业或股份制中的人员关系变得更加明晰。只有进行这种变革，中国的国有企业才能轻装上阵，才能具有市场竞争力。因此，对国有企业来说，30多年来变革的表现主要是企业减负。

但同时也必须看到，市场经济下的企业与社会也有着千丝万缕的联系。企业来自于社会，也必将还原于社会，这是一种新形势下的社企关系。企业的生生死死、发展壮大或被淘汰出局，都要由社会来承接它失败的代价。更重要的是，社会是企业的生存环境，没有一个好的环境，企业也难以生存。因此，企业与社会有一个共荣的关系，市场经济下的企业与社会甚至有着更密切的关系，而不是关系变得相对疏远。新形势下的企业与社会关系，一个重要表现就是企业要通过纳税和缴费的形式来履行应尽的社会保障的责任，增强社会的保障能力，而不是千方百计逃避这一责任。就目前的形势看，企业不履行这一责任的问题相当严重。在战略决策的过程中，各个与企业利害相关的团体的利益总是相互矛盾的，不可能有一个能使每一方都满意的战略。因此，一个高层管理者应该知道哪些团体的利益是要特别重视的。美国管理协会（AMA）曾经对6000位经理进行调查，结果如表7-1所示。

表7-1 各利益相关团体对企业的重要性

利益相关者团体	得分排序(最高为7分)	利益相关者团体	得分排序(最高为7分)
顾客	6.40	一般大众	4.52
职工	6.01	一般股东	4.51
主要股东	5.30	政府	3.79

（二）社会责任分级理论

社会责任分级理论主要是从实证的角度分析哪些社会责任是必要和正当的，以及这些责任之间的关系如何。1971年美国经济发展委员会首先用三个责任同心圆说明了企业社会责任的层级：最内圈包括明确而有效地履行经济职能的基本责任，如产品、就业及经济增长等基本的责任；中间一圈包括在执行经济职能时对社会价值观和优先权的变化要采取积极态度的责任，如环境保护、尊重雇员，以及提供消费者希望提供的完整的信息、公平对待、避免受到伤害等；而最外圈包括新出现的以及还不明确的责任，这些责任都是企业经营中可能遇到的决策选择，比如节约能源、培训等内容。

而更为普及的则是卡罗的企业社会责任三角模型，他认为企业不仅负有经济和法律责任，而且还负有道德和慈善的责任。他阐述了企业社会绩效与经济目标的一致性、企业社会责任与企业社会敏感性之间的一致性。1991 年，他又进一步提出企业社会责任金字塔模型，如图 7-1 所示。卡罗还区分了道德责任与慈善责任，认为慈善责任并不是按照道德的期望来做，如一个社区期望当地企业达到捐赠、就业的水平可能高于该企业实际履行的标准，因此，社区可能认为该企业是不道德的，而慈善责任的核心在于自愿。

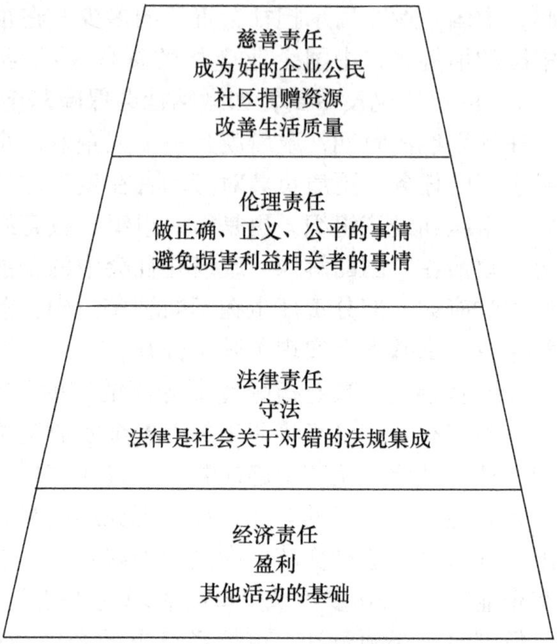

图 7-1 企业社会责任金字塔模型

德·乔治于 1993 年提出区分三种层次的道德要求：第一层是最低限度的道德要求，包括基本的道德规范；第二层是超出最低道德要求的积极义务，即创造和保持与利益相关者的信任关系、帮助有困难的员工、补偿企业对社会造成的危害、保证公平的市场环境等；第三层道德要求是对道德理想的渴望，这些渴望以道德理想为其特征，能够在经济的、社会的和环境的领域激发负责任的行动和自觉行为，造就企业独特的身份特征和使命。

这几种社会责任分级理论都认为经济和法律责任是企业社会责任的基本要求，而道德责任则是企业自觉结合运营出发而形成的制度行为，对于企业来说，满足基本要求的社会责任是当务之急，也是认定企业是否真正践行社会责任的核心指标。

（三）企业公民理论

企业公民理论认为企业与个体社会公民一样，在社会合法性方面，既拥有社会公民的权益，同时也应该承担起对社会的责任。世界经济论坛对企业公民的定义为：企业通过它的核心商业活动、社会投资、慈善项目以及参与公众政策而对社会作出贡献。企业如何处理与经济、社会、环境的关系以及与利益相关者关系的方式，影响着企业的长期发展。美国波士顿学院企业公民研究中心提出了企业公民要素的三个核心原则和三个价值命题。其中，三个核心原则是危害最小化、利益最大化、关心利益相关者和对利益相关者负责；命题一是理解、整合和强化企业价值观；命题二是将这些平衡的、整合的价值观融会到企业的核心策略中；命题三是形成体系以强化这些价值观，并付诸行动。

1997 年，扎德克与伊文思等提出了企业公民基本三角模型，指出企业好公民的绩效是由三种力量所形成的：首先是企业经理需要理解外部环境，并与之进行有效的协调；其次是来自社会的压力，促使企业改进在社会和环境方面的绩效；第三是道德价值。英国企业公民公司总裁戴维·罗根认为，企业公民是指企业在业务活动中被赋予了对等的权利和义务。企业公民既包括企业在社会中的合法权利，又包括企业应尽的社会责任，并且将这种权利和责任与长期的发展战略相结合。

马斯登设计了一个矩阵来描述不同类型的企业公民模型，以帮助管理者分析企业所处的位置，如表7-2所示。

表7-2 企业公民类型

	否定	被动参与	主动参与
三重底线	7	8 被动地全面参与	9 主动地可持续领导力
股东价值	4 致力于外部事务	5 被动地部分参与	6 主动地部分参与
管理者满意	1 随意的慈善行为	2 向CEO报告的专家制度	3 专家介入社会问题

"企业公民"是20世纪90年代企业社会责任概念与利益相关者理论出现并融合后的产物，它将狭义的企业社会责任、企业社会回应、企业社会表现与利益相关者管理等概念融入了一个统一的框架之中。

从发展上来看，一方面，企业公民将企业社会责任从一种自愿的行为发展为公民观下公民对社会的义务；另一方面，企业公民在强调利益相关者关系时，不再将企业置于中心地位，然后通过众多的箭头指向各个首要和次要的利益相关者。企业公民将社区放在中心，企业在整个社会生态大环境中作为成员之一，与其他利益相关者一起相互依存，共同面对社会承担责任。

（四）企业社会回应理论

社会回应理论的提出将企业社会责任的研究从企业是否应当承担社会责任的道德争论引向企业的管理过程，即企业在实践中应当如何对外部的社会压力作出反应，控制外部社会压力对企业的影响，降低企业面临的风险。

阿克曼和鲍尔（Ackerman & Bauer，1976）被普遍认为是最早提出企业社会回应概念的学者。阿克曼认为，企业对社会需求的回应过程包括三个阶段：第一阶段为认识阶段。这个阶段企业的主要参与者集中在高层管理人员，公司高层认识到社会需求的重要性，开始讨论、参与和支持相关的活动，最终对公司政策进行新的调整。但此时对社会需求的考虑只停留在公司高层，中下层管理人员对企业社会回应还不清楚，缺乏计量标准，也没有形成奖惩制度。第二阶段为专人负责阶段。公司任命专人负责系统性地收集信息，评估社会环境需求，开发可作为控制机制的方法。第三阶段为组织参与阶段。在这个阶段，整个组织机器都被调动起来参与回应社会需求的活动，包括问题的管理、资源的运用和程序的修正，最终目的在于提高企业社会回应水平。

弗雷德里克在社会回应思想方面作出了重要贡献。①弗雷德里克明确定义企业社会回应为"公司回应社会压力的能力"。②弗雷德里克对企业社会责任与企业社会回应两个概念作了精确的区分。在弗雷德里克看来，企业社会责任主要回答"为什么？是否？为了谁的利益？根据什么道德准则？"等问题；而企业社会回应重点在于回答"如何？什么方法？产生什么效应？根据什么操作指南？”等问题。因此，企业社会回应更具管理特性。③弗雷德里克指出，企业社会回应理论的提出是企业社会责任的重大转变，是从理念和伦理概念向行为导向的管理概念的转变，使企业社会责任从理论研究走向企业的管理实践。

（五）责任铁律

在20世纪60年代，戴维斯指出，如果站在管理学的角度来看，企业社会责任是指“商人的决策和行动至少有一部分不是出于公司直接的经济和技术利益”。戴维斯认为，实际上是商人而不是企业在作社会责任的决定。他认为企业社会责任具有两面性：一面是企业社会责任的经济性，由于商人管理的是社会中的经济组织，所以他们在影响公共福利的经济发展方面对社会负有很大责任；另一面是企业社会责任的非经济性，商人同时负有培养和发展人类价值观的责任，这是截然不同的一类社会责任，无法用经济价值的标准来衡量。所以，戴维斯指出，企业社会责任意味着对他人具有“社会—经济”和“社会—人类”两种责任，而通常大家都忽略了“社会—人类”责任，那就必须具有“责任与权力形影相随”的观点，这一观点产生了所谓的“责任铁律”（Iron of Law）。

责任铁律包括三个要点：①“责任与权力联系在一起”。从企业自身来看，权力与责任的平衡并不是一个陌生的概念。例如，管理科学的一个原则就是权力与责任的平衡，以使管理者和员工在其权力范围之内承担责任。这一原则同样可以扩展到企业之外，适用于处理企业与社会的关系。②“责任越少，权力越小”。戴维斯指出，如果能够摆脱社会责任或者将其减少到微不足道的规模，那就可以大大减轻商人肩头的重担。但是躲避责任的后果将是社会权力的逐渐丧失，其他团体或组织就会取而代之。例如，政府或劳工组织就是削弱企业权力的最活跃的部分。戴维斯引用鲍恩的观点来加以证明：“越来越明显地可以看出，如果没有社会责任的前提，商人的选择自由和代表的权力将不可能得以继续”。③“企业的非经济价值”。戴维斯认为，即使曾经有过“经济人”，他们也已经消亡了。人们作为劳动者、消费者或者社区的公民，在与企业打交道时，并不仅仅是为了从企业得到直接的经济利益，因为人类并不是计算市场价值的经济机器。那么企业应该如何满足人类的其他需求？戴维斯的建议就是企业在承担“社会—经济”责任的同时，还要承担“社会—人类”责任。

在20世纪70年代，戴维斯又提出了企业社会责任的5个定理，其具体内容如下：①企业的社会责任来源于它的社会权力，由于企业对诸如少数民族平等就业和环境保护等重大社会问题的解决有重大的影响力，因此，社会就必然要求企业运用这种影响力来解决这些社会问题。②企业应该是一个双向开放的系统，即开放的接受社会的信息，也要让社会公开地了解它的经营。为了保证整个社会的稳定和进步，企业和社会之间必须保持连续、诚实和公开的信息沟通。③企业的每项活动、产品和服务，都必须在考虑经济效益的同时，考虑社会成本和效益。也就是说，企业的经营决策不能只建立在技术可行性和经济收益之上，而且要考虑决策对社会的长期和短期的影响。④与每一活动、产品和服务相联系的社会成本应该最终转移到消费者身上。社会不能期望企业完全用自己的资金、人力去从事那些只对社会有利的事情。⑤企业作为法人，应该和其他自然人一样参与解决一些超出自己正常范围的社会问题。因为整个社会条件的改善和进步，最终会给社会每一位成员（包括作为法人的企业）带来好处。

其他有影响的理论还包括基于伦理学的社会责任理论，其主要研究经济发展与社会伦理、社会责任的问题，认为企业的发展不能背离社会道德伦理规范，而要与社会道德伦理规范相一致，这样才能符合公众的期待，并且与社会和环境的发展相平衡。

第二节 企业社会责任的产生与发展

企业社会责任观是逐步演进的过程，分析这个演进的过程，才能真正领会企业社会责任运动的清晰脉络。

一、企业社会责任观的演进

（一）传统的商人社会责任观

商人社会责任观是企业社会责任观的萌芽和思想来源，因此，首先分析传统商人社会责任观，为全面理解企业社会责任奠定基础。

在古代社会，具有趋利本性的商人在社会结构中一直处于被压制状态。古希腊和古罗马时期，商人的地位比奴隶高不了多少。古希腊和古罗马城邦的基本特点是以公民为核心建立的等级制，社会成员一般分为公民、自由民和奴隶三个等级。这种等级制的存在是以城邦社会自然经济占主导地位的封闭型经济为基础的，具体来说就是必须保证公民集中的小农经济，防止公民中出现贫富分化，因为小农经济是古希腊和古罗马城邦社会赖以存在的基础。从当时希腊的价值观念和伦理道德来看，工商业者的社会地位比较低下。占统治地位的商业伦理强调的是社区精神。

进入中世纪，商人依然是社会边缘群体，教会作为社会中异常强大的政治势力，其价值观对界定商人的社会角色起着决定性的作用。在教会看来，盈利动机是违反基督教教义的，逐利行为是违反基督教精神的，商业被教会定位为只为社会公共利益而存在；至于商人，则必须绝对诚实，遵守商业伦理，关心社会福利。商人为了提高社会地位，大力投资社会公益事业，包括建立教堂、医院、救济所等，可见，中世纪教会为商人设定的社会责任是非常广泛的。

在工业革命之前，真正的企业尚不存在或还未在社会经济生活中占据主导地位，所以不会关注企业社会责任的问题，社会责任的承担者依然是以个人为单位。商人不应该为了私利而损害社会利益，应该将社会公益放在首位，这一思想对后来的企业社会责任思想产生了重要而积极的影响。

（二）近代消极的企业社会责任观

18 世纪中后期，伴随着工业革命，现代意义上的企业诞生了，从此，企业成为社会的主导力量，西方迈入工业化社会时代。与此同时，追逐利润、发财致富的欲望在摆脱了宗教的束缚之后极度膨胀并被合理化。以亚当·斯密为代表的古典经济理论认为，企业唯一的目标就是在法律允许的范围内追求利润最大化。如果企业尽可能高效率地使用资源以提供社会需要的产品和服务，并以消费者愿意支付的价格进行销售，企业就尽到了自己的社会责任。不难看出，在 18 世纪后期，企业以逐利为目的的倾向虽然已经出现，但是，传统的商人社会责任观和道德观仍在发挥作用。

19 世纪初期，一些小企业的业主一般捐助学校、教堂和穷人们，随着企业财富的积累，企业的慈善捐款额持续增大。但这些慈善捐款都是企业管理者的个人行为，而非企业行为。当时的法律在企业管理者如何使用企业资金上有明确规定，认为企业没有权利去做其业务范围之外的事，否则，就是“过度活跃”（Cultra Vires），意思是企业的活动超出了它的权力。股东有权起诉一个处于“过度活跃”状态的企业。因此，在整个19世纪，人们对待企业的社会责任是持消极态度的。这种消极的企业社会责任观还与当时盛行的“社会达尔文主义”密切相关。社会达尔文主义主张弱肉强食、适者生存是社会生活的基本法则，因此，慈善捐款实际上是支持那些在人类竞争中的失败者，违背了优胜劣汰的自然法则。在这种思潮的影响下，许多企业不仅不主动地承担社会责任，而且对那些与企业有密切关系的供应商、分销商、员工极尽盘剥，以求尽快变成社会竞争的强者。

在早期消极的企业社会责任观的影响下，企业认为它与其利益相关者之间是一种赤裸裸的市场竞争关系，至于众多利益相关者的非经济性的利益要求，企业是不需要过多考虑的；即使加以考虑，也是出于企业主的怜悯之心。

（三）现代企业社会责任观

早期关于社会责任的研究是非常琐碎的，散见于其他领域的研究之中。直到20世纪30年代，企业社会责任作为一个学术问题和管理实践才日益受到重视。企业社会责任的产生有其特定社会问题的背景，又与人们思想与价值观变化有密切的联系。

（1）社会问题不断涌现。20世纪早期，针对工业发展产生的许多负面影响以及由此引发的不满情绪，批评者们开始指责“社会达尔文主义”的冷漠与残酷，并意识到企业必须对那些有关的群体应该承担应有的责任。劳工运动此起彼伏，强调企业应给与社会更多的关注。

（2）企业体制发生改变。这一时期，企业规模不断扩大，企业体制已经从业主所有制走向股份制，企业管理者大部分已经不是原来的企业主，他们只拥有部分公司股份，感觉是用公司财产用于社会行动比较自由了；企业寻求并发现了“过度活跃”指控的方法和依据；美国批准了谢尔曼反垄断法，给大型企业以必要的约束，保护社会。

（3）思想资源日渐丰富。20世纪20年，出现了三种扩大企业社会责任的观点：①“代理人观”。认为企业管理者作为代理人，他们的行为必须同时兼顾股东的权益，满足顾客、雇员以及社会的需要。②“利益平衡观”。认为企业管理者有义务平衡那些与企业有关联的集团之间的利益。③“服务观”，认为企业是社会的“公器”，服务民众是企业应尽的义务，而企业管理者个人也可以通过成功的管理企业来减少社会不公、贫穷、疾病等，从而为社会作出贡献。

基于以上多种因素的共同影响，企业社会责任的概念和理论开始出现。

围绕企业是否应当承担社会责任的争论，曾出现过激烈的论争，其中尤以弗里德曼的观点最甚：他从多个角度论证了企业不应该承担社会责任的理由，影响最大。但是随着经济和社会发展，倡导和支持企业社会责任的学者逐渐增多，后来弗里德曼本人也指出，企业利润最大化可以与企业社会责任和谐共存。围绕着企业是否承担社会责任的论战主要有两次：20世纪30~50年代贝利（Berle）与多德（Dodd）关于管理者受托责任的论证；20世纪60~70年代贝利与曼恩（Manne）关于现代公司作用的论战。

1. 贝利与多德关于管理者受托责任的讨论

从表面来看，贝利和多德在20世纪30年代开始的这场讨论是从法律层面上探讨管理者的受托责任。实际上是关于公司的社会责任问题，即公司和作为其受托人的管理者是只要承担对股东的责任，还是要承担对公司中所有利益相关者的责任，简单来说，就是对谁履行社会责任的问题。这同时也说明，有关企业社会责任思想的争论是与现代公司的本质问题密切相关的，企业社会责任要讨论的问题也是现代公司的根本问题。

1931 年，贝利发表《作为信托权力的公司权力》一文，认为管理者只是公司股东的受托人，而股东的利益总是在其他对公司有要求权的人的利益之上。对此，多德在《公司管理者是谁的受托人》一文中表示“决不认为”公司存在的唯一目的是为股东创造利润。他强调，法律之所以允许和鼓励经济活动，不是因为它是其所有者利润的来源，而是因为它能服务于社会。贝利和多德之间的讨论经过20多年终于以认同企业社会责任以及管理者宽泛的受托责任结束，但是关于企业社会责任的争论继续走向深入。

2. 贝利与曼恩关于现代公司作用的论战

1962 年，曼恩在《哥伦比亚法学评论》上发表《对现代公司的“激烈批判”》一文，探讨现代公司的政治地位、现代公司的作用以及公司在社会感兴趣的各种价值观的分配和使用中应该起到的作用。他反对贝利关于现代公司要履行社会责任的观点，认为管理效率并不意味着管理者具有履行社会责任的能力，实际上，管理者并不具备这种能力。贝利和曼恩在20 世纪60 年代的这场争论与贝利和多德自20 世纪30 年代起到50 年代结束的讨论有根本的区别：①问题的焦点不同。贝利和多德的讨论针对的是管理者受托责任；而贝利和曼恩的争论是以古典自由市场理论为基础的传统的企业理论与现代企业理论之争，问题更为尖锐。②基本的立场不同。贝利和多德的出发点都是认同公司是一种社会组织，利润最大化不是公司唯一的目标；而曼恩则是站在截然相反的立场上，认为公司只是一种经济组织，强调公司社会责任会危及自由市场。所以争论的结果也大不相同。

从 20 世纪 30 ~ 70 年代，经过这两次大的论战，企业社会责任的必要性在学术界得到了广泛的讨论。到 20 世纪 90 年代，绝大部分学者达成了共识：企业社会责任并不必然导致经济利益受损。企业社会责任的理论和实践已经从单纯地强调企业自身的生产守则拓展到兼顾各个利益相关者的利益，并形成了较为完善的社会责任认证体系，从法规和制度方面来督促和评估企业社会责任的行为和标准，比如，中国政府已经要求所有中央企业必须定期披露社会责任的报告，让公众了解和监督国有企业的社会责任的状况。

二、中西方企业社会责任的发展

（一）美国企业社会责任概况

美国是“企业社会责任”概念的发源地。20 世纪初期美国就已经出现企业社会责任的萌芽，随着经济、社会的发展，美国企业界在世界经济和社会中占据愈加重要的地位，也承担了越来越多的社会责任。

1. 第一阶段（20 世纪初 ~20 世纪60 年代）：企业社会责任产生阶段

19 世纪末 20 世纪初，随着工业革命的完成，资本主义国家进入垄断阶段，美国出现了企业合并、经济集中的情况，这种不受约束的自由经济模式，促使经济力量日益集中地控制在少数人手里，从而导致了美国经济和社会的重大变革并引发了种种严重问题。企业为了谋取高额垄断利润，对待工人残酷无情，引发了轰轰烈烈的社会运动，涉及劳工、控制铁路运价及服务、新闻领域的“揭露黑幕”等。

一些美国大公司的恶劣行径引发了美国社会的不满和政府对企业态度的变化，同时，一些组织和个人开始呼吁企业承担社会责任，一些企业家也加入到这一行列中来，强调企业作为社会一分子承担社会责任的合理性，以改变企业在公众心目中每况愈下的地位。20 世纪早期的美国企业已经不再对其社会责任抱冷漠的态度，它们开始主动捐款，资助社区活动和红十字会事业，帮助当地政府的义务教育和公共健康制度。

20 世纪 50 ~ 60 年代，随着更多的公司认识到“权力即责任”，企业社会责任转向对企业的慈善捐款和深化社会责任职能的方面。在这一时期，美国企业界逐渐形成一个观点，即认为企业在主要为股东创造利润的同时，也应当通过捐助或承担社会项目来回报社会和公众。美国企业已经认识到企业的慈善捐赠，从长远来看，有利于公司的运营、改善公司环境、提高公司的形象、有助于公司目标的实现。企业的捐赠行为也获得法律上的认可。到 1960 年，美国已有 46 个州通过了公司法，允许企业从事慈善活动。

20 世纪中期以后，企业经营活动中最大的变化是开始真正重视与其有密切关系的各种利益相关方的利益要求，许多企业都成立了工会组织，建立起专门的组织机构来处理供应商、分销商、贷款人、特殊团体、社区的意见和建议。同时，许多大公司还设立了慈善基金，企业积极从事社会责任活动已经不再是个别现象，反而成了企业拥有远大抱负的象征。企业承担的社会项目范围不断扩大，有的企业甚至开始实施大范围的社会行动，包括教育、公共健康、就业、住房、城区改造、环境保护等，涌现出了一批积极承担社会责任、主动关注利益相关方利益要求的企业。

2. 第二阶段（20 世纪 60 ~ 80 年代）：企业社会责任发展阶段

在 20 世纪 60 年代，尽管美国社会对于企业是否应该承担社会责任这一问题还没有达成共识，但在实践中，企业履行社会责任的步伐仍在加大，范围也越来越广泛，涉及消费者权益保护、环境保护、关注利益相关者福利等内容。

（1）消费者运动。到了 20 世纪 60 年代，随着消费者自身维权意识的提高，消费者开始采取实质性的行为维护自身的权益，消费者运动的规模进一步扩大。美国政府支持消费者的维权运动，1962 年 3 月 15 日，美国总统肯尼迪在《关于保护消费者利益的总统特别国情咨文》中，率先提出消费者享有的四项基本权利，即安全的权利、了解的权利、选择的权利和意见被听取的权利。1969 年，总统尼克松又提出消费者的第五项权利：索赔的权利。消费者权利的提出，使消费者运动进入了新的阶段，同时，美国联邦政府和州政府都设立了消费者保护机构。在政府、消费者和市场等外部环境的压力下，美国公司的经营理念发生了很大改变，更加关注顾客需求，在为顾客提供高质量产品的同时，也注意提供更加优良的服务；在获取利润的同时，也注重履行更多的社会责任。1989 年，美国成立了第一个全国性的消费者组织——美国消费者同盟。

（2）环保运动。20 世纪 60 ~ 70 年代，美国的环保运动的规模、大众参与程度以及政府干预力度都达到了空前的水平，它对美国环境保护的影响也是空前的。这场运动是美国历史上的自然保护运动和资源保护运动的发展和继承，美国环保运动直接起因是人们对资源日益匮乏的担心和对环境污染的恐惧。这场运动首先由生态科学家和知识界人士发起，继而扩展到美国公众和政府各阶层人士。

在民间环保运动的强大压力下，美国政府开始把环保作为政府工作的重心之一，并加大了环境立法和执法的力度。除了继续保护森林、土地和荒野等自然资源外，美国环保工作开始转向治理工业污染，特别是空气污染、水污染和化学污染。20 世纪 60 ~ 70 年代是美国环境立法最为集中的时期，出台的相关法律有数十部，这些法案构成了一个比较完善的环保体系，环保工作由此被纳入法制化轨道。

（3）关注利益相关者。随着经济的发展和企业规模的扩展，企业并购、破产等事件频繁出现，美国兴起了"敌意并购"的浪潮。这种敌意并购的短期获利行为与企业可持续发展的目标是相违背的，影响了企业的长期发展，并且带来了很多社会问题，这使人们开始关注企业的利益相关者。1989 年，宾夕法尼亚州率先修改了公司法，明确规定经理不仅为股东服务，也要对利益相关者负责。随后，美国很多州制定了保护公司利益相关者权利的法律，到 20 世纪 90 年代末已经有 29 个州制定了相关的法律法规。同时，美国联邦政府也颁布了法律保障员工的培训权利，以提高员工的劳动能力和劳动质量。

3. 第三阶段（20 世纪 90 年代至今）：企业社会责任发展趋势

20 世纪 90 年代初期，美国劳工及人权组织针对成衣业和制鞋业发动了"反血汗工厂运动"。利用"血汗工厂"生产产品的美国服装业制造商李维斯（Levi Strauss，Levi's）被媒体曝光后，为挽救其公众形象，制定了第一份公司生产守则。在劳工组织、人权组织及消费者的压力下，许多知名公司也都相继制定了自己的生产守则。

20 世纪 90 年代以来，生产守则运动由跨国公司自我约束发展成为由社会约束的社会监督和组织认证。在美国，比较有影响力的生产守则制定和监督机构有公平劳工协会（Fair Labor Association，FLA）、社会责任国际（Social Accountability International，SAI）等，这些组织推动了企业社会责任运动的深入发展。

21 世纪以来，接连不断的企业丑闻引起了公众对企业社会责任的反思，这次企业社会责任运动的核心主要集中在"诚信"等方面。作为对安然、世通等公司财务欺诈事件的反应，2002 年美国国会参议院银行委员会通过了由参议院银行委员会主席萨班斯（Sarbanes）和众议院金融服务委员会主席奥克斯利（Oxley）联合提出的会计改革法案——《2002 年上市公司会计改革与投资者保护法案》，经布什总统于 2002 年 7 月 30 日签署成为正式法律，称为《萨班斯——奥克斯利法案》（Sarbanes-Oxley Act）。该法案体现了美国立法对商业活动中要秉持信任、独立、责任和正直精神的要求。

近年来，美国社会监督机构加大了对企业社会责任的审计力度，旨在全面、广泛地了解和掌握企业履行社会责任的情况，督促企业开展有关工作，保护企业各利益相关者的利益。同时，越来越多的美国公司主动发布企业社会责任报告，接受社会的监督。

美国的企业社会责任依靠法律法规来保障利益相关者的利益，迫使企业加强自身的运营自律，同时有利于公众和消费者的监督。

（二）欧洲企业社会责任概况

欧洲自 20 世纪 70 年代中期开始关注企业社会责任问题，到 20 世纪 90 年代，欧盟已经将推动企业社会责任当做一项重要的工作来做。2000 年 3 月，欧盟明确了两个目标：一是加强企业社会责任宣传，推动各方认识企业社会责任；二是提高政府的透明度。欧盟强调，企业社会责任的要求来自市场和社会，其社会性超乎法律法规。为此，各国政府不需制定新的立法，只需执行好原有的各项法律法规。欧盟的作用是协调各国政府加强法律法规的实施，提高政府的透明度，并在各国之间实行信息共享。2001 年，欧盟委员会向欧洲议会提交了"欧洲企业社会责任框架绿皮书"，并于 2002 年建立了由社会各阶层代表参加的多方社会论坛，就企业社会责任在欧洲范围内建立对话和信息交流机制。迄今为止，欧盟所有国家都制定了企业社会责任战略，并得到了各国企业界、利益相关方、非政府组织等多方面的支持。

2006年3月，欧盟通过企业社会责任政策声明，把企业社会责任列入经济增长和就业发展战略的核心，作为营造友好的欧洲商业环境的重要组成部分。声明指出，欧盟委员会将进一步关注企业社会责任领域，承诺与其他政府合作，密切关注和推进企业社会责任的国际指引，如联合国“全球契约”、经济合作与发展组织（OECD）《跨国公司行为准则》、国际劳工组织《关于跨国公司和社会政策的三方原则宣言》等。欧盟还在布鲁塞尔发起“欧洲企业社会责任联盟”，把企业社会责任作为改善欧洲竞争力的“双赢商机”，有关草案已经出台。目前，欧洲议会正在就规范欧洲跨国公司在发展中国家业务活动的社会标准、实行企业环保和社会行为报告制度的可行性进行协商。

欧洲很多国家的政府都积极推动企业社会责任的发展。瑞典政府将企业社会责任作为政府工作的一个部分，推进企业社会责任、支撑和保证经济社会可持续发展，已成为瑞典的国家战略。英国政府在1998年支持成立了“道德贸易计划”，集合商界、劳工和非政府组织，共同讨论公司供应链中工作条件问题的标准和监控方法；2000年，英国政府任命了专门负责企业社会责任的内阁部长；2001年，布莱尔首相要求所有业绩突出的公司公布环境报告，同时，英国政府还通过了《企业运作与财务审查法案》，要求企业发布社会责任报告。在德国，经济合作与发展部是企业开展社会责任的主要官方机构，政府提供社会责任活动的绝大部分经费。近年来，在推动企业社会责任方面开展了一系列活动，如组织社会各利益相关方讨论企业履行社会责任问题，推动行业协会和企业按照国际劳工标准、本国法律法规制定社会责任标准，并切实履行社会责任。法国政府有关部门制定有关政策、鼓励合作伙伴之间的互利互惠活动，并提供财政支持，鼓励企业进行可持续发展实践。企业社会责任在欧洲的发展历程，如表7-3所示。

表7-3 企业社会责任理念在欧洲的发展

年份	人物和组织	内　容
1995	欧盟委员会主席雅克·德洛尔(Jacques Delors)	欧洲公司作为一种自愿性的贡献，不断地制定和实施有关企业社会责任的一些政策
1996	前欧盟委员会主席雅克·德洛尔(Jacques Delors)	欧洲企业社会协会(CSR EUROPE)成立
2000	欧盟里斯本峰会	强烈呼吁欧盟各企业能够关注可持续发展，进一步创造更好的、更多的就业机会
2001	欧盟委员会	提出了绿皮书，正式引入了企业社会责任的概念，并提出如何促进和发展企业社会责任
2002	欧盟委员会	提出一些切实的落实方案和措施。同时，欧洲企业社会责任协会进一步呼吁欧洲的企业联合起来，要求把企业社会责任的相关课程纳入到欧洲大学的教育体系中
2005	欧洲企业社会责任协会	发布“企业社会责任：欧洲发展路线图”

（三）日本企业社会责任概况

在亚洲，日本经济界1956年率先提出了企业社会责任问题。由于日本企业界长期以来深受东方儒家思想的影响，很早就将社会责任作为现代企业生存密不可分的一个基本特征。企业社会责任在日本是广义的，只要对社会可持续发展有贡献都是企业社会责任的重要内容，如节能降耗、降污减排、资源和产品的再生利用、劳动环境、人才培训、社会福利等。

1. 企业责任产生阶段

2003 年是日本企业社会责任“元年”。在此之前，日本企业的社会责任实践主要集中在社会贡献和环境管理两个方面，其中尤以环境管理为主。2003 年，社会责任实践开始迅速普及，根据经济同友会的调查，当年就有 100 多家大企业建立了社会责任推进部门，建立社会责任部门的企业占调查样本的 1/3。日本企业积极推动社会责任管理体系的主要原因是：

（1）防范风险。21 世纪初期，日本企业频繁发生重大丑闻，如东京电力故意隐瞒核电站安全隐患、三井物产竞标时贿赂外国官员、日立发电设备存在重大质量问题、雪印公司销售过期乳制品等。这些丑闻影响了企业声誉，重挫企业股价，并直接导致总裁下台。为了防范可能的风险，保住自己的位置，企业高管开始积极推行社会责任管理。

（2）从众心理。日本企业管理者的从众心理很突出，在企业战略、主营业务、商业模式和技术研发等决策上都有随大流的问题。当时 CSR 在国外进展速度较快，媒体大肆宣传，一些先进企业开始引入，由于有较好的同行学习机制，其他企业纷纷模仿，社会责任很快在大企业之间流行起来。

当时的反对意见也不少，主要是：

（1）日本企业缺乏履行社会责任的现实动机。与欧美相比，日本的社会团体并不发达，企业无需面对强力的外部压力集团，不会因为忽视 CSR 而使企业生存岌岌可危。

（2）社会责任花费不菲。当时，日本企业的盈利状况较差，管理层极力压缩新增投资，削减成本，这种情况下难以为社会责任持续拨付资源。

（3）社会责任对企业盈利贡献不明显。虽然社会责任对企业声誉有所贡献，但很难直接提升企业的财务绩效，企业难以容忍社会责任的低收益。

在这些异议的影响下，政府内部在是否推进 CSR 上也是迟疑不决。但 5 年过后，日本企业社会责任运动搞得更加有声有色，2/3 以上的日本大企业建立了专门的社会责任推进部，50% 以上的企业提出了明确的 CSR 方针和政策，80% 发布了社会责任报告。企业派专人负责合规、环境、社会贡献、沟通等各项社会责任活动，雇员对企业社会责任的重要性和本企业社会责任的特殊性都有深刻的认识。而学术界反对企业社会责任的意见微乎其微，专家学者纷纷致力于研究各项社会责任理论和实践，学术专著层出不穷。可以说，企业社会责任在日本社会和企业中已经成功的扎根。

2. 企业社会责任启蒙普及阶段

2003 年以后，日本企业社会责任发展可划分为启蒙普及和深化发展两个阶段。2003 ~ 2006 年是启蒙普及期，日本企业主要做了组建机构、挖掘企业特色的 CSR 内涵、建章立制和培训宣导这 4 个方面的工作。

（1）建立了完善的社会责任推动体系。日本企业的社会责任推进体系一般是“CSR 推进委员会 + CSR 推进部”的架构。社会责任推进委员会是一个社会责任的高层管理和协调机构，一般由总裁负责，成员包括各副总和业务部长。社会责任推进部则是一个日常办事机构，典型的社会责任推进部的内部组织是：①业务规划室；②环境管理室；③社会贡献室；④责任沟通室。社会责任部的正式编制从 3 ~ 120 人不等，平均 10 个人，此外还在各业务群组和辅助支持部门配备了社会责任兼任人员，一个部门设置 1 名社会责任推进负责人（社会责任担当）和 1 名社会责任推进联络人。每个月社会责任部都要召集召开“CSR 推进担当者会议”，讨论 CSR 如何与各业务、各部门的具体工作相结合，如何有效地推广社会责任工作。

（2）挖掘责任 DNA，形成企业特色的责任观。企业社会责任定义比较抽象和宽泛，为使员工更好的理解和贯彻企业社会责任，日本企业开始挖掘企业文化中的责任 DNA，形成符合企业战略、业务和文化特色的社会责任观。第一步就是回到原点，从企业创始人的讲话和理念中挖掘出企业特色的责任观。例如，理光提出的“三爱”（爱友邻、爱国家、爱工作），NEC 的“自然（Nature）、教育（Education）和社区（Community）”，三井的“良心仕事”。第二步是 MVV，即重新整理企业的使命（Mission）、愿景（Vision）和价值观（Value），强化社会责任内容。例如，三井以“致力创造一个地球居民梦想的美好未来”为使命，以客户的全球商业伙伴为愿景，以光明正大、以人为本、挑战与创新为价值观。这些观点简单明了，指向明确，便于传播，与各自企业的文化、业务和发展方向相一致，容易引起利益相关方的共鸣，很好地实现了社会责任概念落地的目标。

（3）建章立制。有了理念还必须有制度，否则理念无法推广和落实。为此，日本企业出台了很多的社会责任政策，除了 CSR 总体政策以外，还分别出台了社会贡献政策、环境政策、员工行为守则、供应链责任采购守则等，使社会责任能切实与企业日常经营相结合。

（4）全员社会责任培训。日本企业认为，社会责任的核心在于人的理念，因此，宣导、培训、提升雇员的社会责任理念是企业社会责任推进工作的重点。以三井为例，社会责任培训是一个全员必须参与的工作。三井给每个员工都发了两本特殊的 CSR 教材，一本名为《三井之魂》，系统梳理了其创始人及历代领导人的责任理念；另一本名为《DFP 的警示》，记录了 DFP 事件的全过程，要求员工时刻谨记这个教训。此外，三井还在企业培训基地里摆设了当时出事的柴油发动机，警醒每一位公司员工不能做不利于社会和消费者的事情。为了使社会责任与日常工作紧密结合，2006 年，三井组织公司所有员工（6000 多人）参加了一个重要的讨论：“什么是好工作”，每个人都要结合自己的工作特色来发言，先是小组讨论，再层层汇总，以此普及、深化认识。

此外，企业还有合规培训周、社会责任月度讲座、社会责任轮训等项目，各种高密度、互动性、创新性的责任培训实现了公司全员、全方位、全过程的覆盖。企业社会责任理念几乎达到了人人知晓的程度。

3. 企业社会责任深化发展阶段

2007 年开始，日本企业社会责任运动进入了深化发展期，这个时期的主要工作是解决前期遗留的一些问题：

（1）社会责任与企业战略相结合。日本企业天性比较保守，民族文化中也有“悄悄做好事”的成分，导致日本企业社会责任一开始就是“防守型”的，而不是“进取型”的。企业一般将社会责任视为企业风险管理的组成部分，甚至有很多企业将社会责任单纯地视为“合规管理”。到了深化发展阶段，企业社会责任的经理人和学者认识到这种“防守型”定位不利于企业社会责任的健康发展，因为这种定位会使社会责任工作与以前的企业管理工作没有差别，而且很多社会责任项目未能给企业带来任何好处，只是增加企业成本，这对企业长期发展非常不利。因此，一定要将企业 CSR 重新定位，清理一些非战略性的实践，使社会责任自身实现可持续发展。

(2) 社会责任与具体工作相结合。在前期培训工作的基础上，企业开始要求各部门和业务群组在新的年度工作计划中要体现出相应的社会责任内容。从实务角度来看，由于培训到位，日本企业各个部门开始更多地从社会责任角度思考改进本职工作。例如，三井采购部门在2007年11月出台了供应链责任采购标准，在2008饺子事件以后，三井上下更加重视贯彻这个供应链责任标准。而工会与人力资源部在公司大厦底层先后建立了超市和幼儿园，以方便员工。这些责任实践行为显著提升了员工士气，增强了企业凝聚力。

(3) 尝试利益相关方参与机制。利益相关方参与是企业社会责任治理机构的最高形态，也是企业社会责任实践持续开展下去的制度保障。约在2005年，日本开始引入了类似西方的社会责任对话机制，邀请外部社会责任专家、大学教授、环境组织和社会团体代表与企业高管对话，就企业社会责任报告和社会责任工作提出意见和建议。但是，目前利益相关方参与的层次还很低，而且主要目的是为了提高企业社会责任报告的可信度，企业高管层对利益相关方参与的必要性和重要性仍缺乏充分的认识，再加上日本企业独特的治理理念和股权治理结构，使利益相关方参与机制的全面深入实践仍需时日。

(4) 探索建立社会责任的考核体系。日本专家普遍认为，如果社会责任不落实到定量考核层面，最后就会虚化，但目前建立这样的体系还不成熟，即使建立也只能到部门层面，而绝对无法到个人层面。

(5) 企业社会责任的未来就是不再需要社会责任部门。日本专家普遍认为企业社会责任发展的最佳状态就是全员、全过程、全方位地融入企业管理，融入员工DNA之中，到时候，企业社会责任推进部就不再必要，应该撤销。他们认为，即使日本的优秀企业也需要10年以上的时间才能走完全过程。

与中国类似，日本的企业社会责任理念也是一件“舶来品”。虽然日本企业管理中一直有着类似的责任思想和各种责任实践，但出现社会责任这种提法确比较晚。与欧美不同，日本的社会团体、工会都很弱小，对企业没有挑战能力，政府和公众对企业的责任压力也很小，因此，日本企业履行社会责任的动机是“内生”的。日本的社会责任运动领先中国3~5年。2003年是日本的社会责任运动“元年”，而2006年是中国的企业社会责任运动“元年”，虽然两国的起点不同，但先行一步的日本积累了丰富的经验和教训，对中国的实践很有借鉴价值。

中国和日本类同的文化和价值观使比较研究更具有政策含义和实践价值。社会责任源自西方，而责任理念和实践又不具有跨文化适用性，日本已经探索出一条如何将全球社会责任理念与东亚文化和企业价值观相融合的道路。

因此，观察日本如何引进社会责任理念，并将其与企业战略、组织结构、企业文化和经营实践相结合，总结其中的经验和教训，找到历史规律，对于充分发挥我国企业的后发优势，找到推动企业社会责任实践发展的主路径，避免走弯路或回头路，意义重大。

(四) 中国企业社会责任概况

1. 国有企业的社会责任实践

(1) 以强化经济责任为中心内容的社会责任实践。党的十三届三中全会作出了《中共中央关于经济体制改革的决定》。其核心是开始全面改革原有的计划经济体制，走向有计划的社会主义商品经济，改革的一个焦点是政企分开，使企业变成独立的商品生产者和经营者。只有企业成为了独立的法人组织，才能谈到现代意义的企业社会责任，包括履行企业的基本经济职能。这一阶段的企业的中心任务是建立现代企业制度，理清企业的职能范围，强化企业的经济职能。经过多年的努力，国有企业已经形成和发展了一批具有较强实力、在国际上有影响力的大企业集团。2006 年公布世界 500 强企业中，内地 19 家入选企业全部是国有企业。2006 年，中央企业主营业务收入超千亿元的有 19 家，实现利润超百亿元的有 13 家。原来被弱化的经济职责在此阶段也得到了较好的强化。

我国一些国有企业也存在社会责任缺失现象，主要表现为：

1）在改制和重组的过程中，在一定程度上忽略了民生问题、职工权益问题。

2）经营管理层与一般职工之间的收入分配差距存在日趋扩大的倾向。

3）存在企业管理腐败现象，造成大量国有资产流失，侵蚀社会整体利益。

4）在一定程度上存在国有垄断行业寻租行为。

（2）国有企业履行社会责任综合实践。在我国，国有企业是国民经济的基础，它的所有制性质决定了它是实现社会主义生产目的、实现国家战略和维护社会整体利益的主要经济成分，因此，国有企业也必须在社会责任方面起好表率和带头作用。

1）带头加入全球契约，从全球责任的高度来认识和实践企业社会责任。中国已有 73 家企业加入到了联合国所倡导的《全球契约》，其中大部分是国有大中型企业。

2）带头发布企业社会责任报告，将企业社会责任当成落实科学发展观的具体行动，贡献和谐社会的构建。

这一阶段，一个重要的事件就是国家电网公司向社会发布了第一份中国中央企业的企业社会责任报告。它填补了中国企业履行社会责任的一个空白，为中国企业履行企业社会责任、促进企业和社会的可持续发展，树立了一个榜样。目前，中国发布社会责任报告的企业共有 36 家，其中国有企业占 80% 以上，国有企业已成为我国积极践行社会责任的主导力量之一。

2. 我国民营企业的社会责任实践

在民营企业的发展初期，民营企业主要是发扬扶贫济穷的民族传统，从事慈善公益活动和结合自身经营特点的产业扶贫活动。在参与经济全球化的过程中，许多民营企业作为跨国公司全球供应链的一个环节，应采购商的要求，在劳工、安全与健康、工作场所、环境保护等方面投入较多的投资，履行社会责任基本能力得到了较大的增强。在企业社会责任发展的新阶段，民营企业也如国有企业、外资企业一样，逐步将企业社会责任理念融入到企业的日常运营中。

（1）慈善公益和产业扶贫实践。中国光彩事业主要是由民营企业家联名倡议发起的一项开发式扶贫的社会事业。它以“自觉自愿，量力而行，互惠互利，义利兼顾”为原则，面向“老、少、边、穷”地区和中西部地区，以项目投资为中心，开发资源、兴办企业、培训人才、发展贸易，并通过包括捐赠在内的多种方式促进贫困地区的经济发展和教育、卫生、文化等社会事业的进步。中国光彩事业自 1994 年开始实施以来，投资到位的资金已达 1200 亿元人民币，直接到西部一些贫困地区投资的民营企业家达到 18000 人，共投资项目 16700 余个。中华慈善总会是由热心慈善事业的公民、法人及其他社会组织志愿参加的全国性非营利公益社会团体，而民营企业在其中作了很大的贡献。

（2）提高供应链责任能力的实践。在江浙、广东、福建一带的民营企业，相当多是跨国公司的供应商或者直接面对国际市场，由于受到国际社会责任运动的传导，为了获得市场，众多企业采用了相关的社会责任标准或跨国公司供应商守则来履行社会责任。

据估计，1998 年以来，大约有 10 万家中国出口企业通过各种形式的企业社会责任审核或认证，其中相当多的是民营企业。

（3）发布企业社会责任报告。自去年开始，民营企业也开始发布企业社会责任报告，逐步将企业社会责任理念融入到公司的全过程中。

尽管社会各界对企业社会责任感的认识越来越深入，但民营企业逃避社会责任的现象仍很普遍。有一些民营企业寻找各种理由逃避社会责任，如越轨运作、违规违法、拖欠工资、偷工减料、欺骗顾客、污染环境等。

第三节　企业承担社会责任的原因和意义

一、企业承担社会责任的原因

企业的发展和壮大必将对人、社会和自然环境发挥日益扩大的作用和影响，在经济全球化时代，集资本和知识于一身的跨国企业的影响力甚至超过了一些国家。掌握了巨大权力的跨国企业，依据责任铁律，即权力多大、责任多大的原则，对人、社会和自然就应负有极大的责任。

企业承担社会责任的原因还在于其生存和发展都建立在信任之上，尤其是建立在其利益相关者的信任和支持上。信任和责任互酬应该成为另一条责任铁律，即所受信任多大、所负责任多大；反之，所尽责任多大、所得信任多大。市场经济是法制经济、诚信经济，已经成为普遍的要求。无数成功企业的实践证明，守法诚信尽责的企业能得到更大的信任、更多的机会、更持久的支持，因而得到更多的利益、更大的权力和更好的发展前景；反之，那些不尽与自己的权力相应的责任，甚至利用人们的信任欺骗利益相关者、丧失道德底线、违法谋取不义之财的企业，迟早都会失去信任而破产，并受到法律的制裁、道德的审判和大众的唾弃。一些企业在自身利益最大化的驱动下，将浪费资源、污染环境、破坏生态、灭绝物种、气候变暖等代价一概“外部化”，对社会和环境都造成了不可忽视的影响。这已经引起了社会的反思，从而要求企业的发展必须考虑将社会和生态环境“内部化”，即将社会责任融入到企业的日常经营行为中去。企业履行社会责任的原因包括：

（一）消费者选择的压力

欧美国家的一次调查结果表明，70% 的消费者认为“企业对社会的承诺是他们购买产品或服务时考虑的一个重要因素”，超过 50% 的消费者表示他们会对没有社会责任的企业采取负面行动，20% 的消费者表示他们过去已经采取行动来“惩罚”这类企业。西方的消费者越来越关心他们所购买的商品的制作是否符合基本的人权标准和环保标准。他们把“拒绝购买”作为手段，迫使企业为了市场份额而不得不认真倾听消费者的声音，特别是那些有名的跨国公司。

（二）投资者选择的压力

2001 年 2 月 1 日，全球最大的零售商沃尔玛因为没有足够的措施保证其国内及国外供应商遵守基本的劳工标准，被剔除出多米尼社会指数。根据《社会投资论坛（ Social Investment Forum，SIF）1997 年年报》统计，美国有超过 10000 亿美元的资金是由社会责任投资者管理的，其中 5290 亿美元投资于经过社会筛选的证券（包括互助基金），在 1995～1997 年间，增长幅度达到 2.27 倍。《社会责任投资论坛 1999 年年报》显示，38% 的社会责任投资者不约而同地选用了劳工标准作为投资组合的筛分指数。

（三）社会批评的压力

自 1996～2000 年，英国广播公司（BBC）和英国其他主要媒体报道了来自世界各地超过 1100 多条有关童工的新闻，超过 850 条有关强迫劳动的新闻，超过 350 条有关恶劣的工作条件的新闻，超过 250 条有关超时加班的新闻，以及超过 250 条有关支付低于标准工资的新闻。这些报道给跨国公司造成了很大的压力，迫使其不得不顺应社会要求，约束自身的经营行为。

（四）公司承担社会责任是整个社会法制或者政府管制的需要

比如，我国《破产法》第七条第二款规定：债务人不能清偿到期债务，债权人可以向人民法院提出对债务人进行重整或者破产清算的申请。第六十一条规定债权人会议行使下列职权：①核查债权；②申请人民法院更换管理人，审查管理人的费用和报酬；③监督管理人；④选任和更换债权人委员会成员；⑤决定继续或者停止债务人的营业；⑥通过重整计划；⑦通过和解协议；⑧通过债务人财产的管理方案；⑨通过破产财产的变价方案；⑩通过破产财产的分配方案；⑪人民法院认为应当由债权人会议行使的其他职权。第六十七条规定债权人会议可以决定设立债权人委员会。债权人委员会由债权人会议选任的债权人代表和一名债务人的职工代表或者工会代表组成。债权人委员会成员不得超过九人。债权人委员会成员应当经人民法院书面决定认可。第六十八条规定委员会行使下列职权：①监督债务人财产的管理和处分；②监督破产财产分配；③提议召开债权人会议；④债权人会议委托的其他职权。我国《消费者权益保护法》第二章统一规定了消费者的权利，比如消费者在购买、使用商品和接受服务时享有人身、财产安全不受损害的权利；消费者有权要求经营者提供的商品和服务，符合保障人身、财产安全的要求。第四十九条规定：经营者提供商品或者服务有欺诈行为的，应当按照消费者的要求增加赔偿其受到的损失，增加赔偿的金额为消费者购买商品的价款或者接受服务的费用的一倍。我国《环境保护法》规定：县级以上人民政府环境保护行政主管部门或者其他依照法律规定行使环境监督管理权的部门，有权对管辖范围内的排污单位进行现场检查；被检查的单位应当如实反映情况，提供必要的资料。

因此，公司承担社会责任是由公司内部及社会法制环境的变化共同决定的，必须引起管理层的足够重视，并在日常运营中主动自觉地承担相应的责任和义务，树立良好的社会形象来吸引消费者和投资者的注意。

二、企业承担社会责任的意义

当前，我国的经济发展正处于一个关键时期。一方面，从宏观经济态势看，我国正处于从人均 1000 美元到 3000 美元跨越的艰难时期，从多数发达国家和发展中国家的历史经验看，我国经济可能继续利用“后发优势”而步入“黄金发展期”，也可能跃不上“大推进”台阶而陷入“矛盾凸显期”；另一方面，在经济转轨的同时，社会步入转型期，国有企业改制中存在困难还没有妥善处理之时，非公有制经济迅速发展过程中，又暴露出许多新的体制性矛盾，如社会成员贫富差距过大，多重所有制企业中业主、管理者和员工利益的分离，强势群体与弱势群体利益对抗等问题，这些问题的解决都依赖于赋予新时期企业的新的使命——社会责任。

企业社会责任是在民主法制原则下，企业自律和社会监督的必要补充。完善的企业社会责任标准本身就具有法规属性。加强企业社会责任建设可以促进社会充满活力，充分调动企业利益相关者在内的社会成员的积极性，实现人与自然的和谐发展。一般来说，企业承担社会责任具有以下意义：

（一）企业社会责任是当今构建和谐社会的需要

企业是经济和社会发展的支柱，企业从业人员的安居乐业是构建和谐社会的关键。而企业发生的如劳资纠纷、产品质量、扩大就业、安全生产、环境污染、劳动保障、伤害赔偿等方面的各种矛盾和问题，直接影响着社会的安定。过去企业成功的标准是利润，今天企业成功的标准则是需要更多地承担社会责任。毋庸讳言，构建和谐社会需要全社会的努力，但企业比社会其他组织的作用和力量更明显、更强大，可做的事更多、更广泛，而且最能发挥有效作用。因此，企业对构建和谐社会的社会责任的担子更重、责任更大、地位更重要。

（二）企业社会责任是经济社会可持续发展的需要

企业是资源的直接消耗者，企业对资源的利用方式和程度如何，对经济社会的可持续发展起着至关重要的作用。而每一个有充分社会责任感的企业，会率先垂范地选择节约资源、减少污染的生产模式和消费方式，会将已存在的高耗能、高耗水、高污染和浪费资源的产业逐步改造或转换，也会努力提高企业发展水平，不断提高对员工的福利和社会保障能力，扩大就业，促进自身及经济社会的可持续发展。现在，整个社会都逐渐认识到企业不仅仅是以盈利为终极目的，企业同时应该关注利益相关者的利益，如为员工提供更好的工作环境和福利，为企业所在的社区创造就业机会和为社区发展作贡献，为消费者提供可靠安全的产品，与商业合作伙伴建立良好的合作关系，关注环境和社会公益事业等。通过企业重视和加强社会责任工作，促进社会的和谐进步，最终实现经济社会的可持续发展。

（三）企业社会责任是企业自身发展壮大的需要

（1）企业社会责任是人类社会进步的发展趋势，它影响着企业的生产、贸易和发展。随着我国外贸依存度的提高，一些企业经过“走出去”后，已意识到企业社会责任的重要性，它不仅仅是对企业的一种要求，而且已上升到提高企业声誉和形象、促进企业竞争力的增强和效益提高的高度，越来越多的国家已对企业社会责任情况作为贸易的衡量条件之一。企业发展要适应世界经济发展潮流，要在世界经济领域占有一席之地，社会责任也必将成为企业发展的必要条件。

（2）企业社会责任不仅有利于构建与利益相关者的和谐关系，更有利于企业人才的吸引。任何一个健康的企业必然要与外部环境的各个利益相关者之间建立一种良好的关系，从而达到一种双赢的结果。为利益相关者服务意味着企业承担了相应的社会责任，只有保障利益相关者的利益，积极改善与利益相关者的关系，才能保证企业的持续发展，从而提高企业的长期竞争力，企业的地位也就能够得以提升。一个能保证利益相关者利益的企业，必定是积极承担社会责任的企业；一个积极承担社会责任的企业，就一定能够吸引人才。因为社会责任的核心内容之一就是倡导以人为本的经营理念，强调以人为本，即对利益相关者、企业员工的重视，当然更包括对人才的重视。人力资源特别是人才资源是企业最重要的创造性资源，积极承担社会责任的企业必定重视人才，自觉构建人才发展平台，建立人才创新机制，帮助人才脱颖而出，从而达到留住人才的目的。

（3）企业社会责任不仅可以提高劳动者的归属感，更重要的是能提高劳动者的积极性。企业积极承担社会责任，更好地保护劳动者的利益，无疑会给企业员工增强归属感，使企业员工以企业为家。强调以人为本，同等对待员工，平衡利益，保护劳动者基本权利，这实质上是社会责任的充分体现。

主动承担社会责任已经成为企业发展的必然要求和趋势，对企业提升竞争力，社会形象都有着重要的意义。

本章小结

1. 社会责任是企业发展过程中不可回避的重大问题之一，因此，许多经济学家和企业界内人士都对企业社会责任问题倾注了大量的精力，历经一个世纪的发展和争论，特别是历经两次著名的论战（多德—伯利和多德—曼恩）之后，社会责任的内涵逐步清晰，企业特别是大企业承担社会责任已经成为了普遍的共识。

2. 虽然众多研究者从不同的角度来论证和分析社会责任的内涵和构成要素，并提出了不同的观点，但是卡罗的社会责任概念获得了普遍的认同，即社会责任是经济责任、法律责任、伦理责任和慈善责任之和，其核心在于伦理责任。

3. 社会责任随着企业的出现和发展而日益受到重视，从根本上讲，企业社会责任是澄清企业本质的关键问题之一，即企业的利益相关者究竟包括哪些群体、为哪些群体负责。企业社会责任是企业针对社会的合乎道德的行为，企业责任铁律对大企业的社会责任提出了更高的要求，即随着企业的成长和壮大，公众和社会对其社会责任的要求也变得更高，显然，利益群体和公众的期望是社会责任发展的原动力之一。

4. 中国的社会责任问题源发多因，既有管制机构、国外买家的客观约束，又有股东和投资者对企业的更高期望，更有消费者对企业形象和伦理水平认知水平的提高，这些主客观原因迫使管理者关注和分析中国的社会责任的问题，借鉴国外社会责任发展的脉络来分析中国当前的社会责任问题具有重大的意义。

复习与思考题

1. 什么是企业的社会责任？企业有无必要承担社会责任？
2. 谈谈你对社会责任的理解。
3. 社会责任有哪几种主要的理论，其核心要点是什么？
4. 中国企业缺乏社会责任的原因有哪些？如何解决这些问题？

案例分析

百事公司的“母亲水窖”行动

在相对贫困落后的中西部地区，干旱缺水使得当地人民的生活雪上加霜。家家户户为了用水付出了常人难以想象的艰辛，每天为了取一次水甚至要走几十里山路，导致大量劳动力消耗在取水上。在这些严重缺水地区修建集雨水窖，是有效利用雨水资源以防止缺水之忧的最简便、最经济、最实用的办法。

百事公司2001年开始资助全国妇联下属中国妇女基金会组织实施“母亲水窖”项目。花1000元建一口水窖，冰雪融水、自然降水等都被引入水窖中，经过一段时间的沉淀，水窖上层的水较为纯净了，再撒入百事公司提供的清洁消毒药剂，当地居民打回家中烧开就可饮用了。水窖的建立不仅解决了当地居民的饮水问题，将他们从繁重的取水劳动中解决出来，而且带动了当地整体生活条件的进步。百事公司给当地居民的建议是，每个水窖周边要建一个厕所、一个沼气池，种一棵树，同时发展养殖业等，居民按照百事公司的指引发展建设，现在生活环境和条件都得到了很大提高。

百事公司深刻地认识到，一个公益项目的良好发展仅仅依靠几个企业捐钱是远远不够的，重要的是让全社会都能够行动起来，为西部缺水的母亲和孩子们做一点事情。

除了直接资助水窖建设之外，百事公司还援助水窖周边地区的贫困学生复习，并提供了水窖的综合治理建议，帮助当地农民从繁重的取水劳动中解放出来。至2005年10月，百事公司已累计投资1500万元建设水窖，并与中国妇女基金会组织展开密切合作，利用百事公司在水处理方面的先进和实用技术实施农村饮用水工程，争取实现水窖项目的持续发展和水资源的可持续利用，将“母亲水窖”项目推向一个新阶段。

从百事公司支持“母亲水窖”项目的初衷看，其很大一部分业务是做饮料的，而饮料到底也是一种水。

（资料来源：改编自殷格非等著《责任竞争力》，2006年3月第1版，第223~225页）

讨论题：

百事公司除了直接捐助母亲水窖项目之外，还做了哪些工作？其承担社会责任的意义何在？

第八章　企业社会责任标准、规则与体系

学习目标

通过本章学习，应该了解和掌握：

1. 企业社会责任标准体系的构成；
2. SA8000、ISO14001 和 ISO26000 认证的过程和体系；
3. 社会责任认证体系，特别是 SA8000 认证对中国企业的影响；
4. CSC9000T 标准。

引导案例

山西某县玻璃行业非法雇用童工问题调查

2005 年 8 月中旬，在山西省晋中市某县宝成玻璃器皿厂，一名年仅 15 岁的童工杨栋辉被车间主任用铁钳重戳后不治身亡。而就在记者日前赴该县采访这一事件时，又看到在距离事发工厂仅数百米的另一家玻璃厂里，还有十多名童工在辛苦劳作。

该县玻璃厂非法雇用童工问题，自 2002 年以来便屡见报端。据该县劳动和社会保障局局长介绍，该县是全国最大的人工玻璃吹制基地，全县 160 多家玻璃器皿厂中，二三十家曾被查出非法雇用童工，仅 2004 年，全县就遣散了 115 名童工。

杨栋辉之死为人们敲了一记警钟，加大打击非法雇用童工的力度，无疑是当地政府的当务之急，然而，如何建立起真正的"长效机制"，根治雇用童工痼疾，则更值得人们思考。

（资料来源：黄邦汉等，《企业社会责任概论》，2010 年 4 月，P81～82）

第一节　企业社会责任规则体系

伴随着商业实践和社会环境的发展和成熟，特别是经济全球化的深化，企业社会责任的要求和内容越来越具体、越来越全面。因此，建立一系列社会责任的规范、标准和管理体系势在必行，为企业承担和履行社会责任提供了明确的导向和指南。

一、企业社会责任的相关公约、原则与倡议

根据 2000 年国际经合组织的统计，全球与企业社会责任相关的公约、原则、守则和标准多达 246 个，其中绝大多数是在 20 世纪 90 年代制定的，初步形成了全球的社会责任规则体系。

在保护劳工权利的劳动运动、维护消费者权利的消费者运动、保护生态环境的环保运动

及可持续发展运动的影响下，相关国际组织提出了一系列有关企业社会责任的倡议和原则，主要目的是呼吁和敦促跨国公司带头履行企业社会责任。其中影响较大的有联合国“全球契约”倡议活动、国际人权公约、《OECD公司治理原则》、《里约环境与发展宣言》和《反行贿商业原则等》(见表8-1)。

表8-1 企业社会责任的主要国际原则

国际原则	发起年份	发起主体	作用对象	关注重点
全球契约	1999	安南	企业	企业社会责任
世界人权宣言	1948	联合国	国家	人的基本权利
OECD公司治理原则	1998	经济合作与发展组织	公司	公司治理原则
经济、社会和文化权利国际公约	1966	联合国	国家	人权
消除一切形式种族歧视国际公约	1963	联合国	国家	种族歧视
沙利文全球原则	1999	沙利文	企业、员工	人权和劳工权益
里约环境与发展宣言(地球宪章)	1992	联合国环境与发展大会	国家	环保
环境责任经济联盟原则	1989	环境责任经济联盟	总部设在美国的公司	环保
反行贿商业原则	2002	透明国际和社会责任国际	企业	商业行贿

(一) 联合国“全球契约”

1. “全球契约”的产生

1995年召开的世界社会发展首脑论坛上，前联合国秘书长安南就提出了“社会规则”、“全球契约”的设想。随后在1999年1月瑞士达沃斯世界经济论坛年会上，安南正式提出“全球契约”计划，呼吁企业携手政府等公共机构共同致力于应对全球化进程中的各种挑战，参与解决人们共同面临的一些世界性重大问题，将这一创新性的思想落实到联合国的实践工作中，并于2000年7月在联合国总部正式启动。2004年，“全球契约”首届峰会在联合国总部举行。

“全球契约”的十项原则源自《世界人权宣言》、《国际劳工组织关于工作的基本原则和权利宣言》、《关于环境与发展的里约宣言》、《联合国反腐败公约》等文件，在世界各国享有普遍共识。安南的建议不仅得到了发达国家和国际工会组织的坚决支持，而且得到了企业界和国际雇主组织的积极响应。一些大型跨国集团开始行动起来，倡导承担社会责任，与工会组织签订实施以基本劳动标准为核心内容的全面协议，开展社会责任认证活动。目前，加入联合国“全球契约”的组织或企业已经超过6000个，“全球契约”成为一个名副其实的全球企业社会责任组织。

2. “全球契约”十项原则

“全球契约”计划是一个自愿的企业社会责任倡议，其目的在于使“全球契约”的各项原则成为企业战略和业务的组成部分；推动企业与主要利益相关方如雇员、投资者、顾客、非政府组织、商业伙伴和社区之间的合作，促进伙伴合作关系的建立；希望通过促进企业形成负责的和富有创造性的表率，建立一个推动可持续发展和提高社会效益的全球框架。

“全球契约”不具有法律效力，但要求加入企业要接受、支持并实施在人权、劳工标准、环境保护和反腐败方面的一套核心价值观和原则，并在其业务领域积极倡导。这些核心价值观和原则就是著名的“全球契约”十项原则（见表8-2）。“全球契约”强调的是共享价值标准与伦理准则，分享和汲取前人的经验教训的理念。

表8-2 “全球契约”十项原则

人　权	劳　工	环　境	反贪污
1. 尊重和维护国际公约规定的人权 2. 绝不参与任何漠视与践踏人权的行为	3. 维护结社自由，承认劳资集团谈判权力 4. 消除各种形式的强迫劳动 5. 消除童工 6. 杜绝用工歧视与职业歧视	7. 对环境挑战未雨绸缪 8. 主动承担更多的环保责任 9. 鼓励无害环境技术的发展和推广	10. 反对任何形式的贪污、勒索和行贿受贿

企业和其他组织参加“全球契约”是自愿行为，一般程序要求如下：首先，企业团体的负责人致函联合国“全球契约”办公室秘书长，说明支持“全球契约”及各项原则；其次，应着手对企业业务进行改革，使“全球契约”及其各项原则成为企业战略的重要组成部分，融汇于公司企业文化中，使之成为企业的经营理念和经营行为，在公司日常业务中努力履行社会责任；再次，应该充分利用诸如新闻稿、演讲、企业产品发布会等交流手段公开宣传“全球契约”及其各项原则；最后，还应在其年度报告中公开说明企业如何支持“全球契约”的原则。

（二）国际人权公约

在国际人权公约中，经常被社会责任所引用的内容主要有《经济、社会和文化权利国际公约》、《公民权利和政治权利国际公约》、《消除一切形式种族歧视国际公约》以及《世界人权宣言》等，目前中国已经签署的国际人权公约有22个。

1.《世界人权宣言》

《世界人权宣言》（简称《宣言》）是1948年12月10日第三届联合国大会通过的、有组织的、国际社会第一次就人权和基本自由做出的世界性宣言。《宣言》是国际人权宪章体系的第一个文件，它明确提出了联合国系统人权活动的基本原则。

《宣言》共30条。它第一次在国际范围内系统地提出了人权的基本内容和奋斗目标。《宣言》提出人人生而自由，在尊严和权利上一律平等；人人都有资格享受本《宣言》所载的一切权利和自由，不论其种族、肤色、性别、语言、财产、宗教、政治或其他见解、国籍或其他身份。这些权利和自由可分为公民权利和政治权利以及经济、社会和文化权利两大类。《宣言》同时规定，每个人都对社会负有义务，个人在行使权利和自由时，应依法尊重他人的权利和自由，并服从道德、公共秩序和普遍福利的需要。

《宣言》不是一项国际公约，不具有法律效力。它第一次在国际范围内使人权原则具体化，对世界人权事业起了积极的推动作用。一般认为，《宣言》是对《联合国宪章》的权威解释，因而它被许多国际组织和各国政府广泛引用。

2.《经济、社会和文化权利国际公约》

经济、社会和文化权利是人权十分重要的组成部分，联合国大会于1966年通过的《经济、社会和文化权利国际公约》是最有影响力的国际人权文书之一。它与《公民权利和政治权利国际公约》一起构成联合国的两个最重要的人权公约。中国1997年10月签署了《经济、社会和文化权利国际公约》（简称《公约》），并于2001年2月28日批准了该公约，同年6月27日，《公约》对中国正式生效。2003年，我国正式向联合国提交了首份《公约》执行情况报告。

《公约》是继《世界人权宣言》之后国际人权宪章体系的第二个文件。《公约》包括序言及5个部分，共31条。

《公约》规定各缔约国应保障个人的下列权利：工作权，同工同酬权，以及享受公正、良好和安全卫生的工作条件的权利；组织和参加工会的权利；休息权，包括社会保险在内的社会保障权利；免于饥饿权；身心健康权，受教育权，参加文化生活权，妇女、儿童以及家庭、婚姻自由受保护权；获得相当生活水准的权利，等等。

《公约》第一次在世界范围内以具有法律约束力的条约形式确立了经济、社会和文化权利，并第一次援引《世界人权宣言》，强调了经济、社会、文化权利与公民、政治权利的同等重要性和不可分割性，确立了民族自治的权利，对于维护和促进发展权和建立公正的国际政治经济新秩序产生了积极的影响。

3.《消除一切形式种族歧视国际公约》

1963年11月20日，联合国大会第1904号决议通过了《联合国消除一切形式种族歧视宣言》。为了实施该宣言所规定的原则，联合国大会于1965年通过了这个公约。截至1997年1月1日，缔约国达148个。

该公约共25条。公约规定，缔约国承诺：①谴责种族歧视并立即以一切适当方法实行消除一切形式种族歧视与促进所有种族间的谅解的政策。②特别谴责种族分隔及“种族隔离”，并在其所辖领土内防止、禁止并根除具有此种性质的一切习例。③凡传播基于种族优越或种族仇恨的思想、煽动种族歧视的行为均为犯罪行为，应依法惩处；凡提倡种族主义的任何组织均为非法。④禁止并消除一切形式的种族歧视，保证人人有不分种族、肤色或民族在法律上一律平等的权利。⑤立即采取有效措施，尤其在讲授、教育、文化及新闻方面以打击导致种族歧视的偏见，并增进国家间及种族或民族间的谅解、宽恕等。

中国政府于1981年12月29日递交加入书，1982年1月28日该公约对中国生效。中国对该公约第22条，即关于争端解决方式的规定提出保留。

另外，为消除妇女歧视现象，1967年联合国大会制定了《消除对妇女歧视宣言》。1976年，妇女地位委员会通过了以《消除对妇女歧视宣言》为基础的消除对妇女歧视公约草案。1979年，联合国大会通过了这个公约，1981年9月3日生效。我国政府于1980年7月17日签署该公约，同年11月4日交存批准书，12月4日该公约对中国生效。中国政府对该公约第29条第1款，即有关缔约国之间关于公约的解释或适用方面的任何争端的解决方式的规定提出保留。

（三）《OECD 公司治理原则》

1998 年 4 月，经济合作与发展组织（OECD）召开部长级会议，呼吁各国政府、有关的国际组织及私人部门共同制定一套公司治理的标准和指导方针，为了实现这一目标，OECD 成立了公司治理专门筹划小组。全球公司治理活动最具有代表性的就是经济合作与发展组织于 1999 年推出的《OECD 公司治理原则》。该原则主要是针对上市公司，包括 5 个方面的内容：

（1）保护股东的权利。

（2）对股东的平等待遇。包括小股东和外国股东，如果他们的权利受到损害，应有机会得到有效补偿。

（3）利益相关方在公司治理中的作用。治理结构的框架应该确认利益相关方的合法权利，并且鼓励公司和利益相关方在创造财富和工作机会以及为保持财务健全而积极地进行合作。

（4）信息披露和透明度。治理结构的框架保证及时的披露与公司有关的任何重大问题，包括财务状况、经营状况、所有权状况和公司治理状况的信息。

（5）董事会的责任。治理结构的框架应确保董事会对公司的战略性指导和对管理人员的有效监督并确保董事会对公司和股东负责。

（四）《里约环境与发展宣言》

《里约环境与发展宣言》是一项包括 27 条指导环境政策的广泛原则的无约束力声明，于 1992 年 6 月 14 日在里约热内卢举行的联合国环境与发展大会上通过。声明包括各国有责任确保在本国境内开展的一切活动不会损害别国的环境；环境保护构成“发展进程中的一个组成部分”；发展中国家，尤其是最穷国家和“环境最薄弱的国家”的需要应得到重视。

《里约环境与发展宣言》指出，各国拥有按照本国的环境与发展政策开发本国自然资源的主权权利，并负有确保在其管辖范围内或在其控制下的活动不致损害其他国家或在各国管辖范围以外地区的环境的责任。环境保护工作应是发展进程的一个整体构成部分，不能脱离这一进程予以估计考虑。

《里约环境与发展宣言》指出，所有国家和所有人民都应在根除贫困这项基本任务之上进行合作，发展中国家，尤其是最不发达国家和在环境方面最易受伤害的发展中国家的特殊情况和需要应受到特别优先考虑。各国应本着全球伙伴精神，为保存、保护和恢复地球生态系统的健康和完整进行合作。鉴于导致全球环境退化的各种不同因素，各国负有共同的但有差别的责任。为了更好地处理环境退化问题，各国应该合作促进一个起支持作用的、开放的国际经济制度。

（五）《反行贿商业原则》

《反行贿商业原则》于 2002 年 12 月发布，通过多方利益相关方对话制定，这些利益相关方包括许多国家的工会、公司、非政府机构和学术界。对话的召集者是社会责任国际和透明国际组织。目前，该原则仍处于初级阶段，但承诺将是一个长远的过程。该原则适用于大、中、小各种规模的企业，要求企业遵纪守法，建议“以信任为基础的，不容忍行贿的内部文化”。该原则为企业提供了一些参数、规定和制度，鼓励企业和高管人员一起为反行贿计划承担最大的责任。《反行贿商业原则》也影响了新近的一些倡议，如 OECD《在国际商务交易中反对行贿外国公职人员公约》、国际商会（ICC）的《打击敲诈与行贿的行为守则》和修订的《OECD 跨国企业指导方针》中的反行贿条款。

该商业原则是为大、中、小型企业而设计的，可用于打击公职人员和私对私交易中的行贿行为，目的是为反行贿提供实际的指导，创建公平的竞争环境，提供长期的经营优势。

《反行贿商业原则》规定：无论是直接行贿还是间接行贿，企业必须禁止任何形式的行贿。企业必须承诺实施反行贿计划。这些商业原则是以基本价值观的完整性、透明性和责任性的承诺为基础提供的。企业必须力求创建和维护以信任为基础的，不容忍行贿的内部文化。该计划是企业反行贿工作的全部，包括价值观、政策、过程、培训和指导。

《反行贿商业原则》的目标是：为反行贿提供一个良好的行业惯例和风险管理战略的框架。协助企业：①消除行贿行为；②表明它们反行贿的承诺；③在所在经营地，为提高商业标准的完整性、透明性和责任性作出积极的贡献。

在制订反行贿计划时，企业应该分析哪些区域具有行贿的最大风险。该计划应该解决有关企业行贿的最普遍形式，至少应包括下列范围：①行贿。企业应该禁止有关合同付款部分的任何形式的行贿或接收行贿的行为，包括回扣，禁止使用其他渠道向客户、代理人、承包商、供应商、合约双方的雇员或政府官员提供不正当的利益。企业也应该禁止为了雇员的利益或为了雇员的家人、朋友、同事或熟人的利益，安排或接受来自客户、代理人、承包商、供应商或合约双方的雇员或政府官员的贿赂或回扣。②政治性捐赠。企业及其雇员和代理人不应该向政党、从政组织或个体进行直接或间接捐赠，以取得商业交易中的优势。企业应该公开所有的政治性捐赠。③慈善捐赠和资助。企业应该保证不以慈善捐赠和资助作为欺骗手段进行行贿。企业应该公开所有的慈善捐赠和资助。④疏通费。承认疏通费是行贿的一种形式，同时企业应该辨别、减少，最好是消除疏通费。⑤礼品、请客或非合理消费。当礼品、请客或不合理消费影响商业交易的成果时，企业应该禁止提供或接受礼品、请客或非合理消费。

该商业原则还要求董事会、首席执行官和高级管理人员应该积极公开承诺实施商业原则。企业应该在其与子公司、合资方、代理商、承包商和其他有业务关系的第三方的交易中应用自己的反行贿计划。企业的高级管理人员应该监督该计划，并定期检查该计划的适用性、适合性和有效性，视情况进行改进。他们应该定期向审计委员会或董事会汇报检查结果。审计委员会或董事会应该独立地评估该计划的适合性，并在给股东的年度报告中公开结果。

以上原则大多是倡议，对企业均无强制执行力，但在全球范围内营造了一种企业履行社会责任的良好氛围，为企业提供了履行社会责任的基本方向和路线，为企业社会责任的行业标准、国际标准和企业行为守则的产生奠定了基础。

阅读材料

考克斯圆桌商业原则

一、序言

就业与资本的流动使经济活动及其影响不断地全球化。在这种背景下，法律和市场的制约很必要，但是还不能充分指导商业行为。

公司的基本职责是对公司行为和政策负责，并尊重利益相关者的尊严与利益。而共同的准则（包括对共同繁荣的承诺）对小规模人群和全球人群同样重要。由于上述原因，同时由于商业可以有力地带动积极的社会变化，我们提出以下原则作为商业领导者的讨论基础和履行公司责任中的行为基础。我们也肯定道德准则在经济决策中的合法性与中立性。没有道德准则，就没有稳定的经济关系和全球的可持续发展。

二、总则

（一）公司责任：从股东变为利益相关者

公司的作用是创造财富和就业，并以合理的价格以及与价格相应的质量向消费者提供适合销售的产品和服务。为发挥该作用，公司必须保持其经济健康和活力，但是公司生存并不是公司的唯一目标，公司的另一个作用是与公司顾客、雇员和利益相关者分享创造的财富，提高他们的生活水平。供应商和竞争商应该本着诚实公正的精神履行义务，相信这样才会带来更多的商机。公司是地方性、全国性、地区性和全球性社区（人群）中勇于负责任的成员，影响着所在社区的未来。

（二）公司对经济和社会的影响：面向革新、公正与全球性社区

建立在海外的发展、生产或销售公司应通过创造就业机会、提高当地人们的购买力为所在国家的社会进步作出贡献，同时应关注所在国家的人权、教育、福利，激发社区生命力等。此外，公司应通过革新、有效地使用自然资源、自由公平的竞争，为所在国家和全球的经济、社会进步作出贡献。这种贡献是广义的，包括新技术、生产、产品、经销和通信等。

（三）公司行为：从遵守法律条文发展为信任精神

除了合法的商业秘密外，公司应认识到，真诚、公正、真实、守信与透明不仅有利于经济活动的信誉和稳定，而且有利于提高商业交易（尤其是国际商务）的效率和顺利性。

（四）遵守规则：从贸易摩擦发展为贸易合作

为避免贸易摩擦，促进更为自由的贸易，保证商业机会均等、各方得到公平相同的待遇，公司应遵守国际国内规则。此外，公司还应认识到，尽管有些行为合法，但仍可能带来不利后果。

（五）支持多边贸易：从孤立走向世界

公司应支持关贸总协定、世界贸易组织的多边贸易系统和其他类似的国际合约；公司应积极配合，提高贸易的合理自由度，放宽国内政策，减少这些政策对全球经济的不合理障碍。

（六）关注环境：从保护环境发展到改善环境

公司应保护并在可能的情况下改善环境，促进可持续发展，防止自然资源的浪费。

（七）防止非法运行：从利润发展到和平

公司不可参与或包庇贿赂、洗钱等腐败活动，也不可从事武器交易和用于恐怖活动、贩毒或其他有组织犯罪的物品交易。

三、利益相关者

（一）顾客

相信应充分尊重顾客的尊严。顾客不仅是指那些直接购买产品或服务的人群，也包括从正当渠道获得产品与服务的人群。对于那些不直接从公司购买，但使用本公司产品与服务的顾客，公司将尽最大努力选择那些接受并遵循本文件规定的商业经营标准的销售、安装/生产渠道。公司有以下义务：

（1）向顾客提供质量最好的、符合他们要求的产品与服务。

（2）在商业的各方面公正对待顾客，其中包括高水平的服务和顾客不满意时的补救措施。

（3）尽一切努力保证顾客的健康与安全（包括环境质量）在消费了公司提供的产品与服务后得到保持或改善。

（4）在提供的产品、销售和广告中避免侵犯人的尊严。

（5）尊重顾客的文化完整性。

（二）雇员

相信每位员工的天赋尊严，因此，公司有以下责任：

（1）提供工作机会和薪水，改善提高员工的生活状况。

（2）所提供的工作条件应尊重雇员的健康与尊严。

（3）与雇员坦诚沟通，了解他们的思想、不满和要求。

（4）与雇员有冲突时应相互信任，协商解决。

（5）避免歧视行为，确保公平对待、机会均等，不受性别、年龄、种族和宗教的影响。

（6）在公司内部鼓励雇佣残疾人，将他们安排到能发挥作用的岗位。

（7）保护雇员在工作场所的安全和健康。

（8）对由商业决策引起的严重失业问题保持关注，并与政府和其他机构共同解决相关事宜。

（三）物主/投资者

应尊重物主/投资者对公司的信任，因此，公司有以下责任：

（1）专业、勤勉地管理公司，以确保物主/投资者得到他们应得的而且具有竞争力的回报。

（2）向物主/投资者披露相关信息（只受法律与竞争情况限制）。

（3）保存并保护物主/投资者的资产。

（4）尊重物主/投资者的要求、建议、不满和他们的正式决定。

（四）供应商

公司与供应商、分包商的合作关系以相互尊重为基础，因此，公司有以下责任：

（1）在定价报价、许可、售卖权等所有业务中追求公正性。

（2）确保公司的商业行为不带任何强制性、不涉及任何不必要的诉讼，并以此促进公平竞争。

（3）与高价值、高质量、高可靠性的供应商建立长期、稳定的关系。

(4) 与供应商分享信息，并将供应商纳入公司的计划过程，达成稳定的关系。

(5) 按时、按照贸易条款支付供应商。

(6) 寻找、鼓励并优先选择在实际工作中尊重雇员尊严的供应商和分包商。

(五) 竞争商

公平的经济竞争是增加国家财富的基本要求之一，它能使公平分配物品与服务最终成为可能。因此，公司有以下责任：

(1) 培养开放的贸易与投资市场。

(2) 改良竞争行为，使其有利于社会和环境；与竞争商之间相互尊重。

(3) 戒除公司为保证竞争优势而企图或切实给予他方可疑支付与好处。

(4) 尊重物产所有权和知识产权。

(5) 拒绝采用不诚实或不遵守职业道德的手段获取商业情报(如工业间谍)。

(六) 社区/共同体

公司作为一名集体成员，即使力量不大，也能够为所在社区投入改革力量，改善当地的人权状况。因此，公司对公司所在地的社区负有以下责任：

(1) 尊重人权与民主制度，并尽可能改善人权与民主状况。

(2) 承认国家对整个社会的合法义务，支持、执行通过商业与社会的其他行业部分之间的和谐关系促进人类发展的公共政策。

(3) 在经济发展困难的国家和地区，一些力量致力于提高健康、教育、工作场所安全等标准，公司应与它们合作。

(4) 促进可持续发展。

(5) 在物理环境和地球环境保持中起领导作用。

(6) 支持地方社区的社会秩序、治安防卫和多样性。

(7) 尊重地方文化的完整性。

(8) 支持所在社区，做优秀的社区成员。具体的方式有慈善捐款、捐助文教、雇员参与民事与社区事务等行动和活动。

阅读案例

朗讯（中国）“洋贿赂”事件

一、朗讯涉嫌贿赂

2004年，美国当地时间4月6日，美国电信设备制造巨头朗讯公司正式向美国证监会递交了一份文件。文件指出，由于存在涉嫌《海外反腐败法》(Foreign Corrupt Practices Act，FCPA)的内部管理不力行为，朗讯将解除其中国区现任CEO戚道协、COO关赫德、一名财务主管和一名市场部经理的职务，并暂由全球销售总裁沃斯特负责朗讯(中国)的业务。

在历经3年的司法调查后，2007年12月21日，美国司法部宣布，朗讯与司法部达成和解，付出100万美金罚金。美国证监会亦与朗讯就同案达成和解，朗讯另行受罚150万美元。

美国司法部表示，2000~2003年期间，朗讯为中国政府官员安排了300多次旅行，包括观光、娱乐和休闲，并为此花费了数百万美元。这些旅行计划获得了朗讯中国高层官员的批准，同时也获得了朗讯美国员工的支持。美国司法部在声明中称，朗讯采用违规手段计入了这些旅行产生的支持，而且没有对同旅行和赠送给中国官员的礼物相关的准备金实施有效地内部控制。

2002~2003年期间，朗讯为中国政府客户赞助和安排了24次旅行，其中至少12次旅行的主要目的是观光。参加这些旅行的人物都是高级政府官员，包括北京国有电信公司的高管，以及省级电信子公司的负责人。

2000~2003年期间，朗讯打着“工厂参观”和“培训”的旗号，为中国政府官员提供了多次前往美国、欧洲、澳大利亚和其他地区的旅行。到2001年，朗讯已经将大部分生产业务外包，因此不可能有供客户参观的朗讯工厂，事实上，这些旅行的主要目的就是观光，所去的地方包括迪士尼乐园、环球电影公司，以及大峡谷等。据美国司法部称，朗讯每次旅行的时间通常为14天，花费在2.5万~5.5万美元之间。

二、事件起因

2003年8月，沙特Silki-La-Silki国家电信公司向纽约联邦法院递交起诉书，指控朗讯以及瑞士的ACEC公司在1995~2002年期间，向沙特前邮政电话电报部部长约哈尼行贿了价值1500万~2100万美元的现金和礼物。作为回报，约哈尼作出了很多有利于朗讯的决策，从而朗讯在沙特无线通信市场上获得了价值数十亿的生意——比如推动该国最大的上市公司沙特电信公司和朗讯合作，并且同意朗讯终止与Silki-La-Silki的一项合同，造成该公司6300万美元的损失。

《华尔街日报》11月16日的报道还指出，向约哈尼的行贿还包括为其在西雅图一家顶级癌症治疗中心支付高达200万美元的治疗白血病的费用，朗讯为此得到了沙特政府50亿美元的订单。

在美国证券交易委员会和司法部的强大压力下，朗讯开始在全球23个国家和地区开始内部审计——这包括朗讯在巴西、中国、印度、印尼、菲律宾和俄罗斯等地的机构，调查结果表明，在这些机构中，仅有朗讯（中国）涉嫌FCPA的腐败行为。据称，这也是朗讯在中国揭发自己违背FCPA的直接诱因。

三、戚道协与朗讯

根据朗讯的公开资料，戚道协于1974年毕业于我国台湾中原大学，1985年加入AT&T（美国电话电报公司）在中国台湾的子公司美台电讯。此后，戚道协担任过AT&T的人力资源及公共关系处处长、常务副总经理，1995年任该公司总经理。

1989年，AT&T正式将企业布局为网络系统、全球商业通信系统、微电子以及消费产品等几个业务单位。1995年，AT&T彻底重组，其中的设备制造业务以及被誉为“诺贝尔摇篮”的贝尔实验室，于1996年2月被重组为朗讯科技有限公司。两个月后，朗讯在纽约证券交易所成功上市，之后，戚道协负责其中国台湾业务，1996年10月，戚道协任朗讯科技台湾分公司的首任总裁及美台电讯总裁。从2000年10月1日期，他正式担任朗讯（中国）公司总裁，全面统筹朗讯（中国）所有业务，并负责管理及整合朗讯（中国）的各个业务部门。

一位曾经在朗讯（中国）公司工作的员工在接受《财经》杂志采访时，对戚道协评价颇高。在他看来，当时的朗讯（中国）不仅面临整个电信不景气的考验，而且，公司的内部管理层也存在问题，甚至连一些员工都戏称自己为“美国的国企”。而戚道协极大地提升了朗讯在市场上的操作能力和进取精神，“让已显疲态的朗讯（中国）变得更加进取。2001年5月，朗讯宣布获得中国联通CDMA网络一期建设合同，新闻公报称“价值数亿美元”。在2001年5月21日举行的新闻发布会上，戚道协将联通创建CDMA网络称之为“一个新的里程碑”。

据《财经》报道，从2001年初起，朗讯（中国）的销售机器便全速运转。根据朗讯发布的新闻稿，仅2001年1～5月，朗讯就已签署了总额超过8亿美元的合同，除联通项目外，还包括中国电信及其他运营商签署的光网络、交换与接入系统、GSM无线网络、宽带数据及光纤解决方案等。不到两年的时间，朗讯发展成为中国最大的CDMA设备供应商。2002年10月，朗讯与中国联通签订了“数亿美元”的CDMA二期合同，帮助中国联通提供高速无线数据业务。2003年9月，朗讯又获得联通CDMA网络三期工程首批扩容合同，该合同“价值超过2.3亿美元”。2004年1月，朗讯再次与中国联通和中国电信签下大单，拿下“总价值超过3.5亿美元”的多项重要合同，“涉及朗讯几乎全部新一代网络产品和服务”。同时，在小灵通、光通信以及数据通信等领域，朗讯的业绩表现要远好于同期公司整体的表现。在朗讯新闻稿中，中国电信、中国网通出现频率仅次于联通，俨然已是大客户。仅山东联通，就于2004年3月与朗讯签下1.3亿美元的小灵通网络合同。实际上，到2003年，朗讯的营业额已经达到9亿美元，占到了公司整体营业额的11%，成为除美国之外对营业额贡献达到两位数的分公司。中国市场成为朗讯最重要的海外市场；由于中国市场的突出表现，整个亚太市场的贡献率也已经从2001年的13%增长到2002年的20%。以朗讯最为核心的移动业务为例，2003年，其在美国的营业额下滑了38%，但在海外却增长了10%。该公司的年报称，“最大的动力就来自中国的CDMA网络”。

四、《海外反腐败法》撞击效应

美国《海外反腐败法》（FCPA）最早颁布于1977年，期间经过三次修改，其宗旨在于限制美国公司和个人贿赂国外政府官员的行为，是美国监管企业对外行贿的最主要的法律。

《海外反腐败法》的立法背景是由于受到“水门事件”的影响，美国司法机关和政府部门发现不少美国公司为了获取有利于自己的待遇，增加对某些外国官员特别是第三世界国家的官员直接或间接行贿，1976年美国证监会的一份《可疑与非法企业支付行为的报告》指出，有超过400家的美国企业承认向外国政府官员、政治家以及政治团体非法支付费用，以保证其采取某些倾向性的有利于美国企业的行为。随后，美国国会制定了《海外反腐败法》，目的在于禁止美国企业向国外政府官员行贿，以重塑公众对美国商业体系诚实正直的信心。

FCPA的具体内容包括：①基本禁令。FCPA把为了获得或保持商业机会而贿赂外国政府官员的行为规定为违法，该行为须符合五个条件——主体、行贿意图、行贿方式、接受者和商业目的。其中，主体是指FCPA适用于任何个人、公司、官员、董事、雇员、企业代理人或者任何代表公司行事的股东，如果个人或公司命令、授权或协助他人违法“反贿赂条款”，该个人或公司将受到惩罚；行贿意图是指个人支付或者授权支持贿赂必须要有行贿意图，该支付必须企图导致受贿人为行贿人或其他任何人滥用职权、谋取利益；行贿方式是指FCPA禁止支付、提供、承诺支付或授权第三方支付或提供金钱或任何有价值的事物；接受者是指FCPA适用于任何公职人员的贿赂，无论职务的高低和立场；商业目的是指FCPA禁止为帮助企业或者保留、指导某些业务而进行的行贿行为。②第三方支付。FCPA禁止通过中介机构行贿。在知道全部或部分款项将直接或间接地支付给外国官员的情况下，付款给第三方的行为违法。③合法的情况。1988年，美国国会通过了《全面贸易与竞争法》对FCPA进行了修订，修订中，将向国外政府官员的支付分成两类：一种称为腐败性支付，其目的在于诱导官员滥用或偏离其职责，从而获得或者保留某些合同，特权等；另一种支付称为加速性支付，其目的在于完成或加快政府文牍进度。前者被认为是非法的，而后者被认为是合法的；④抗辩。如果能够说明该费用是外国成文法律规定合法或者该花费用来展示产品或履行合同，被告有权对FCPA提出抗辩。⑤法律责任。根据FCPA的规定，对贿赂行为可以处刑事制裁、民事制裁、不允许参与政府采购等行政制裁等。例如，对公司或其他商业实体处以最高200万美元的罚金；对官员、董事、股东、雇员和代理人处以最高10万美元的罚金和最高5年的监禁。同时，根据选择性罚金法案的规定，这些罚金可能在实际上更高，可达被告方通过支付腐败付款寻求的违法所得的2倍。

值得注意的是，《海外反腐败法》并不要求行贿行为的得逞，提供或者承诺行贿即构成违法。《海外反腐败法》禁止任何行贿企图，无论是打算利用外国官员的官方身份影响行为或决定、促使官员做或不做任何违反其法定义务的行为、获取不当利益，还是诱导外国官员利用其影响力来影响任何行为或决定。禁止支付、提供、承诺支付或授权第三方支付或提供金钱或任何有价值的事物。在受贿对象方面，《海外反腐败法》覆盖针对外国官员、政党、党务工作者或者任何外国政府职务候选人的行贿行为。

在《海外反腐败法》制定之后，美国国内一直都有跨国公司争辩说，此法案让他们在跨国竞争中陷入不利地位。在他们看来，欧洲以及其他地区的公司并没有这种约束，这就意味着美国公司在海外竞争中处于劣势。美国商业局的一项研究指出，1995～1996年间，美国企业因为采取反贿赂行动，已经损失了100个国外合同，价值450亿美元。前财政部次长Eizenstat称，在1997年会有300亿美元的合同损失，因为它们会被其他国家从事贿赂的企业抢走。国际法专家盖蒂曾经这样安慰美国公司：“无论如何在道德上优越是一个可敬的、短期内无效率、长期却会有用的商业策略”。

在这种情况下，美国不得不通过欧盟、经济合作与发展组织（OECD）来推动其他国家也建立类似的制度。到2001年春天，几乎所有的欧盟国家以及经济合作国家都已经采纳了美国这部法律的内核，有的采取新立法的方式，有的则对原有的《刑法典》进行修改和补充。

2003年12月10日，43个国家在墨西哥梅里达正式签署了《联合国反腐败公约》，其中第十六条就将“贿赂外国公职人员或者国际公共组织官员”定义为犯罪行为，此外还规定了详细的管辖、司法合作以及引渡等具体条款。中国也是第一批签署公约的国家。

五、电信行业“潜规则”

复旦大学世界经济研究所所长华民认为，电信行业虽然看来已经市场化程度比较高，“但是它们有着天然的垄断性质，少数人握有权力，自然就成为商业贿赂的土壤”。

在有的业内人士看来，包括中国电信市场在内的众多产业，无论是政策环境、法制，还是市场环境，都处于一个急剧的转型期。其中的不规范之处，所谓的“灰幕”或是“黑幕”，几乎根本无法避免。“要做生意，就没办法等一切都规范了再进去，因此不得不去适应这种规则，这在任何行业都是这样，受到严格管制的电信行业显然更是沃土了”一位投资银行分析师说。

位于中国香港的政经风险咨询公司（Political and Economic Risk Consultancy），其董事总经理布拉福接受法新社记者采访时表示，“朗讯案在电信业中绝非是孤案”，送房、送车、送客户的子女出国留学“非常普遍”。一位在跨国电信设备制造公司的员工称，通常跨国公司的做法有两种，一种是一次性大规模订货给予回扣；另一种称为“REP”，即将费用以咨询费的方式支付给第三方。但这两种情形一般都会经公司律师审核。所以，朗讯此次内部审计爆出如此大事，“很有可能超过上述两种情况”。

美国诺盛电信咨询公司分析师王克瑞（Craig Watts）则告诉《财经》记者，就中国电信市场而言，“最不透明的时期肯定已经过去了”，尤其是随着几大运营商的海外上市，经济法律的不断完善，这种不规范的事情已经越来越少了。

美中贸易全国委员会则称，随着中国逐步履行入世承诺，政府的行为已经得到了很大程度的规范和完善，美国企业在这方面的投诉已经呈现日益减少的趋势，“更加开明的态度已经逐渐成为很多政府部门的共识”。

六、跨国公司“洋贿赂”

安邦集团的一项调查报告显示，跨国企业在华行贿的事件在近10年来一直上升，中国在10年内至少调查了50万件腐败案件，其中64%与国际贸易和外商有关，而在已曝光的案件中不乏西门子、家乐福、IBM等著名跨国企业。

为什么这些数一数二的跨国公司在中国会接连卷入商业贿赂的丑闻？有业内人士对此作了这样的注解：“遵守潜规则，可能被本国政府罚，损失不会很大，且几率不大；但不遵守潜规则，却可能被中国市场抛弃。两害相权自然取其轻。”

“外资企业在中国为了获得市场而行贿的情况，显然不会是少数个案。朗讯的事情，有可能只是浮现出来的冰山一角。”中国民间经济分析机构安邦集团研究总部的一位分析师接受《中国青年报》记者采访时透露，“一些跨国公司也接受了在中国做生意关系的重要性，为了应对中国市场的竞争，为了更快占有中国市场，外资公司在中国公关的本领也在迅速提高，甚至不在中国本土企业之下。”“这是外企公开的秘密，没有这种做法我们没有办法继续下去。”一位外企员工接受采访时称，“在中国，各家企业在产品上都差不多，谁的关系硬、筹码高，就会让谁来做。”还有一位在外企做过多年财务工作的员工列举了“多种多样的行贿方法”，比如，将行贿的钱通过开列“项目服务费”、“技术咨询费”等账目来支付；用签小合同的方式将钱支出来；在做零售的有现金流动的公司用支票来换现金，等等。“这些钱可以直接交给受贿人，或者用其亲属的名字存入银行，还可以用国外的账号来存储。总之，国家的税务部门是查不出来的。”

有人认为，朗讯公司如此严格要求自己的员工，敢于在全球范围内进行审计和调查，并且将事件提供给监管部门，这是需要勇气的，这在很大程度上也可以为朗讯加分。短期内，虽然会对它在中国的市场造成负面影响，但长期来说，这显示了朗讯是一个敢于正视问题的公司。

七、以罚金代替刑事诉讼

朗讯对调查确认不讳，并同意为其违反美国《反海外腐败法》的行为向美国财政部支付100万美元罚金。此外，美国司法部还要求朗讯加强其内部控制、政策和流程监管，以保证公司财务公平、准确，并符合《反海外腐败法》及其他适用反腐败法律。若朗讯在两年内做到上述要求，美国司法部将放弃对朗讯的刑事起诉。与此同时，美国证券监管委员会对朗讯的起诉也以永久性指令和150万罚金的代价而了结。

2007年12月25日，朗讯就涉嫌在中国行贿一事同美国司法部和美国证券交易委员会达成调解协议，该公司将支付250万美元罚金，从而避免美国司法部的形式起诉。

对此，有法律专家指出，一旦朗讯不能与美国司法部达成和解，而进入诉讼状态，法院有可能会强制披露行贿细节，这样涉嫌收受贿赂的人员也将难以隐藏。这样的话，即使美国不享有司法管辖权，中国政府的相关涉嫌受贿人员也很难逃脱制裁。因为，中国不仅在《刑法》中对此有具体规定，而且在签署的《联合国反腐败公约》中，也承诺了在这种情况下进行司法合作以及协助的责任。

另一位熟悉美国法律的律师说，美国有关反行贿的法律是相当严格的，如果罪名成立，行贿企业将会面临严重后果，比如限制、甚至剥夺其海外投资的资格，企业相关领导人也可能面临牢狱之灾。近年来，很多国家对跨国公司的监督都在加强，其中重要的一项就是反贿赂。这些来自外部的监管，对中国企业和有关主管机构也是一种考验。中国国内的一些腐败案就是由于外国司法机构对外国企业的追查而揭露出来的。

八、国家出击商业贿赂

2006年2月，中共中央办公厅、国务院办公厅发布《关于开展治理商业贿赂专项工作的意见》的通知。明确提出要严肃查处商业贿赂案件，坚决遏制商业贿赂的蔓延。中国社会在当年随即展开了一场关于打击商业贿赂的声势浩大的专项行动。最高人民检察院的数据显示：2006年的1～10月，全国检察机关批准逮捕各类商业贿赂犯罪嫌疑人5117人，查办商业贿赂犯罪案件8010件，涉案金额达到8.8亿元。

2007年6月，中央纪委向全国党员干部下发《中共中央纪委关于严格禁止利用职务上的便利谋取不正当利益的若干规定》的通知，对于社会上新出现的具有隐蔽性、复杂性的新贿赂手段，国家颁布禁令进行严管。

2008年11月，《关于办理商业贿赂刑事案件适用法律若干问题的意见》出台，社会各界评价说，这份意见更是依法惩治商业贿赂犯罪、维护市场经济公平竞争秩序的重要举措。

（资料来源：马红漫，《东方早报》，2007 年 12 月 6 日）

问题：

1. 如何看待行业的“潜规则”和跨国公司的“洋贿赂”？你是否认为这是辩解和借口？请给出理由。

2. 你对减少跨国经营中的商业贿赂有什么好的建议？

二、行业生产守则

（一）欧洲外贸协会 BSCI 倡议

欧洲外贸协会（The Foreign Trade Association，FTA）是代表欧洲贸易中对外贸易业者的组织，是欧洲唯一专门从事外贸事务的专业协会，目前有 80 多个成员，会员几乎涵盖了欧洲所有的零售商协会及零售企业。该组织提倡世界自由贸易、自由经济发展以及在世界贸易组织框架内加强多边贸易体系。

进入 20 世纪 90 年代，西方工业化国家越来越重视企业社会责任问题。欧洲和来自世界各地的零售业和工业公司、贸易商及行业协会为此制定了各类规范企业行为的守则，并建立了相应的监督体系。但这些规范和标准的规定不尽相同，使得零售商在承担社会责任时感到难以承受，供应商也面临着同样的问题。这种背景之下，制定共同的行为守则显得非常必要。自 2002 年起，总部设在比利时布鲁塞尔的 FTA 就致力于为欧洲许多不同的行为守则和监督体系建立一个共同的平台，并为建立一个欧洲共同监督体系作准备。2002 年和 2003 年两年间，FTA 为建立此类体系的框架举行了多次研讨会。2003 年 3 月，正式成立了商界遵守社会责任组织（Business Social Compliance Initiative，BSCI），并制定了确认欧洲商界遵守社会责任的行为准则。

BSCI 倡议的行为准则是一项要求其会员及其供应商承担社会责任的行动，其行动涉及各种消费产品，但主要集中于纺织、成衣、鞋类和玩具方面。倡议要求其会员对消费者负责，凡是加入到 BSCI 的会员，都有义务承担履行社会责任行为守则的义务，促进 BSCI 制定的目标得以实现，特别是要承诺审核其供应商，并将他们纳入到遵守社会责任的行列中，接受审核，供应商必须确保 BSCI 成员直到最后生产阶段的生产过程涉及的所有分包商都要遵守该守则。

然而 BSCI 也认为，承担社会责任以及落实社会可接受的生产条件是建立在自愿、对话、共识和公平的原则等基础之上的，其制定的行为准则的落实也要取决于供应商及其经营者所在国家的发展状况，所以 BSCI 倡议是自愿执行而不是强制执行，对供应商只是审核而不是认证。其与 SA 8000 的主要区别在于 BSCI 的要求稍低、涉及范围较小、操作性更强，但是认证后没有相关的证书。

BSCI 的行为规范包括：①遵守法律；②结社自由和集体谈判权力；③禁止歧视；④补偿；⑤工作时间；⑥工作场所安全；⑦禁止雇用童工；⑧禁止强迫劳动；⑨环境和安全问题等。

阅读材料

倡议商界遵守社会责任组织（BSCI）行为守则

1. 倡议商界遵守社会责任组织（BSCI）成员由零售公司及协会、进口商和生产公司组成，是欧洲社会一个针对遵守社会责任的普遍监控体系，旨在不断改进成员设在全球各地的生产及供应设施的社会责任表现。BSCI 监控体系无意取代其他已建立的外在多个利益方的确认体系。

2. BSCI 成员认为需要为全球在其名下的所有活动负责。他们特别感到有责任去为生产其产品的员工提供良好的工作条件。BSCI 成员也认为这一责任应延伸到所有为 BSCI 成员生产的员工，不论是由 BSCI 成员直接雇佣的员工，还是由第三方分包商和供应商雇佣的员工。

3. 为了形成具有一定影响和促成社会可接受的生产条件，BSCI 成员制定此行为守则。BSCI 成员在全球的所有供应商也有义务遵守这一行为守则。

BSCI 成员应以积极和合作的精神贯彻实施该行为守则。他们乐意在维持所有现有商业关系的同时，完全遵守守则。BSCI 计划在不久的将来提高对这个问题的意识，并在未来几年内达成一致、连续和可持续的改进。遵守社会责任方面的改进将使供应商有能力满足现有和未来市场的需求以及法律要求。供应商在社会责任上的表现能够随着时日系统性地改进，并能避免遭受抵制的危机。BSCI 的立场是，只有在基本生活标准得到维持和改进的情况下，经济才能可持续发展，社会才可进步。

4. 行为守则只说明最低标准，不应将该守则理解为最大限度，也不应以任何方式使它对雇员不利，例如，用于限制员工结社自由或集体谈判的权利。

5. BSCI 成员认为本身与供应商是以伙伴关系的方式合作。而落实社会可接受的生产条件是建立于对话、共识、合作和公平的原则等基础之上的。受变化影响最大的相关方利益应置于任何考虑和变化的显著位置。行为守则的落实和执行取决于各自供应商及其经营所在国家的发展状况。BSCI 的最终目标是完全落实该守则。

6. 供应商必须确保代表 BSCI 成员直到最后生产阶段的生产过程（如调制和装配活动）涉及的所有分包商都遵守行为守则。

7. 根据国际劳工组织公约、联合国《世界人权宣言》、《儿童权利公约》和《消除对妇女一切形式歧视公约》规定，BSCI 的行为规范致力于达到一定的社会责任和环境标准。以下的要求具有特殊重要性：

7.1　遵守法律：遵守所有适用的国家法律和规则、业内最低标准、国际劳工组织和联合国公约，以及任何更为严格的相关法规。

7.2　结社自由和集体谈判权利。

7.3　在某些情况或者国家因为法律规定而导致结社自由和集体谈判权利受到限制的情况下，应以类似方式促成自主和自由的组织与谈判。此乃根据国际劳工组织公约第 87 号、第 98 号和第 135 号的规定。

7.4 禁止歧视：不得有任何对性别、年龄、宗教信仰、血统、社会地位、社会背景、残疾、种族和民族本源、国籍、在工人组织包括工会中的成员身份、党派、性取向或任何其他个人特征的歧视。此乃根据国际劳工组织公约第100号和第111号的规定。

7.5 补偿：正常工作时间工资、加班时间工资和加班工资级差的支付，应符合或高于法定最低标准及/或行业标准；不得非法或未经许可而降低工人工资；如果法定最低工资无法支付日常生活开支和提供额外的可支配收入，公司应努力为员工提供足够的补偿以满足这部分需要。此乃根据国际劳工组织公约第26号和第131号的规定。

7.6 工作时间：加班工作应出于个人自愿；每周允许的工作时间最长为48小时，允许的加班时间最长为12小时；员工在连续工作6天之后有权拥有一天休息时间。此乃根据国际劳工组织公约第1号和第14号的规定。

7.7 工作场所安全：必须明确建立一套关于职业卫生和安全的规章和程序，并严格加以执行。工作场所的实物和条件不得损害基本人权。此乃根据国际劳工组织公约第155号以及国际劳工组织推荐标准第164号的规定。

7.8 禁止雇佣童工：根据国际劳工组织和联合国公约及/或国家法的规定，禁止雇佣童工；在这些标准中，应参照最严格者；以任何形式剥削儿童也一律禁止；不准任何如奴隶般或对儿童健康有害的工作条件存在；未成年工人的权利必须得到保护。此乃根据国际劳工组织公约第79号、第138号、第142号和第182号的规定。

7.9 禁止强迫劳动：禁止任何形式的强迫劳动，例如，违反基本人权的囚犯式劳动。此乃根据国际劳工组织公约第29号和第105号的规定。

7.10 环境和安全问题：废物管理的程序和标准、化学品和其他危险物品的处理和清除、排放物和流出物的处理，都必须符合或高于最低法定要求。

8. BSCI成员将鼓励遵守上述要求，界定和实施合适的程序并监控其供应商的遵守情况。

9. 一旦被确定违反行为守则，BSCI成员将立即与相关供应商进行协商。他们将一起探讨解决方案，且BSCI成员将协助解决问题。解决方案必须考虑到员工的最佳利益。如果在适当的时间内找不到一致同意的合适方案并加以实施，这可以作为终止进一步商业来往的合理理由。

10. BSCI及其成员的任何行动都不会减少国家和地方政府、国际非政府组织和员工代表在建立公开市场贸易政策和保证社会条件得以改善的责任。

11. BSCI准备将此声明的主要内容提交公议及政治决议。

（二）公平劳工协会：工作场所生产守则

公平劳工协会（Fair Labor Association，FLA）是一个集公司、人权和劳工组织、寻求改善工作条件的学院和大学为一身的网络组织。FLA委派独立的监督员对工厂进行检查。根据FLA的标准，美国参与公司必须在以下方面进行内部监督：车间内通信标准；公司监督员培训；进行定期访问和审查以保证合格；为工厂工人提高保密报告机制；同当地劳工、人权或宗教组织之间的关系发展情况；建立问题补救和FLA结果通知机制等。

FLA 的工作场所生产守则适用于所有公司，但最适合那些为美国市场生产名牌产品的公司。

（三）洁净成衣运动

洁净成衣运动（Clean Clothes Campaign，CCC）是一个欧洲性的自愿网络组织，在奥地利、比利时、法国、德国、意大利、荷兰、葡萄牙、西班牙、瑞典和瑞士设有附属工作组。CCC 的目的是改善服装和运动服行业的工作条件。该倡议是在本部分中讲述的最早的一个倡议，于 1989 年在荷兰发起。与其他倡议不同，它的焦点是在消费者意识上，同时与公司进行对话。

在瑞典和瑞士，CCC 直接与愿意接受该原则的公司来往，目的是制定一套更易于理解的监督和认证守则，并将一直进行下去。

依据《国际劳工组织公约》，CCC 已制定了一套生产守则。为理解 CCC，有必要完全了解其结构。在每个国家的附属小组可自行担当一个积极主义组织和非政府机构，包括人权小组、妇女小组、组织领导者、工会和研究者。运动的国际伙伴网络组织由非政府机构和在大多数国家为欧洲市场服务的工会组成。这些网络组织为消费者组织了运动，如劝说企业采用 CCC 基本守则的明信片等。这些运动非常有效地吸引了公司的注意力。

CCC 寻求建立一个三方机构来进行监督、认证和为成员公司制定标准。这些三方结构小组将包括工会、非政府机构和行业协会。

CCC 成功地调动起消费者的参与意识，还把公司带到了谈判桌前。除了作为一个群众调动和团结的组织，CCC 还可在与企业的多方协商中充当利益相关者角色。《洁净成衣运动生产守则》适用于生产和销售服装和鞋类商品的公司。

CCC 是一项反对在具体公司内进行虐待的战略，同时，尝试与公司来往对 CCC 也是一个挑战。这两项功能的联合致使与公司的协商进展缓慢。CCC 守则不仅涉及跨国企业，而且主要是针对工厂，不像 FLA 主要针对美国公司和社会责任标准针对工厂。和 FLA 一样，进行突然的检查，而在 SA 8000 中，检查是事先通知的。

阅读材料

CCC Model Code（洁净成衣运动生产守则）

1989 年荷兰消费者团体抗议 C&A 集团供货商利用童工、剥削劳工之行径，揭发全球成衣、鞋类与运动服装产业界违反基本劳动权益之黑暗面。1990 年洁净成衣运动（Clean Clothes Campaign，CCC）组织于荷兰成立。该运动之宗旨在于改善成衣、鞋类与运动服装业生产界之工作条件。CCC 组织任务包括发起公众行动、提供消费者信息、与企业谈判协商、支持女性劳工团体等。并于 1998 年起草一部适用成衣、鞋类与运动服装业的《洁净成衣运动生产守则》（CCC Model Code）。

目前拥有 CCC 组织的欧洲国家有奥地利、比利时、法国、德国、荷兰、西班牙、瑞典、瑞士与英国等 9 个国家。组织网络涵盖各相关工会、非官方机构、宗教、妇女运动及消费者保护等团体。

德国CCC组织成立于1996年，通过公众舆论压力以及与企业之积极沟通协调后，已逐渐产生成效。Adidas、Puma、Karstadt Quelle、Steilmann、C&A等知名企业均已认同此项运动，除成立相关工作小组外，并开始采用《洁净成衣运动生产守则》（CCC Model Code）。其内容主要包括：

1. 自由择业

不应使用强迫劳工，包括契约劳工或监狱劳工（见国际劳工组织第29和第105号公约）；雇主不得要求任何员工缴纳押金或扣押他们的身份证明文件。

2. 非歧视

不得基于种族、肤色、性别、宗教信仰、政治归属、国籍、社会阶层或其他特点而歧视员工，应对所有员工一视同仁（见国际劳工组织第100和第111号公约）。

3. 禁止使用童工

不得使用童工；所有工人的年龄必须在15周岁以上或大于当地完成义务教育的年龄（见国际劳工组织第138号公约）；如果发现使用童工，应提供其足够的过渡期经济资助和适当的教育机会。

4. 尊重自由结社和集体谈判的权利

尊重工人自由建立和加入工会的权利（见国际劳工组织第87和第98号公约）；工人代表不应受到歧视，而且确保他们能在必要的时候可以进入所有的工作场所以履行其代表工人的职责（见国际劳工组织第135号公约和第143号建议）；雇主在对待工会及其相关活动时，应保持积极和开放的态度。

5. 支付最低生活保障工资

每周的工资和福利应至少达到法定或行业的最低标准，并总能满足工人及其家庭的基本生活保障及工人有部分可支配的收入；不可因惩戒的目的克扣工资；法律规定以外的任何扣款在没有工人书面同意之前不可实施；员工雇佣时，应提供书面和易于理解的有关薪酬方面的文件；在每次发工资时，必须提供工人该期间详细的工资明细。

6. 不超时加班

工作时间应符合相关法律和行业标准的要求；无论如何，员工不得经常每周工作超过48小时而且每7天提供至少一天休息；加班必须是自愿的，而且每周不得超过12小时，也不得经常性要求加班；加班应支付一定的加班费。

7. 体面的工作环境

公司出于对普遍行业危险和任何具体危险的了解，应提供安全卫生的工作环境并促进职业健康安全最佳运作的普及；禁止任何形式的体罚、体罚威胁、不正常处罚或惩戒、性或其他形式的骚扰、恐吓等行为。

8. 建立雇佣关系

应遵守劳动及社会保障法律法规的要求确保员工的法定权利，不采取纯劳务性质的合约安排或虚假的学徒工制度以规避涉及劳动和社会保障条例的适用法律所规定的对员工应尽的义务；青少年工人应得到适当接受教育和培训的机会。

（四）国际玩具业协会商业行为守则

《国际玩具业协会商业行为守则》是国际玩具业协会（International Council of Toy Industries，ICTI）制定的玩具行业商业行为规范。ICTI是由世界上不同国家和地区的玩具行业协会组成的行业联合组织，总部设在伦敦，目前已有美国、英国、澳大利亚、巴西以及中国、中国香港等19个国家和地区的玩具组织参加了该协会。

《国际玩具业协会商业行为守则》订立的宗旨是：倡导玩具厂商经营业务符合社会责任标准，达到合法、安全、卫生的标准。为此，守则当中贯穿了三大原则：一是“三不用原则”，即不使用童工、不强迫劳动、不用囚工；二是“四不拘”原则，即不拘性别、不拘种族、不拘宗教、不拘社会归属；三是工厂奉行环保法规原则。非会员公司为会员公司承制产品，以及有关的供货公司也必须坚守这三大原则。

《国际玩具业协会商业行为守则》由员工、工作场地、遵循情况三部分共21条组成。覆盖了用工、工作时间、工资与补偿、歧视、设施、福利、工业安全、食宿环境、医疗服务、情况检查与处理等多方面的问题。

该守则适用于所有参加ICTI的会员组织，以及承认其标准的供应商与销售商，截止2005年7月底，全世界已有121家国家玩具大买家明确表态采纳保障劳工权利的国际玩具协会商业行为守则，这其中包括了世界知名玩具商美泰、孩之宝以及乐高等。此外，国际玩具协会正同其他国家买家进行商讨，说服更多的采购商采纳这一守则。沃尔玛已同意拿出它全球采购网中的100家供货商进行ICTI审核的试点，麦当劳同时还宣布停止向雇佣童工的玩具商订货。由此可见，ICTI认证已不局限于玩具行业。德国零售业外贸协会、英国印刷业协会、法国零售协会、欧洲外贸商协会等目前都已经采纳ICTI，这意味着ICTI认证将扩大到服装、印刷等许多行业。

ICTI认证不具有强制性，但ICTI-COBP在玩具行业中极具权威性，获得其认证，才能取得产品进入国际市场的通行证。

ICTI就各会员及其承包商规定劳工的每周工作时间、工资、加班费等应符合法律规定的标准、工作场所应达到的标准和具体条件等。

阅读材料

国际玩具业协会（ICTI）商业行为守则

国际玩具业协会（ICTI）是一个由世界不同国家的玩具业协会组成的联合商会，各会员保证其公司以合法、安全、健康卫生的方式经营。ICTI主张坚持的原则包括童工、强迫劳工或劳役囚犯均不可聘用；不可因性别、种族、宗教或社团归属之原因而不给予工作；工厂必须遵守环境保护之法律法规。ICTI会员与其承包商在制定供货协议时，也必须包括以上原则。

ICTI的角色是对会员公司进行传达、教育和检查，以保证各会员公司均坚持遵守所制定的商业行为规范。作为一个商会，ICTI也积极鼓励各国和地方政府实施工资、工时及工厂安全卫生的法律法规。会员公司必须符合、并预先须与承包商协议的具体条件如下：

1. 劳工

（1）每周工作时间、工资、加班费等应符合法律规定的标准。如果没有这方面的法规，工作条件则须满足人道、安全和有助于生产的要求。

（2）在玩具生产的任何阶段，均不可聘用未达到法定最低就业年龄的人员；按国际劳工组织（ILO）第138号公约与第182号公约规定，任何情况下准予就业的最低年龄不得小于14周岁。

（3）不得强迫劳动和使用牢役囚犯；工人下班后可自由离开工作岗位；保安人员仅用于正常的保安需要。

（4）所有工人均有权享有法律所规定的病假和分娩假。

（5）所有工人均有权自由行使法律所规定的职工代表权。

2. 作业场所

（1）玩具工厂应为职工提供安全的工作环境，在卫生和危险防护方面，应符合或优于当地有关法规的要求。

（2）工厂应保证有良好的照明和通风，信道和出口随时保持畅通。

（3）保证紧急情况下有足够的医疗救助提供，指定的人员需接受急救培训。

（4）有足够而且标志清晰的紧急出口，全体职工需接受紧急疏散预习。

（5）提供有效防护性安全设备，职工需接受相应的使用培训。

（6）机器设备上的防护装置需符合或优于当地法规的要求。

（7）有足够的卫生间设施，这些设施符合当地卫生法规的要求且维护得当。

（8）提供用餐及休息的设施或作出合理的安排。

（9）如果工厂为职工提供居住场所，须确保宿舍房间和卫生设施满足基本需求，通风良好，且符合消防和当地其他法规的要求。

（10）不施行精神上或肉体上的处罚。

3. 遵循情况

（1）本规范不是以施行处罚为目的，而是要建立一个绩效标准，教育和鼓励各厂商对负责任的生产活动作出承诺。

（2）为判定对本规范遵循情况，ICTI会员公司需对自身及其承包商的工厂进行审查；会员公司将查阅所有账册、记录，对工厂进行实地检查，并要求其承包商仿效同样的做法对其分包商进行审查。

（3）各生产商或其承包商的负责人必须签署关于本规范遵循情况的年度报告。

（4）玩具生产合同中应规定，凡不能遵守本规范或执行纠正措施计划的时间过长，便属违约，有关合同可因此取消。

（5）基于玩具种类、生产方法多种多样，工厂规模及员工数目的千差万别，本规范附设三个附录为判定遵循情况提供指导；条文的实用性应根据合理原则予以确定。

（6）本规范应译成当地文字，予以张贴或供全体职工查阅。

许多国家认为囚犯服役是罪犯自新的一个重要过程。而部分国家禁止或限制进口劳役囚犯所生产的物品，本规定禁止向这些国家出口此类产品。

三、多利益相关者守则和工具

（一）SA 8000 社会责任国际认证

迫于消费者日益增大的压力，面对日益激烈的市场竞争，很多欧美跨国公司都制定了各自的社会责任守则，同时，很多行业性、地区性、全国性乃至全球性的行业组织和非政府组织也制定了各不相同的守则。据国际劳工组织统计，这样的守则已经达到400种。跨国公司一方面要推广本公司的社会责任守则，同时它还要遵守行业性、地区性、全国性乃至全球性的规则，以及不同利益相关者团体的需要。零售商、供应商和工厂不得不花费大量的人力、物力和财力用于守则的实施，公众和消费者对跨国公司这种缺乏透明度的内部监督体系也很不满意。公司和消费者都希望建立一个类似ISO9000标准、全球通用的社会责任标准，同时建立一套独立的认证认可机制，以提高社会责任审核的透明度和公信力，也避免浪费资源重复审核。

经济优先权委员会（Council on Economic Priorities，CEP）一直积极支持并参与制定社会责任标准的活动。1997年初，该组织成立了经济优先权认可委员会（Council on Economic Priorities Agency，CEPAA），由CEPAA负责制定该标准，并根据ISO指南62（质量体系评估和认证机构的基本要求）来评估认可认证机构。2001年，经济优先权委员会更名为社会责任国际组织（Social Accountability International，SAI）。

2001年12月12日，SAI发表了SA 8000标准第一个修订版，即SA 8000：2001。SA 8000标准主要源于国际劳工组织宪章、国际劳工组织相关公约、联合国有关人权的公约，旨在保护工人的基本权利，保护劳动环境和条件。许多其他类似的生产守则也都声称其内容已部分或全部来自于国际劳工组织的核心劳工标准。

SA 8000标准是全球第一个可用于第三方认证的社会责任国际标准，旨在通过有道德的采购活动改善全球工人的工作条件，最终达到公平而体面的工作条件。

（二）ISO14001 环境管理标准

严峻的环境迫使人们必须重视可持续发展战略，必须对社会基本组织的环境行为进行约束与规范，国际标准化组织（ISO）适时地于1992年成立TC207工作组，借鉴ISO9000标准的成功经验，负责制定环境管理标准，并于1996年9月推出ISO14001系列标准，从而也产生了环境管理体系认证制度。

现在，各种类型的组织都越来越重视通过按照环境方针和目标控制其活动、产品或服务对环境的影响，以实现并证实良好的环境表现。这是由于有关的立法更趋严格，促进环境保护的经济政策和其他措施都在陆续出台，相关者对环境问题包括可持续发展的关注也在普遍增长。

许多组织已经推行了环境“评审”或“审核”，以评定自身的环境表现。但仅靠这种“评审”和“审核”本身，可能还不足以为一个组织提供保证，使之确信自己的环境表现不仅现在满足，并可持续地满足法律与方针要求。要是评审行之有效，须在一个结构化的管理体系内予以实施，并将其纳入全部管理活动的整体。

国际环境管理标准旨在为组织规定有效的环境管理体系要素，它们可与其他管理要求相结合，帮助组织实现环境目标与经济目标。如同其他国家标准一样，这些标准不是用来制造非关税贸易壁垒，也不增加或改变一个组织的法律责任。

国家环境管理标准适用于各种类型与规模的组织，并适用于各种地理、文化和社会条件，该体系的成功实施有赖于各个层次与职能，特别是最高管理者的承诺。这样一个体系可供组织据此建立一套程序，用来设定环境方针和目标，实现对它们的符合，并向外界进行展示这种符合性；同时，这一体系还可用来评定程序的有效性。本标准的总目的是支持环境保护和污染预防，协调它们与社会需求和经济需求的关系，应当指出的是，其中很多要求是可以同时或重复涉及的。

ISO14001 环境管理标准主要具有以下特点：

（1）强调法律法规的符合性。ISO14001 标准要求实施这一标准的组织的最高管理者必须承诺符合有关法律法规和其他要求。

（2）强调污染预防。污染预防是 ISO14001 标准的基本指导思想，即应首先从源头考虑如何预防和减少污染的产生，而不是末端治理。

（3）强调持续改进。ISO14001 没有规定绝对的行为标准，在符合法律法规的基础上，企业要自己和自己比，进行持续改进，即今天做的要比昨天的好。

（4）强调系统化、程序化的管理和必要的文件支持。

（5）自愿性。ISO14001 标准不是强制标准，企业可根据自身需要选择是否实施。

（6）可认证性。ISO14001 标准可作为第三方审核认证的依据，因此企业通过建立和实施 ISO14001 标准获得第三方认证证书。

（7）广泛适用性。ISO14001 标准不仅适用于企业，同时也适用于事业单位、商行、政府机构、民间机构等任何类型的组织。

ISO14001 标准实施的目的是帮助企业实现环境目标与经济目标的统一，支持环境保护和污染预防，这是国际标准化组织起草和实施这一系列标准的根本出发点，也应该为区域实施标准、建立体系的最终目标。标准不仅是为了强调区域应该达到什么要求，更主要的是为区域建立一个不断持续改进的管理体系。标准实施的同时还有助于消除国际贸易中各国就环境问题而设置的非关税壁垒。这一国际标准的出台，将改变这一领域各自为政的局面，形成以各国法律、法规为基础的环境管理标准，为发展中国家在体系的建立与认证方面提供了较大空间的同时，也为发展中国家的企业环境行为提出了较高的目标，创造了跟上国际环境管理发展形势的契机。

四、公司内部生产守则

（一）耐克公司的生产守则

耐克公司根据国际劳工组织基本惯例、人权的基本原则以及其他相关标准，于 1991 年起草了公司生产守则（Code of Conduct），并于 1992 年将其分发到各合约商手中。公司对准则进行过定期的评估和修改，它成为耐克公司对合约商在劳动与环境、安全与健康等方面的基本要求。

耐克公司的生产守则内容包括：

（1）在管理实践当中尊重所有雇员的权利，包括其自由结社和集体协商的权利。

（2）尽量减少对环境的影响。

（3）提供安全和健康的工作环境。

（4）提升雇员的卫生和福利条件。

耐克公司在设计、生产及销售运动和健身产品的过程中，要求做到遵纪守法，尊重雇员的尊严，使雇员在一个没有骚扰、辱骂或体罚的工作环境中工作。雇员的雇用、工资、福利、升职、中止合约及退休必须完全以其个人的工作能力作为评定依据，不得因种族、信仰、性别、婚姻或怀孕状况、宗教或政治理念、年龄、性取向等而对任何人加以歧视。

耐克公司保证在这个生产守则的指导下进行经营，并要求合约商也遵循这个生产守则，合约商必须在所有主要工作场所张贴此行为准则，把它翻译成雇员能够理解的语言并尽力培训他们，使其了解本生产守则和相关地方法规所规定和赋予的权利和义务。

耐克公司还强调特别合作伙伴要遵守以下各项要求：

（1）非法劳工。合约商不得雇佣任何形式的非法劳工——囚犯、已有合约在身的劳工或其他。

（2）童工。合约商不得雇佣任何未满 18 岁者从事制鞋业，或未满 16 岁者从事服装、配备或附件生产。如当耐克产品的生产开始时，合约商已经依照当地法律雇佣了超过 15 岁的雇员，则雇佣合约仍可继续执行，但合约商此后不得再雇用任何低于耐克公司和当地法律年龄要求标准的人员。为进一步确保此年龄标准被严格遵守，合约商不得使用任何形式的家庭代工来从事耐克产品的生产。

（3）工资。合约商保证至少支付工人法定最低工资或同业最低工资；为每个雇员建立一个清楚的账目，明确记录每个发薪期的工资发放金额，且不得因雇员违反纪律而扣减其工资。

（4）福利。合约商为每个雇员提供所有法定的福利。

（5）工作时间。合约商必须保证遵守工作时间制度；安排加班的前提条件是保证每个雇员必须得到法定的加班补贴；雇用时告知雇员必要的加班是雇佣条件之一；在正常的工作制度下，须每 7 天休息一天；每周工作时间不得超过 60 小时，若此规定超过当地法定的最多工作时间，则以当地法律为准。

（6）环保、劳动安全和卫生。合约商本身须具备有关环境保护、安全和卫生方面的书面政策及标准，并建立体系以求最大限度地降低对环境的负面影响，减少职业伤害和疾病，以提升雇员总体之健康状况。

（7）文件的提供和监察。合约商应将有关文件归档作为其遵守此行为准则的书面依据，同时随时备有有关文件，以便耐克公司或其指定的核查员来监察；且无论事先收到通知与否，同意在进行调查时提供有关文件。

（二）国家电网公司的社会责任

国家电网公司的社会责任目标是：发展公司，服务社会，以公司的发展实现员工成长、客户满意、政府放心，促进经济发展、社会和谐。

其责任准则是：以人为本，共同成长，善待员工，善待客户，善待伙伴，真诚服务，共谋发展，实现公司利益、行业利益、社会利益的协调统一。发展自己，确保公司可持续发展；服务行业，推动电力工业可持续发展；做好公民，促进经济社会可持续发展。

国家电网公司社会责任的具体内容：

（1）坚持全面履行社会责任的基本价值取向，并将其化为公司上下的自觉行动。弘扬公司基本价值观、规范公司行为准则、展现公司强烈的社会责任感、赢得社会公信，是促进公司内外和谐、实现可持续发展的重要动力。

（2）坚持一切工作从党和国家大局出发，实现企业经济效益和社会效益的协调统一。公司工作是党和国家事业的重要组成部分，服务党和国家的工作大局，是公司义不容辞的政治责任和社会责任。坚决贯彻党中央、国务院的部署和决策，正确处理企业利益和国家利益的关系，始终把巩固和发展党的执政基础，维护人民利益作为检验工作成效和业绩的根本标准。

（3）坚持公司和电网的科学发展，建设世界一流电网、国际一流企业。落实科学发展观、转变经济增长方式、提高发展质量、走科学发展之路，是新时期我国企业的重大使命。实行集团化运作、集约化发展、精细化管理，实现公司发展方式的转变，推动公司内部资源优化配置，提升经营效率和效益；建设以特高压电网为核心、各级电网协调发展的坚强国家电网，实现电网发展方式的转变，推动国家能源优化配置，促进经济社会可持续发展。按照以电网发展带动公司发展，以公司发展保证电网更快更好发展的原则，努力建设世界一流电网、国家一流企业。

（4）坚持提升公司经营效率和效益，最大程度的创造社会财富。企业是社会财富的创造者，承担着直接和间接决定社会资源配置效率的重要责任。

第二节　SA 8000 社会责任标准

SA 8000 标准由总部设在美国的社会责任国际组织制定，该管理体系的名称是模仿了 ISO9000 质量管理体系和 ISO14000 环境管理体系的名称而得名，全称是 Social Accountability 8000。SA 8000 是一个全球性的、可供认证的、用于解决工作场所诸多问题的审核和保证的管理标准。

一、SA 8000 标准的特点

SA 8000 标准是根据国际劳工组织公约、联合国《儿童权利公约》以及《世界人权宣言》制定而成的，主要内容包括童工、强迫劳工、安全卫生、结社自由和集体谈判权、歧视、惩罚性措施、工作时间、工资报酬及管理体系等 9 个要素。SA 8000 标准不仅适用于发展中国家，也适用于发达国家；不仅适用于各类工商企业，也适用于公共机构。其主要特征如下：

（一）将劳工标准与订单挂钩

SA 8000 标准要求企业在赚取利润的同时，还要承担环保和劳工等方面的社会责任。

（二）对资本权力的制约

SA 8000 标准是社会良知对资本权力进行的一种制约，SA 8000 将会在很大程度上防范不合理工资、超强度劳动、不安全劳动环境、雇用童工、体罚等侵犯劳工权益的事情。

（三）提倡仁义、道德

现在许多大的跨国公司几乎都对下游产业链进行劳工权益评估进行监督。它们认为，不仅要对自己的员工负责，也要对所有产业链的员工负责。这种理念已经超越了法律范围成为一种道德的要求，并且这种道德的要求已经升华为一种隐形的市场力量、一种赚钱的游戏法则。SA 8000 标准是一种规则，按照规则做事就能获得市场，从这个角度看，落实 SA 8000 标准不是降低了竞争力，而是提升了竞争力。

二、SA 8000 和我国法律法规的对比

明确 SA 8000 和我国法律法规两者之间的联系和区别，有助于企业社会责任实践既能达到国家的法律规范，同时又能与国际标准进行无缝的衔接，为企业进入国际市场打下坚实的基础，这些对照如表 8-3 ~ 表 8-11 所示。

表 8-3 童 工

SA 8000 标准及国际劳工公约的规定	我国《劳动法》等有关法律法规的规定
1.1 除国际劳工组织第 138 号公约规定的发展中国家可以把最低就业年龄降到 14 岁，不能有 15 岁以下的工人	国家机关、社会团体、企业事业单位、民办非企业单位或者个体工商户均不得招用不满 16 周岁的未成年人
1.2 为了保证未成年人的学习和休息，不能让他们超时劳动。保证他们每晚休息 12 小时，每个周末休息 1 天，每年带薪休假至少 4 周 ——国际劳工组织第 146 号建议书	
1.3 立即禁止：类似奴隶制的做法，如出售和贩卖儿童，债务劳役，强迫劳动，强迫招募儿童从事武装冲突；使用儿童从事麻醉品的生产和买卖等 ——国际劳工组织第 182 号公约	拐骗童工，强迫童工劳动，使用童工从事高空、井下、放射性、高毒、易燃易爆以及从事国家规定的第四级体力劳动强度的劳动，使用不满 14 周岁的童工造成童工死亡或者严重致残的，依照刑法关于拐卖儿童罪、强迫劳动罪或者其他罪的规定，依法追究刑事责任
1.4 如果发现有儿童从事童工工作，应给这些儿童提供足够支持，以使之接受学校教育直到超过儿童年龄为止	文艺、体育单位经未成年人的父母或者其他监护人同意，可以招用不满 16 周岁的专业文艺工作者、运动员。用人单位应当保障被招用的不满 16 周岁的未成年人的身心健康，保障其接受义务教育的权利
1.5 确保在上课时间杜绝使用儿童或青少年工人的现象。另外这些儿童和青少年工人每日交通、上课和工作所有时间加起来不超过 10 小时	
1.6 无论工作地点内外，公司不得将儿童或青少年置于危险、不安全、不健康的环境中	任何组织和个人依照国家有关规定招收已满 16 周岁未满 18 周岁的未成年人的，应当在工种、劳动时间、劳动强度和保护措施等方面执行国家有关规定，不得安排其从事过重、有毒、有害的劳动或者危险作业 ——《中华人民共和国未成年人保护法》

表 8-4 强迫性劳动

SA 8000 标准及国际劳工公约的规定	我国《劳动法》等有关法律法规的规定
2.1 禁止强迫或强制劳动，并不以下列形式使用强迫或强制劳动：①作为政治强制或政治教育的手段；②作为动员劳动力发展经济的方法；③作为劳动纪律的措施；④作为对参加罢工的惩罚；⑤作为实行种族、社会、民族或宗教歧视的手段 ——国际劳工组织第 105 号公约	用人单位有下列行为之一，由公安机关对责任人员处以 15 日以下拘留、罚款或者警告；构成犯罪的，对责任人员依法追究刑事责任：①以暴力、威胁或者非法限制人身自由的手段强迫劳动的；②侮辱、体罚、殴打、非法搜查和拘禁劳动者的 ——《中华人民共和国劳动法》
2.2 公司不得使用或支持使用强迫性劳动，也不得要求员工在受雇起始时交纳“押金”或寄存身份证件	用人单位不得在招工条件中规定个人缴费内容。劳动行政部门要加强对用人单位招工启事、简章的审查，对违反规定的，应给予警告，并责令其改正 ——《严禁用人单位录用职工非法收费的通知》

表 8-5 健康与安全

SA 8000 标准及国际劳工公约的规定	我国《劳动法》等有关法律法规的规定
3.1 要求雇主在合理可行的范围内，保证工作场所、机器、设备和工作程序安全并对健康没有危害；保证化学、物理和生物物质与制剂在采取适当保护措施后不会对健康发生危害；在必要时提供适当的保护服装和保护用品，以预防事故危险或对健康的不利影响 ——国际劳动组织第 155 号公约	用人单位必须为劳动者提供符合国家规定的劳动安全卫生条件和必要的劳动防护用品，对从事有职业危害作业的劳动者应当定期进行健康检查 ——《中华人民共和国劳动法》
3.2 要求雇主在必要时采取应对紧急情况和事故的措施，包括适当的急救安排 ——国际劳工组织第 155 号公约	生产经营单位对重大危险源应当登记建档，进行定期检测、评估、监控，并制订应急预案，告知从业人员和相关人员在紧急情况下应当采取的应急措施 ——《中华人民共和国安全生产法》
3.4 公司应指定一高层管理代表为全体员工的健康与安全负责，并且负责落实本标准有关健康与安全的各项规定 ——SA 8000 公约标准	生产经营单位应当对从业人员进行安全生产教育和培训，保证从业人员具备必要的安全生产知识，熟悉有关的安全生产规章制度和安全操作规程，掌握本岗位的安全操作技能。未经安全生产教育和培训合格的从业人员，不得上岗作业
3.5 公司应保证所有员工经常接受健康与安全培训，并应记录在案，还应给新进及调职员工重新进行培训 ——SA 8000 公约标准	
3.6 公司应给所有员工提供干净的厕所、可饮用的水，在可能情况下为员工提供储藏食品的卫生设施 ——SA 8000 公约标准	

（续）

SA 8000 标准及国际劳工公约的规定	我国《劳动法》等有关法律法规的规定
3.7 公司如果提供员工宿舍，应保证宿舍设施干净、安全且能满足员工基本需要 ——SA 8000 公约标准	

表 8-6 结社自由及集体谈判权利

SA 8000 标准及国际劳工公约的规定	我国《劳动法》等有关法律法规的规定
4.1 工人和雇主应毫无区别地有权不经事先批准建立和参加他们自己选择的组织。行政当局不得解散工作组织或中止其活动 ——国际劳工组织第 87 号公约	在中国境内的企业、事业单位、机关只以工资收入为主要来源的体力劳动者和脑力劳动者，部分民族、种族、性别、职业、宗教信仰、教育程度，都有依法参加和组织工会的权利。任何组织和个人不得阻挠和限制 ——《中华人民共和国工会法》
4.2 工人应享有充分的保护，以防止在就业方面发生任何排斥工会的歧视行为 ——国际劳工组织第 98 号公约	有下列情形之一的，由劳动行政部门责令恢复其工作，并补发被解除劳动合同期间应得的报酬，或者责令给予本人年收入 2 倍的赔偿：①职工因参加工会活动而被解除劳动合同的；②工会工作人员因履行本法规定的职责而被解除劳动合同的 ——《中华人民共和国工会法》
4.3 工人组织和雇主组织均应享有充分的保护，以防止在组织的建立、运转和管理等方面发生一方直接或通过代理人或会员干涉另一方的任何行为 ——国际劳工组织第 98 号公约	有下列情形之一的，由县级以上人民政府责令改正，依法处理：①妨碍工会组织职工代表大会和其他形式依法行使民主权利的；②非法撤销、合并工会组织的；③妨碍工会参加职工因工伤事故以及其他侵犯职工合法权益问题的调查处理等；④无正当理由拒绝进行平等协商的 ——《中华人民共和国工会法》
4.4 公司应保证员工代表不受歧视并可在工作地点与其所代表的员工保持接触 ——SA 8000 公约标准	对依法履行职责的工会工作人员无正当理由调动工作岗位，进行打击报复的，由劳动行政部门责令改正、恢复原工作；造成损失的，给予赔偿 ——《中华人民共和国工会法》
4.5 鼓励和推动在雇主或雇主组织同工人组织之间最广泛地发展与使用集体协议的自愿谈判程序 ——国际劳工组织第 98 号公约	企业职工一方与企业可以就劳动报酬、工作时间、休息休假、劳动安全卫生、保险福利等事项，签订集体合同。集体合同由工会代表职工与企业签订；没有建立工会的企业，由职工推举的代表与企业签订。集体合同草案应当提交职工代表大会或全体职工讨论通过 ——《中华人民共和国工会法》

表 8-7 歧　　视

SA 8000 标准及国际劳工公约的规定	我国《劳动法》等有关法律法规的规定
5.1 在涉及聘用、报酬、培训机会、升迁、解职或退休等事项上，公司不得从事或支持基于种族、社会等级、国籍、宗教、身体残疾、性别、性取向、工会会员、政治归属或年龄之上的歧视 ——SA 8000 公约标准	劳动者就业，不因民族、种族、性别、宗教信仰不同而受歧视 —《中华人民共和国劳动法》
5.2 公司不能干涉员工行使尊奉信仰和风俗的权利，和满足涉及种族、社会阶层、国籍、宗教、残疾、性别、性取向、工会会员、政治从属需要的权利 ——SA 8000 公约标准	
5.3 保证在所有工人中实行对男女工人同等价值的工作给付同等报酬的原则 ——国际劳工组织第 100 号公约	各单位在录用职工时，除不适合妇女的工种或者岗位外，不得以性别为由拒绝录用妇女或者提高对妇女的录用标准；实行男女同工同酬；任何单位不得以结婚、怀孕、产期、哺乳等为由，辞退女职工或者单方解除劳动合同 ——《中华人民共和国妇女权益保障法》
5.4 公司不能允许强迫性、虐待性或剥削性的性侵扰行为，包括姿势、语言和身体的接触 ——SA 8000 公约标准	
5.5 为各类残疾人提供适当的职业康复措施，增加残疾人在公开的劳力市场中的就业机会 ——国际劳工组织第 159 号公约	政府有关部门下达职工招用、聘用指标时，应当确定一定数额用于残疾人；在职工的招用、聘用、转正、晋级、职称评定、劳动报酬、生活福利、劳动保险等方面，不得歧视残疾人；残疾职工所在单位应当对残疾职工进行岗位技术培训，提高其劳动技能和技术水平 ——《中华人民共和国残疾人保障法》
5.6 尽可能地促进家庭工人（在公司场地以外为公司提供指定的产品或服务的人）和其他公司劳动者之间的待遇平等，包括：建立或参加自行选择的组织及参与此种组织活动的权利；防止就业和职业方面的歧视；职业安全与卫生方面的保护；报酬；法定的社会保障的保护；获得培训机会；允许就业或工作的最低年龄；生育保护 ——国际劳工组织第 177 号公约	凡与用人单位建立劳动关系的农民工（包括农民轮换工），应当适用《劳动法》。发生工伤事故的，应适用《企业职工工伤保险试行办法》 ——《关于农民工适用劳动法律有关问题的复函》

表 8-8 惩戒性措施

SA 8000 标准及国际劳工公约的规定	我国《劳动法》等有关法律法规的规定
6.1 公司不得从事或支持体罚、精神或肉体胁迫以及言语侮辱 ——SA 8000 公约标准	

表 8-9 工 作 时 间

SA 8000 标准及国际劳工公约的规定	我国《劳动法》等有关法律法规的规定
7.1 公司应遵守适用法律及行业标准有关工作时间的规定。正常的周工作时间应遵循法律规定但无论如何不得超过 48 小时。员工在每 7 天周期中应有一天休息时间 ——SA 8000 公约标准	职工每日工作 8 小时、每周工作 40 小时。任何单位和个人不得擅自延长职工工作时间。因特殊情况和紧急任务确需延长工作时间的,按照国家有关规定执行 ——《关于职工工作时间的规定》 用人单位应当保证劳动者每周至少休息一日 ——《中华人民共和国劳动法》
7.2 如公司与代表众多所属员工的工人组织通过自由谈判达成集体协商协议,公司可以根据协议要求工人加班以满足短期业务需要。在任何情况下每个员工每周加班时间不得超过 12 小时 ——SA 8000 公约标准	用人单位由于生产经营需要,经与工会和劳动者协商后可以延长工作时间,一般每日不得超过一小时;因特殊原因需要延长工作时间的,在保障劳动者身体健康的条件下延长工作时间每日不得超过 3 小时,但是每月不得超过 36 小时 ——《中华人民共和国劳动法》
7.3 所有超时工作应付额外报酬 ——SA 8000 公约标准	安排劳动者延长工作时间的,支付不低于工资的 150% 的工资报酬;休息日安排劳动者工作又不能安排补休的,支付不低于工资的 200% 的工资报酬;法定节假日安排劳动者工作的,支付不低于工资的 300% 的工资报酬 ——《中华人民共和国劳动法》

表 8-10 报 酬

SA 8000 标准及国际劳工公约的规定	我国《劳动法》等有关法律法规的规定
8.1 公司应保证在一标准工作周内所付工资总能达到法定或行业最低工资标准并满足员工基本需要,以及提供一些可随意支配的收入 ——SA 8000 公约标准	在劳动者提供正常劳动的情况下,用人单位应支付给劳动者的工资在剔除下列各项以后,不得低于当地最低工资标准:①延长工作时间工资;②中班、夜班、高温、低温、井下、有毒有害等特殊工作环境条件下的津贴;③法律、法规和国家规定的劳动者福利待遇等 ——最低工资规定
8.2 公司应保证不因惩戒目的而扣减工资;还应保证工资、待遇与所有使用法律完全相符 ——SA 8000 公约标准	不得克扣或者无故拖欠劳动者的工资 ——《中华人民共和国劳动法》
8.3 公司应保证不采取纯劳务性质的合约安排或虚假的学徒工制度以规避涉及劳动和社会保障条例的适用法律所规定的对员工应尽的业务 ——SA 8000 公约标准	

表8-11 管理系统

SA 8000 标准及国际劳工公约的规定	我国《劳动法》等有关法律法规的规定
9.1 应制定公司社会责任和劳动条件的政策以确保该政策包括遵守本标准所有规定的承诺;包括遵守国家及其他使用法律,遵守公司签署的其他规章以及尊重国际条例及其解释的承诺;并以明白易懂的形式供所有员工随时取阅 ——SA 8000 公约标准	
9.2 高层管理人员应依据本标准规定以及公司签署的其他规章要求定期审查公司政策、措施及其执行结果,看其是否充分、适用和持续有效。必要时应给予系统地修正和改进 ——SA 8000 公约标准	县级以上各级人民政府劳动行政部门依法对用人单位遵守劳动法律、法规的情况进行监督检查,对违反劳动法律、法规的行为有权制止,并责令改正 ——《中华人民共和国劳动法》
9.3 公司应协助非管理类人员选出自己的代表以就与本标准相关事项增进与高层管理阶层的沟通 ——SA 8000 公约标准	
9.4 公司应该协助非管理类人员选出自己的代表,和高层管理就本标准规定的事项进行沟通 ——SA 8000 公约标准	劳动者依照法律规定,通过职工大会、职工代表大会或以其他形式,参与民主管理或者就保护劳动者合法权益与用人单位进行平等协商 ——《中华人民共和国劳动法》
9.5 公司应建立并维持适当程序,在评估及挑选供应商/分包商时应考虑其满足本标准要求的能力。公司应保留合理的证据来证明供应商/分包商能够达到本标准各项要求 ——SA 8000 公约标准	
9.6 当员工和其他利益相关方质疑公司是否符合公司政策和/或本标准规定的事项之时,公司应该调查、处理并作出反应;员工如果提供关于公司没有执行本标准的资料,公司不可对其采取惩处、解雇或歧视的行为 ——SA 8000 公约标准	

三、SA 8000 标准的认证情况

SA 8000 标准颁布后，在国际社会尤其是发达国家很快获得了广泛的关注和支持。一些大型公司都极力促使此标准的实施，一些国际知名的认证机构，如 SGS、BVQX、DNV、UL、ITS 等，已向 CEPAA 提出申请，正式开展 SA 8000 标准的认证义务。经过认证的公司获得证书，并有权在公司介绍手册和公司信笺上印有 SGS-ICS 认证标志和 CEPAA 标志。此

外，它们还可以得到SA 8000证书的副本用于促销。

欧洲在推行SA 8000标准方面走在前列，美国紧随其后。欧美地区的采购商对该标准已经相当熟悉。目前，全球大的采购集团非常青睐有SA 8000认证企业的产品，这迫使很多企业投入大量人力、物力和财力去申请与维护这一认证体系，这无疑会大大增加参与认证公司的经营成本。特别是发展中国家，劳工成本虽然是其最大的比较优势，但国家认证的社会壁垒大大削弱了发展中国家在劳动力成本方面的比较优势。

截至2006年6月16日，全世界共有52个国家的968家组织获得了SA 8000认证证书。这968家组织主要涉及服装、纺织、玩具、化妆品、家用器皿、化工、食品等行业。这些组织者既有生产型企业、专业的贸易公司，也有提供咨询服务的机构以及政府部门。从企业的经营范围看，包括设计、研发、生产、加工、销售、安装、服务等各个方面。

据SA 8000官方网站的数据显示，截至2006年6月16日，中国有127家企业通过认证，占全球968家企业的13%。这些企业主要是员工较多、规模较大的生产型企业，主要分布在东南沿海贸易较发达的省份，其中广东最多；从获得认证的行业分布来看，玩具行业最多，其次是服装行业、珠宝、钟表行业、各种箱包、家用器皿、纺织品、房地产、电子、鞋类和包装行业。

四、SA 8000对中国企业的影响

中国作为劳动密集型产品的出口大国，劳工问题一直是欧美发达国家关注的焦点。近年来，随着经济全球化的迅猛发展，特别是加入WTO之后，中国企业在劳工问题上面临着前所未有的巨大压力，国际大买家不仅仅关注企业在质量控制、环境保护和职业安全卫生方面的表现，也开始对企业在社会责任和劳工标准方面提出了越来越高的要求。据专家估计，中国沿海地区已有超过800家企业接受过众多跨国公司在劳工和社会责任方面的审核，超过50000家企业被要求随时接受检查。为此，一些出口型企业深有感触地说："如果不搞劳工标准，简直无法和跨国公司做生意。"

中国经济社会在转型过程中出现了很多新问题，比如一些企业经营者缺乏人文精神和社会责任意识，往往置国家法律、法规和工人权益于不顾，逃避社会责任，追求经济利益最大化，使许多原本由企业承担的责任转嫁给政府和社会，企业在降低生产成本时增加了社会管理成本，导致阶层结构断裂和社会的不公。SA 8000认证标准就是通过市场的力量迫使企业确定全新的价值观，积聚伦理资本，切实尊重和保护人权，体现"以人为本"的发展目标。

SA 8000标准既是市场发展的外在要求，也是社会文明进步的内在体现，在经济全球化的今天，企业不能单纯依靠工人的低工资来降低成本，不能再通过对工人权益的践踏来追求利润。推行企业社会责任认证有利于树立良好的企业形象，可以提高企业的声誉，增强竞争力，获取商业利益。具体来说，实行SA 8000标准可以使企业有效保护和提升公司品牌，避免公司品牌因劳工标准问题受到损害；可以帮助公司及其商业伙伴更好的遵守法律法规，避免商业活动引起负面的法律诉讼；可以解决企业融资问题；可以填补商业活动和西方价值观之间的空隙；可以避免受到贸易制裁；可以让企业在劳动力市场处于有利的位置，提高雇员的忠诚度和归属感，有利于提高效率、降低成本。对于社会尤其是经济社会的协调发展而言，实施此标准，有利于消除贫富鸿沟，促进"先富"与"后富"的统一；有利于弥补社会保障网络的缺失，顺利实现人的再生产；有利于缓解社会冲突，维护社会的稳定，等等。

第三节 ISO26000 社会责任指南

2010 年 11 月 1 日，国际标准化组织（ISO）在瑞士日内瓦国际会议中心举办了主题为“共担责任，实现可持续发展”的 ISO26000（社会责任）发布仪式。

ISO26000 社会责任指南的开发，基于以下前提：20 世纪初企业社会责任的提出，本世纪之交社会责任标准化的探索，全球性企业社会责任几十年的充分实践。其开发背景则在于全球化浪潮对组织（包括企业及其他组织）、社会和环境的影响日益深刻；组织面临各种挑战性局面提出的可持续发展要求；组织利益相关方对组织的压力。

一、ISO26000 社会责任指南标准的特点

ISO26000 是对传统社会责任理念和社会责任标准的突破和颠覆，主要体现在以下方面：

（一）颠覆了社会责任的传统认知

ISO26000 首次在全球范围内定义了社会责任，认为社会责任是“一个组织用透明、合乎道德规范的行为，对它的决策或者活动在社会和环境中产生的影响负责”，其性质是“对社会负责任的组织行为”，隐含着要求组织基于社会价值考虑组织行为的过程和结果。该定义与公众对社会责任的直觉理解有很大差异，因为在公众的理解和逻辑看，社会责任往往是指组织应该承担哪些责任，如企业的经济责任、法律责任、道德责任等具体内容；而该定义，强调社会责任是组织基于组织决策和组织活动对社会和环境的影响这一因果“链条”的“担责”，这与传统社会责任认知有很大不同。而从该定义本身看，ISO26000 已经站在以下的高度看待社会责任：对组织而言，社会责任已经超越了“是否应该做”这种道德讨论，而应转变为“需要做什么”这种实际要求，即组织应坚持问责、透明、道德行为、尊重法治和国际行为规范、保障人权以及尊重利益相关方利益等原则，把对社会和环境的考虑融入到组织决策的意愿，确保组织决策和组织活动与社会期望相一致。因此，该定义是对传统社会责任理念、履行思路和社会责任行为的颠覆，在更高层次上回答了组织为什么应履行社会责任的问题。

（二）扩充了社会责任的承担主体

ISO26000 问世前，人们的普遍认识是，提到社会责任，便认为是在讨论企业社会责任；但该标准在定义社会责任时，强调社会责任的主体是“组织”，而组织又被标准界定为是“赋有责任、权威和关系以及可以识别目标的实体或人员群体和设施”，即不仅仅是企业或经济组织，其他组织，如学校、医院、学术团体、中介机构或一般意义上的政府机构（不包括政府在制定和实施法律、履行司法权威、贯彻建立公共政策或信守国家国际义务的职责方面的主权作用）等，均是社会责任主体。社会责任承担主体的扩充，既是对社会责任实践的总结和提炼，更是对社会责任在更宽视角、更高视野上的科学解读，是对利益相关者理论理解的深化和进一步应用，是对可持续发展理念的促进，是对全人类和谐、健康发展的贡献。其意义重大，影响深远。

（三）明确了社会责任的基本实践

社会责任，尤其是企业社会责任实践，走过了近百年历史；近一二十年来，企业社会责任则成为社会普遍关注的问题，也有越来越多的企业将社会责任上升为企业的战略范畴。而

回答了究竟什么是社会责任的基本实践，则是 ISO26000 的历史性贡献。ISO26000 指出，社会责任有两项基本实践：一是组织承认它的社会责任，包括承认组织的利益相关方，识别组织决策和活动的影响及其范围，因组织决策和活动影响产生的社会责任议题，处理这些议题有助于可持续发展的方法这 4 个方面的内容。因此，组织承认社会责任应该理解 3 个层次的关系：组织与社会之间的关系、组织与它的利益相关方之间的关系、利益相关方与社会之间的关系；此外，组织还应识别它的利益相关方并使其参与组织社会责任的承担与实践，这是处理一个组织社会责任的问题的中心所在。因此，组织应明确理解利益相关方参与的目的，识别利益相关方的利益，确定在组织和利益相关方之间由利益所产生的直接的和重要的关系，确定利益相关方利益与可持续发展的关联性和重要性，确认利益相关方获得必要的信息并明白自己的决定。

（四）界定了社会责任的核心主题

以往的社会责任标准或社会责任实践，要么是片面的（如 SA 8000 标准仅涉及劳工保护），要么是混乱的（如不少企业或评价机构仅以企业捐助额来宣传、评价其社会责任行为），其根由正在于对组织社会责任主题的曲解或误解，这从某种程度上反映了社会责任运动尚处于探索阶段；而 ISO26000 在这方面取得了突破，它界定了社会责任的核心主题。这些主题包括组织管理、人权、劳工实践、环境、公平运营、消费者议题、社区参与和发展 7 个方面。核心主题的界定，全面、准确地指明了组织履行社会责任的方向，明确了社会责任的内容，即组织应建立有助于社会责任决策过程的组织结构，促进社会责任的核心原则和基本的实际应用，并应在人权、劳工实践、环境保护等其他 6 个方面，具体阐释和体现组织社会责任内涵。

（五）提出了社会责任的组织渗透

长久以来的社会责任争鸣和实践，一直停留在企业是否要履行社会责任层面，企业社会责任实践也是围绕着这样的争论进行的。ISO26000 除了将社会责任由“是否应该做”上升为“需要做什么”，还提出了以社会责任的组织渗透为内容的社会责任保障。其主要内容包括组织把握组织与组织的社会责任特征间的关系、理解组织的社会责任、组织内和组织间社会责任沟通、在组织内和利益相关方间提高社会责任报告和声明的可信度、评价和改善组织的社会责任行动和实践、社会责任的自愿性倡议等，将社会责任融入整个组织的实践。总结而言，即要把社会责任融入一个组织的管理体系，作为其履行社会责任的至关重要的内容，在整个组织形成关于社会责任的共识，将社会责任在组织决策和活动中置于优先位置，使社会责任成为组织的一致行为。

（六）突破了既有标准的“双面”形象

既有标准（如 SA 8000）在为社会责任标准化积极探索的同时，亦被指责是“社会责任”和“贸易壁垒”的双面孔。因为这些标准既具有推动企业社会责任进步的积极作用，这是其合理的一面；又是对企业开展国际贸易所设置的人为限制，是对经济全球化的阻碍，这是其不合理的一面。这种消极影响是通过设置社会责任门槛、具体是通过标准认证实现的。而 ISO26000 的开发目的和开发定位，则回避了既有标准的“壁垒”责难。ISO26000 指出，其开发目的在于“鼓励全世界的组织改善它们的可持续发展关键绩效指标，同时有能力改善其所在社区的生活质量，进而有助于组织为可持续发展作出贡献”。ISO26000 的定位是不作为社会责任管理标准而开发，而仅仅是社会责任的实用指南；不为合同或法律法规所采用，而是为其他相关工具和手段提供“非替代性”的补充。从中可以看出，ISO26000的开发，排除了基于认证、法律和合同角度的“壁垒”特性，完全着眼于推动组织及利益相关方的社会责任，推动全球视野下的可持续发展。

ISO26000是由ISO社会责任工作组（The ISO Working Group on Social Responsibility, ISO/TMB/WGSR）负责制定的，由巴西技术标准协会（ABNT）和瑞典标准协会（SIS）共同担任ISO/TMB/WGSR的主席。标准的制定人员来自发展中国家和发达国家，并且代表着6个利益相关方：政府、企业、劳工、消费者、非政府组织和服务、技术支持、科研及其他，以确保各方利益相关者均衡的可能性。

二、ISO26000社会责任指南标准的基本框架

从2009年9月中旬发布的ISO/DIS 26000来看，标准文本109页，其中面页、目录、前言、引言及系统图等占10页，正文83页，其余为附录和文献目录。与CD（委员会草案稿）相比较，总页数增加了1页，文献目录所列的文献数也由125篇增加到133篇。

（一）基本框架和相关标题

内容如下：

1. 范围（Scope）

2. 术语，定义和术语缩写（Terms，definitions and abbreviated terms）

3. 了解社会责任（Understanding social responsibility）

其包括组织的社会责任：历史背景、社会责任的最新动向、社会责任的特点、国家和社会责任4个条款。

4. 社会责任的原则（Principles of social responsibility）

其由总则、承担义务、透明度、道德行为、尊重利益相关方、尊重法律的规范、尊重国际行为规范、尊重人权8个条款组成。

5. 识别社会责任和约束利益相关方（Recognizing social responsibility and engaging stakeholders）

其由总则、辨识社会责任、利益相关方识别和约束3个条款组成。

6. 关于社会责任核心主题指南（Guidance on social responsibility core subjects）

其由总则、组织治理、人权、劳工惯例、环境、公平运营实务、消费问题、社区参与和发展8项条款构成。

7. 关于整合整个组织（企业）社会责任的指南（Guidance on integrating social responsibility throughout an organization）

其由总则、组织的特点同社会责任的关系、了解一个组织的社会责任、整合整个组织社会责任的实践、信息上的社会责任、提高社会责任可信性、评审和提高组织有关社会责任的措施和实践、社会责任的志愿积极性8项条款组成。

附录A（提示性附录）社会责任志愿积极性和工具案例（Annex A（informative）Examples of voluntary initiatives and tools for social responsibility）

（二）标准描述的重点是“社会责任7项原则”和“7个核心主题”

1. 7项原则

（1）承担义务。组织应对社会及环境负责任。

（2）透明度。组织应就其会影响社会及环境决策及活动透明化。

（3）道德行为。组织应时刻遵循道德行为规范。

（4）尊重利益相关方。组织应尊重、考虑及回应利益相关方的所有关注事宜。

（5）尊重法规。组织应尊重及遵守法规要求。

（6）尊重国际行为标准。组织应尊重国际行为标准。

（7）尊重人权。组织应尊重人权及认知其重要性与普及性。

基于社会责任7项原则，组织（企业）可以利用两个基础实务“社会责任的认知”及“利益相关方识别及约定”，针对7个核心主题进一步采取行动；而实务则用于根据“可持续发展的贡献”及“尊重相关方的关注事宜”来识别决策与行动的要素。

2. 7个核心主题

（1）组织的治理。组织应在建立和实施决策中考虑法规及要求（不仅限于此）。

（2）人权。组织在其影响力下尊重和支持人权，而其影响力亦应向外延伸至供应链、当地社区等。

（3）劳工惯例。组织建立与实行劳务相关程序，并包括以组织名义工作或在组织现场工作的供方、外包方员工。

（4）环境。组织应以融合手段来降低负面环境影响及改善环境表现。

（5）公平营运实践。组织应以道德行为及守则的态度与其他机构洽谈。

（6）消费问题。组织应对顾客及消费者的产品和服务所负的责任及相关事务。

（7）社区参与和发展。组织应与当地社区建立关系并促成其不断发展。

三、ISO26000社会责任指南标准核心主题的议题展开

社会责任有7个核心主题，涉及36个议题，所列的主题和问题不是全部适用于每一个特定组织；但每个组织要以整体的眼光来看待每一核心主题，考虑它们互相之间的关系。评价一个组织是否尽到了社会责任，不只局限于本身的活动，而是其影响力所能达到的整个影响力范围。这个范围涵盖的部分甚至整个的价值链（Value Chain），包括合作伙伴及对手。

（一）主题1：组织治理

组织应该定期检查其决策机制及架构，以增强以下能力：

（1）创造提高透明度、道德操守、问责、守法、照顾利益相关方的环境。

（2）善用财务、天然及人力资源。

（3）确保在管理高层有合适比例的各方代表（包括性别、种族群组）。

（4）平衡组织及其利益相关方的需要。

（5）建立长期与利益相关方的双向沟通机制。

（6）鼓励员工参与社会责任相关的决策。

（7）平衡员工权限、职责和能力水平，决定每一个员工相应的权力。

（8）跟踪决定的执行，记录正面和反面结果的责任人。

（9）定期评审和评估组织的治理过程。

（二）主题2：人权

对人权所持的价值便是文明程度的指标，涉及的议题有：

（1）尽力而为。其包括人权政策、政策与业务的整合、评估方法、监察以及优先顺序

的制定。

(2) 人权风险状态。其涉及贫穷、自然灾害、童工、非正式外包工安全及贪污等。

(3) 避免同流合污。其包括对违反人权的同谋者评估及预防，无论是负有指使还是负有协助或容忍责任的。

(4) 处理申斥。遵守公平、公正以及公开原则。

(5) 不可歧视弱势社群。其包括种族、肤色、性别、年龄、婚姻状况、政见、性取向、艾滋病病毒携带者/病患等。

(6) 民权及政治权利。其包括言论及表达自由、集会及结社自由、信息的搜索和接收、内部纪律程序前的公平聆讯，以及纪律处罚不能包括体罚、不人道或侮辱处置。

(7) 经济、社会及文化权利。其包括教育、维持身心健康的生活标准（衣、食、住、医疗)、社会保障（失业、疾病、孤寡、老年）的保障。

(8) 保障基本工作权利。其包括组织工会及集体谈判自由、消除强迫或强制劳工、禁用童工、消除招聘及待遇歧视。

(三) 主题3：劳工惯例

劳工惯例是指组织内的工作及为其机构的工作中的所有政策及准则。其相关的议题有：

(1) 促进就业及雇佣关系。确保所有就业人员是合法员工或自雇人士，尽量避免聘用散工，尽量减少营运转变（如关、停、转）对员工的不利影响，消除歧视，勿作随意或惩罚性解雇，不从合作伙伴、分包方和供方的不正当劳工实务中获益，在国际营运中以雇佣对行业发展、当地国民推广及改进有利的为优先考虑的人选；ISO 制定的国际标准均为自愿性标准，在尊重多样性和差异性原则的前提下，世界各国或组织可以根据自身实际情况选择是否采用 ISO26000。ISO26000 特别强调各种形式或不同性质的组织都要尊重人权、关心员工、爱护环境、公平竞争、保护消费者、为社会及社区的可持续发展作贡献等，这对于我国构建和谐社会、转变经济增长方式、实现人与自然和谐共处具有现实意义。但是，ISO 一再强调：ISO26000 的性质只是一项为包含政府在内的所有组织提供行动指南的国际标准，不是管理体系标准，不适用于第三方认证，任何关于 ISO26000 的认证或符合性声明都应视为对该标准的误用。此外，ISO26000 也不能用于法律规定、采购及合同约定。ISO 对于 ISO26000 性质和制定目标的这一系列声明，在一定程度上为社会各界留下了一系列困惑和不解。

(2) 工作条件及社会保障。确保工作条件合法及不低于国际劳工标准，提供合法协议内其他更高的待遇，确保适宜的工作条件（如有关工资、工时、每周假期、职业安全和健康及女工分娩保障)，直接发放工资，尊重正常或协议的工时，加班需支付符合法例的超时补偿。

(3) 保持社会对话。明白社会对话对组织的重要性，参与员工组织的活动，不反对或阻止职工组织工会或集体谈判，不辞退或歧视相关职工，让职工代表接触决策人士、工作场所及资料，不鼓励政府限制国际公认结社及集体谈判自由的实施。

(4) 顾及工作安全及健康。识别及控制职业安全和健康的风险因素，调查职业意外、疾病及职工提出的问题，应用职业卫生的原则，明白社会心理危害引至工作压力及不适，制订职业安全和健康方针，提供安全保护设施，提供培训，采纳有员工参与的职业安全和健康制度。

（5）参与人类发展和现场培训。提供公平的技术发展及接受培训的机会，尊重职工的家庭责任（如提供托儿服务），落实没有歧视的招聘、培训、升职及离职，保障及促进弱势群体的积极行动，参与青年失业及妇女就业不足的改进计划制订，制订劳资双方的管理方案以促进健康和福利。

（四）主题4：环境

自然环境的影响来自组织的耗用能源及自然资源、产生的污染及废物以及产品和服务对自然栖息的冲击。其涉及的议题有：

（1）预防污染。识别污染及废物，测量、记录及报告污染源头，采取控制措施（如减少废物原则），公布所使用原料的危害种类及数量，实施识别及预防使用禁用物料的制度。

（2）可持续资源的使用。识别能源、水及原料来源，测量、记录及报告它们的使用，采取资源效能措施（如节约措施），寻求取代非再生能源的可行机会，管理水源以达至在同一水系内公平享用。

（3）缓和及适应气候变化。识别温室气体排放源头，测量、记录及报告温室气体排放，采取减排措施，减少依赖石化燃料，预防温室气体排放，不能预防的便考虑二氧化碳储藏或中和措施，考虑排污交易；评估、避免或减少气候变化的不良影响，在土地计划、划分区域、基建设计及维修中考虑气候变化，发展及共享农业、工业、医疗及其他保障健康的科技。

（4）保护及恢复自然环境。评估、避免或减少对生态系统及生物多样化的不良影响，尽量运用市场机制转化环境负荷的成本，先致力保存继而恢复生态系统，考虑促进保育及持续使用的综合管理策略，采取措施以保存独特或濒危物种，采用可持续发展方式规划渔、农、林、牧业及营运准则，在拓展及发展时考虑自然保护，避免使物种消失或引入外来具侵略性物种的做法。

（五）主题5：公平营运实践

公平营运实践是指组织怎样运用关系，影响其他组织以促进正面结果的活动。其相关的议题有：

（1）反贪污。实施及改进防止贪污政策及做法，支持员工及代理商杜绝贪污，训练及提高他们的意识，确保他们有相称的待遇及进步奖励，鼓励他们举报涉嫌贪污事件，向有关当局举报有刑事成分的案件，并能影响其他人采取相同做法，见恶如仇。

（2）参与政治。训练及提高员工及代理商参与及支持政治活动的意识，对有关业务活动的政治游说及政治捐献坚持透明态度，订立政策及指引以控制机构代表，不可作出过分的政治捐献以避免受到“操控政策制定者”之嫌，避免涉及误述、误导、恐吓或强迫的政治游说。

（3）公平竞争。进行符合竞争法的活动，制定避免介入或同谋、共犯反不公平竞争行为的程序，提高员工的意识，支持相关的公共政策（包括反倾销）。

（4）在势力范围内推广社会责任。在采购、销售及分包政策内包含道德、社会、环境、职业安全和健康以及性别平等准则，鼓励其他组织采取相同做法，调查及监视有关系组织的活动不会影响本组织对社会责任的承诺，提高这些组织对社会责任的认识，在价值链中推广公平分担社会责任的成本及得益。

（5）尊重产权。实施尊重产权的政策及做法，调查以确定有合法拥有权去使用或弃置资产，不介入有违产权法的行为（如假冒、盗用、侵害消费者权益），支付合理购置或使用费用。

（六）主题6：消费者问题

组织对享用其产品及服务的消费者负有社会责任，涉及的议题有：

（1）实行公平营销、信息及合同做法。不介入欺骗、误导、虚假或不公平的做法，在推销信息中清晰标明推销的性质，披露明码实价、税项、条款、送货费用等数据，处理索赔时提供数据，避免采用模式化的形象（如性别、种族），提供完整、正确、易懂及可比较的数据，使用公平、清晰、具有充足价格、条款及收费数据的合约（如没有免负责、单方面更改价格及条件）。

（2）保护消费者安全及健康。提供对消费者及其产业、其他人及环境安全的产品及服务，评定相关法规、标准及规格是否充分，从产品设计减少风险，避免使用致癌、有毒或有害的物料，事前评估对人体健康的风险，以图像及文字提供必要的数据，指示正常及可预期的用法，采纳由于误用及误用而出现事故的预防措施，从批发商、零售商及消费者处回收有问题的产品。

（3）可持续消费。提供对社会、环境有益及有效率的产品及服务，消除和减少它们对健康及环境的不良影响，以顾及身体健康的方法饲养动物，设计产品以方便重复使用、维修或回收，节省包装物料及提供回收服务以减少废物，向消费者提供重复使用、维修或回收的指示，使消费者能够可持续消费（如提供耗电数据、贴上节能标签），采用“全民设计”原则方便所有消费者（如弱势群体）。

（4）提供消费者服务、支持投诉及纠纷的排除和解决。采取预防投诉措施（例如设立退换期限），解决投诉问题，提供比法定时限更长的保用期，清晰交代售后服务承诺、支持及投诉途径，提供充足及有效的支持及建议制度，提供收费合理的保养维修，采用按国家或国际准则的另类仲裁及冲突排解程序。

（5）保护消费者数据及个人隐私。只收集必需的数据，表明收集用途，不披露或作其他用途使用，允许消费者知晓组织是否存有其个人资料及提出删除申请，公开相关的政策、程序及发展。

（6）保障享用服务权。不随意因没收到费用便终止服务（如涉及水、电、燃气的必要服务），不因一群消费者没缴款而终止整个地区的服务，在缩减或暂停服务时避免歧视个别消费群体。

（7）教育及意识。教育及消费者意识的范畴包括：安全及健康（如产品危害）、相关法规（如申斥及消费者权益）、产品标贴、环保、节约用水用电、可持续消费、包装及产品弃置信息和知识。

（七）主题7：社区参与及发展

此主题涉及机构与同区其他机构及组织的关系，以及提高该区生活水平的发展，相关的议题有：

（1）社区参与。参与地区组织（如安全小区），为政治程序作贡献，开展提高守法活动，保持与官员廉洁的关系。

（2）教育及文化。推广文化活动，尊重本地文化及习俗，协助保存文化传统，推广本土知识系统的使用，支持各级教育及消除文盲，鼓励儿童接受正式教育。

(3) 创造就业和技能发展。决定投资、科技选择及外包时考虑可能带来的就业影响，考虑参与地方和国家的技能开发方案。

(4) 科技发展和途径。考虑与当地大学及研究院进行科研合作，尽量允许科技转移及科技扩散。

(5) 创造财富和收入。优先考虑本地供方，只与合法供方合作，鼓励及协助非正式机构成为正式机构，尽量使用可持续天然资源以帮助消灭贫困，事前征得本地社区同意才开发天然资源，为弱势社会群体改善活动作出贡献，支持社区企业，尽量发展具有潜力的本地知识及技术，履行税务责任。

(6) 推广健康。推广健康生活，提高对主要疾病的预防意识，支持基本保健服务，保障清洁食用水和合适厕所的提供，削减组织产品或服务对健康的负面影响。

(7) 社会投资。在投资分析及决策时融入经济、环境、社会及治理的议题，并合适地发放有关信息，建立和公布符合社会责任的治理政策，参与其他组织的相关议题以期望改善它们的社会责任业绩表现，尽量增加对社会、文化及经济的贡献。在作基建及活动投资时，以机构强项能力为主，不减少对社区的其他投资（如资助、捐款、义务劳动），推广可持续社区投资项目，计划社会投资时考虑促进社区发展（如在本区采购），考虑配合地区及国家政策，避免使社区长期依赖组织的乐善好施，要为评论现有的社区方案作出建设性建议。

第四节 CSC9000T 标准

CSC9000T 即中国纺织企业社会责任管理体系（China Social Compliance 9000 for Textile& Apparel Industry），它是在中国纺织协会的领导与各专业协会、企业代表的大力支持和参与下，由中国纺织信息中心牵头制定的。CSC9000T 是中国第一个行业自律性社会责任管理体系，在目前中国对外纺织品贸易摩擦不断的时候推出，非常及时、必要，有助于中国纺织企业未来发展掌握主动权，同时为其他行业提供借鉴。CSC9000T 是基于中国法律法规和有关国际惯例的、符合中国国情的社会责任管理体系。中国纺织企业社会责任的建设工作旨在使纺织工业能更好地融入到国际产业链和供应链，规范市场秩序，以适应经济全球化的需要。

一、CSC9000T 产生的背景

在全球经济日益一体化的今日，我国企业参与全球性的生产协作和分工主要是在跨国公司已经布局好的市场链条中进行，遵守跨国公司间逐渐形成和认可的游戏规则已经是企业在进入国际市场中无法规避的选择。如何规避发达国家以社会责任为理由实施建立的新贸易壁垒，已日益成为业界和出口企业关注的热点问题。企业社会责任既是对中国企业的一种困惑，又是一种诱惑。说它是困惑，因为它的缺失给企业、社会造成了不小的麻烦；说它是诱惑，因为企业一旦跨越了门槛，拿到了门票，就拥有了在市场上竞争的基础。据了解，有关企业社会责任标准的要求，对加工贸易企业和出口企业影响最为直接。大量的案例给成千上万的企业敲响了警钟：不降低成本，可能失去订单；但以牺牲社会责任为代价而过度降低成本，同样也可能失去订单。我国越来越多的纺织企业逐步意识到企业社会责任的重要性：它不仅能让企业获得一张进入国际市场的通行证，巧妙突破种种贸易壁垒和市场壁垒，而且对于快速提高企业品牌形象，进入和拓宽国际市场能起到至关重要的作用。面对贸易摩擦，中

国企业除了产品创新之外，还要融入国际社会，实现自律和以人为本的创新，建立起相应的社会责任，树立中国纺织企业的新形象。正是基于这种历史背景和国际大趋势，产业的健康可持续发展成为中国纺织工业协会的关注重点，而加强企业社会责任建设已经成为行业自律工作的一项重要内容。建设我国自己的企业社会责任管理体系，帮助企业改善管理水平，引导中国纺织业可持续发展，提升中国纺织业在国际上的形象，使中国纺织业更好地融入国际供应链就提上了议事日程。于是，从2004年7月起，中国纺织工业协会开始酝酿这个社会责任管理体系。

2005年5月，中国纺织工业协会社会责任建设推广委员会正式成立，160多家优秀纺织服装企业、全国和地方协会组织作为首批会员，《CSC9000T中国纺织企业社会责任管理体系》2005年版面世。该体系是在中国相关法律法规和有关国际公约、惯例的基础上，广泛征求生产企业、采购商的意见而建立的，目的在于建设“符合中国国情的社会责任管理体系”。与现有的其他标准相比，CSC9000T特别强调了职业健康与安全、企业风险管理、劳动合同的签订和对女工的保护。中国纺织工业协会的重点工作之一就是大力推广实施CSC9000T社会责任管理体系。

二、CSC9000T的特点

CSC9000T的核心是行业自律、以人为本、管理体系建设。CSC9000T是基于中国法律法规、结合中国国情特别是行业实际，参照国际惯例和借鉴国际上其他成熟的管理体系而形成的。它致力于从根本上解决中国纺织企业的社会责任问题，以建立良好管理体系为出发点，促进企业实现以人为本的发展战略，从而增强企业核心竞争力，最终实现中国纺织行业的自律和可持续发展。通过CSC9000T的建设、推广和实施，中国纺织工业协会希望达到以下目的：①这个体系要提升整个中国纺织服装业在世界上的形象，告诉世界，中国不仅能提供物美价廉的产品，同时能够以文明的方式、负责任地进行生产；②这个体系是以人为本的，是关注广大员工利益的；③它是一个管理体系，要有利于企业改善自身的经营和管理，同时有利于企业自身进行人力资源建设。

CSC9000T具有以下几个特点：

（一）开创性

以前，我国见到的多是国外企业的社会责任行为准则和认证标准，以及我国企业在被动的状态下接受并依据外国企业的行为规范进行验厂活动；现在，中国纺织行业自律标准的社会责任管理体系CSC9000T的出台，是具有开创性的事件。

（二）权威性

CSC9000T的制定、推广和实施，都是由中国纺织工业协会主管各专业协会参加、有关企业参与，得到了商务部、中华全国总工会、中国财贸轻纺烟草工会的支持肯定，因而具有较强的权威性。

（三）针对性

CSC9000T经过了广泛的调查研究，充分考虑了我国国情的特点和企业的实际情况，结合了现代先进的管理模式，企业通过努力是能够执行的，而且执行后可以从整体上改善管理水平。

（四）合法性

CSC9000T以中国法律为基础，同时吸收了国际经验，参考我国政府已经批准的涉及社会责任的国际公约，又得到了国家有关部门的认可。因此，该管理体系的合法性是不容置疑的。

（五）可操作性

CSC9000T 对适用范围、参照法规以及国际条约标准、定义、总则、管理体系都作了具体表述和规定，并设置了自我评估表，便于企业理解执行。

三、CSC9000T 的推广与实施

中国纺织企业社会责任管理体系 CSC9000T 的制定和推广实施，其目的是加强行业自律，提升行业形象，保护员工权益，在全行业树立以人为本、建设和谐社会的历史责任感。CSC9000T 于 2005 年正式发布。

CSC9000T 是由中国纺织工业协会社会责任建设推广委员会（Responsible Supply Chain Association，RSCA）负责推广实施的。RSCA 是中国纺织工业协会下设的专业委员会，由处于供应链中的企业、采购商和其他相关机构自愿组成，其目的是联合各方力量宣传和普及企业社会责任理念，帮助企业提高社会责任管理水平。RSCA 的宗旨是：建立符合国情的企业社会责任管理体系，维护员工的合法权益，提高员工的积极性，帮助企业改善管理，增强企业核心竞争力，引导行业可持续发展，将“构建和谐社会”的精神落到实处。RSCA 下设顾问和办公室，其顾问都是由工会组织、国内外专家等组成。RSCA 以供应链为基础，由有要求持续改进自身社会责任表现的成员企业和认可 CSC9000T 的采购商、品牌商、培训/咨询机构、第三方评估机构、教育和科研机构及其组织机构等组成的合作伙伴构成。

CSC9000T 实施指导文件于 2006 年 3 月正式发布，该实施指导文件从职业健康与安全管理规范、不定时工作制和综合计算工时工作制的规定、劳动合同签订、女性员工与未成年员工的保护、工作场所化学品管理、工会组织与集体谈判权等方面作出了规范，共包含 29 个文件。

CSC9000T 的实施分为初始评估、培训和复评三个阶段。初始评估阶段是派评估小组深入企业，评估小组主要由 RSCA、工会组织、国内外专家组成。评估小组通过现场观察、员工访谈以及文件查看等方式根据管理工具对企业的社会责任管理工作进行评估，作出对该企业社会责任已有绩效和现存问题的分析和评估，并出具初始评估报告。对于初始评估，参评企业认为评估工作能帮助企业找出自身在管理中的缺陷和不足，明确改进方向，同时也深刻认识到建立有效的管理体系对社会责任管理的必要性和重要性。培训阶段则是根据初始评估发现企业存在的问题，帮助企业分析原因，找出问题所在，与企业共同探讨解决方案，以系统的培训方式，有针对性地为企业提供管理工具和方法。最后对企业进行复评，复评主要是针对培训阶段为企业提供的解决方案和管理工具及方法的实施效果以及新暴露出的问题进行评估分析，以帮助企业达到持续改善的目的。

企业实施 CSC9000T 的主要步骤为：

（1）与中国纺织工业协会社会责任推广办公室，即 RSCA 联系，取得具体的 CSC9000T 实施指导文件。

（2）利用《CSC9000T 自我评估表》对企业社会责任管理现状进行评估，了解自身社会责任管理的优势与不足。

（3）在 CSC9000T 总则、细则及实施指导文件的基础上，根据企业自身的实际情况，策划、设计并编写企业 CSC9000T 社会责任管理体系文件。

（4）试运行企业 CSC9000T 管理体系并进行内部审核和管理评审，必要时企业可以聘请专业培训/咨询服务。

（5）申请进行 CSC9000T 管理体系第三方绩效评估，独立地找出企业在社会责任管理方面存在的问题及其根本原因，确定持续改进的机会和方向，不断改进社会责任管理的绩效，降低企业运营风险，增强企业的核心竞争力。

CSC9000T 管理体系并不是一个认证的过程，而是一个提升企业承担社会责任的过程，这是其有别于其他社会责任体系的一个鲜明特点。

本章小结

1. 企业社会责任的发展同样呈现出全球化的特征，一些公认的规则、标准受到了普遍关注，对推动不同国家的企业社会责任管理走向规范起了重要作用，了解和熟悉这些公约、规则和标准的条款和要求，是企业进行社会责任管理的重要的基础工作。

2. 一般来说，各个国家和企业普遍遵守的国际标准主要包括联合国的“全球契约”十项原则、国际人权公约、《OECD 公司治理原则》”等。这几个标准受到了各个国家和大企业的普遍重视和遵守，在各个组织和国家的相关社会责任的认证和审核中都涉及了这几个标准的主要内容，并且与相应的标准保持一致性。

3. SA 8000 是诸多社会责任标准中比较受到关注的一种，其对社会责任的推动所起的作用很大，熟悉其认证内容和要求，对企业进行社会责任建设有积极的意义。而对具体的行业来讲，比如纺织行业、玩具行业都有行业内默认的比较成熟的标准，特别是中国的纺织协会推出的 CSC9000T，在国际纺织业树立起中国的社会责任标准，受到了普遍的关注。

4. 社会责任的标准的发展令人关注，是建立基于 ISO26000 的通用的社会责任的认证标准，还是形成各国、各地区具有自身特色的社会责任体系，还需要在理论和实践方面更多的探索。

复习与思考题

1. SA 8000 的主要内容是什么？
2. ISO14001 的主要内容有哪些？
3. 中国企业应如何迎接 SA 8000 认证？
4. ISO26000 的颁布对中国企业有哪些影响？
5. CSC9000T 的基本内容和特点是什么？

案例分析

福特中国的立体化沟通渠道

在福特中国，为了使每位员工都能自由地表达想法，公司开辟了立体化的沟通渠道。

（1）跨级会议。在轻松平等的氛围中，员工可以跨越等级体系，直接与高级管理人员进行交流。员工可以提出任何其关注的问题，得到高层的直接解答。这不仅为员工创造了良好的沟通环境，还为公司提供了集思广益的途径。在福特中国，每年的第一个“跨级会议”都由董事长亲自主持召开。

(2) 脉动调查。福特汽车每年都会进行一项面向全体员工的网络在线调查——“脉动调查”。该调查旨在提高管理者的领导水平，增加员工的参与度。“脉动调查”的问卷涉及公司运营、培训发展、员工关系、质量理念等多个维度。通过详尽的调查，公司可以找到员工关注的焦点问题，并及时提供改进的方法。

(资料来源：福特公司网站)

讨论题：

福特中国为员工提供了哪些沟通措施？效果如何？

第九章　企业社会责任的对象和内容

学习目标

通过本章学习，应该了解和掌握：

1. 企业履行社会责任的优先序列和限制条件
2. 企业对员工的社会责任的内容
3. 企业对消费者的社会责任的内容
4. 企业对环境承担的社会责任
5. 企业对社区的社会责任的内容

引导案例

可口可乐公司的公益慈善实践

自1928年阿姆斯特丹奥运会上可口可乐与奥运会结缘以来，可口可乐公司就一直是奥林匹克运动最长期、最坚定的企业赞助商。现在，可口可乐公司是国际奥委会全球合作伙伴，同时也是2008北京奥运会的赞助商。除了赞助与奥运会的合作，他们还赞助了残奥会的相关活动，包括2008年残奥会。

可口可乐公司对奥运会的支持根植于奥运会本身，因为它体现的是公平竞争和取得更好的成绩。可口可乐还在其项目中宣传奥运精神，提高人们对环境问题和生命健康的重视。其支持不仅仅面向参加奥运会的顶尖运动员，还面向所有受奥运精神鼓舞的人们。在全世界和中国本土，可口可乐中国系统选拔了环保人士作为奥运火炬手，在奥运火炬接力中传递奥运圣火。2007年，他们将奥运火炬带到学校，通过“快乐课间”项目鼓励学生的运动精神，还将奥运精神融入“留住一桶水”的学校项目中。借助北京2008年奥运会和残奥会的好机会，可口可乐中国系统建立了奥运村纪念章交换中心，出售用国家体育馆剩余钢材制作的水资源保护纪念章。每售出一枚纪念章就有5元人民币将用于他们与联合国开发署合作的“学校供水和清洁卫生”项目。

（资料来源：黄邦汉，《企业社会责任概论》，高等教育出版社，2010年4月，P154～155）

第一节　企业社会责任的优先序列和限制

一、企业社会责任的优先序列

按照利益相关者理论，企业社会责任包括股东、雇员、顾客、社区和政府五大责任对象。早期的利益相关者理论没有把环境问题纳入企业社会责任，随着社会的发展、科技的进步，环境问题变得越来越不可忽视，企业对环境的责任也成为企业社会责任的重要组成部分。所以，现在一般认为企业社会责任包括股东、雇员、顾客、社区、政府和环境六大责任对象。企业面对这么多社会责任，究竟哪一个是最重要的，谁应该优先实现？

罗宾斯在《管理学》中提出，企业履行社会责任是和企业的能力相关的，随着企业能力的增强，企业承担社会责任的内容也逐步扩展。他认为，企业履行社会责任有一个过程，在哪个阶段适合承担什么社会责任，是由该阶段企业的能力所决定。

（1）第一阶段。企业刚成立，此时股东利益应放在首位，满足股东利益实现利润最大化是企业最大的责任。

（2）第二阶段。企业经过一段时间的发展和积累，规模和实力有所增强，但实力还不够强大，此时，企业的最大责任应该放在雇员身上，企业要做的事情是努力增加雇员工资、改善企业的工作条件、扩大员工的权利等。

（3）第三阶段。企业经过发展和积累，实力增强了，有了一定社会影响，此时企业责任开始由内部的股东、雇员转向外部的供应商、消费者，企业开始意识到企业与其他利益相关者的关系对企业自身利益的重要性。

（4）第四阶段。随着规模的扩大、权力的扩展，企业对社会的影响超出了企业对自身行为的想象，面对社会各方面的压力，企业必须对自身的行为负责任。企业承担社会责任变成了一件企业在生存和发展中不可回避的大事情，此时，企业应把环保、公益等社会活动纳入自己的责任范围。

罗宾斯的社会责任先后次序理论说明，企业履行社会责任的程度和内容与其发展状况和能力密切相关。为此，企业在确定责任的优先序列问题上，必须根据自身的发展状况和能力，在不同的阶段以不同的责任为主，并且以一种责任为主时并不否认另一种责任的存在。

二、企业社会责任的限制

企业社会责任一般认为有六大责任对象：股东、雇员、顾客、社区、政府和环境。但是企业究竟在什么情况下应履行什么样的社会责任，应当视具体情况而定。也就是说，企业履行社会责任受一定条件的限制，这些条件包括合法性、成本和效率、范围和复杂性。著名学者波斯特对此进行了全面分析：

（一）合法性限制

一般来讲，企业对社会问题具有履行责任的义务，但是，企业并不对所有的社会问题都有义务，而只对合法的问题负有义务。企业超出了法律的范围进行不法经营，这是违背社会责任要求的，也是企业道德责任要求所不能允许的。因此，合法性是社会责任的最低要求，也是最基本的限制。

（二）成本和效率限制

企业履行社会责任是有一定代价的，即需要付出一定的成本。由于企业履行社会责任付出了一定的代价，短时间内企业必然因此而降低了效率，效率降低的后果自然是企业竞争力的丧失。成本和效率构成了企业履行社会责任的主要限制条件，任何企业超越自身的成本和效率限制而履行社会责任是不现实的。

（三）范围和复杂性限制

企业履行社会责任受到问题本身范围和复杂性的限制。有些不太复杂的问题，如企业劳动条件、工资、福利、顾客权益保障等，企业通过自身努力可以改善和解决；而有些问题是全社会的、甚至是全球性的，这些问题不仅范围大，而且复杂，靠单个企业来解决是不可能的，因此，必须联合政府和社会公众一起来解决。

第二节 企业社会责任的内容

一、企业对员工社会责任的内容

20 世纪 90 年代以来，形成了一系列以保护员工利益为中心的生产守则、行业规则以及对企业的员工责任的第二方、第三方验厂和认证机制，从制度上建立了保护员工利益的基础。

对员工负责是企业首要的社会责任，其主要理由在于：①企业发展是经济和社会发展的前提。企业是市场的主体，而员工是企业发展的支撑力量。在生产力构成的诸要素中，劳动力是最活跃的因素，亦即人力资源是企业最宝贵的资源。企业只有承担起保护员工生命、健康和确保员工待遇等责任，才能提高他们对企业的忠诚度、向心力，进而激发出最大的潜能，为企业永续发展、创造最大价值和提供内在动力，从而为国民经济和社会发展作出贡献。②企业劳动关系和谐是社会和谐的基础。构建社会主义和谐社会是我国在新时期、新阶段要实现的宏伟目标和工作大局。企业是社会的细胞。只有劳资关系主导方的企业所有者和管理层，积极营造以人为本的现代企业文化，切实对员工负责，才能发展和谐的劳动关系，进而对社会的和谐稳定发挥基础性作用。③对员工负责才能更好地履行社会责任。企业社会责任是一个综合性指标，其内容包括：承担诚实守信、货真价实、缴纳税款、节约资源、保护环境、公共建设、扶贫济困、发展慈善事业、发展科技、保护知识产权等责任。这些社会责任的承担，需要以企业长足发展为条件，而企业的发展正是通过对员工负责激发内在动力来实现的。

近年来，由于改革开放步伐的加快、全球经济一体化的推进和国家的宣传引导，企业在履行对员工的社会责任方面有了更多的自觉性和主动性，促进了劳动关系的稳定和谐，但是也应当看到，还有一些企业片面追求利润的最大化，忽视对员工的责任意识，不能有效保障员工的合法权益。一些企业不与员工签订劳动合同、拖欠员工工资、拒交社保资金、安全生产事故频发、忽视员工身体健康导致职业病等问题频发，劳动争议、劳动纠纷引发的群体事件不断上升，特别是我国新《劳动合同法》实施前一段时间内出现了部分企业违法裁员、员工工龄归零等问题，说明企业在履行对员工责任方面还存在巨大差距，需要引起高度重视。

（一）劳资方面

1. 法律责任

企业在劳资方面的法律责任包括：

（1）签订劳动合同。企业招用员工时应该按照法律、法规的要求，在平等自愿、协商一致的基础上与员工签订劳动合同。劳动合同应当以书面形式订立，并具备以下条款：劳动合同期限、工作内容、劳动保护和劳动条件、工作时间、劳动报酬、劳动纪律、劳动合同终止的条件、违反劳动合同的责任等。

（2）劳动时间。企业应当保证在正常情况下每日工作不超过 8 小时、每周工作不超过 40 小时；企业应当保证员工每 7 天之内至少有一天的休息日。企业由于生产经营需要，通过与工会和员工协商后可以延长工作时间，一般每日不得超过 1 小时。

（3）禁止招用童工。企业不得招用或支持招用未满 16 周岁的未成年人，包括接受义务教育的人。如果发现已经招用了未满 16 周岁的未成年人从事工作，则该企业应当建立、记录并保留旨在救济被招用未满 16 周岁的未成年人的措施，以保障其身心健康及接受义务教育的权利。

（4）强迫或强制劳动。任何企业都不得以暴力、威胁或者非法限制人身自由等手段强迫或强制员工劳动或服务。企业不得在招用条件中规定任何个人缴费内容，也不得强制要求员工寄存身份证件。

（5）歧视。员工不应当因民族、种族、性别、宗教信仰、残疾、个人特征等客观原因而在招用、培训、晋级、薪酬、生活福利、社会保险、解聘、退休等方面受到不公平待遇。企业应当尊重员工不同的生活习惯和信仰。

（6）骚扰与虐待。企业应保证员工不遭到体罚、殴打，也不得支持或纵容该行为。

2. 经济责任

其主要包括企业不能克扣和无故拖欠员工的工资，应该按时足额发放工资、奖金和津贴等。具体来讲，员工在正常劳动的情况下，企业应该保证支付给员工的工资不低于当地最低工资标准。

3. 道德责任

企业责任主要表现在应该建立薪酬增加制度。对于一般员工而言，企业发放的薪酬是其收入的主要来源。员工从企业获得的薪酬除了要养活自己及家人以外，还要用于自身的教育培训以适应企业的需要；用于子女的教育、医疗等方面的支出。

4. 自愿责任

企业应当引导员工培养科学的理财意识，以培训、讲座、研讨等各种形式增强员工的理财意识；同时加强对员工社会公益意识的培训，支持员工参与社会活动。

（二）职业健康与安全

1. 法律责任

企业应该依法提供健康的工作场所与设施。遵守《中华人民共和国安全生产法》、《使用有毒物品作业场所劳动保护条例》、《中华人民共和国职业病防治法》、《中华人民共和国妇女权益保护法》等法律法规的要求和规定。

2. 经济责任

其包括增加用于安全设施、劳动保护产品的支出，保障员工的健康和安全，控制潜在风险，进行安全培训等措施。

3. 道德责任

企业应按照职业健康安全管理体系（OHSAS18000）的要求指导在健康和安全方面的工作，建立一套完整的管理体系。

4. 自愿责任

提高健康和安全风险防范的措施和水平，特别是对于高风险的特殊行业和大型企业来说，这种投入将对降低企业经营风险、保障员工身心安全具有重要意义。

（三）社会保障方面

1. 法律责任

其内容包括：

（1）基本养老保险。用人单位应当与其员工建立劳动关系、签订劳动合同，并出面为其办理企业职工基本养老保险手续。

（2）失业保险。用人单位应当按照有关规定为员工缴纳失业保险费。

（3）医疗保险。员工有享受社会医疗保险的权利，用人单位必须按照规定为员工办理医疗保险参保手续。

（4）工伤保险。凡是与用人单位建立劳动关系的员工（包括已签订劳动合同，或存在事实劳动关系的），用人单位都应当为其及时办理保险参保手续并缴纳工伤保险费。

2. 经济责任

其主要体现在企业按时、按比例为员工缴纳社会保障费用。

3. 道德责任

企业应尊重员工的风俗和习惯。

4. 自愿责任

对困难员工提供额外补助和支持，是企业在社会保障方面的自愿责任。

（四）培训与发展方面

1. 法律责任

企业应该按照国家规定的特殊岗位技能对员工进行培训，是一种必尽的强制性责任。

2. 经济责任

企业应保障必要的投入用于员工的培训，提高员工的综合素质。

3. 道德责任

其内容包括建立公平的晋升和奖励制度,建立良性的竞争格局,推动企业经营业绩的提升。

4. 自愿责任

对员工进行职业生涯规划、开展学历和非学历教育培训，是企业的自觉行为。

阅读材料

沃尔玛建立中国工会

2008年1月1日，新的《中华人民共和国劳动合同法》正式实施。新《劳动合同法》中多次强调工会组织的作用，该法的第四条、第五条和第六条，着重强调了工会的作用。新《劳动合同法》实施后，许多企业都成立工会。沃尔玛是一家在全球15个国家都拒绝成立工会组织的企业，在中国也作了让步，成立了工会。

2008年前，沃尔玛的态度是不同意成立工会，但会遵照中国法律，不阻止员工组织工会。中华全国总工会（简称“全总”）负责外企组建工会的工作人员称，有些当地工会无法接近沃尔玛员工，沃尔玛不允许员工在工作时间和工会官员谈话。

沃尔玛发言人凯克曾经说过："我们向员工支付工资，是为了让员工满足顾客的需要，我们显然不会允许员工在工作时间讨论政治问题。"相关工作人员称："如果沃尔玛继续抗拒工会组织，那么它面对的将不仅是全总，而是整个中国。"

从公司创立之日起，沃尔玛在美国就一直强烈反对设立工会。沃尔玛已故创始人沃尔顿认为，工会是一股分裂力量，会使公司丧失竞争力。迄今为止，沃尔玛在全球各地基本都没有工会组织。但在中国，2008 年，沃尔玛成立了工会。

二、企业对消费者社会责任的内容

（一）产品质量和安全

尽管产品信息是一个企业和消费者之间的关键问题，但产品和服务问题，如质量和安全仍占据中心位置。企业的最大使命就是通过开发和提供消费者所需要的高质量产品和服务，为社会发展作贡献。中国社科院经济学部企业社会责任研究中心 2008 年对 1031 名受访者的调查显示，52% 的受访者认为企业应关注的社会责任实践是确保产品和服务的质量。

企业要保证产品的高质量和安全性，首先，要从管理者和员工的意识入手，通过教育和培训提高全员的产品质量和安全意识，把质量作为企业的生命线，并向企业内外部明确表明自己确保质量和安全的决心和能力；其次，要从管理体系方面努力，整合从设计到开发、生产、流通、销售、消费的所有环节，在企业内部建立质量管理体系并力求通过相关认证，从而从制度、流程、方法、操作规则上为产品质量和安全提供保障；最后，还要不断改进产品设计与工艺，更好地满足消费者的现有需求并观察消费者的潜在需求，提高他们对于产品的满意度和忠诚度。此外，在产品和服务的安全性方面，企业可以使用"PDCA"的管理方法，即按照"Plan：计划和目标确定—Do：实践和运用—Check：检查和评价—Action：审查和改进"的顺序进行持续改进。

在企业提供产品和服务的过程中，有时会由于某个环节的疏忽而出现质量和安全问题，企业应当建立起应对产品事故的危机管理机制，及时有效地处理问题，防止损失扩大。企业由于产品质量问题导致破产的事件可以说是屡见不鲜。一般产品或服务中出现缺陷和问题，应该迅速将详细情况上报给高层管理者，同时将产品信息传达给消费者。如果已经造成较大的损失，要在第一时间向政府部门报告，并立即通过媒体向公众说明事故原因，追查并处理责任人，向消费者表达歉意，回收产品，并尽快补偿消费者的所有损失。在事故处理中，企业还必须分析缺陷、事故、矛盾、问题等的根源，采取措施纠正以防止再次发生类似事件。

（二）保护消费者信息

日常生活中，消费者信息泄露的事件屡见不鲜，带来了严重的社会问题。许多原因都会造成消费者的信息被泄露，如记录信息的媒介丢失、员工离职带出等。在信息时代，用电子文档储存大量个人信息数据的方式已被企业广泛采用，只需鼠标单击一下就会显示大量内容，一张 CD 就可以带走大量消费者数据，一次病毒袭击就可能使数据流出，面临被陌生人再利用的风险。因此，保护消费者信息也是企业对消费者的重要责任。

企业应从强化员工意识、制定内部规则、加强网络安全性等方面努力，防范员工泄露客户信息以及外界窃取信息。员工是否具有保密意识，对消费者信息管理十分重要，为此，企业应当明确保护消费者信息的方针，以全体员工为对象，举办信息安全培训，提高信息管理水平。对于那些大量接触消费者私人信息的部门，需要实施更为具体、专业的培训。企业要建立和完善相关的内部规章制度及业务流程，加强对顾客及交易伙伴个人信息的妥善管理。此外，要从技术上加强信息系统的安全性，避免数据丢失和被盗。

（三）客户关系管理

1. 提供真实的产品信息，建立咨询渠道

在销售产品和提供服务过程中，企业要向消费者提供真实的产品和服务信息，解答消费者疑问，杜绝虚假宣传和夸大产品质量、功效。此外，企业还应通过网络、免费热线等渠道确保消费者在购买产品后能够就使用方面的问题进行咨询，提出意见。尤其是对于操作上有一定复杂性的产品，除了提供详细的说明书之外，还应当设立客户咨询窗口，对顾客的疑问迅速给予答复。

2. 建立健全售后服务体系

良好的售后服务是下一次销售前最好的促销，是创造企业口碑和树立企业形象的重要途径。建立健全的售后服务体系，是客户关系管理的重要内容，周到的售后服务能够提升消费者满意度和忠诚度，企业应当设立售后服务部门，并识别客户最重视的各项服务，比如，生产或销售一些价格昂贵的设备的企业，应当提供设备安装、人员培训、维护与修理服务等。承担服务工作的是企业员工，员工服务质量的好坏影响着消费者对企业的评价，因此，企业必须制定服务规程，训练服务人员。

3. 正确处理顾客投诉

在顾客投诉时，企业不得不面对顾客的不满，广泛而普遍性的不满可能会引起负面反应。同时，对企业来说，最珍贵的信息莫过于消费者对本公司的产品及服务的声音。为了把握这点，不仅要设置应对投诉的窗口，也有必要积极地对可能发生的投诉加以关注。对于消费者和客户这样的利益相关方，企业应积极地给予关注，因为这关系到双方能否建立良好的关系。

《迪士尼的七条法则》指出，提高顾客满意度的关键是“多用耳朵倾听顾客的心声”。哪怕是顾客的小声嘀咕也要抓住，为了这个目标，每一个员工都有必要用“耳朵”认真倾听。与顾客之声有关的线索若仅限于顾客交流中心的话，内容就会限制为来自很多心怀不满的消费者的抱怨和来自极少数的狂热爱好者的要求。信息越多，抓住顾客心声的机会就越多。

三、企业对环境社会责任的内容

随着工业化和现代化进程的不断推进，人类利用和改造环境的能力空前增强，资源的消耗和废弃物的排放也急剧增长，由此带来了前所未有的严峻环境问题，诸如酸雨、臭氧层破坏、温室效应等全球性环境危机甚至直接威胁到人类自身的生存。自 20 世纪 30 年代之后，企业的环境责任逐渐成为人们关注的领域。1973 年，英国工业联合会在一份声明中承认，有必要要求公司在法律上接受诸如“其商业活动的环境后果和社会后果方面的社会责任”。该声明在污染控制和资源保护方面罗列出应该考虑的广泛的问题，此后，企业应当履行对环境的社会责任，即企业履行环境责任逐步达成了共识。

（一）企业对环境社会责任的分类

从企业生产经营活动全过程来看，表9-1所列四类社会责任分别贯穿于企业产前、产中和产后的三个主要阶段，每一类社会责任在每一个阶段都具有不同的内容（见表9-1）。

表9-1 企业环境责任分类表

类型＼层次	法律责任	经济责任	道德责任	自愿责任
产前	依法获取原材料，不超标使用有毒有害物质	设立环评预算、设施预算	资助资源保护活动，支持可再生能源的研发	使用可再生原材料与能源
产中	排放达标	设立环保设施运行预算	建立环境管理体系	追求生产的零排放
产后	依法回收处理旧产品	设立废旧产品处理预算	对废旧产品进行综合利用	资助或自愿研发对废旧产品处理新技术

中国积极参与和推进国际社会应对气候变化进程，推动哥本哈根会议取得积极成果；坚持《联合国气候变化框架公约》（简称《公约》）和《京都议定书》（简称《议定书》）基本框架，坚持“共同但有区别的责任”原则，坚持可持续发展；主张哥本哈根会议应严格遵循巴厘路线图授权，进一步加强《公约》和《议定书》的全面、有效和持续实施，统筹考虑减缓、适应、技术转让和资金支持。

目前，国内许多城市和地区对发展低碳经济表现出了很高的兴趣，一些企业也积极投身于低碳社会的建设中。2004年10月24日，中国移动通信集团、远大空调有限公司和尚德电力控股有限公司正式与气候组织签署协议，成为该组织在中国区的首批会员，这也是中国企业首次加入气候组织。该组织创始人、英国前首相布莱尔先生特地为此发来贺信。

尽管低碳经济在中国的发展还任重道远，但低碳技术已经为一些中国公司带来了可观的商机。气候组织发布的《中国的清洁革命》中的一些数字或许很能振奋人心：6家中国太阳能公司的市值已经达到150亿美元，太阳能热水器的市场也超过了20亿美元；而电动自行车的市场则为约60亿美元。

（二）环境保护的主要内容

企业所承担的环境保护方面的社会责任是指企业在生产经营活动中，遵守有关环境法律法规的要求，在追求经济效益的同时，必须尽可能地保护环境，对环境破坏采取预防、治理等措施，使经济、社会和环境协调发展。为此，企业应该承担起相应的法律和伦理等方面的责任。虽然关于企业环境社会责任的具体内容目前尚未取得较为一致的意见和完整的概括，但多数研究者认为其应该包括如下几方面内容：

1. 有效利用资源

企业在生产过程中必须依靠一定的能源和原料，同时，伴随着生产过程一般也会对自然生态环境产生或多或少的影响。因此，可以说在目前尚未建立有效的循环生产模式下，有效利用各类能源和原料，在满足当代人生活需要的前提下减少对自然资源的过度开发，就是对自然生态环境进行保护的重要措施之一。这对于有些不可再生的能源或原料来说，更是如此。从自然生态环境自我循环的角度有效利用资源，即意味着将向自然环境排放更少的废物，从而能够减轻自然生态自我调节的压力，维持生态平衡。事实上，提高资源利用率、避免浪费，也正是现代循环经济的指导思想之一。

对企业来说，要想有效利用资源，就应该确保诸如矿物燃料等不可再生资源得到充分利用，确保软木等可再生资源得到持续地利用。许多企业在此过程中降低了成本，同时还改善了环境质量。

美国在过去的10年中，众多大型旅馆都曾致力于这一策略（节约成本）。这些企业的具体做法是：减少服务用具以及水、电等的浪费。许多旅馆用大型分发器代替了小瓶装的洗发水和沐浴液，以节约经费、减少浪费。其中，有一家企业通过安装一台价值91000美元的分发器，每年可节约近37000美元。还有一些企业通过对娱乐设备进行再包装以达到节约的目的。内陆饭店（Inter Continental）凭借这种方法，使得其分布在美国和加拿大的10家分店每年节约30万美元。

工业企业也常常通过对僵化的或造成浪费的各类规章制度进行再设计，以谋求降低成本和改善环境质量。施乐公司就是其中的典型之一。

在主导市场近30年后，20世纪80年代后期，施乐公司发现，传统的市场中涌入了大批新的资信良好的进入者，公司的市场份额开始下滑，边际收益空间也明显萎缩。作为回应，公司于1990年推出了一项名为“环境领导计划”的管理举措。该计划包括减少浪费、产品回收计划以及主动的环保设计等。至20世纪90年代中期，施乐位于纽约韦伯斯特的大型制造厂，只将2%的有毒废物投放到了垃圾场。而早在90年代初，“环境领导计划”尚未喜摘硕果的时候，公司的执行官就已宣称该计划绝对能获得成功。

施乐公司的案例说明，有效利用资源、减少浪费，也是降低生产成本、提高企业经济效益的重要措施之一。在环境保护运动盛行的今天，企业注意科学利用资源、减少浪费，也会在公众中建立良好的形象，从而提高企业的品牌效益。不过需要指出的是，对于环保投资而言，只有当所有的管理费用都被剔除后仍有收益时，才能说这项投资是值得的。

2. 注重污染防治

企业，特别是制造行业的企业是主要的污染源，应当进一步明确其污染和污染因素最小化的责任。对于绝大多数企业来说，实施可持续发展战略的第一步，就是由污染治理转为污染防治。污染治理意味着对已经造成的污染进行清洁处理；污染防治则是致力于减少、甚至杜绝尚未发生的污染。与上述管理措施非常相似，污染防治战略同样注重持续不断地减少浪费、降低能耗。促成上述转变的动力基于以下的逻辑：防治污染将会为企业带来收益。环境管理系统全球标准（ISO14000）的出台也强烈地刺激着公司发展这种能力。

航空设备公司（Aeroquip Corporation）是一家以胶管、配件、车钩等为主要产品的产值达25亿美元的公司。与绝大多数的工业品供应商一样，该公司从未想过自己会成为环境问题的解决者。但是，到了1990年，公司的管理者意识到，如果能够减少浪费并防治污染，产品的附加值可能会更高。就这样，由于致力于降低有害物质的排放，公司获得了2.5亿美元的交易额。当新兴经济体中的企业意识到更加有效的利用原材料和资源所带来的竞争利益，诸如航空设备公司，此类的业务必将持续增长。

过去，在末端治理理念的范式下，企业要减轻生产过程中的环境影响，主要依靠增设污染处理设施。但是，企业因此将提高生产成本。这导致众多企业在生态绩效改善与经济成本提高之间难以选择。以“减量、再利用、再循环”为原则的循环经济技术的诞生，以减少污染排放为前提，把预防污染放在首位，蕴含着经济效益与生态效率双重改进的可能。这种以预防为主的环境保护思想，体现在企业“投入—生产—产出—回收”链的每一个环节。

在投入系统中，原材料、能源投入的节约意味着物料成本的降低；在生产系统中，环境友好的改进型产品可能获得更多的市场份额。例如，IBM 的“社区伙伴”计划仅在2000年就为市场贡献了6个新产品和15项新的服务项目。从消费环节来看，企业承担对产品废弃物的回收、处理义务，固然会产生一些额外的支出，但可以获得废物利用的额外收益。又如，美国3M矿业公司每年从废弃物回收中节省近1亿美元成本支出。目前，通过节能减排产生的效益，已经成为企业新的利润增长点。

应该说，对于新兴经济体国家来说，尤其不应该重复西方发达国家的环境错误。新兴经济体国家的企业，应该以可持续发展为原则，吸收和借鉴发达国家的一些经验和做法。发达国家的企业也应该积极主动地帮助新兴经济体国家的企业做好污染预防的工作。例如，德国化工巨头 BASF 正在帮助中国、印度、印度尼西亚和马来西亚设计和兴建比过去污染更少的化工企业。BASF 通过合理配置生产设施构造出产业生态系统，使得前一套工序的废料变成下一套工序的原料。环境问题的公共性也意味着发达国家应该支持新兴经济体国家搞好污染预防，这样才能真正有效地保护好地球的自然生态环境。

3. 确立产品责任

采取一种全程的方式来进行管理，这意味着企业应该承担产品对自然生态环境可能造成的不利影响的责任，包括从资源的提取到处置和再利用等各个环节。产品责任所关注的是：不仅要使生产过程的污染最小，而且要使产品在整个生命周期对环境的影响都尽可能最小。企业在战略实施的第一阶段接近了有害物质的零排放，为了进一步降低原材料的消耗及浪费，要对产品及生产工序设计进行彻底的变革。

环境设计（Design for Environment，DFE）作为有助于产品的回收、再利用和再循环的一种工具，变得越来越重要。利用 DFE，产品对环境造成的各种影响都可以在设计阶段得到检验。这种“从生到死”的全程式分析方式，超越了企业在操作层面的界限，涵盖了对产品的所有投入物的评估以及对产品的消费方式和最后处置方式的检测。由此，DFE 便超越了产品的生产界限，涉及了企业外部包括技术人员、环境专家、最终消费者，甚至社区代表在内的极为宽泛的空间。在这方面，道化公司（Dow Chemical Company）无疑是先行者，它积极地吸纳企业外部环境专家和代表的建议，强化自身在产品责任方面的工作。DFE 通过降低原材料及能源的消耗能够获得高额的收益。接下来回顾一下施乐公司的资产再循环管理项目（Asset Recycle Manage，ARM）：

ARM 项目将公司出租过的旧机器视为新产品的高质量、低成本的零部件来源之一，通过一套先进的回收设备，辅之以复杂的再加工程序，使旧零部件的再维修、再利用、再装配成为可能。据施乐公司估计，仅1995年一年，利用 ARM 法在原材料、劳动力和废物处置上所取得的节约就高达3~4亿美元。就这样，通过将已经投入生产过程的产品重新界定为企业的资产，施乐公司找到了一条提高收益、降低成本的良好途径。借助于这种方法，施乐公司可以长期为客户提供最新的高质量产品，并使客户享受到产生最小环境影响的效果。

产品责任战略正是通过这条途径减少了发达国家的资源消耗量；同时，由于发展中国家总是倾向于模仿发达国家的做法，因此，上述战略也有望推动发展中国家的可持续发展，只要处理得当，产品责任战略是能够促进潜在收益的增长的。目前，许多跨国公司，如杜邦、孟山都（Monsanto）、施乐、飞利浦和索尼等，都正在进行由污染防治向产品责任转化。例如，杜邦公司的农产品经营分部开发出了一种新型的除草剂，它可以使全世界的农民每年减少4500万lb的农药使用量，同时还能使相应的农药生产过程中产生的废料减少10亿lb。这种除草剂的用量仅为传统农药的1%～5%，无害于动物及特定的植物，可以在土壤中分解，无残留。由于这种新型除草剂的用料非常少，因此其收益是非常可观的。

4. 产品、过程与服务的创新

可持续发展的过程需要企业在行动和制造方面的根本变革。为了获得这些变革，它们需要面向未来的创新。在具体情形中，企业开发新产品或启用新程序，常常能够比竞争者获得更多的环保收益或承担更少的环保成本。这些努力可能增加企业的运营成本，但与此同时，也可能使企业提高产品价格或者扩大市场份额，抑或二者兼得。下面纺织行业的例子就足以证明这点：

当纺织品制造商对棉花或人造丝织品进行染色时，一般都是将织物浸入装有染料溶剂的容器中，然后加盐，将染料从溶剂中分离出来，并使之附着于织物上。瑞士一家纺织染料制造商Ciba特种化学品公司（Ciba Specialty Chemicals）（简称“Ciba公司”）引进了一种新型染料，这种染料既易于着色，又可以减少对盐的需求量。

新产品使得Ciba公司的买主可从三个方面获益：①减少了购盐费用。使用该产品，纺织品企业可节省相当于全部收益2%的购盐费用，这对于边际利润空间十分狭小的产业来说，确实是个不小的收获。②减少了水处理成本。织物染后，饱含着盐和未被着色的染料的水，必须经过处理，方能排放到河流中（即使是低收入的发展中国家也是如此）。而如果水中含有较少的盐和染料，用于水处理的费用自然会降低。③新型染料的高附着率使得质量控制更加容易，从而进一步降低了成本。

Ciba公司的新产品是多年研制的硕果。由于专利权的保护以及生产工艺的复杂性，使得模仿该产品非常困难。也正因为如此，决定了Ciba公司有实力提高产品的价格，并把客户价值的一部分据为己有。

Ciba公司差异化的环保产品获得了成功，这让人们看到，企业通过创新能够更好地保护环境，同时也能从环保产品中获益。

5. 应对气候变化

在企业生产和产品消费过程中产生的温室气体，对地球的生存构成了严重挑战。人们越来越意识到企业有责任稳定地减少它们对矿物燃料的依赖，转向碳平衡的产品和生产过程，以此来处理碳排放问题。为此，企业必须作出如下一些方面的努力：

（1）优化现有资产和产品。今后，除了能源、运输和其他重工业的企业需要针对气候变化采取重大行动外，诸如消费品、高科技和金融服务等行业，也需要行动起来，优化现有资产的碳效率。这一发展将对能源供应商产生重大影响，因为需求将逐步从高碳能源向低碳能源转移；它也会对设备供应商产生重大影响，因为低碳技术（如改为使用生物燃料的发动机）的竞争力将越来越强；此外，这一发展也会对物业业主产生重大影响，因为对高碳房地产的征税将更重。大多数企业作为能源使用者，必须遵守更严格的技术规定和标准，并获得节能技术。要想从这一转型中获利，企业领导者必须采用多种方法。

（2）通过改进碳效率的运营来削减成本。大多数行业领域的企业都有机会通过削减能耗和温室气体排放量来节省成本，从而获利。一些研究显示，许多企业能达到20%～50%的削减幅度，有些企业甚至能达到更高幅度，同时，企业的成本竞争力也将加强。当企业能够因减少碳排放而获得碳排放配额时，减少碳排放量对企业来说则尤为有利可图，因为碳排放配额可以根据《欧盟排放交易方案》出售给其他企业。然而，全球平均只有24%的高管（能源和基础材料行业高管的这一比例大约为50%）表示，所在企业已为运营制定了碳排放目标。

作为一个简单的起步举措，任何企业都可以先改善自身内部能源效率，并且在合适的情况下，使用碳排放量低的燃料。例如，更好的保温隔热材料和节能照明系统经常能快速带来减排成效。然后，各企业应更进一步在其整个供应链上推行成本削减和碳减排举措，供应链很长的企业尤其应如此，如零售企业、汽车制造企业以及消费品生产企业等。为了大幅削减碳排放量，企业在选择和洽谈供应商时，应制定硬性要求和关键绩效指标，就像它们如今为成本和质量制定标准一样。由于许多分包商对这一领域所知甚少，有时可能必须帮助供应商减少碳排放量。

企业缩小碳排放还有一个方法（对许多产业来说也是最有效的方法），即设计由低碳材料生产的产品（如新型电脑或汽车），以及在运营中降低能耗和减少温室气体排放。有一家全球性生产企业对企业总的碳足迹分析结果显示，10%的碳排放量来自企业自身的碳排放和电力消耗；15%来自供应商的直接碳排放和电力消耗；75%来自产品中所用原材料的碳成分。

（3）重新定位资产组合。能源企业和重工业企业也可以通过对自身资产组合进行重新定位来获得战略优势。一方面，它们可以出售那些一旦实施或加强碳排放监管，其竞争力就可能会减弱的工厂；另一方面，它们可以收购那些将从公共政策动向中获利的资产。此外，它们还可以将投资组合向碳密集度较低的工厂和技术转移。要想从此类资产组合重组中获利，企业不但必须更好地理解气候监管将如何影响自身所在产业，而且必须比竞争对手更快地采取行动。一个实用的切入点是：假设所有以极低的成本或无成本实现减排或得到公共补贴的活动，都可能很好的代表增长市场。

四、企业对股东社会责任的内容

（一）完善治理结构

现代公司的主要特点就是所有权与经营权分离，因此，必须通过完善治理结构来保证股东的利益，从而履行对股东的责任。

企业要根据相关的公司法律不断完善企业的内部制度，建立良好的权利制衡和监督机制，对经营者进行有效地激励与约束，保证企业决策的规范化和科学化。

完善公司治理结构的另一个重要方面是保护中小股东权益，大股东利用其控制地位侵害小股东权益的问题在世界各国的公司治理中普遍存在。其主要表现为：大股东利用持股比例使小股东缺乏话语权和表决权，从而损害其他股东的合法权益。因此，保护中小股东权益成为企业，尤其是股份公司的重要责任。企业应该努力做到以下几点：首先要保证中小股东的知情权，包括查阅公司会计账簿、了解重大经营状况的权利；其次要保证股东可自由地转让股份权利，还要保证异议小股东的退股权；最后要保障中小股东的席位及话语权。

（二）完善信息披露

及时准确地向股东披露企业信息，是企业履行股东责任不可或缺的重要环节。企业必须充分地披露企业的重大经营决策和财务绩效，为股东的投资决策提供及时、准确的信息；企业从事的各项社会实践活动也必须告知股东。

企业要不断完善信息披露的相关制度，对公司信息披露的范围和内容、披露程序、责任划分以及保密措施等均作出详细规定，依法召集、召开股东大会，按照准确、完整、及时、公平的原则，有效规范公司信息披露行为，确保信息披露的公平。企业要健全与股东的沟通渠道，通过公告、网上说明会、电话传真、网站、邮箱等多种形式加强与股东和投资者之间的交流、沟通，积极主动披露可能影响股东和其他投资者投资决策的信息。

企业进行充分的信息披露还可以吸引新的投资者。随着中国经济发展和社会进步，越来越多的个人和机构投资者开始投资给那些积极履行社会责任的企业。对于那些刚开始进行股票投资的个人投资者，企业社会责任将成为他们放心投资的重要因素。

五、企业对社区社会责任的内容

（一）企业对社区履行社会责任的界定及意义

1. 企业对社区履行社会责任的界定

在责任竞争时代，企业在获得经济效益的同时，应更多地关注如何在日益激烈的竞争中实现可持续发展。除股东之外，越来越多的利益相关方被纳入到企业社会责任的范畴，如员工、供应商、政府、社区、民间组织等。而妥善处理这些利益相关者的关系，将有助于形成企业的核心竞争力。

具体而言，企业在社区中的社会责任表现为企业对经营所在地的利益相关者所承担的各层次责任，而社区的主要利益相关者包括政府、当地组织和其他民间团体等。

2. 企业对社区履行社会责任的意义

（1）履行对政府的社会责任是企业生存与发展的必要条件。企业实施商业行为和获取利润是以遵守法律和公共政策为前提的，政府正是这些法律和政策等“游戏规则”的制定者。从社会管理的角度，政府作为国家组织的具体形式，承担着调整社会成员之间的相互关系、维护社会持续稳定发展的秩序的责任。比如，推进企业社会责任法制化、规范化、制度化，政府为企业合法经营制定出清晰的行为标准并确保企业遵守这些标准。

与此同时，企业是社会中的重要成员，是经济责任、法律责任和道德责任的统一体。一方面，企业积极响应政策的制定和执行；另一方面，企业通过与政府的沟通来对政府的政策形成反馈，从而达到检验政策效果的目的。

（2）履行对当地社区的社会责任有助于企业经营环境和绩效的改善。企业只有履行好对其运营所在社区的社会责任，才能与社区形成良好的关系，这将直接促进社区生活质量的提高，也会促进企业运作的成功。

对于绝大多数企业来说，不论是厂址的选择、员工的住所还是业务的发展，都与所在的社区密切相关。因而，当地社区的建设与发展问题也是企业经营过程中所需考量的议题；反过来，企业是以盈利为出发点的，最终目标是要获得发展，这种发展不仅是指企业自身做大做强，也包括对所在社区的促进。

（3）履行对行业组织的社会责任有利于所处行业及企业自身的发展。行业组织或协会对于一个行业的发展往往发挥着重要的作用。它们一般会根据当地及行业的实际情况制定一些行业内部具有强制性作用的规则，以此为整个行业构建良性发展的环境。

（4）履行对非政府组织和团体的社会责任能够降低企业的经营风险，提高企业声誉。非政府组织和团体的作用主要体现在两个层面：一是扮演“增加压力”的角色，对企业社会责任形成外部压力。比如，消费者运动、环保组织在西方企业社会责任的发展过程中发挥了很大作用，忽视这些组织和团体的期望和要求都可能给企业带来极大的风险。二是扮演“增强吸引力”的角色。企业要履行社会责任，往往需要与一些非政府组织和团体，如慈善机构或志愿者组织等进行合作，它们能为企业提供一个履行社会责任的平台。

（二）企业对社区社会责任的分类

如前所述，广义上的社区概念包含了企业的多个利益相关方，如政府、社区、行业组织、同行和民间组织。同时，企业对社区的社会责任是多层次的，包括法律、经济、道德和自愿责任。因此，如表9-2所示，企业对社区的社会责任表现为企业对社区中不同利益相关方所履行的不同层次的责任。

表9-2 企业对社区社会责任的分类

类别	法 律	经 济	道 德	自 愿
政府	遵守法律法规及政策	主动纳税	响应政府倡导的产业投资活动，如产业扶贫、基础建设	积极向政府提出合理化建议，积极响应政府号召的慈善公益活动
社区	依法利用社区资源	推动地方经济发展	推动社区发展	社区捐赠
行业组织	遵守行业标准和规范	有实施行业标准和规范的预算	主动参与制定行业标准和规范	积极资助促进行业发展的活动
同行	依法公平竞争，杜绝价格联盟		尊重竞争对手，主动维护公平的竞争环境	
民间组织			积极回应民间组织的关注和诉求	与民间组织建立伙伴关系，积极资助并参与其组织的活动

本 章 小 结

1. 企业社会责任一般认为有六大责任对象：雇员、顾客、股东、环境、社区和政府。罗宾斯认为，企业履行社会责任应根据企业所处的发展阶段和能力状况有所不同，不同阶段和能力状况，企业履行社会责任的内容和重点各有侧重。波斯特认为，企业履行社会责任要受到合法性、成本和效率、范围和复杂性等条件的限制。

2. 企业社会实践是企业社会责任的行为结果，企业社会责任实践的内容很多，几乎涉及企业经营的每一个方面，影响着企业内部的每一个员工和企业外部的各利益相关方。需要强调的是，企业社会实践并不是企业经营以外的事情，二是将企业对员工、环境、社会的关注融入到日常工作和商业运作中，对企业管理提出了更高的要求。

3. 传统的古典经济学认为企业的唯一要求是利润，要对股东负责，但是随着经济的发展，社会对企业的要求越来越高，不仅需要盈利，还需要兼顾员工、消费者和环境等方面，分析企业对各利益相关者承担社会责任的内容和侧重点，有助于从实践方面把握企业社会责任的建设和评价。

4. 股东利益曾经是管理者唯一需要满足的利益，管理者必须代表股东的利益，而完整的治理结构和信息披露机制是股东了解管理层经营绩效的主要途径，因此，企业对股东的最大责任在于使股东的资本升值，并且这种经营是在保证企业的可持续发展的基础上进行的。

5. 企业对员工的权益保障是其社会责任的基本内容，但令人遗憾的是，很多企业这方面的工作存在不少问题，特别是劳资、福利和工作时间等方面的问题更多，分析企业对员工的社会责任的内容和履行情况，以及劳动法等相关法律法规对员工权益的保护规定，对解决侵犯员工权益的问题十分必要。

消费者利益保障是推动企业社会责任发展的重要动力之一，特别是欧美国家，来自消费者的利益诉求是制定社会责任标准的重要因素，同样，消费者对企业产品的选择同样包含企业社会形象的影响。只有理解和尊重消费者的知情权和选择权，企业才能在市场竞争中立于不败之地。

6. 企业对环境、社区同样负有不可忽视的社会责任。在企业运营中减少对环境的影响和破坏、自觉地维护同环境和社会的关系，也是企业社会责任的考虑之一。

复习与思考题

1. 企业对员工的社会责任有哪些？
2. 目前中国消费者权益保护方面存在哪些问题？应该如何解决？
3. 环境保护的主要内容有哪些？
4. 企业为什么要承担公益慈善责任？

案例分析

上海大众的环境保护

上海大众汽车有限公司（简称“上海大众”）是中德合资企业，是中国汽车行业第一家获得 ISO14001 环境管理体系认证证书的企业。上海大众所以自成立以来在环境保护方面常抓不懈，取得了优异成绩，是因为公司领导始终不渝地把环境保护观念融入生产、建设、开发诸方面的实际工作。公司领导在上海大众成立之时，就把“质量是上海大众的生命，环境保护是上海大众应负的社会责任”作为企业经营的理念和方针，为此，上海大众专门制定了公司的环境方针、职工环境行为准则，使这一理念具体化。为使这一理念为全体员工所接受，在整个企业得到有效的贯彻和实施，上海大众的领导做了大量工作。1985 年 10 月上海大众刚成立时，公司执管会就十分重视环境保护，建立了环保机制，并委任公司环保负责人，将环保工作落实到具体部门。1985 年 10 月 ~1994 年 4 月，上海大众两期项目改造过程中，62 个项目全部达到环保要求。1996 年上半年，上海大众执管会获悉国际标准化组织正在制定国际环境质量标准，立即对该标准进行跟踪了解，并于 1996 年 10 月正式实施 ISO14000 标准。1997 年，上海大众通过国际环境管理质量体系现场审核，成为中国汽车行业获得 ISO14001 环境管理体系认证证书的第一家企业。

上海大众十分重视汽车制造对环境的影响。他们经常组织环保检查组到社区和在公司内广泛征求环境意见，并将收集的意见加以整理和分类，提出整改办法，并逐一落实，事后还要作整改效果意见调查。上海大众通过这一方法处理了社区和公司员工提出的污水处理、废油回收、废气排放等数百条意见。上海大众实施了生活垃圾袋装化、固体废弃物分类处理、厂区环境整治（如改造污水管道）等措施，使厂区道路整洁，环境优化，天蓝、地绿、厂净，营造了良好的企业生产环境。

上海大众一贯重视对员工进行反复的环境宣传和教育。公司制订了全员环保培训计划，编写了培训教材，并组织培训考试。上海大众十分重视对重点环境岗位人员进行专门知识培训，使重点环境岗位人员能正确认识其行为可能造成的环境影响，明确自己的岗位职责，掌握异常情况的处理方法。通过长期的宣传、教育，上海大众的员工已普遍形成环境意识，热爱环境、保护环境已成为上海大众鲜明的企业文化。

清洁生产是工业企业可持续发展的必由之路。上海大众建立20多年来，走的就是清洁生产的道路，在生产过程中，十分注意使用清洁技术以减少或消除环境的污染。例如，为减少厂区噪声，在选用生产设备时，在冲压线上全部采用多连杆低噪声大型压力机，在制气设备上全部采用封闭式低噪声螺杆压缩机。又如，公司通过工艺改造，采用液压挺杆，取消了原先对凸轮轴的氮化处理，杜绝了有毒氰化物的使用。上海大众发动机二厂使用的环保设施堪称国际一流，其车间内采用自动循环式换气设备，将空气过滤后重新利用，既保证了车间的恒温、恒湿要求，又降低了能耗、改善了环境。

减少资源和能源的耗费是企业环境保护的重要任务。上海大众把这项任务作为其履行社会责任的一项重要工作。例如，冲压车间地坑照明原使用日光灯，日夜照明，极为耗电，后来将其换成节能灯，并将照明灯与维修灯分开，达到较好的节能效果，年节电约3万kW。又如，公司机加工中心采用离心甩干技术对金属切削中的乳化液进行分离，使机加工后产生的金属切屑滴油不沾，既减少了环境治理费用，又减少了乳化液耗用的数量，提高了其使用效率。

上海大众注意对原料、零部件供应商及其他相关方的环境行为施加影响，使其提供的原料、零部件或其他服务也能符合环境保护的要求。上海大众向其250多家配套厂、200多家特约维修站、20家外协仓库发出《上海大众环境方针》和“让我们共同搞好环境保护工作”的倡议信函，得到了广泛响应。上海大众还选取了几家重点施加影响的相关方，协助他们进行整改，如扬州汽车塑料制件公司投入资金，增加治理设施，改变了原来废水未经处理直接排入淮河的状况。

由于上海大众把环境保护作为其应负的社会责任，把生产和向社会提供高质量、经济性、环保型汽车视作企业的根本宗旨，因而其产品受到了社会的欢迎，自1985年公司成立以来，销售量始终占据国内市场头把交椅。几年前，当许多省市限制汽车废气，实施欧洲2号标准时，上海大众却因早已实施了这一产品标准而守住了这些市场。

上海大众在实施环境保护的过程中，也遇到了不少困惑。例如，企业实施清洁生产需要购买一些新的符合环保要求的设备，需要研究新的符合环保要求的生产技术，以生产出不污染或少污染环境的绿色汽车，而这些都将增加企业的生产成本。然而，如果同行业中其他企业继续沿用传统方法生产产品，则有可能因少支出环保费用而获得相对竞争优势，对此，国外目前通常采用支持性或优惠性政策（如税收方面的优惠或对汽车尾气排污视污染程度实行不同等级的收费）以纠正这种不合理现象，而目前我国在这方面的政策措施尚不完备。

在当前国内汽车市场竞争日益加剧的情况下，上海大众应该怎么办呢？

（资料来源：http：//www. yau. edu. cn/glxjpkc/dsz. htm）

讨论题：

企业应如何承担企业社会责任？上海大众的环境行为是否吃亏？在国内汽车市场竞争加剧而国家未出台扶持政策时，上海大众应该如何应对？

第十章 企业社会责任报告的现状和编制

学习目标

通过本章学习，应该理解和掌握：

1. 目前企业社会责任报告的发布情况
2. 企业社会责任报告的几种编制结构
3. 企业社会责任报告的编制方法

引导案例

社会责任报告不是作秀

2008年9月16日，国家质检总局发布消息称蒙牛、伊利、雅士利等22家奶粉中检查出三聚氰胺。中国奶业面临严重危机。在此次奶粉事件中，备受关注的除了三鹿之外，人们将更多的责任指向了蒙牛和伊利。2008年11月网上出现蒙牛“万言书”，牛根生声泪俱下，伏笔万言求援，称蒙牛已到最危险的时刻，不愿被外国人买走。于此形成对比的是，伊利、蒙牛两家中国奶业的领军企业相继高调发布企业公民报告与企业社会责任报告，宣传其社会责任理念。

（1）2007年伊利发布《企业公民报告》——中国乳品行业的第一份企业公民报告。2007年7月29日，伊利集团联合商务部研究院高调发布中国食品行业首份以“责任的力量”为主题的《企业公民报告》。在报告中，伊利鲜明地提出了自己的责任理念是“伊利集团在追求发展速度的同时更加高度重视长远利益，在创造商业利润的同时更加主动承担社会责任”。伊利认为，企业不应该只是优质产品的生产厂，更应该是为社会积极作出贡献的好邻居、好公民。

（2）2008年1月，蒙牛发布《蒙牛社会责任报告》。牛根生提出“一个真正的大品牌，一定是社会责任的率先承担者；一个企业如果不关心国家、民族的大事，老百姓肯定也不会关心你的事，这样的企业跑不快、走不远、跳不高”。

从蒙牛、伊利的社会责任报告读出的信息和其社会实践的偏差使其蒙羞。这表明了一个企业要想长远发展，社会信誉至关重要，社会责任报告不仅仅是宣传企业社会责任的宣言，也是公众监督和评价企业的标杆。

第一节 企业社会责任报告的现状

2010年3月，国资委发布公告，今后中央企业必须发布社会责任报告，从制度上拉开了企业社会责任的披露的帷幕。从国际上来看，发布社会责任报告的企业越来越多，报告的类型也不尽相同，一般可划分为环境报告、环境健康安全报告、环境健康与社会报告、企业责任报告、可持续发展报告、环境社会报告、社会报告以及其他共9个类型。

从发布报告的国家来看，北欧、西欧以及北美地区一直是企业社会责任报告发布的先锋。就地区分布而言，欧洲和北美在企业社会责任报告发布方面是最为活跃的地区，而在加勒比和大部分拉丁国家中，社会责任报告实际上还鲜为人知；在亚洲，除了日本之外，发布社会责任报告的企业仍占少数；在非洲和中东地区，南非有着较为突出的表现。发达国家的社会责任报告的发布和披露已经形成较为完善的体系。

从发布报告的行业来看，最积极发布企业社会责任报告的行业一般是风险程度较高和影响较为广泛的行业，如化学化工、林业、造纸、公共事业、石油和天然气等行业。同时，在消费者运动的推动下，那些与消费者紧密联系的部门，如食品、零售、化妆品等也是历来积极发布社会责任报告的行业。而在中国，国有企业，特别是垄断国企是发布社会责任报告的主力，如中国移动、中国石油等。

毕马威会计师事务所调查发现：对于编写社会责任的公司来说，一般有相关的准则或规范，比如大概40%的公司使用全球报告倡议组织里面的可持续发展报告指南；有21%的公司会咨询股东的意见来确定报告的内容；而约有1/3的公司会要求它们的股东对报告的内容提出意见。

第二节　企业社会责任报告的编制

一、企业社会责任报告的准备与组织

（一）组建报告工作小组

当公司决定要发布企业社会责任报告时，第一件事就是组织报告撰写工作小组，全面负责报告的组织决策、撰写、设计和发布工作。

报告小组的组建要遵循三个原则：

（1）报告小组成员的关键领导参与原则。其原因在于，一是企业社会责任报告是一个关于企业理念、战略和公司可持续发展的报告，涉及公司的方方面面，没有公司最高管理层的直接支持和领导，不但不能写出符合公司实际的高质量报告，有时甚至难产；二是报告效果的发挥问题。如果小组成员中有来自上级管理层的合格代表，那么报告的效率和效果都会有所不同。

（2）报告小组成员的跨部门原则。一个跨部门的报告小组能够保证报告的均衡性和内容的完整性。因为小组成员来自企业的不同部门，来自公司业务的不同方面，能够保证报告内容的完整性和专业性。这些人会有不同的专长，每个人都会为报告贡献出自己的专业知识。

（3）报告小组成员的跨利益相关方原则。作为一份企业社会责任报告，报告的对象是企业利益相关方。有条件的企业如果能够将公司的一些关键利益相关方邀请到报告小组中来，无疑会增加报告的针对性，发挥报告的利益相关方参与作用。当然，许多第一次编制报告的企业，考虑到报告信息披露的程度等诸多复杂的因素，不便邀请利益相关方参加到报告

小组，但在报告定稿和发布前专门征求关键利益相关方的意见仍是很有必要的。

一个成功的报告编制小组应当包括以下职位：领导层代表、报告具体负责人、企业部门代表、外部顾问和利益相关方代表。

（二）制订工作计划

组建报告工作小组后，报告小组就必须着手制订报告编制工作计划。报告编制工作计划主要包括三方面的内容：

（1）“以终为始”，确定报告的完成时间。也就是说，报告编制工作计划应该以所期望的报告发布日期为中心来安排。公司可以财务年度报告的发布时间为导向来确定企业社会责任报告的发布时间。同时，还可根据以往的出版和网络发布经验，估计出报告编排与印刷所需要的时间和准备网络版本所需要的时间。在国际上，企业越来越趋向于同时发布可持续发展报告和财务年度报告。

（2）确定报告质量目标。在确定报告的完成时间后，就要确定报告的质量目标。主要从两方面来考虑：一是从内部因素考虑，报告在多大程度上反映公司的企业社会责任或可持续发展目标，这里主要考虑管理部门决定的信息披露程度以及同类企业的报告披露情况；二是从外部因素考虑，准备选择何种报告标准来参考或指导报告的撰写，如联合国“全球契约”或《可持续发展报告指南》或有关的行业报告指南等，准备在多大程度上采用其相关的指标。

（3）确定人员分工。企业社会责任报告的准备工作并不是报告小组的成员在他们的日常工作之外可以完成的，他们必须腾出足够的时间。每一位报告编制小组成员都会贡献出自己的才能，不同程度地体现在报告的7个步骤中。当然，也不是每一位成员都是全职从事这些工作。这时要确定哪些成员是全职工作，哪些成员还需所在部门再指定专门的联络人。还要决定哪些工作由谁负责，哪些工作由外包服务来完成，外包服务又要通过什么方式来选择等。

（三）选定报告名称

如前所述，企业社会责任报告从最早的雇员报告出现以来，经过几十年，现在已经发展成为一个非财务报告的大家族。在这个大家族中，有着众多不同的名称。如何给报告取个合适的名字是一个很关键的问题，这既涉及后面工作逻辑的展开，也涉及报告的篇章结构和行文风格。

（1）要根据是发布单一的社会责任报告，还是综合的社会责任报告。如果发布的是单一的报告，就直接取名，如环境报告、社会公益报告等；如果发布的是综合的报告，就有较多名字可供选择，如企业责任报告、企业社会责任报告、企业可持续发展报告、企业公民报告等。

（2）要看企业的文化，即企业的宗旨和企业价值观中阐述的侧重点在哪些方面，是侧重企业与利益相关方的关系，还是侧重企业与社会可持续发展的关系，或者侧重企业与社会的关系。第一种情况可取名企业社会责任报告或企业责任报告，第二种情况则可取名可持续发展报告，第三种情况则可考虑取名企业公民报告。

（3）要看企业目前的管理经营实践，想通过报告把公司引导到什么样的发展方向。如果可持续发展是公司面临的重要课题，则可取名为可持续发展报告；对一些垄断性的行业，如果企业与利益相关方的沟通是其面临的重要课题，则可取名企业社会责任报告。当然，企业履行社会责任与企业实现可持续发展有着内在的逻辑关系，是不可分割的，公司可根据自己的实际情况决定取什么名字。

根据现有的相关调查，总体上讲，国际上取名可持续发展报告的最多，取名社会责任报告的位居第二；国内公司发布的报告中，取名企业社会责任报告的占第一位，取名可持续发展报告的居第二位。

二、企业社会责任报告的撰写

（一）收集基础资料和专题资料

资料的收集大致可分为收集基础资料和收集专题资料两大方面。基础资料收集主要是针对现有的书面资料包括两方面的内容：一是公司社会责任和可持续发展的文字性资料；二是数字性资料。

（二）设计报告提纲

1. 分析基础资料

收集了基本资料后，紧接着就是对基础资料的分析，其中至少包括以下三方面的内容：

（1）进行利益相关者分析。其内容包括利益相关者是谁，企业对利益相关者的影响是什么，利益相关者的反作用又是什么。

（2）进行可持续发展分析。其内容包括企业可持续发展的影响因素有哪些，企业采取了哪些可持续发展措施，企业可持续发展的绩效如何，企业为可持续发展作出了哪些重要贡献，企业进一步实现可持续发展的风险和机遇是什么等。可持续发展分析是从可持续发展的角度识别与公司最为相关的议题，全面收集有关这些问题的信息，以识别针对企业的挑战。下面的问题可能对持续发展分析有所帮助：

1）利益相关者对企业有什么期望？

2）考虑产品和服务的整个生命周期。

3）长远地、系统地看待各个方面。

4）哪些可持续发展议题与公司所处的行业相关？

5）在过去一年中，哪些议题在公司所处的行业中尤为重要？

（3）企业利益相关方与可持续发展关系分析。在利益相关方和可持续发展关系分析的基础上，找出两者之间内在的逻辑关系。哪些利益相关方是企业实现可持续发展的关键因素？企业应如何构筑适当的利益相关方关系，来抓住可持续发展的机遇，并有效避免可持续发展的风险？

2. 设计报告撰写提纲

首先要考虑报告结构。由于第一份报告选择的结构方式一般在后续的报告中都会遵循下去，为此，要准备一份目录和一份报告布局图样。在布局图样中要用关键词简要阐述各章节的内容，为每一章节大约留出多少空间，以及为每章文字所配的图表或照片资料，并及时着手收集。对于企业有关可持续发展活动的照片，应及时以档案形式保留并配以文字，以备最后报告编排时使用。

一般的报告结构如下：

第一部分　总论

- 上层管理部门的序言
- 企业概况、编制报告期间的重点
- 报告目标
- 提出可持续发展关键问题

第二部分 公司治理

- 愿景和战略
- 管理制度、公司文化、员工管理

第三部分 业绩描述

- 过去一年里企业发展对环境、社会和经济的影响

其中，第三部分是整个报告中内容最广泛的部分。在许多报告中，它几乎占了报告一半以上的篇幅。一般来讲业绩描述可选择以下几种结构展开：

（1）三重底线报告结构。根据可持续发展的前后关系，常常引用可持续发展的三重底线，即环境、社会和经济。三重底线不只是用经济、社会和环境的变量去衡量和报告企业的业绩，从广泛的意义上讲，它包括一系列的价值观、问题和过程，企业必须分析所有这些方面，以尽可能减少其活动可能带来的害处，同时创造经济、社会和环境价值。这意味着企业要考虑所有责任对象的需求，包括股东、客户、雇员、商业合作伙伴、政府、当地社区以及公众。许多公司采用三章的结构来描述它们的业绩，这样的阐述逻辑性很强，不足之处是三重底线之间的联系性不够紧密。

（2）按产品和企业部门划分结构。在详细阐述了环境、社会和经济三个部分后，有的公司着重阐述能源、水资源和部分重要产品的可持续发展解决方法。如果报告是按照产品划分结构，要特别注意不要把报告变成一份产品销售目录。

（3）按题目划分结构。2007 年，国家电网公司发布的第二份企业社会责任报告反映了公司社会责任的 12 个基本方面，即科学发展、安全供电、卓越管理、优质、合作共赢、服务“三农”、科技创新、员工发展、环保节约、全球视野、沟通交流、企业公民。这是一个把经典的三支柱报告模式创造性地整合成不同主题的范例。

（三）撰写报告

在写作之前有两个问题需要决定：一是写作的风格；二是报告篇幅。

1. 写作风格

在写作风格上一般有两种方式：一是杂志式报告方式；二是报道式报告方式。杂志式报告也称大众化易理解式，一般采用激发性语言和积极的语调，由各种采访和详细的范例描述构成报告的正文。报告包含大量照片资料以及一些引人入胜的故事，以此为读者传达报告中所包含的信息。采用这种方式需要注意的是不要做成公关宣传，不要使读者有被操纵的感觉。报道式报告也称正规商业风格，这种风格以具有中立且客观的语调为特点，使用图表和表格来支持报告中的信息，很少使用照片资料。在报告中主要描述事实，提出目标、解决方案和实现目标，但是没有过多的诠释，即集中描述事实、避免过多的解释。

2. 报告篇幅

如何确定报告的篇幅，究竟写多长，也是编制报告的一个重要问题。德国 Ploen 咨询公司作了一项调查，喜欢 50 页以上报告的人只有 30%，大部分人希望阅读 50 页以下的报告；在接受该项调查的人中，有 2/3 的人花费不超过 30 分钟的时间去阅读报告。该机构于 2003

年和2006年的两次调查对同一问题都得到了同样的结果。就目前来看，国内的报告有的多达八九十页，篇幅太长，一般读者阅读起来太累。为了使CSR报告的信息能够传达给利益相关方，建议报告篇幅的设计应该以适合浅阅读为主。

（四）评价与审验报告内容

在报告撰写好以后，应该进入内部评估过程，同时也要征求外部利益相关方的意见。报告编制要具有可信度，因此要考虑以下一些因素：报告发布后，外部对企业社会责任的正式评价将是检验报告可信度的最重要指标；报告自身平衡性原则的把握是其基础；是否采用外部报告标准，如GRI指南也是日益受到关注的问题；此外，独立第三方的审验已成为一种趋势。因此，报告的内外部评价和审验是提高报告可信度的重要手段。

三、企业社会责任报告的设计

完成报告正文撰写后，报告的设计是发布前的一项重要工作。

（一）总体风格设计

从企业社会责任报告设计的发展来看，随着企业形象意识和行为规范透明度的增强，报告的面貌正在发生明显变化。从早期很少有图片的文字性报告，到今天图文并茂的报告，图片的增多显示了文化因素的渗入，色彩的运用体现了企业整体形象战略的贯彻，制作的精美、考究则彰显着企业自身价值的不凡，因而报告实际上已经成为企业面向社会公众打开的另一扇窗口，成为企业传播企业文化、价值观、核心理念、战略规划、全面业绩和愿景蓝图的有效载体和重要交流工具。

企业社会责任报告的设计总的来说并没有一种固定的法则。作为一种传播工具，它的功能应该结合企业经营理念与文化意识加以发挥。尽管各公司的业务特点不同，体现出的设计风格会有所不同，但在企业社会责任报告的总体设计风格上，应根据企业社会责任报告自身的性质、特点和传播的需要，把握好以下几个通用性原则：

（1）严整性原则。企业社会责任报告属于公司报告的一种，所披露的信息和数据应是经过严格的内部（或外部）审计的，是公司对外发布的具有法律意义的公报。由于报告题材的严肃性和形式的工整性以及定期发布等特征，企业已经越来越倾向于将报告设计制作得精美而高雅，其规格大小也相对比较固定。企业社会责任报告设计应根据创意主题，从文字和图形布局、色彩设置等各方面对封面和内页进行整体设计，形式力求简洁明了，既表现出题材的严肃性，又要把握好总体格调。

（2）平衡性原则。平衡性是指报告各章节内容的多少、文字与图表的对应、各章节版面色彩的明暗等方面应相对均衡。各章节的文字量可以根据重要性有多有少，但不宜相差太大。报告以文字为主，可以配以适当的图片辅助说明，增强文字表述的真实性和表现力，增加可读性。但报告不是画册，用图不宜过多，应以具有真实性的现场实景图片为主，非写实图片应慎用和尽量少用。各章节所选用图片及制作的图表数量也应大致均衡，不宜过于集中。

（3）重点突出原则。从总体设计上讲，企业社会责任报告的视觉凝聚点往往在封面上，内页则要强调整体上主次关系的协调，使概念清晰、主题明确，从而能准确传达企业精神和企业需要传达的相关信息。在正文版面设计上，应将文字、数据图表、图片、案例、社会评价等不同种类的信息按照意义表达的重要性依次加以区分显现，以达到阅读时一目了然的效果。这是形式为内容服务的一个重要体现，也是报告作为特殊文字载体在传播功能上的必然要求。这要求设计人员应对报告内容有“先入为主”的理解和思考，才能在版面上对不同种类信息进行合理布局。

(4) 实用性原则。企业社会责任报告设计要使读者最迅速、最便捷地获取并理解报告中的相关信息和内容，因此，应以重点突出、关键信息方便查找、易于使用作为设计的重要原则。

(5) 可读性原则。与财务报告相比，企业社会责任报告所关注的利益相关方群体更为广泛，这就决定了此类报告不论内容多么翔实、重要，如果设计版面灰暗、沉闷，就会直接影响阅读，使报告信息内容的传播效果大打折扣。在人们的阅读习惯正朝着“读图时代”发展的今天，一本排满文字和数据的报告势必会使传播群体受到局限。因此，精心的创意和合理的布局设计可以把一个富有时代感、新鲜感和视觉吸引力的版面呈现给读者，不但增强了报告的可读性，还可以为报告增添文化韵味。

(6) 差异性原则。企业为了获得社会大众的认同，必须是个性化的、与众不同的，因此，差异性原则十分重要。差异性首先表现在不同行业的区分上，因为不同企业在大众心目中有着不同的行业特点、定位和形象特征，这就要求企业社会责任报告在设计时必须突出行业特点，同时，也要凸显企业的个性特征。此外，由于企业社会责任报告一年发布一次，创意构思、设计表现手法乃至印刷材料的运用都可以不断推陈出新，以使报告不会显得过于呆板，不断给读者以新鲜感和新的期待。

(7) 统一性原则。企业社会责任报告尽管在内容和形式上有别于公司的对外宣传画册、有别于财务报告，但为了企业形象对外传播的一致性与一贯性，便于社会大众接受，应将上述企业出版物作为整体统一考虑设计风格，统一使用品牌标志和公司名称，进行一体化设计，创造积累和传播统一的企业理念与视觉形象。

(二) 具体版面设计

在具体版面设计上，有两项基本要求：一是表达清楚，即所有设计都要将素材整合成形，使其有次序、有秩序、有特征、富有层次感，使主题更有效地传达信息；二是创造差异，即富有独特性、容易识别，能够在成百上千的同类报告中脱颖而出。

报告版式设计的主要目的是展示文字性的和视觉化的信息，使读者能轻松地获得所需信息。版式设计主要解决实用性与审美性的需要。一个优秀的报告版式可以将复杂的信息编排得十分合理，以便读者迅速地找到所需的内容，同时也带给读者以美的享受。因此，设计时要根据以上要求，精心设计报告的封面、标题、字体层级、数据和图表、图片、边距、页码等，同时也要注意用补充目录、案例、索引、术语表或联系方式等表示一些附属信息。

以下简要介绍大众汽车集团的可持续发展报告的核心内容。迄今为止，大众汽车已经分别发布了三本可持续发展报告（2005/2006、2007/2008 和 2009/2010）：

1. 2005/2006 可持续发展报告——“移动生活、代代相承”

核心内容：作为大众汽车集团首个可持续发展报告的主题，代表了大众汽车传统策略及未来展望，两者均植根于以实现可持续移动能力，为后代构建美好生活为目的的长远理想。本报告是依据全球报告倡议组织（GRI）《可持续发展报告指南》编制的，并邀请知名专家对报告的完整性、优缺点以及一致性进行评审。

2. 2007/2008 可持续发展报告——“负责任地迈向未来”

核心内容：大众汽车集团 2007/2008《可持续发展报告》是大众汽车集团可持续发展的一个重要呈现。可持续发展是体现大众汽车创新能力和竞争能力的一个机会，从气候的变化到逐渐枯竭的化石能源储量，再到可持续性发展的出行方式，这些问题都需要推出更先进的技术和创新的产品来解决。大众汽车深信，一切行为要严格遵循可持续发展的原则，也唯有如此，才能保证企业长期的发展与成功。

3. 2009/2010 可持续发展报告——“驾驭梦想”

核心内容：思想驱使我们前进。正因为此，我们将“驾驭梦想”作为第三份大众汽车集团可持续发展报告的标题。在我们努力实现可持续交通的过程中，人、技术和环境这三个因素决定着我们的思想和行动。大众汽车自 1995 年起开始进行环境报告。经过不断的评论以及与利益相关者进行的详细对话，它已演变为集团的可持续发展报告。集团每两年出版一次印刷版报告，而关键指标则是每年在网上更新。此报告中的事实和数字适用于 2006 年 1 月 1 日 ~2008 年 12 月 31 日这段时间，涉及集团合并报表中包含的所有公司（另有说明的情况除外）。与环境、财务和社会相关的关键指标部分进行了大幅扩充，而且第一次纳入了集团在欧洲新车型的二氧化碳排放量。

可持续发展对于大众汽车来说，意味着要积极履行企业社会责任，对遍布世界各地的 325000 名雇员负责，要致力于维持与经销商、供应商、投资者、友邻和顾客的长久关系，以保证相关各方利益的最大化。可持续发展要求对环境负责，尽可能地降低运作中对环境的影响，并对所在地区的进步与发展作出积极贡献。该报告囊括了生态保护、气候与能源、安全与健康等涉及社会发展诸多层面的可持续发展建议，以及基于大量对未来社会发展系统分析和研究所获得的具有前瞻性同时具备实质价值的成果。通过这份报告，大众汽车对中国社会和汽车行业的发展所作出的决定性贡献得到真实见证。作为在中国贡献以及纳税最多的跨国公司之一，大众汽车通过这份报告强调了优秀企业公民应尽的责任和义务。事实上，大众汽车正是在以实际行动时刻遵循长期的可持续性原则，从责任出发，维护经济、环境和社会目标间的长期平衡。

本章小结

1. 随着经济一体化的深化，发布社会责任报告已经成为负责任的公司的必然选择，社会责任报告对提升企业形象，应对消费者压力以及响应政府号召都有明显的作用，因此，发布企业社会责任报告是企业履行社会责任的重要实践内容。许多跨国公司从 20 世纪 90 年代开始发布社会责任报告，至今已经形成了比较完善的报告体系。

2. 中国企业社会责任报告的发布时间较晚，形式和内容也不规范，很大程度上影响了社会了解和评价社会责任的实践。但是中国企业对社会责任报告的重视程度和行动速度都在增快，很多知名的央企和民企自愿发布企业社会责任报告，但是社会责任报告的内容和体系远未规范，因此，规范社会责任报告的内容和体系是亟待解决的首要问题。

3. 企业社会责任报告的编制过程需要高层管理者的参与和重视，同时也要吸收重要的利益相关方的参与，借鉴跨国公司成熟的报告形式，形成比较规范的披露企业社会责任实践的报告体系，这是编制社会责任报告的基本要求。

复习与思考题

1. 企业社会责任报告的现状如何？
2. 企业社会责任报告编制分为哪几个步骤？
3. 企业发布社会责任报告的意义是什么？

案例分析

荷兰银行和壳牌社会责任报告框架

一、荷兰银行社会责任报告框架

1. 荷兰银行简介
2. 董事会主席向利益相关方的致辞、企业理念与立场
3. 成为负责任企业透明的公司
4. 保护资产
5. 提供可信赖的金融服务
6. 成为优秀的雇主
7. 把对环境的影响最小化
8. 支持当地社区
9. 报告原则、报告审验、术语表、GRI 索引

二、壳牌社会责任报告框架

1. 壳牌和能源挑战
2. 安全的能源
3. 对环境负责任的能源
4. 在极富挑战的地方开展工作
5. 绩效数据
6. 我们的报告

（资料来源：根据荷兰银行和壳牌2006可持续发展报告整理）

讨论题：

从两份企业社会责任报告的框架，分析不同行业的企业的社会责任报告的共同点和区别。

第十一章　企业社会责任的推进、创新与发展趋势

学习目标

通过本章学习，应该理解和掌握：

1. 企业社会责任推进的思路和步骤
2. 企业社会责任创新的方法
3. 企业社会责任发展的趋势

引导案例

英国石油公司将环保融入公司战略

英国石油公司（BP）是世界上最大的石油和石化集团公司之一。主要业务是油气勘探开发、炼油、天然气销售和发电、油品零售和运输，以及石油化工产品生产和销售。此外，公司在太阳能发电方面的业务也在不断壮大。在2004年的《财富》杂志世界500强评选中，英国石油公司（BP）排名上升为第二，在所有石油公司中名列首位；英国一家名为“企业社会责任网络”（CSR Network）的咨询公司对财富百强企业进行了一次社会责任评估，BP公司排名第一；在由世界可持续发展工商理事会等针对全球百强企业的社会责任评估中，BP公司名列榜首，被评为全球最负责任的企业。

企业经营与承担社会责任之间不仅没有任何冲突，反而能够相互促进，甚至可以带来普通经营不能带来的利润。例如，全球面临气候变暖的厄尔尼诺现象，英国石油全球总部认为，科学论证虽然没有表明气候转暖肯定是二氧化碳排放导致的，但还是应该考虑用技术解决降低二氧化碳排放的问题，并承诺到2010年要使二氧化碳的排放量比1990年的排放水平降低10%。这些年BP业务持续稳定增长，同时于2001年提前9年实现了当年承诺的这个目标。结果说明这样做更省钱，更节约成本。据介绍，这个项目BP投入了2000万美元，却获得了5.6亿美元的增值回报。

又如，开采石油，一般都会把表层的天然气放出来烧掉不用，所以在人们的心目中，石油开采架上总是燃烧着不灭的火焰和弥漫着漫天的黑雾。BP认为把这部分天然气白白烧掉，既污染空气，又浪费能源。现在，BP已经实现了对这部分天然气的回收，这样不仅减少了二氧化碳的排放，而且又增加了天然气的收入。

一个不重视安全、不注重与社会协调发展的企业，它的生命力注定不会长久，也不可能得到资本市场的认可。所以，BP在从事各个方面的合作之前，都要认定这个合作与社会责任之间的关系，当然也不能将全部的眼光都放在和业务相关的问题上，社会责任之一就是“回到社区中去”，所以，BP对公众教育、环境保护、野生动物还有妇女和儿童的健康等方面都进行了投资。早在1985年，BP就与众多国际环保组织共同发起了一项全

球性的"BP动植物保护项目"，其目的在于鼓励和支持世界各地那些致力于解决紧迫课题的长期保护项目。BP通过该项目资助了64个国家的210个环保项目。BP不但在日常业务中注重技术应用与开发，在天然气、太阳能发电和可再生能源方面加强开发利用，还一直致力于为中国提供更清洁的能源，为中国在清洁能源的基础研究方面提供帮助。BP与中科院合作了为期10年的"清洁能源——面向未来"研发项目，通过在10年内提供1000万美元的资金支持建立BP中国研发中心、清华—BP清洁能源研究与教育中心等研究机构，推动中国在能源技术研究方面的水平。BP的目标是：在其业务所到之处，与社区共同繁荣。

可见，从长远的角度看，企业承担相应的社会责任与追求利润最大化之间并非水火不容。一个有远见的企业家不仅应追求企业的短期利润，更应关注企业长期获得利润的能力；而企业自觉承担社会责任有助于增强企业的长远发展能力，容易在社会公众中获得更高的信任程度。这是一笔可观的无形资产，有助于树立良好的企业形象，使其产品和服务对消费者具有更大的吸引力，从而在市场竞争中获得更有利的地位。

（资料来源：BP公司网站）

第一节 企业社会责任的推进

毫无疑问，履行社会责任是现代企业应尽的职责。只有树立全球责任观念，自觉将社会责任纳入经营战略，完善经营模式，追求经济效益和社会效益的统一，企业才会积极主动地推进社会责任的履行。然而，单靠企业，尤其是单靠企业主或经营者的"良心"是不够的。自20世纪90年代以来，一些经济体疏于监管，一些金融机构受到利益驱动，利用数十倍的金融杠杆进行超额融资，在获取高额利润的同时，把巨大的风险留给整个世界，从而引发了全球金融经济危机。实践证明，推进企业社会责任，除了企业的"内因"，还须政府监管和社会监督的"外因"，"外因通过内因而起作用"，真正实行"企业、政府、社会三方联动"机制，方能有效推进企业社会责任的履行，从而使全球经济社会朝着更健康、更和谐、更文明的方向持续发展。

企业社会责任推进中的"三方联动机制"包括两个层次：一是作为宏观层次的政府、社会、企业三方联动机制；二是作为微观层次的劳动关系中的政府、企业、工会的三方联动机制。

一、企业、政府、社会三方联动的长效机制

企业承担社会责任，需要多方力量的驱动。企业主动地、自发地承担社会责任仅仅是一种理想状态，企业社会责任不可能完全依靠企业自身的觉醒来完成，必须依靠外部社会压力将这种压力转化为企业的内在动力，承担社会责任才能成为企业的理性选择。因此，作为外部"压力源"的政府、社会与作为内部承受方的企业，应发挥各自作用、内外结合，逐步构建一个企业、政府、社会三方联动的长效机制。

在市场经济条件下，作为"理性人"的企业，对于其承担社会责任的主要考量因素是

成本。只有在承担社会责任的收益超过成本的情况下，企业才有积极性去主动承担社会责任。也就是说，只有将来自政府与社会的外部压力转化为企业自身的经济驱动力，承担社会责任才能成为企业的自觉行动。

在什么条件下，来自政府与社会的外部压力才能转化成企业的内部动力，从而使企业主动承担社会责任呢？根据理性选择理论，在收益不变的情况下，逃避社会责任的成本越高，就意味着承担社会责任的成本越低，企业也就越有积极性去承担社会责任；在成本不变的情况下，承担社会责任的收益越大，企业越有积极性去承担社会责任。因此，采取以下两项措施，将有利于促使企业主动承担社会责任。

（一）建立企业社会责任的惩罚机制，使逃避社会责任的成本提高到足够冲抵其收益水平

建立惩罚机制可以从两个层面入手：

（1）加强公众舆论的监督引导。如果消费者和投资者对社会责任的偏好强化到足以影响企业的选择，那么社会责任意识就转化成了消费者和投资者手里的货币选票，这时不承担社会责任的企业就面临着得到市场惩罚的“可置信威胁”，而承担社会责任的企业则会因其良好的企业形象而受益。欧美国家的实践表明，消费者和投资者的选择已经对企业构成了实质性的压力。一项调查表明，70%的消费者认为“企业对社会的承诺是他们购买产品或服务时考虑的一个重要因素”；超过50%的消费者表示他们会对不承担社会责任的企业采取行动；20%的消费者表示他们已经采取行动对这类公司进行了“惩罚”。而目前我国的社会责任意识还处于觉醒时期，不足以对企业形成经济压力。

（2）以法律法规形式确立惩罚机制。要加快完善与企业社会责任标准相关的法律法规制度，因为以法律和制度的形式明确规定企业应承担的对利益相关者的责任，是解决社会责任所造成的负外部性的有效途径。同欧美国家相比，我国企业社会责任法制化相对滞后，在劳动保护、消费者权益、环境保护等方面的立法不够完善，导致很多在华投资的跨国公司对同样的产品采取双重标准，即在中国销售的产品的卫生标准、安全标准以及售后服务标准，都低于在发达国家销售的同样产品的标准，这一点已经引起了我国消费者的不满。但由于相关法律的缺失，对于这种逃避社会责任的行为，还不能给予有力惩罚。而同公众舆论压力相比，法律对于逃避社会责任的企业的制裁更为直接和有效。

（二）要使企业对于承担社会责任所带来的长远收益有良好的预期

从短期看，企业承担社会责任是要付出一定代价的，那么承担现阶段社会责任的成本，是否一定会带来企业预期的长远利益呢？很多调查对此作出了肯定的结论。例如，1995年由10多家英国企业赞助的研究项目《明天的企业：企业在变化的世界中应该扮演的角色》指出：那些在将来处于优势地位的企业，不仅仅把眼光盯在为股东赚钱上，也不仅仅用财务指标衡量企业业绩，而是在制定企业发展目标时，综合考虑所有的利益相关者。承担社会责任带来长期利益和发展预期，会增加企业的耐心程度，使企业有积极性建立良好的社会责任声誉，愿意为谋求长远利益而牺牲眼前利益。

要使企业对承担社会责任形成良好的长期收益预期，还有一个重要方面就是要建立和完善企业社会责任的信息披露机制，使主动承担社会责任的企业能够得到社会的肯定、逃避社会责任的企业受到社会的惩罚。只有在这样的社会环境中，企业才会认识到承担社会责任的重要性，社会责任成本才能转化为未来的收益。另外，对于企业承担社会责任的信息披露和信息传达要足够快，避免信息不对称造成的“劣币驱逐良币”的现象。要做到这一点，可采取以下措施：一是鼓励企业主动、自愿披露社会责任情况。目前中国企业这样做的为数不多，但在欧美等发达国家，“企业社会责任报告”已经成为很多公司尤其是跨国公司年报的一部分。二是充分发挥新闻媒体的监督和信息传播作用。欧美的新闻媒体对社会责任运动起到了很好的推动作用。与发达国家相比，我国新闻界对企业逃避社会责任现象的曝光率则相对不足。

总之，企业社会责任的顺利实施是一个系统工程，全面落实企业社会责任是一个漫长的过程。在这一过程中，政府、社会与企业都需要借鉴国外的成功经验，并结合中国实际，找准切入点，集中精力克服企业社会责任过程中的主要障碍，循序渐进，构建切实可行的企业、政府、社会三方联动的长效机制。

二、劳动关系中的“三方机制”

劳动关系三方协商机制（简称“三方机制”）也称劳动关系三方原则，是国外市场经济国家处理劳动关系的一项基本制度，是调节政府、企业和劳动者（以工会为代表）三方关系的体系与机制，是“社会伙伴关系”的具体体现。

三方机制的建立既是市场经济国家经济发展的产物，也是国际工人运动发展的结果。随着社会生产力的发展和企业管理水平的提高，在资本主义市场经济发展早期实行的随意解雇工人和强制管理等手段已不适应调节现代劳动关系的需要，于是基于劳资合作，通过“社会协商”调节劳资关系的理论主张在19世纪中叶的欧洲就应运而生了。国际劳工组织（ILO）于1919年成立之初就倡导劳资合作，其成立时的章程中主张通过经营管理与劳动、工人与雇主的合作“促进经济与社会的发展”。市场经济国家十分重视三方机制的法制建设，如挪威的雇主协会和工会早在1935年就签订了被称为“工作和生活宪法”的基本协议，全国建立了各级三方委员会，并定期举行协商谈判和签订协议；瑞典的雇主协会和工会于1938年也签订了著名的“萨尔茨耶巴登记协定”并建立了由劳资和中立代表组成的劳动市场委员会，举行协商谈判和签订协议。第二次世界大战后，特别是近30年的各国劳动关系的改善、经济与社会的持续发展，三方机制发挥了重要作用。国际劳工组织在长期活动中为三方机制的推行也发挥了重要作用。它通过的某些公约、建议书和宣言，尤其是1976年通过的《三方协商促进履行国际劳工标准公约》（第144号）和1996年国际劳工大会对“国家一级有关经济和社会政策的三方协商”报告的讨论，都有力地促进了三方机制的普及和发展。在2002年6月召开的第90届国际劳工大会上，由40多个国家雇主组织代表提出建议并经大会讨论通过了“关于三方机制和社会对话的决议案”。按国际劳工组织的解释，三方机制和社会对话原则是指涉及劳工的经济和社会问题要劳资政三方共同参与。参与方式可以是对话、协商，也可以是仅仅交换信息。

根据国际劳工组织1976年第144号《三方协商促进履行国际劳工标准公约》的规定，三方机制是指政府（通常以劳动部门为代表）、企业和劳动者（以工会为代表）之间，就制定和实施经济和社会政策而进行的所有交往和活动，即由政府、企业和工会通过一定的组织机构和运作机制共同处理所有涉及劳动关系的问题。三方机制的形式可以是比较固定的三方委员会及其专门工作机构，也可以是在某个层面召开的三方会议，还可以通过三方签署的文件形式得以体现。

三方机制作为协调劳动关系的机制和手段，是市场经济国家的通行做法。作为“舶来品”，我国搞市场经济体制，也需要学习和借鉴。社会主义市场经济体制的建立与完善，对劳动关系的调整提出了与其相适应的客观要求。协调劳动关系，一方面，要在企业内部落实劳动合同制，实行集体协商制度和集体合同制度；另一方面，还要建立起能够促进劳动关系稳定与协调发展的三方机制，用三方机制来体现对更高层次上的劳动关系的协调作用，以达到三方共同利益和目标的实现。

我国从1983年就开始探索并着手劳动关系的三方机制的研究和引入。1990年全国人大批准执行国际劳工组织通过的《三方协商促进履行国际劳工标准公约》，已表明了我国对三方机制的承诺。2001年新修订的《工会法》第34条对三方机制作了规定：“各级人民政府劳动行政部门应当与同级工会和企业方面代表，建立劳动关系三方协商机制，共同研究解决劳动关系方面的重大问题。”这是目前我国推行三方机制的主要法律依据。

2001年8月，中国劳动和社会保障部同全国总工会、中国企业联合会建立了国家协调劳动关系三方会议制度，并召开了第一次国家级协调劳动关系三方会议，从而使我国的劳动关系协调工作有了一个较为规范和稳定的工作机制。目前，全国省级和地市级的三方机制已经基本建立，并正逐步向县（市、区）、乡镇（街道）以及各类开发区延伸，各行业也在逐步推进和建立产业三方协调机制。我国多层次多形式的三方机制正在形成之中。

我国引入和建立劳动关系三方机制不仅是一种主动适应市场经济发展的举动和措施，更是将产业民主精神、劳工利益保护和国家政策导向植根于现实需要又与国际接轨的一项新的具有里程碑意义的制度构建。

第二节 企业社会责任的创新

一、企业社会责任与创新之间的关系

企业创新的本质在于价值创造，但同时企业创新也源自价值驱动。企业主动履行社会责任建立在负责任的价值观基础上，即企业意识到企业经营不仅要实现股东利益最大化，同时也要实现所有利益相关方利益的最大化，这种价值观驱动企业去履行社会责任；而企业履行社会责任的理念和行动可以带来企业的创新活动，这些创新活动的目标是实现企业及所有利益相关方价值的最大化，从而使企业履行社会责任包含更广泛价值创造的意义。

就企业社会责任与创新二者关系而言，企业以履行社会责任来驱动创新，或者以创新来驱动企业履行社会责任，这两种途径都可以很好地将两者结合在一起。这两者之间的差异是：以企业社会责任来驱动创新，是在对各种社会价值和公司商业价值的追求中，使公司经营行为符合社会规范和利益相关方期望，创造社会产品，实现创新，这是由社会领域向过程领域逐渐渗透的、由外而内的发展。在这个过程中，企业由于过程领域中的创新，如产品、生产过程或营销过程的创新，引起组织领域的变革和创新，进而关注利益相关方关系，从而引起组织领域和过程领域的创新，进而关注管理利益相关方关系，最后，企业全面关注社会领域。

在具体实施中，企业社会责任与企业创新之间的结合主要表现在以下几个方面：

（1）开发具有社会意义的新产品和服务。创新往往与创造力、运气和灵感有关，不过

这些因素即使至关重要，也只是创新所需要素中的少数。事实上，产生新思路容易，但是企业所面临的真正战略性挑战是如何维持源源不断的好思路，并把它们转化为在市场上取得成功的产品和服务，这就是创新的内涵。

企业社会责任意识的觉醒，使消费者对产品和服务有了不同的需求，从而可能出现一种新兴的市场需求或者产生一种涉及所有利益相关方的新开发技术来创造市场需求。企业可以针对这些新的需求进行产品或服务的创新，如绿色产品、公平贸易产品，也可以通过生产过程的创新满足部分消费者对生产过程的社会责任期望。

（2）利益相关者关系与创新。广义上，创新过程是一种相互作用和互动的过程，而不是线性和科技推动导向的过程。互动在创新过程中的重要性使关系网络成为知识交流和学习一个必不可少的手段。企业履行社会责任，关注与利益相关者的关系，有助于构建合作和信任的网络关系，从而促进创新理念的产生。

（3）再造生产流程，是利益相关者参与创新过程。创新也可以是企业的一整套流程的变革。事实上，有更高期望和要求的消费者能推动企业的生产流程或营销流程的再造，有助于增加最终产品的价值。流程再造的过程，是一个具有突破性的概念，它包括了利益相关者参与项目的各个方面，如制造或提供一种全新定义的产品，或者改善现有产品的生产，从而改变它们的竞争特性，包括个性化定制的能力、交付期的缩短或成本改进等方面。

二、构建企业社会责任与创新相融合的模式

从市场演变与企业发展的关系来看，不同市场状况下，企业竞争优势来自不同的因素。企业竞争优势与其所拥有的资源有着密切的关系，总体而言，在企业的经营要素中，土地、物质资本、资源、区位、规模、劳动力等生产要素是初级或低位资源，拥有这些资源的企业就拥有一定的自然资源、规模或区位优势，在传统的竞争市场中，拥有这些优势的企业就拥有一定基于知识的优势和基于技术的优势，在知识经济的市场中，拥有这些优势的企业可能有较强的竞争能力；而目前，企业的竞争能力不仅来自上述初级或中级资源，还源于企业能力、技术标准、品牌、商誉、市场准入、市场网络、顾客关系和社会资本等高级资源或高位资源，它们形成体系优势，这是目前企业竞争优势的重要因素。这些高级资源的形成很大程度上依赖于战略性企业社会责任的实施。

（一）战略性企业社会责任

企业社会责任被广泛地应用于商业界，尽管很多商界领袖在公开场合认为，企业社会责任项目能够为企业创造价值，但私底下，他们承认，无法确定企业履行社会责任能否得到回报。学术界的研究也没有给出足够的证据来说明企业履行社会责任与经济绩效有着必然的相关性。实际上，许多企业社会责任项目确实提高了企业成本，尽管它们可能得到不同利益相关方群体的正面评价，而股东可能看到他们股权价值的消失。因此，如何制定适当的企业社会责任战略、实施能为企业创造价值而不是带来成本的社会责任项目是众多企业所面临的挑战。为此，研究者提出了一个工具性的框架，帮助管理人员制定战略性企业社会责任，这种战略关注于将企业社会责任与商业运作的利润目标相结合。

基于资源基础的观点，企业竞争能力取决于5个战略性的层面。表11-1列举了传统企业社会责任、传统战略和战略性企业社会责任的对比，通过对比，可以概括出战略性企业社会责任的框架。

表 11-1 传统企业社会责任、传统战略和战略性企业社会责任的对比

战略性层面	企业社会责任战略的不同方法		
	传统企业社会责任	传统战略	战略性企业社会责任
可视性（Visibility）	做好事总会得到回报，并且从长期来看是能获利的，与可视性无关	建立顾客对产品和品牌的意识	建立顾客和利益相关方对产品附加企业社会责任价值的意识
专有性（Appropriability）	做好事总会得到回报，并且从长期来看是能获利的，(Visibility) 与专有性无关	管理供应商、顾客和竞争者关系，为公司获得附加价值	管理利益相关者关系，为公司获得附加价值
自愿主义（Voluntarism）	参与超越公司利益和立法要求之外的社会活动	公司创新是基于学习能力：不确定性行为	参与超越公司利益和立法要求之外的社会活动
向心性（Centrality）	做好事与社会需要有关，而与核心商业目标无关	通过产品或服务的创新创造价值	通过与社会议题相关联的产品或服务创造价值
前瞻性（Proactivity）	预见社会议题的变化	抢先行动优势	预见当前社会议题变化所产生的市场机会

（1）可视性。它是指企业行为能被利益相关方观察到并认可的程度。具有可视性的企业社会责任行动能对公司的声誉产生正面影响。研究表明，好的公司声誉对价值创造有着巨大的潜力，并且难以复制。在产品差异化程度较低的市场中，声誉是关键的竞争优势，它能吸引高级雇员，并更有效地管理利益相关方。然而，并不是所有的公司都愿意让企业社会责任变得具有可视性。传统企业社会责任的观点将企业从事社会活动看做纯粹对社会的回报或贡献，而不愿意将企业社会责任与商业目标结合；而传统战略的观点则将企业从事社会活动局限于顾客，只看重企业声誉对顾客的影响；战略性企业社会责任则关注通过履行社会责任，提高顾客和其他利益相关方对产品附加的社会责任价值的意识和认同。

（2）专有性。在企业社会责任背景中，专有性可以被定义为公司从社会项目中获取经济利润的能力。与价值创造特别相关的一个专有性例子是产品差异。这类产品差异的形成可以通过赋予一种产品具有企业社会责任的属性（产品创新）或者通过符合企业社会责任的过程生产产品（过程创新）。在上述任何一种情形中，公司都创造了一个新的市场，即一些顾客愿意为具有企业社会责任属性的产品支付额外的价值。例如，巴塔哥尼亚（Patagonia）是一家位于加州的户外及运动装制造商，它为其企业社会责任产品创造了一个新的市场。作为一家户外运动装备的环保提供商，巴塔哥尼亚用回收的聚乙烯对苯二酸盐生产服装。从一开始，巴塔哥尼亚的市场就是针对其产品的环保型特点，如有机棉，以及它们基于更加环保的创新性改进。巴塔哥尼亚的衣服的售价高出同行业竞争者50%，这家公司维持其竞争优势主要是始终关注其社会项目的专用性，通过创造企业社会责任产品并将它们定价高于替代产品。因此，企业良好的利益相关方关系管理能为公司获取附加价值。

（3）自愿主义。它是指企业履行社会责任是自愿承担的，是企业愿意去做，而不是由于立法约束或税收激励。自愿主义认识到，市场活动和非市场的企业社会责任项目之间存在根本性的区别。因为企业本来就是要利用市场来开展经营活动，为此，大部分企业忽略了在价值创造中非市场的企业社会责任项目。除了企业价值和文化能在企业产生共识、促进雇员对企业的忠诚外，许多企业社会责任项目都与价值创造联系在一起，可为企业提供战略性机会，因此，与市场无关的很多社会活动都可能是公司价值创造的来源。所以，企业超越立法的要求，从事更多的社会活动。一些研究表明，在其他企业还未试图通过企业社会活动来获得竞争优势的环境时，超越法律强制之外的社会行动的自愿性决策能成为价值创造的来源。通过将企业社会责任与其他战略性层面相联系，就能使公司创造出被顾客看重的独特资源和能力，并难以被模仿。有一个实际的例子，MRW 作为一家包裹运输公司，竞争主要集中于通过快速而有效的递送降低成本，MRW 的战略也一直坚持将快速而有效的低成本递送作为那些生存下来的竞争者的共同特征，但它却为多元顾客群体开发出一批具有社会责任特点的产品。譬如，它为残疾人、与家人远离 50km 以外的老年人等提供每月一次的免费包裹递送。MRW 将企业社会责任项目看做广泛的自愿行为，并且希望其他公司无法与之相比。很多受益者成为 MRW 的顾客，还有一些顾客也认识到 MRW 有能力为特定的顾客群体提供专门服务。

（4）向心性。它是指企业行为与目标之间的关系密切性。传统企业社会责任的观点是将企业履行社会责任看做与社会需要有关，而与核心商业目标无关；传统战略关注通过产品创新企业创造核心价值；而战略性企业社会责任则强调通过与社会议题相关联的产品或服务创新来创造企业价值和社会、环境价值。

（5）前瞻性。它是指企业行动的积极主动程度。传统企业社会责任观点的前瞻性表现为预见社会责任议题的变化；同时，传统战略关注抢先行动优势；但是，战略性企业社会责任强调的则是预见社会议题变化中的市场机会，并能加以充分利用。企业对社会责任的态度可以从不作为到反应性的，再到互动的，最后是积极主动的，即从被动到主动的发展过程。被动的态度价值低，因为几乎没有时间对社会的快速变化作出反应，只是当机会发生时能抓住创新机会或者回应外在的社会责任压力；而一个积极主动的立场需要一定的前瞻性和预见性来制订长期计划的企业社会责任战略。领袖型或者最佳实践的企业，通常具有积极的创新态度，即不等待竞争者或者外部压力出现，而是持续地致力于寻找和创造突破性方案。

（二）企业社会责任与创新的融合

企业社会责任举措可以通过使用“社会、环境和可持续发展的驱动力来创造新的工作方式、新产品、新服务、新流程和新的市场空间”，以实现创新，这已促使许多公司重新界定它们的商业模式。更重要的是，这种创新可以通过创造一个良性循环的供应链，向其他组织传播和转移。举例来说，诺基亚通过率先采取企业社会责任举措，抓住增加其品牌价值的机遇，如从构思产生到考虑到其产品的环境和社会影响，通过设计其不同水平的能源和材料功效的手机，精心选择和审核供应商，并为旧的移动电话及配件提供回收点等得以实现。这使诺基亚获得了企业声誉提高和品牌价值增加的双倍利益。从企业社会责任到创新包含着社会领域、关系领域、组织领域和过程领域 4 个方面，企业社会责任与创新在每个领域中都可以找到融合之处。

（1）社会领域。在社会领域，企业应该关注识别产品与服务的社会责任含义，这可能创造出企业的竞争优势。具体而言，将伦理考虑融入企业的整个经营过程中，从产品或服务的设计到生产过程，再到营销过程。伦理考虑的主要内容包括公平与正义的价值观，以及对待所有利益相关方及环境，因此，要创造良好的工作环境，实现工作场所的多元化，在社区中公平地分配财富，保护环境等。例如，当公众意识到目前环境议题紧迫性，从而产生了环境方面的立法以及对更加绿色产品的普遍需求时，一些具有前瞻性的企业能预见到这种趋势，并快速实施环境保护的行动去减少资源浪费、延长产品的总体生命周期，通过减少废弃物和成本，可以获得优势，避免环境罚款，增加进入新市场的机会，提高组织的道德，改进产品质量和减少对环境的影响。同时，企业在开发新产品时能考虑其潜在影响，并能提供关于其产品与服务清晰而准确的环境信息，组织与利益相关方展开对话，能更好地理解产品对关键利益相关方，如消费者，所可能造成的健康方面的影响。此外，近年来所涌现的公平贸易也是一个很好的例子。公平贸易是一种基于建立对话、透明和尊重贸易伙伴关系的行为，它特别关注寻求国际贸易中的公平，通过提供更好的贸易条件对全球的可持续发展作出贡献，同时确保边缘化生产者和工人的权利。特别是在发展中国家、地区或当地背景下的公平价格是通过对话和参与达成的，不仅包括生产成本，也包括促使生产过程的社会公正和环境改善。它对生产者提供公平的支付，并考虑男女平等的工资待遇，此外，公平贸易还包括以对话和参与的方式达成价格协议，确保及时付款给合作者，在可能的情况下，为生产者提供生产前或收获期前的资助。

（2）关系领域。在关系领域，所要描述的是那些能够影响或受公司行为影响的内部和外部利益相关方，因为企业社会责任的一个关键方面是企业对关系网络的依赖。培育与工人以及社会或商业环境的密切关系，有助于与供应商或者顾客建立安全性或相互帮助关系。企业的社会参与将提高企业形象以及雇员和顾客的信任和忠诚度。这些是确保稳定工作场所、改善与金融机构的关系、提高公司可持续性的重要因素。中小型企业的利益相关方关系可能更多的是基于一个更加非正式的信任基础，并且以直觉和个人参与为特征；而大公司倾向于更加详细规划、正式的战略性利益相关方管理。利益相关方对创新来说也是关键的因素，因为他们能够促进理念、技术和信息的产生。与供应商、大学、研究机构和其他支持组织所形成的外部关系可以成为创新和技术生产力新理念的来源，在工业化组织过程中，创新性的网络成为一个持续的组织现象。因此，建立密切而信任的关系是加强企业社会责任与创新的要素。特别是对中小型企业而言，形成合作型的创新关系，可以分摊研发成本，也可以分享知识。同时，也可以通过合作者获得进入市场的非直接机会。所以，特别要重视与大学、研究机构和当地政府以及其他企业的合作关系，合作的重点是存在问题的领域，在那些领域才有可能存在创新和改善的机会。创新是组织内部创新性理念的实施，因此，创新的起点是个人或团队。创新需要与利益相关方合作，与供应商和顾客的关系对企业来说具有战略性的意义，因为他们会提供关于现有产品和过程的无价的信息，这可能转化为产品或过程的创新。

（3）组织领域。企业社会责任与创新都离不开企业文化、组织结构和战略。很多该领域的文献表明，对组织文化的认同能够促进企业的创造性和创新性，但文化也可能是实施新理念、过程和制度的主要障碍。创新性的文化能提高、接受和支持改善产品和过程的新理念。制定战略的企业通常比没有制定战略的企业有更好的绩效，战略性的企业更有能力成长、扩大、创新并且将新产品引入市场并获得更多的利润。战略也是企业应对商业环境变化的最有效方法，在组织战略中要充分考虑企业社会责任与创新的融合。合理的公司结构能有效地进行内外部的沟通，进行跨部门的团队合作，提高组织学习的能力，有效实施各种规范和标准管理。

(4) 过程领域。在过程领域，主要涉及社会产品和服务的整个生命周期，包括企业从理念产生到废弃物管理的全过程，所要关注的是在产品或服务开发过程中的决策选择，以及这些决策对产品及利益相关方的生命周期所造成的影响。创新的过程包括搜索和选择、探索和综合、从多元化思想到观点趋同的周期，这个过程由一系列活动组成，是将输入元素转为产出的过程。在决策过程中，负责任的企业要考虑所有利益相关方，并提高他们的参与程度；在设计和生产流程的再造中，也要考虑产品或过程对利益相关方可能造成的影响。营销创新是非技术创新，但它也非常重要，旨在通过识别顾客的购买偏好和需求，来识别潜在的市场。因此，营销过程一方面要关注与外部利益相关方的沟通，另一方面也要关注与企业内部其他部门的密切沟通，这可以识别潜在的市场并能够成功地满足市场的需要。

第三节　企业社会责任的发展趋势

企业社会责任的理念和实践不断发展和创新，推动着企业在更高和更广的层面上履行社会责任，为社会创造更大的价值。西方国家兴起的社会责任投资，使投资行为对社会和环境给予了更多关注；社会责任会计从技术上解决了如何衡量企业经济活动对社会所产生的成本和效益的问题；责任采购把履行企业社会责任的要求扩展到处于供应链上的所有供应商，这种良性发展机制带动了更多的企业履行社会责任；清洁发展机制从制度和程序上保证了企业对环境的责任得到切实履行。

一、社会责任投资

社会责任投资（Socially Responsible Investment，SRI）又称为“可持续性责任投资”(Sutainable&Responsible Investment)，是最近几十年在西方国家兴起的一种新型投资理念，其核心是鼓励企业在追求利润的同时，兼顾社会福利。其与传统投资理念的区别，如表11-2所示。

表11-2　社会责任投资与传统投资的比较

项　目	社会责任投资	传统投资
本质特征	反映经济、社会、环境之间的系统发展	反映单一的经济利益关系
投资主体	经济社会生态人	经济人
投资理念	可持续发展理念	经济发展理念
投资目标	三种收益（经济、社会、环境）	单一效益
投资标准	经济标准、社会标准、环境标准	经济标准
投资对象	同时追求三种收益的企业	只追求经济效益的企业
价值创造	长期可持续发展价值的创造	短期收益的获取

社会责任投资的实现方式包括筛选、股东主张和社区投资，其中前两种方式最为常见。

1. 筛选

筛选是指按照社会、环境和伦理标准或准则对投资组合或共同基金中的公开交易股票进行买入、剔除或评估的一种投资决策策略。一般而言，筛选可以分为消极筛选（Negative

Screening）和积极筛选（Positive Screening）两种方法。

消极筛选是指将不符合社会、环境和伦理标准的公司股票从投资组合中剔除出去，或者放弃投资这些股票，因此，消极筛选有时又被称为“剔除”的股票筛选方法；积极筛选是指在一个给定的投资范围内，去选择在可持续发展、公司治理、社会、环境和伦理等一系列标准方面都表现出色的一些公司股票，并将这些公司股票筛选到投资组合中。

2. 股东主张

股东主张是指投资者通过与企业对话或在每年股东大会上投票等形式，改善或促进企业的社会、环境和伦理表现。可见，股东主张是社会责任投资者参与和行使股东权利的一种形式，其目的是为了改善公司治理，推动企业履行社会责任。与筛选方法不同，在股票买入之后，股东主张并不会对股票组合产生什么影响。但是，资产管理者却扮演了与企业进行对话的团队角色，可以与企业就一些具体或有选择性的问题，如企业发展战略、企业经营表现、不适当的报酬水平和企业对待社会责任道德态度等进行对话。

3. 社区投资

社区投资是指投资者和资金提供者将资本直接投资于被传统金融机构服务所忽视的社区，社区投资向社区提供了它们所缺乏的信贷、资本和其他基本的银行服务产品，例如提供金融服务给低收入户，提供资金给中小企业、给重要的社区服务，如孩童照料、平价住房及医疗服务等。

衡量企业社会责任投资的几个常见指数有多米尼社会责任指数、卡尔佛特社会责任指数、道琼斯可持续发展指数等。

二、社会责任会计

社会责任会计的首要目标在于提高社会效益，即通过计量、计算社会成本和社会效益，实现企业净社会贡献的最大化；其次，社会责任会计的目标在于为社会提供社会责任信息。

社会责任会计会计要素的内容加以扩展形成为新的内涵：包括社会责任资产、社会责任负债、社会责任所有者权益和社会责任收益和社会责任费用和利润等内容。

三、责任采购

责任采购是指将履行社会责任的理念和要求全面融入企业的采购全过程中，以保证企业所采购的产品和服务是饱含“责任”的，同时也确保企业的采购交易行为是负责的。从这一定义可以看出，就单个企业而言，责任采购的目的是要保证企业提供的产品和服务是“负责任”的，避免供应链的责任风险；而从整个社会来说，责任采购的目的是试图提高所有企业的责任意识，促进所有企业提升履行社会责任的水平，共同提高整个社会福利。责任采购包括两大部分内容：企业对处于供应链上的所有供应商履行社会责任的要求，以及企业在采购交易过程中自身的社会责任履行要求。前者称为供应链责任，后者称为责任交易。

四、清洁发展机制

清洁发展机制（Clean Development Mechanism，CDM）是1997年气候变化公约（FCCC）缔约方第三次大会在日本京都达成的《京都议定书》中提出的三种灵活机制之一，是作为全球减排和技术转让的手段。清洁发展机制允许承担温室气体减排义务的发达国家与目前还处于发展中的国家联合开展二氧化碳等温室气体减排项目。按照《京都议定书》的规定，发达国家必须在2008～2012年间将温室气体排放水平在1990年的基础上平均减少5.2%，而发展中国家则不需要承担相应的责任。因为发达国家的减排量成本比发展中国家高5～20倍，所以发达国家愿意以资金援助和技术转让的方式，在没有减排指标的发展中国家实施环保项目。经认证后，如果这些项目确能减少温室气体排放，那么发达国家就可获得相应的减排额度。

五、大型企业案例——通用电气公司

"在GE公司，光有远大的理想还不够。想象力必须受到道德规范、合规和诚信原则的约束。GE的高标准并没有限制创造性，相反，它吸引了一批与众不同的员工，他们中的每一个人每一天都在为构建更加出色的公司，乃至更加美好的世界而努力。"

（一）公司概况

GE公司的历史可追溯到托马斯·爱迪生，他于1878年创立了爱迪生电灯公司，1892年，爱迪生电灯公司和汤姆森·休斯敦电气公司合并，成立了通用电气公司（GE）。

如今，GE是道琼斯工业指数榜自1896年设立以来唯一至今仍在榜上的公司，在2007年《财富》世界500强企业中排名第11位。

作为一家多元化的科技、媒体和金融服务公司，GE致力于为客户解决世界上最棘手的问题。其产品和服务范围广泛，从飞机发动机、发电设备、水处理和安全技术，到医疗成像、商业和消费金融、媒体内容和工业产品，客户遍及全球100多个国家，在全球雇用30多万员工。

GE由六大业务集团构成，每个集团都包括多个共同增长的部门；四个全球研发中心吸引着世界上最出色的技术人才，超过2500名研究人员正努力创造新一代的技术创新。

GE的财务业绩凸显了其实现目标的能力。在过去5年中，GE的年利润增长率达到了10%。2006年，GE的收入和利润均达到了两位数的增长率（收入为1630亿美元，利润207亿美元）。

（二）绿色创想：创新与企业社会责任的整合

绿色创想是GE于2005年5月启动的一个项目，是一个要想象和开发出使顾客和整个社会都受益的创新性解决方案，是通过满足客户对更加节能产品和服务的需求，来促进自身业绩增长的一种战略。这既是推动GE业绩增长的一个商业战略，也是在商业过程中对环境作出有益贡献的一个承诺。

GE的绿色创想包括4个方面的承诺：

（1）研发投入增倍。GE保证将把用于研究清洁技术的经费从2005年的7亿美元增加到2010年的15亿美元。

（2）开发更多绿色创想产品。GE保证，至2010年，GE将把来自能给顾客带来显著环保利益的产品和服务的收入至少提升至200亿美元，之后的增长目标将更高。

（3）减少公司运营中的温室气体排放并提高能源效率。GE承诺，2012年前减少1%的温室气体排放量，2008年前温室气体排放强度降低30%，且2012年年底以前提高能源效率30%（均以2004年为基准）。如果不采取这一行动，按照GE的增长计划预测，温室气体排放量到2012年将大幅增长。

（4）保持公众对情况的了解。GE 保证向公众报告其在实现这些目标过程中的进展情况。例如，GE 的年度企业公民报告、绿色创想网站和广告，只是公司增加企业透明度所用方式中的几种而已。

这些承诺体现了 GE 的宏伟目标，也反映了客户和社会面临的更为广泛的问题。但是，借助公司在全球的业务规模、技术力量和市场经验，GE 有能力建立广泛的创新解决方案，应对一系列能源和环境问题。在 2006 年和 2007 年的企业公民报告中，GE 披露了上述 4 个承诺的实施状况。由此表明，在过去的两年中，GE 通过绿色创想，较好地完成了创新与企业社会责任的整合。

（三）绿色创想计划的实施

根据 2007 年企业公民报告，GE 已经广泛实施了绿色创想计划，并获得了初步成效：

（1）研发投入增倍。GE 的研发经费从 2005 年的 7 亿美元增加到 2006 年的 9 亿美元，GE 研发投入增倍的承诺正在实施中，并体现在各个业务部门。所有业务部门的研发经费都很充足，使得 GE 能够在不断改进现有产品的同时寻求下一次的重大突破。这些经费由 GE 的四个全球研发中心（分别位于中国上海、德国慕尼黑、印度班加罗尔和美国纽约的总部）共同分配，用于服务于 GE 的六大产业部门。在 GE 所有的公司中，有超过 2500 名技术专家和 2500 名专职科学家供职于 GE 的全球研究中心。这四个全球研究中心是作为专门的实验室用于长期研发的，同时它们也是单个企业在关键项目上开展研究的合作对象。在各企业进行与自身行业和产品有关研发的同时，全球研究中心正在开发涵盖范围宽广的各种技术，帮助顾客和社会应对一系列的能源和环境挑战，包括可再生能源计划（风能、太阳能发电、生物燃料、地热和废热、清洁煤炭、固态氧燃料电池、氢能）、水利用和净化计划。这一评估程序的结果就是绿色创想产品评审（EPR）计分表，它量化了该产品的环境影响和相对其他产品的益处。为确保计分表的准确性，GE 与 GreenOrder 合作提供独立的定量环境分析以及对 GE 产品声明的核实。在 GE，绿色创想产品收入从 2004 年的 60 亿美元增长到 2005 年的 101 亿美元，2006 年进一步增长到 120 亿美元。

（2）减少温室气体排放。GE 绿色创想计划的 4 项承诺之一是提高公司运营的能源效率，减少公司的温室气体排放。GE 为实现这一目标，制订了一个被称作“1-30-30”的计划。“1”表示 GE 要在 2012 年前减少它在全球温室气体排放绝对量的百分点，这是一个高目标，因为按照当前业务增长预测，如果不实行该计划，GE 的排放量是会大幅增长的；两个“30”表示 GE 还承诺 2008 年前降低温室气体排放强度 30%，并于 2012 年年底前提高能源效率 30%。

在 2004 年和 2005 年，公司通过合力方式从每一个方面削减能源成本。GE 在全球开展了近 500 个节能项目，使得温室气体减排量超过 25 万 t，相当于公路上少了 5 万辆汽车。这一行动一年内节省了 1400 万美元的能源成本。例如，GE 所有业务部门都已开始实施一项主要计划，即使用 GE 的最新技术来重新改进生产工厂的照明。此外，GE 是美国环境保护署“能源之星”百万显示器计划的最大参与者，旨在帮助个人电脑节能。

（3）告知公众。GE 通过几种渠道来接触公众，包括它的网站、广告、近距离活动和会议、权益相关人士活动和“畅想会议”。“畅想会议”是指和顾客一起探讨今后 10 年将对特定产业产生重大影响的议题。2006 年，GE 还参加了数十个全球论坛以履行它告知公众的承诺。此外，GE 借以增加它和公众接触的方式之一就是设立了一个绿色创想顾问委员会。该委员会由68名具有能源和环境专业经验的产业领袖组成。委员会成员每年至少在GE纽约全球研究中心会见一次，重点放在给GE在技术研究和投资方面提供指导意见。委员会成员将被要求参加每个季度的电话会议，提供绿色创想方面的新主意，帮助编制或审阅要发放给主要权益相关人士的白皮书，并参加GE赞助的与公众进行接触的活动和论坛。此外，GE通过广告和绿色创想网站（www. ge. com/ecomagination）获得了广泛的认知度。

当2005年5月GE宣布绿色创想承诺的时候，它同时在电视、报纸和网络媒体上发起了一轮广告攻势。到GE绿色创想启动的时候，其网站的访问流量增加了66%。如今，这个专门的绿色创想网站已有超过55万名的不同访问者。超过50%的网站访问者把广告链接发送给了他们的朋友。大众搜索引擎，如雅虎等收到超过1万次关于绿色创想的信息查询请求。GE继续研究如何尽可能拓宽和加深与非政府组织和政府机构的接触与交流，从而了解如何提供最佳产品和服务，以满足社会和环境的需求。

GE在企业社会责任和创新方面的做法得到了利益相关方的认同。正如英国《观察家》报2006年1月8日的报道："也许过去一年中最令人兴奋，也最令人惊讶的环保消息是来自美国大公司GE的。一家公司能取得的成就总是有限的，但世界上最了不起的工业公司把环境事业当做自身业务一样来大力支持，这一举动的意义超过了世界上所有的企业社会责任。"

本章小结

1. 社会责任的推进需要企业、国家和社会的共同努力，特别是政府和社会的管制和监督，来切实促进社会责任的实践走向成熟。明确各利益相关者在推进社会责任中的角色和义务，将对这一进程提供规范的框架。

2. 社会责任的创新与发展必然随着消费者需求和政府管制内容的改变而变化，同时，企业经营战略的调整也需要创新思路，拓展企业从过去只关注股东利益的观点，调整为将更多的利益相关者纳入到企业经营决策的过程中来，唯有如此，才能最终提升企业的竞争力，获取长久的竞争优势。

3. 中国社会责任的工作任重道远，特别是许多企业基本的社会责任都没有尽到，通过法制化加快这一进程，无疑具有重要的意义。对企业经营更高的要求则意味着企业在经营决策中自觉考虑对利益相关者的影响。

4. 经济和社会的发展客观上要求企业承担更多的社会责任，履行和实践与自身发展、行业内容相适应的社会责任，是每一个企业进行社会责任实践时必须考虑的关键问题。

5. 社会责任出现了很多新的值得关注的趋势，特别是社会责任投资，主动的衡量企业投资行为对社会和环境的影响，自觉地进行投资选择，是企业在更高层次上、更大范围内为社会创造价值的体现。

复习与思考题

1. 企业社会责任的创新的思路和方向如何与企业经营决策融合？

2. 社会责任的实现路径有哪些？在中国目前的商业环境下，什么样的社会责任推进方式更为现实？

3. 结合你了解的企业社会责任的实践的案例，说明社会责任的发展趋势。

案例分析

招商银行：一切因您而变

一、招商银行背景

1979年以前，我国是“大一统”的银行管理体制。中国人民银行集中央银行、商业银行双重职能于一身，既是国家管理机关，又具体从事存、贷、汇业务。1979年，随着“中、农、工、建”四家专业银行的先后成立，“大一统”体系被打破，但这一时期的银行没有自主经营权，只是国家的财政出纳。1985年，国家开始探索由专业银行向商业银行的转轨，实行“统一计划、划分资金、实贷实存、相互融通”，专业银行可以独立经营自由资金，并打破了传统的业务界区和地域壁垒。1986年，国家成立交通银行，到1992年又陆续成立招商银行、中信银行、深圳发展银行、兴业银行、广发银行、光大银行、上海浦发银行、华夏银行8家全国性股份制商业银行。

1986年春，中国香港招商局集团常务董事长兼蛇口工业区董事长袁庚和蛇口工业区常务副董事长王世桢，为了更好地给招商集团和蛇口工业区提供金融服务，希望在蛇口工业园区的财务公司——蛇口财务公司的基础上，创建一家完全由企业持股、严格按照市场规律运作的商业银行。经过一年筹备，1987年4月8日，招商银行（简称“招行”）在深圳正式成立，注册资本金1亿元，由招商局独家控股。1989年，经中国人民银行批准，招商银行扩股增资，实收资本从人民币1亿元增加到4亿元，股东增加到7家。

成立20多年来，招行伴随着中国经济的快速增长，不断创新产品与服务，由一个只有资本金1亿元人民币、1个网点、30余名员工的小银行，发展成为资本净额1170.55亿元、机构网点700多家、员工3.7万余人的中国第六大商业银行，跻身全球前100家大银行之列。招行先后被波士顿咨询公司列为“净资产收益率全球银行”之首；位列英国《金融时报》“全球品牌100强”第81位，品牌价值增幅全球第一名；位列《福布斯》“全球最具声望大企业600强”第24位，以及《华尔街日报》（亚洲版）“中国最受尊敬企业前十名”的第一位；荣获《欧洲货币》、《亚洲银行家》等国内外权威媒体和机构授予的“中国最佳零售银行”、“中国最佳私人银行”、“中国最佳托管新星”等称号。2007年，在第4届中国客户服务国际峰会上，招行荣获“中国最佳客户服务奖”，电话银行中心95555荣获“中国最佳客服中心奖”。

截至2009年6月30日，招行资产总额达19727.68亿元人民币，在中国大陆60个城市设有47家分行及648家支行（含分理处），2家分行级专营机构（信用卡中心和小企业信贷中心），1家代表处，1622家自助银行，1500多台离行式自助设备，1家全资子公司——招银金融租赁有限公司。在香港拥有永隆银行和招银国家金融有限公司两家全资子公司及1家分行。在美国设有纽约分行和代表处，在英国设有伦敦代表处。2009年8月3日，招行与西藏自治区财政厅签订转让西藏自治区信托投资公司产权协议，收购财政厅持有的西藏信托60.5%的股份。

二、“因您而变”服务理念的形成

和其他全国性股份制商业银行一样，招商银行自创立之初受国家扶持就相对较小，面临较大的生存和发展压力，不得不注重创新，实施差异化与品牌化战略，在业务、客户、地域战略上区别于国有专业银行。参与筹建招行并担任第一任行长的王世桢先生曾在中国香港工作多年，熟谙国际惯例。国际先进的理念和制度影响了他对招商银行创业思路和管理体系的建立，确立了董事会领导下的行业负责制，提出了服务立行的宗旨："作为金融企业，我们努力为社会提供优质金融服务。我们对客户承诺：提供最新、最好的金融服务。"

招行的服务的确改变了老百姓对银行的看法。过去，银行在老百姓眼中是不可高攀的机构：名目繁多的各式单据、不苟言笑的工作人员、黑压压的等待队伍。招商银行的出现让顾客有了另类体验：大堂经理微笑着指点迷津，不见了长队，有了舒适的椅子、糖果、咖啡，雨天还为客户提供免费伞具……

招商银行现任行长马蔚华认为，员工、客户、股东是现代商业银行三个基本的利益群体。其中，客户利益最大化是股东利益最大化的前提，员工利益最大化是客户利益最大化的动力。一个成熟的现代商业银行，正是按照这样的原则，摆好股东、客户、员工三者之间的关系，使之能够实现良性互动。马蔚华认为，中国改革开放30多年以来，外部市场环境瞬息万变，国人的消费需求不断调整，同行竞争持续升温，又遭遇了互联网革命，只有将客户置于上帝的位置，才能在众多对手当中脱颖而出。"服务立行"乃招商银行创立之初定下的经营宗旨，服务于客户不能流于表面形式，必须深刻地融入公司文化。

在借鉴国际"微笑服务、礼貌待客"的人情味服务基础上，招行提出了"因您而变"的客户服务理念：从产品开发到服务流程，每一个环节都要时刻以客户的需求为导向。所谓"因您而变"，第一个关键字是"您"，也就是银行客户，是"变"的出发点，而让客户满意是"变"的最终目的，要让客户满足，必须以客户需求为服务标准；"因您而变"的第二个关键字是"变"，也就是创新，招商银行会根据客户需求持续创新。简而言之，"因您而变"是指招商银行致力于以服务市场为导向，以满足客户需求为目的，不断改善服务，创造更好的产品。

"银行与客户的关系，犹如葵花与太阳的关系。没有太阳的照耀，葵花就不能生长；没有客户的眷顾，银行就不能生存和发展。'因您而变'深刻表述了银行与客户这种紧密相连的关系，这是现代商业银行的自我市场角色定位。"

三、产品创新

为了更好地落实服务理念，招商银行从客户发现、客户关系建立到客户关系发展和深化，配备了完整的流程制度。

客户开发方面，招商银行通过问卷调查、客户反馈，了解客户和市场需求，按行业、地区、规模等多个维度对客户进行细分，评估每个细分市场的价值和招商银行的竞争优势，选择有价值的客户群和潜在客户群，确定目标市场和目标客户，为其提供有针对性、个性化的产品和服务。

（一）银行卡业务

招行把客户群体划分为一卡通普卡客户、一卡通金卡客户、金葵花理财客户三个板块。一卡通普卡客户主要是那些上班族和大学生，这部分客户追求方便、快捷的服务需求，为此招行推出了包括通存通兑、自助转账、银证转账、商户消费等30余项功能的银行卡；一卡通金卡客户主要是那些收入较高的白领阶层，这部分客户投资需求比较旺盛，为此招行在普卡基础上推出了外汇买卖、银证通、银基通、银保通、网上个人银行专业版等新的服务功能；金葵花理财客户是那些个人金融资产在50万以上的客户，针对这部分高端客户更高层次的理财服务需求，招行提供了一对一的个性化服务、专门的服务空间、贵宾客户的专属优惠以及多种通畅的服务渠道等。“注重市场细分，是国际优秀银行成功的重要因素，也是招商银行赢得客户和市场，形成自身业务特色的一条宝贵经验”。

（二）信用卡业务

2002 年，招行推出“一卡双币—全球通用”信用卡。根据新出现的特定群体的特定需求，招行推出了 NBA 信用卡、HelloKitty 卡以及 VisaMini 信用卡，以 VisaMini 信用卡为例，它的对象是年轻人，广告做得十分新潮。广告画面中，一个靓丽白领所见的东西，从小狗、随身听、咖啡杯到信用卡一一变成迷你型。后来广告还幽默了一下，某英俊男士的屁股也变成了迷你型。这个广告引发了年轻人的共鸣，带动了一种潮流。

2008 年互联网信用卡满意度调查中，招商银行信用卡满意度位居第一，在非常满意和比较满意两项中领先于国内其他银行。

四、服务渠道

（一）传统大堂服务

招商银行建行之初就为顾客提供舒适的座椅、咖啡、糖果、免费报纸，下雨天还送一把伞。刚开始实行这些措施时，确实增加了一定的开销，有些不办理业务的人也会进来“享受”。有人担心长此以往会增加成本，但招商银行管理层认为：“这正说明顾客对你的银行感兴趣，说明他们知道有个招商银行，而且知道招商银行有这些服务，也许起初成本会大一点，但是来的时间长了，来习惯了，一定会带来业务的。”比如，每逢下雨招商银行都会送出很多爱心雨伞，这些伞上印有招行的标志，整个城市流动着招行的雨伞，起到了很好的广告效应。

现在的服务环境，招行实行普通客户与高端客户在大堂分流，避免矛盾，加快效率。普通客户的大厅窗口多、服务内容多、服务措施多、人性化服务多、自助设备多，大堂经理微笑指点、柜员耐心地答复；而高端客户的贵宾室装潢高雅、服务人员专业，符合该客户群体的要求。

（二）网上银行

马蔚华曾说：“网络银行崛起让银行业重新洗牌，而拓展网上银行业务就是一场新的圈地运动。”招商银行于 1997 年率先推出中国第一家网上银行，已拥有包括网上企业银行、网上个人银行、网上支付系统、网上证券系统和 5 个系列网站在内的全系列网上银行产品。

1997 年，招商银行推出网上银行后，很多消费者因为网上银行的安全隐患而犹豫。为此，招商银行再行国内首张符合国际标准的信用卡的同时，引进了国际标准的安全防范措施，如电话开卡使用、国际标准签名认证、24 小时异常交易的在线侦测、次日发送电子邮件告知消费者明细、失卡后挂失零风险等。根据国内实际情况，招行自主开发方便、安全兼顾的认证系统，其安全性已达国际先进水平。

2007 年，招商银行向公众推出了新的信用卡安全理念：“五重安全，刷卡无忧”。五重安全中，招行根据国内消费者偏好使用手机短信沟通的特点，首创短信交易提醒服务，使持卡人的消费情况能够更加及时地被告知；招商银行还承诺“失卡万全保障”，即客户万一招行卡丢失，只要及时向银行挂失并履行简单手续，则挂失前 48 小时发生的被盗损失可申请由招行分担。

此外，随着市场的变化，生活节奏的加快，招行在国内还推出了电话银行、手机银行、掌上银行等新型的客户服务渠道，与营业网点、自助银行一起形成了“水泥 + 鼠标”模式的新型服务网络，向客户提供24小时足不出户方便快捷的金融服务。

五、客户关系维护

客户经理和产品经理在客户使用产品后不久，会通过服务回访等多种方式主动了解产品和服务是否达到客户预期，并且收集客户的改进意见以及对产品和服务的特殊要求，及时将信息反馈给产品研发等部门，以便不断改进产品和服务，实施卓有成效的客户关系管理。

（资料来源：周祖城，《企业伦理精品案例》，上海交通大学出版社，2010年2月第1版，第205~213页）

讨论题：

招商银行业务创新的思路有哪些特点？哪些服务在经营中体现了社会责任的思维？

第十二章　企业的道德建设

学习目标

通过本章学习，应该了解和掌握：

1. 企业败德行为的成因
2. 企业道德自律和他律机制
3. 企业道德评价机制的构建过程

引导案例

企业宣传应当总是真实的吗

随着网络的渗透，现在绝大多数企业都建立了自己的网页，以便推销和宣传企业。为此，许多公司的网站都设有“公司介绍”链接，其中提供了关于公司以及公司产品和服务的信息。这些信息对任何访问者包括竞争者都是开放的，在激烈竞争的产业中，不要说成功，生存都很困难。这就使许多企业在开放的信息中会故意加入一些误导和错误的信息。由于网络的虚拟性，许多人认为上网浏览的人可以自由选择看与不看，所以，企业的不实信息就不那么“坏”。

（资料来源：斯蒂芬 P. 罗宾斯、玛丽·库尔特，孙建敏等译，《管理学》，中国人民大学出版社，2004 年版）

第一节　企业败德行为的根源

伦理分析的主要任务是对行为进行道德评价，但其目的却不是为了道德评价而进行道德评价，而是为了克服不道德的行为，否则这种分析和评价仍无多大意义。因此，为了防止不道德商业行为，伦理分析必须对不道德商业活动的原因进行分析，以便为评价和对策奠定基础。

成功的因果分析取决于两个因素：一是对事实细节的掌握程度，对事实了解得越透彻，对原因的把握就会越准确；二是对事物本质的把握，现实往往是错综复杂的，人们看到的现象并不会自动告诉有关事情的根本原因，因此，如何通过分析和检验，透过表面现象逐步深入到事物的本质，是成功分析的必要条件。

值得注意的是，同任何事物一样，败德行为也是多种因素造成的，而不仅仅是由单一因素造成的。因此，在分析败德行为的原因时，不仅需要分析其伦理方面的行为动机，更需要分析造成它们的经济制度方面的因素。以下只是对造成败德行为的一些基本因素的粗略分析，不包括所有的因素。

一、过分追求利润最大化

败德行为的首要原因是行为人不顾他人权益的自利动机。

自利的动机是许多社会科学中所谓“理性人”假设的主要内容，也是为许多经验所证实的一种普遍现象。在经济管理领域中，这种自利动机就表现为对“利润最大化”的追求。尽管自利的动机或“利润最大化”的追求本身是价值中立的，但事实表明，一旦对“利润最大化”的追求成了商业活动的最终目的，那么它就必定不受制约，侵害他人的权益，成为不道德的行为。

因此，“利润最大化”原则虽然其本身无可厚非，甚至是个人发展和社会进步的主要动力之一。但是在现实中，不择手段的追求利润最大化，甚至是过分追求利润最大化，都会成为败德的内在原因。

二、信息不对称

经济学中所谓的信息不对称，是败德行为的一个主要外在因素。

广义地说，信息不对称是指人们不可能掌握有关事项的所有信息，即人们不可能无所不知；狭义地说，信息不对称是指每个人对有关事项所掌握的信息不可能是一样的。例如，签订委托合同之前，委托人对代理人品质的好坏和能力高下的了解总不如代理人自己知道的清楚；在签订委托合同之后，委托人对代理人所采取的手段和努力程度的了解也不如代理人自己知道的清楚，如此等等。

信息不对称是一种普遍的现象，从事实的角度无所谓道德不道德。但从伦理上讲，信息不对称的情况加上不道德的行为动机就会产生不道德的行为。例如，现代企业理论所谓的“逆向选择”和“道德风险”，前者适用于合同签订之前的选择，后者适用于合同签订之后的监督。

就本章的内容而言，信息不对称很容易造成商业欺骗和窃取。例如，电信局能欺骗消费者，其主要原因之一就是消费者事先并不了解内情。

从经济学上讲，正是因为信息不对称的普遍存在才产生了交易费用，而正是因为要掌握充分的信息以避免不利需要花费大量的钱财，是一笔不可小视的交易费用，为了节省成本，便使得商业活动中许多败德行为，如欺骗、偷懒行为等成为普遍的现象。

三、垄断

败德行为的另一个主要的外在因素就是垄断。

广义地讲，垄断是指现实中与完全竞争对立的现象，因此，它包括狭义的排除竞争的垄断，以及由于各种原因暂时形成的垄断，如厂商由于技术创新在市场上暂时形成的对某种产品的垄断。排除竞争的垄断又可分为自然的垄断和人为的垄断，前者是指由于经济效率的原因形成的垄断，如邮政、水电等公用事业的垄断，后者是指由于政府特许形成的垄断。

从伦理学的角度来说，凡是排除竞争的垄断现象，都有可能造成败德行为的原因。其主要表现在：

（1）由于垄断剥夺了消费者的选择，因而使得垄断厂商可以随意为其产品定价，包括价格共谋，从而可以从消费者那里榨取所谓的“消费者剩余”，导致窃取现象的出现。

（2）由于商品具有需求弹性，垄断所导致的商品价格上升会使得消费减少和产出减少，造成整个社会的福利损失。

（3）排除竞争会阻碍技术的进步，同样会造成整个社会的福利损失。

任何权力如果缺乏监督和制约，都会形成某种权力的垄断，成为商业活动中权钱交易或贿赂的制度因素。

四、权利与责任的不对称

造成败德行为的另一重要的制度因素是权利与责任的不对称。

这里所说的“权利”是指为决策承担后果。权利与责任的对称是指一个人必须为其决策承担后果，无论利弊；权利与责任的不对称是指一个人不必去为其决策承担某种后果，或者不必为利承担后果，或者不必为弊承担后果。

在经济领域，由于信息不对称的不完全和不确定性的存在，任何决策都有可能带来某种利益，但也可能带来某种损失，也就是所谓的机遇与风险并存。在自利动机的前提下，如果一个人必须为其决策承担后果，无论利弊，他就会负责任地去做事情；但如果一个人无须为其决策承担某种后果，那么他就会做事情不负责任；如果做事情好处是别人的，坏处是自己的，那么他就会偷懒或磨洋工；而如果做事情好处是自己的，坏处是别人的，那么他就会不顾一切的去投机，让别人去尝冒险的后果。显然，权力与责任的不对称是许多不道德行为的制度因素。

以上分析了造成企业败德行为的一些原因。这些分析只是针对一些最基本的因素，而绝不意味着穷尽了全部不道德商业活动的原因。这些分析还表明，为了防止不道德的商业活动，仅仅依靠道德说教是不够的，必须针对上述原因制定必要的制度和法律。

第二节　企业的道德自律机制建设

一、道德自律和他律的相关概念解析

（一）康德的自律观点

在康德的理论中，自律是排斥他律的。“自律”和“他律”本义是指道德价值的根据是在人之外，还是在人自身。所谓自律，就是强调道德意志受制于道德主体的理性命令，自己为自己立法，将被动的“必须如此行动”，变为“愿意如此行动”，把服从变为自主。也就是说，道德价值的根据只在于人自身，即在于对道德发展的尊重。在康德看来，他律就是道德行为受制于理性之外的其他因素，即受制于神、环境、社会的权威或感性欲求等，而这样的行为，在他看来是有悖于道德的纯粹性和人的尊严的。

（二）黑格尔的他律观点

黑格尔认为，单有主体自身的“意志内部的自我规定”还只是形式的道德，只有进一步通过家庭、社会和国家这些客观的实体性的伦理关系规定，即进入他律，才能成为事实的道德。

他认为，人在做什么事情、从事某种职业活动的时候，就是以伦理的客观要求规定着自

己，限制着自己，并且只有这种限制，人才能成为现实的、有特性和有教育的人。不仅如此，黑格尔还把这种理论用于指导职业道德教育。他指出："在市民社会中个人在照顾自身的时候，也在为别人服务。但是这种不自觉地必然性是不够的，只有在同业工会中，这种必然性才能达到自觉的和能动的伦理。"并指出意志自由在道德伦理中只能是自律与他律的统一。

（三）马克思主义的自律和他律观点

马克思指出，康德的道德观仅仅是从道德和宗教之间的根本矛盾出发的，但因为"道德的基础是人类精神的自律，而宗教的基础则是人类精神的他律"。在这里，马克思是从人类精神而不是个别精神的角度来谈道德自律的，即把自律当做人类社会整体的内在制约，而不是仅仅作为孤立的个体意志的表象。

马克思认为，一定社会的人的道德自律，只能建立在对必然性规律的认识的基础上，个体的道德自律不可能离开外部规律性的制约和客观要求，只能自觉地去认识外部世界的规律性和必然性，把自己的行为限制在规律性、必然性和必要性所允许的范围之内。正是在这个意义上，马克思肯定道德本质是他律的。

二、企业道德自律与他律的辩证关系

职业道德的自律不只是企业员工主体克制和约束自身，根本的含义在于员工凭借对自然、社会和市场规律的认识和对道德规范的认同，自己为自己立法，把被动的服从变为主动，自觉地指导和约束自己。

社会决不能仅仅依靠"自律"，人们工作的着眼点也决不能仅仅依靠"自律"，还必须有纪律和法律来约束人的行为。一个健全稳定的法制社会，缺少了"他律"是绝对不行的，"自律"不会得到可靠的保障。

在企业他律机制方面，企业经营必须借助法律与规章制度的约束和监督。在企业管理中，相应的公司制度尽快健全与完善，使不讲诚信的人没有可乘之机。不过由于制度的滞后性和实施成本的缘故，社会需要企业借助道德自律机制的形式来约束企业的经营行为。

三、道德管理过程

自律是个体为追求道德本身的目的而制定的伦理原则，现代企业越来越关注以职业道德的自律来强调企业的主动和参与意识。

企业道德自律是指员工在企业生活中，在履行对他人和社会义务的过程中形成的一种企业道德意识。企业道德自律既是体现在企业员工意识中的一种强烈的企业道德责任感，又是企业员工在意识中依据一定的企业道德准则进行自我评价的能力。

首先，企业道德自律表现为一种职业道德情感，它是企业员工对他人和社会义务感的强烈表现；其次，企业道德自律表现为一种自我评价，它是一定社会的道德原则、规范在企业员工意识中形成的相对稳定的企业信念和意志；最后，企业道德自律还往往表现为企业良心。企业良心是对企业责任的自觉意识，是企业员工认识、情感、意识和信念在职业活动过程中的统一。

企业道德自律机制即道德管理，是指通过对组织资源和组织成员的工作进行计划、组织、领导、控制，制定组织希望达到的道德目标，并尽可能以好的效果和高效率实现道德目标的过程。

如同质量管理是对质量形成的过程的管理，目的是要改善产品和服务质量一样，道德管理也可以理解为对道德品质形成过程的管理，其目的是通过管理措施使每个组织成员及整个组织的道德品质达到组织期望的程度。

道德管理可以从计划、组织、领导、控制四个方面来展开。

（一）计划工作

计划工作包括三大部分：一是企业道德层次定位；二是企业倡导并要求所有员工遵守的伦理规范；三是决策的伦理分析。

1. 企业道德层次定位

有些企业追求高道德标准，有些则只求做到不受谴责、制裁就可以了。由于道德是分层次的，有先进性道德要求和广泛性道德要求之分，所以有的企业要把企业自身道德定位在不受谴责、制裁也无可非议。

日趋激烈的市场竞争，仅仅做到减少和消除不合格的产品或服务，很难具有竞争力，和必须不断提高产品或服务的质量一样，减少和消除不道德经营形式是道德管理的最基本任务，在不道德行为比较普遍时，做到这一点很不容易。然而，对于旨在追求卓越经营的企业来说，仅仅做到“没有不道德行为”就显得不够了，只有道德价值较高的经营行为才能取得独特的竞争优势。

2. 企业伦理规范

早在1935年，强生公司的创始人罗伯特·伍德·强生先生就撰写了一本名为《真实的考验》的小册子，他在书中敦促同时代的企业家们信奉一种“新的企业哲学”，强生先生将这一哲学归纳为公司对顾客、雇员、社区和股东所负有的责任。1943年，强生公司首次发布了“我们的信条”，较为详细地勾勒出了这些责任的内涵。到20世纪80年代，随着企业伦理学在欧美的兴起，企业伦理守则作为一种道德管理的工具，被越来越多的公司采用。据美国伦理中心1992年所作的调查显示，美国90%以上的大公司都有正式的伦理守则；据KPMG2000年的调查显示，加拿大有85%的公司制定了伦理守则。

卡普塔（Kaptein）于2004年分析了全球200多家大公司伦理守则的内容，超过一半的公司的伦理守则描述了公司在以下一些方面的责任，如表12-1所示。

表12-1　公司伦理守则调查

伦理内容	占公司伦理守则的比例	伦理内容	占公司伦理守则的比例
关于产品和服务质量	67%	利益冲突问题	52%
遵守法律和规则	57%	诚实性	50%
自然环境保护	57%	贪污问题	46%
透明度	55%		

在这些伦理守则中，多数伦理守则关注于对顾客、投资者、员工、社会和环境的责任，而对竞争者和供应商的责任关注度明显较低。另外，还阐述了核心价值观念，这是企业各种行为的基础，如合作精神、责任感、创新、效率、忠诚等。

按照详细程度分，企业伦理守则可分为一般规范和具体规范。前者往往以企业使命、宗旨、企业精神等形式规定下来，后者则以行为规范的形式出现。

美国企业通常有详细、成文的行为规范。例如，通用电气公司（GE）于1993年首次推出了《诚信政策指南》，2000年发布了修订本。GE在《诚信政策指南》中明确了以下内容：一是公司对待诚信的态度。GE明确规定：无论交易额多大，无论业务发展压力有多大，GE只通过合法和符合道德标准的方式来开展业务。在我们与客户和供应商进行各项业务的交往的过程中，我们绝不在对诚信的承诺上作出任何妥协。二是对什么是可接受行为，什么是不可接受行为的具体规定。

企业伦理守则效力主要取决于两个因素：一是企业伦理守则意思表述的清晰度。严格遵守企业伦理守则的前提是要让执行者充分理解伦理守则的要求，这是实施守则的第一步，没有这一点作为基础和保证，一切都将成为空中楼阁。而要使执行者能够准确地理解守则内容，守则在语言表述方面一定要清晰明了、易读易懂，避免读者产生误解和歧义。对于跨国公司，还存在着一个伦理守则的翻译问题。除了本国的语言和通用的英语外，企业还应将伦理守则翻译为当地的语言，以便全球所有的员工都能够准确地理解守则的要求，并更好地执行。二是领导者对实施企业伦理守则的态度。领导者的态度对于企业任何一项规章制度的执行都是非常重要的，伦理守则也不例外。

（1）企业最高领导实施伦理守则的决心对于实施效果起着决定性作用。只有最高领导层真正把伦理守则作为企业健康发展所必需的一项政策，确确实实将伦理守则贯彻到实际经营中去指导企业和员工的行为，伦理守则才能真正发挥作用，而不是表面文章。

（2）领导者自身的行为也起到了重要的示范作用。所谓上行下效，上司的行为对于下属的影响可能是超乎想象的。一个以身作则的上司不仅用自身的行为表明了自己的要求，还能赢得下属的尊敬，从而使下属更愿意服从；而一个本身行为不端的上司，就算他整天把伦理守则挂在嘴上，也不可能得到下属的重视，甚至他的言行不一还会对伦理守则的实施起到反面效果。

（3）企业伦理守则实施范围的广度。伦理守则的效果还取决于其面向的人员的范围。有种误解认为，企业伦理守则只是针对企业普通员工的，而事实上，企业伦理守则应该适用于企业所有职位和所有级别的人员，从企业的总裁到第一线的工人都有义务遵守伦理守则的规定。不仅如此，企业伦理守则还可能包含对分销商、承包商等合作者的道德要求，一些守则甚至涉及员工的亲友、利益相关者等。企业伦理守则涉及的内容越全面、适用的范围越广，所起到的规范企业行为的作用就越大。

（4）其他企业制度对企业伦理守则的保障力度。企业是一个复杂的系统，任何规章制度要在企业独立存在并发挥作用几乎是不可能的，伦理守则由于其涉及面广，就更需要其他制度的支持和保障。首先，伦理守则不能与其他规则制度存在要求上的冲突，否则会使员工无所适从，导致两种规章制度的约束力都遭到破坏。例如，一个单凭销售额来评价销售人员的工作表现、甚至由此决定其薪酬和升迁的企业，就很难要求员工遵守伦理守则中不做夸大宣传的规定。此外，伦理守则还可以与其他规章制度配合，相辅相成，从而提高双方的效力。例如，完善的企业会计审核制度能促使员工诚实廉洁，而伦理守则对工作场所的规定又为安全生产提供了保障。

（5）企业伦理守则与企业价值观的契合度。企业文化对一个企业所起的潜移默化的作用是不容忽视的，而企业价值观是企业文化的核心，因此，企业伦理守则要想得到有效的实施，还必须与该企业所倡导的价值观相一致。如果两者互相促进、相得益彰，那么实施伦理守则必定能事半功倍、效果明显；而如果两者存在着矛盾和冲突，那么要有效实施伦理守则必定是难上加难。例如，很难想象一个以追求利润为唯一目标的企业能够认真执行伦理守则、公平竞争或积极参与慈善事业。

3. 企业决策的伦理分析

决策的伦理分析是指管理者需要从伦理的角度去发现问题和机遇，并且对决策方案进行伦理评价。

（二）组织工作

1. 伦理主管

第一个伦理主管出现在1985年，当时美国第二大的国防部建设承包商——通用动力公司因为不合理的开支而被政府指控，海军部长约翰·莱曼命令在全体通用动力公司管理层和雇员中建立并实行严格的伦理守则。伦理主管就是为了实行整个命令而建立的。此后，一些大企业纷纷设置伦理主管职位。1992年，伦理主管协会诞生，它是一个专为伦理主管和商业管理项目而设的专业组织。

伦理主管的职责有：检查员工是否遵守企业的伦理守则；检查员工是否遵守包括各种法律法规在内的与经营有关的规章制度；指导员工进行决策判断；同时也负责员工的伦理教育计划，使他们在面对伦理问题的时候能够坚持道德原则。

2. 伦理委员会

从不同的角度来看，伦理委员会在企业中所扮演的角色各不相同，这与它所要解决的问题性质有着密切关系。

（1）委托人角色。因为委员会是一个专业性很强的组织，任何人都可以向其咨询关于伦理方面的问题，或者将问题委托给委员会得到适时的指导。企业在作决策的时候也少不了这样的咨询和指导，而通常这些建议都会有非常好的效果，因此，委员会对公众扮演的是一个委托人的角色。

（2）专家角色。争论通常发生在双方对于问题并不明确的时候，正是因为有不肯定、不明白之处，才会有争论的存在。解决争论最好的途径就是找一个“明白人”，这个人就是一个专家的角色。委员会中聚集了很多具备专业知识的人才，他们就是专家，可以来评判争论的焦点和矛盾的所在。

（3）法官角色。伦理委员会也扮演着类似法官的严肃角色，尤其是当它有权定期检查和评价企业是否履行义务时，其权利是相当大的，可能因为它的否决使整个决策项目处于停滞状态，除非进行修正或者履行了委员会认为应该履行的义务之后才能继续施行。

（4）督促者角色。委员会的日常工作，主要是权衡、评价和督促，督促企业作出伦理努力，督促企业不断完善自身。

3. 招募道德素质较高的新人

智商和情商的重要性已为人们所认识，但对于德商，人们认识上还不一致。是否可以说“人才的标准 = 德商 + 情商 + 智商”？这当然是一种简单化的描述，但也颇能说明问题。

一个人道德素质的形成是一个长期的过程，是从小就开始的，到了工作年龄，道德素质已经基本形成。虽然以后还一直可以改变，但如能找到符合企业道德水准要求的人，也可以省去很多麻烦。因此，在招聘时，企业就要考察应聘者的道德素质，把企业伦理守则给应聘者看，使他们明白企业对员工的道德要求。

4. 伦理培训

社会心理学研究表明，当人们公开宣扬某一种观点的时候，他们就倾向于在行动上与这种观点保持一致，即使他们以前根本不信奉这种观点。因而为了使员工树立企业提倡的伦理观念，有必要对他们进行伦理培训。

在培训中，宜先向员工说明讲究企业伦理是世界管理发展的趋势，许多优秀企业经验表明，讲求企业伦理对员工、企业、社会都会带来好处；然后再进行教育，员工就容易接受。

企业伦理培训要以企业伦理守则为依据。在教育中，单纯的说教、灌输乃至惩罚都可能引起被教育者的逆反心理；而讨论交流的方式，提出各种选择方案引导被教育者作出选择，才是积极的方法，能够使被教育者感到态度的转变是自己的选择，而不是被迫作出的改变。

教育方式越生动形象，越容易影响被教育者。因此，企业伦理教育除了课堂教育外，应采取灵活多样的活动，如参观访问、典型事例分析、演讲比赛、辩论赛等。

企业伦理是处理相互关系的行为规范，平常人们总处于某一方，而对另一方缺乏了解，所以对一些行为规范没有深切的体会。如果换位思考一下，或者有条件的话，临时换个位子，例如，让工人当一天厂长，让销售人员做一回顾客，就能得到意想不到的收获。

（三）领导工作

企业员工的道德水准受诸多因素的影响，那么，什么因素的影响最大呢？美国学者进行的调查表明，上司的行为是对员工道德水平影响最大的因素，因此，管理者固守企业伦理守则对员工的影响最为直接。

（四）控制工作

（1）要设定恰当的目标。在控制指标方面，在经济评价的同时，还要考虑一些非经济因素，如顾客满意度、环境保护、员工的缺勤率和离职率等。为了减少不道德经营行为，控制标准必须是切实可行的，即经过努力能够达到的。如果标准定得过高，员工就可能迫于压力而去走歪门邪道。除了标准要恰当以外，更重要的是，要明确实现工作标准必须以不违反企业伦理守则为前提，换句话说，要把不违反企业伦理守则作为控制标准的一部分。如果忽视这个前提，一味强调达到过高的控制标准，难免会出现偏差；反之，若坚持这个前提，再尽量把具体工作做得好些，就能兼顾利润与道德、短期利益与长远利益。

（2）要衡量企业的实际道德状况。只有对实际道德状况有比较客观的把握，才能采取针对性的措施。衡量企业的实际道德状况，其实就是企业道德测评或审计的问题。

（3）要赏罚分明。人们愿意从事受到奖励的事情，而逃避会遭到惩罚的行为。因此，应奖励那些遵守企业伦理规范的行为和个人，惩罚那些违反企业伦理规范的行为和个人，而且奖励与惩罚的力度要足够大。举例来说，如果员工因采取了改进生产安全性的措施，或热情为顾客服务，或抵制金钱诱惑保守公司秘密而受到了表扬、奖励，那么其他人也会纷纷效仿；反之，若不道德的行为不加以惩罚，甚至还得到了鼓励，那么该种不道德行为会越来越频繁、越来越严重。如果对不遵守规范的人不加处罚，守则将成为一纸空文，事实上，甚至比没有守则还要差，因为它传递信息的是不遵守企业制度不要紧、是企业说话不算数。

第三节　企业的道德他律机制建设

他律是相对于自律而言的，是指服从自身以外的权威与规则而行事的道德原则。近几年，我国正在注重加强社会道德建设，特别是职业道德建设，建立了多层次、适应各行各业的规范，已经初步形成了比较完整的职业道德规范体系。职业道德的他律就是通过这些规范体现的“应当如何”的要求，这种客观的外在规范对从业者来说是一种劝导，也是一种约束。

改善企业道德状况，法律调节、政府监管、舆论监督与引导、企业及个人自律都是不可或缺的。如果政府不顾企业经营的现实环境，只会一味地批评企业，一味地对企业提要求，而不去讨论在什么范围内企业有责任，哪些是企业的责任，哪些是政府、媒体、公众、利益相关者的责任，那是不公平的，也不可能取得效果。因此，需要研究制约企业讲道德的外部因素，并且使企业讲道德成为可能的环境条件。

一、加大对违法及严重不道德行为的打击力度

加大打击力度是呼声最高、最迫切需要解决的一个问题。

（一）首先要加大对违法行为的打击力度

法律是人们必须遵守的最低行为规范，违法行为往往是严重的不道德行为，若违法行为都能逃脱惩罚或只是受到轻微的惩罚，就不能奢望人们遵守更高层次的伦理规范了。加大打击力度固然要增强查处的力度，并尽可能使违法者和严重不道德者都受到惩罚，但这样的成本很高。实际上，更有效、更经济的办法是加大惩罚的力度。

（二）加大对道德名义下不道德行为的打击力度

在不少人眼里，“道德”通常与“虚伪”联系在一起，之所以如此，是因为有些人满口“伦理道德”，实际上做的却是违法或严重不道德的事情，人们一再被愚弄，以致于到了一听到“伦理道德”就反感的程度。解决的办法是对欺世盗名的企业和个人给予严厉处罚。

（三）加大打击力度要触及违背诚信者的根本利益和长远利益

一些地方建立信用档案，将不讲信用者列入“黑名单”，就比一次性处罚的力度要大得多。

诚信机制之所以很难建立，是因为目前社会中交易中的博弈并非是重复的，虽然人们在日复一日地参与市场交易，但是每次交易的对象都不尽相同，而且不同的交易对象并未共享有关信息。如果信息完善的话，一个人在和 A 的交易中，无论是守信的良好记录，还是失信的劣迹，都会被下一个交易对象 B 所获知，B 就会据此采取相应的措施，决定是否与其交易。这样，一个人和不同人之间的交易活动就变成了无限重复的过程，对失信行为的惩罚机制就能建立起来。

（四）加大打击力度要排除地方保护主义的干扰

地方保护主义，关键在于地方领导人，根源在于对地方领导人的业绩评价标准。地方经济发展了，就是领导人取得的政绩。至于经济发展中有多少是制假售假、环境污染等的“贡献”，则没有被过问。如果能把一个地区的制假售假、环境污染等问题与地方领导人的业绩考评挂钩，如制假售假、环境污染达到一定程度，地方领导人就要引咎辞职，甚至要追

究法律责任，地方领导人就会更加重视了。

（五）加大舆论监督力度

舆论不仅可以谴责违法的行为，对不违反字面上的法律、但是违背伦理的行为同样可以并且应该进行谴责。舆论不需要像法律制裁那样往往需要很长时间，它可以迅速对不道德行为作出反应，尤其是信息技术日益发达的今天，其作用将愈发强大。媒体曝光对企业声誉进而对经济效益的影响，并不亚于法律打击的影响。

（六）除了加大法律惩罚力度和舆论监督之外，还要依靠全民的警醒和参与

普通老百姓同样握有很大的打击不道德行为的权力。比如，每个人都是消费者，如果人们不购买不道德企业生产的产品和提供的服务，它们就难以为继；如果人们在受到不公正对待时都能挺身而出，不公正行为就会少很多。只有全民的觉醒和参与，才能使违法者和严重违反道德者无法继续，大大增加违反和不道德行为的风险和成本，从而达到抑制和减少不道德行为的目的。

二、加大对道德行为的支持力度

为了促使企业遵守伦理规范，在加大对不道德行为打击力度的同时，还应增强对道德行为的支持力度。趋利避害是一个基本的行为规律，道德行为也不例外。对一些人来说，逃避惩罚、寻求奖赏是其选择道德行为的原动力。换句话说，即使一个人不懂或不关心什么是道德的、什么是不道德的，但如果不道德行为会受到惩罚，道德行为会得到奖赏，那么出于逃避处罚、寻求奖赏的考虑，他也会选择道德行为。因此，对道德行为的奖赏与对不道德行为的惩罚一样，是促使普通企业多从事道德行为、少从事不道德行为的重要措施之一。从美国20世纪80年代，特别是90年代以来的经验看，加大对道德行为的支持力度不能不说是企业伦理受到企业重视的一个重要原因。社会在使不讲道德的企业付出高额代价的同时，应该努力使讲求道德的企业得到好报。

对企业道德行为的奖赏可以从以下方面入手：

（1）在法律追究企业违法行为时，把是否有预防、查处、惩罚不法行为的机制，作为加重或减轻处罚的一个重要依据。例如，1991年开始生效的美国《量刑指南》（US Sentencing Guidelines）规定，如企业能向法院证明自己已建立了这种机制，则可以减轻处罚。首先，决定基础罚金额；其次，根据法人的责任评价点数算出对法人应处罚金额的上限和下限；最后，根据基础罚金额及对法人应处罚金额的上限和下限，算出具体的罚金额。其中，犯罪危害性的程度是确定法人的基础罚金额的根据，而组织本身的责任则是确定法人责任点数的根据。一旦能确定对该法人的基础罚金额和该法人自身的责任点数，便能推算出该法人应处罚金额的上限和下限。按照《量刑指南》的设计，对各个法人责任点数的多少有重要影响的是法人自身的具体情况对其构成人员犯罪所持的态度。其中，如果有下列所定事由的存在，便应加重法人的责任点数：①法人的高级管理职员参与了犯罪及容忍或故意放任犯罪的发生；②法人屡犯同样的罪行；③法人故意妨害政府的犯罪调查；④法人违反法院的命令实施犯罪。反之，如有下列事由存在的话，应减轻法人的责任点数：①尽管有违法行为，但该法人制定有有效的守法纲领；②法人向政府自首其犯罪行为；③法人积极协助政府的调查活动；④法人坦诚其罪行并表示愿对该行为负责等。由于处罚轻重之间差别很大，企业纷纷请企业伦理顾问为本企业建立道德支持系统。

（2）政府支持。

（3）评选有道德责任感的企业。《财富》杂志从1983年起，每年评选年度10个全美最受欢迎的公司。评价标准中包括吸引、培养和留住人才的能力，对社区和环境承担的责任等。美国于1997年设立了Ron Brown企业领导奖，每年一次，以表彰在支持员工和社区方面的突出贡献。要想获得该奖，企业高层必须坚定地支持企业公民活动，企业公民应该成为企业共享的价值观，并与成功的经营战略融为一体。而在中国，2004年《21世纪经济报道》和《21世纪商业评论》开始举办年度“中国最佳企业公民”评选活动，评选标准包括6个方面：公司治理和道德价值、员工权益保护、环境保护、社会公益事业、供应链伙伴关系和消费者权益保护。《中国新闻周刊》杂志社在2005年首次发起了年度“最具责任感的企业”评选活动，要求“最具责任感的企业”的候选企业在下列5项上具有突出的表现：①引领潮流，带动进步，是行业内具有影响力的企业；②遵守法律，遵守交易规则，公平竞争；③尊重人权，关爱生命，为员工和消费者提供良好服务；④爱护环境，节约资源，注重生态平衡；⑤关心弱势群体，热心慈善事业，促进社会和谐。并从劳动权益、环境保护、社会责任管理体系、消费者权益、企业信誉、社会公益活动、依法纳税等几个方面进行评价。诸如此类的评选只要程序公正、方法科学合理，评选出来的确实是社会责任表现优秀的企业，就能起到鼓励先进及引领和示范作用。

（4）出版消费指南，向消费者推荐有社会责任感的企业及其生产的产品。比如，1986年美国经济优先委员会编撰出版了《美国企业良心评价》一书，该书对大量的企业及其产品，根据若干履行社会责任业绩的指标进行了评价；1994年推出了第二本，书名为《为了更美好的世界：有社会责任感的购买的简便快捷指南》，其评价涉及以下方面：环境、慈善捐款、社区利益、妇女地位、少数民族地位、家庭利益、工作场所和信息发布，尽管这些指标未必合理，但这样的书在引导消费者购买、支持具有社会责任感的企业，从而对企业的行为施加影响方面的作用却不可低估。

在企业经营中，企业员工自觉不自觉的总要根据自己的政治观点和道德观点去评判别人的行为、衡量自己的行为，相应的，企业员工自身的职业行为也会受到社会成员的评判，这种评定和判断员工和企业道德行为价值的活动，就是企业道德评价。它是调整企业员工之间，企业员工与其他社会成员之间，企业员工与集体、国家之间的关系，以及维护财经制度和财经纪律的重要形式。

企业道德评价的对象是企业行为，企业道德评价包括两方面内容：

（1）员工之间和社会对企业行为的评价，即对符合企业道德的行为给予充分的肯定、支持和赞扬，对企业不道德的行为给予严厉的否定、批评和谴责，并且处以行政处罚、民事处罚，直至追究刑事责任，使员工逐步养成良好的道德观。

（2）企业员工对自身行为的评价，即认识哪些职业行为是道德的，哪些行为是不道德的，从而扬善去恶。履行企业员工的社会职责，特别要坚定善恶的内在信念，形成相应的行为准则，使自己观念形成的道德观转化为现实的道德行为。

企业道德的职能和作用的发挥，主要是靠企业道德评价来实现的。企业道德评价越是正确和广泛，企业道德的职能和作用就越能得到发挥，企业道德对社会的影响也越是强而有力。一旦离开了企业道德评价，企业道德就失去它存在的价值和意义，变成无生命力的东西。

企业道德评价的作用主要体现在：

（1）企业道德评价是企业道德规范的捍卫者。企业道德的有效性和权威性并不靠其宣言，而是靠它对人们行为的实际约束力量，这种力量是由企业道德评价来实现的。企业道德评价通过社会舆论、传统习俗和内心信念等方式对人们实行普遍的企业道德监督。人们该干什么、不该干什么，什么是善行、什么是恶行，企业道德评价对其起仲裁作用。在现实经济生活中，企业员工之间、企业员工与其他社会成员之间的关系的调整离不开企业道德评价，它为人们传递企业道德评价价值的信息，行使着企业道德命令的职能，是共产主义道德的忠实卫士。

（2）企业道德评价是企业道德规范转化为企业道德行为的"杠杆"。企业员工的道德品质不是自发形成的，企业道德评价是企业道德品质形成必不可少的重要因素。这是因为，无论是企业道德教育还是企业道德修养，都离不开企业道德评价。实际上，对企业行为善恶的判断过程，也就是对企业道德教育的过程；而企业员工对自身行为的判别过程则是企业道德的自我修养过程。同时，企业道德评价所造成的企业道德环境和社会风尚，也为企业员工道德品质的形成提供了良好的条件。可见，企业道德评价是推动人们把一定企业道德原则和规范转化为企业道德信念和习惯的精神力量，没有企业道德评价就没有企业道德。

企业道德评价的方式有三种：社会舆论、传统习俗和内心信念。其中，前两种是企业道德评价的客观方式，后者是企业道德评价对人们的企业道德行为进行善恶判定，从而对企业员工思想和行为产生影响。

（1）社会舆论是指人们对社会生活中的事件或现象所发表的某种倾向性的意见。企业的社会舆论是指道德舆论，也就是人们依据企业道德评价的标准，对企业员工的思想、行为所作的褒贬。社会舆论有两个显著特点：①范围广泛性，凡是存在人群的地方，任何人都要受到舆论的制约；②外在强制性，即舆论压力。

（2）传统习俗即传统习惯和社会风俗，它是人们在长期社会生活中形成的一种稳定的、习以为常的行为倾向。它具有稳定性和群众性两个特点。传统习俗也称自发的社会舆论，它是企业道德评价的另一种方式。

（3）内心信念是道德评价借以调整人们行为的内在方式，是一种内在力量。它是构成人们行为在动机和性格的有机部分的思想和观点。对企业员工来说，内心信念是他们企业道德活动的理性基础。

本章小结

1. 造成企业败德行为的原因多种多样，但是最重要的原因是垄断、信息不对称和利润最大化倾向。分析每种情形下企业败德的原因和特征，是减少甚至杜绝这类现象的基础。

2. 企业道德建设是落实企业伦理和社会责任的基石，企业道德建设需要分析组织内外部因素对企业伦理的影响。从组织内部来看，组织因素、个人因素和问题本身都会对道德决策产生影响；而从组织外部看，需要从加大对违法及严重不道德行为的打击力度和加大对道德行为的支持力度两大方面入手，为企业道德建设提供一个良好的环境。

3. 道德管理是指通过对组织资源和组织成员的工作进行计划、组织、领导、控制，制定组织希望达到的伦理标准和行为规范，并尽可能以好的效果和高效率来实现道德建设的过程。

4. 社会责任的实践需要良好的伦理道德，因此，道德建设是落实和实践社会责任的必由之路，这个过程需要内外两方面的共同努力来实现。

5. 道德建设的涉及面宽、建设周期长，企业层面的道德建设和管理必须与社会的约束形成合力，才能真正使道德建设形成一种良好的氛围，切实提高企业的道德水平。

复习与思考题

1. 道德自律在企业道德建设中的作用有哪些？
2. 他律在企业道德建设中的功能有哪些？
3. 加大对违法及不道德行为的打击力度，需要从哪些方面入手？
4. 道德评价的方式有哪几种？
5. 彼得·德鲁克指出，“在任命高层管理人员时，再怎么强调人的品德也不会过分。事实上，除非管理层希望某个人的品质成为他的所有下属学习的典范，否则就不应该提拔这个人”。你对此有何评价？

案例分析

德、诚、信：铸同仁堂金字招牌

说起中药，北京人立即会想起“同仁堂”三个字。同仁堂已存在了330多年，与它同生的老字号成百上千，而至今能像同仁堂这样青春常在的却是凤毛麟角，难道它有什么秘诀？记者日前对同仁堂进行了专访。

同仁堂集团党委书记田大芳在接受采访时说，同仁堂之所以长盛不衰，并不断发展壮大，很重要的一条原因是同仁堂人的秘诀就是一直坚守的“德、诚、信”理念，以为百姓制好药为本分，追求诚实、守信的药德，能一以贯之地坚持诚信为本的药德思想，并随着时代的发展，不断融入新的内涵。

清康熙八年（1669年），同仁堂药室招牌挂出，在闯荡了54年后，于清雍正元年（1723年），同仁堂以独家供奉皇家用药成为当时中药行的典范。“炮制虽繁必不敢省人工，品味虽贵必不敢减物力”是同仁堂几百年来代代相传的堂训，也是同仁堂“德、诚、信”的具体体现。对待质量，同仁堂人过去如此，现在更是不逊分毫。中国佛教学会前会长赵朴初生前为同仁堂题词“同修仁德，济世养生”。

孔子曾说，“仁者，爱人也”，同仁堂从创建开始就贯彻了这种仁爱思想。其创始人乐显扬说：“同仁二字可以命堂名，吾喜其公而雅，需志之。”同仁堂的堂训是“同修仁德，亲和敬业，共献仁术，济世养生”。300多年来，同仁堂人都奉这样的堂训为圭臬，并取得了成功。其原因绝不是偶然的，而是因为中华民族几千年来形成了仁爱和睦、诚信尚义的道德观，只有植根于这种文化的经营者，才能使自己的企业立于不败之地。

诚信首先表现在同仁堂的原材料购买和药品制造上。成书于康熙年间的《乐氏世代祖传丸散膏下料配方》的序言中明确规定：“炮制虽繁必不敢省人工，品味虽贵必不敢减物力。”从过去的手工作坊，到现在的大规模生产，质量一直是同仁堂生存的命脉。

在今天同仁堂车间里，堆成小山似的各种药材都是经过一根根、一颗颗精心挑选的。

在同仁堂的前处理车间，一味叫“远志”的草药引起了记者兴趣，它是一种以根入药起安神之效的草本植物，但其芯却属烦热，与安神功用正好相反。国家规定中并没有对

“远志”去芯的要求，而且“远志”的根粗如竹筷，芯却细似牙签，剔除起来费时费力。但为了保证最佳疗效，同仁堂人将“远志”闷湿碾裂后，将芯一一剔除干净。后来，北京市还据此修改了地方标准。

近几年，医药市场曾出现混乱，有段时间同仁堂甚至丢掉了部分市场。但同仁堂人始终坚持以利取利、以义为先。他们谨记：“拳拳仁心代代传，报国为民振堂风”。20世纪90年代初，我国南方流行甲肝，特效药板蓝根冲剂抢手一时。有人提出，按原价出厂不划算，应适当提高药价。但同仁堂表示，绝不乘人之危，还专门派出一个车队将药品送到疫情最重的地区。为保证让患者吃上放心药，同仁堂建立了自己的六大药材种植基地，并拥有自己的养鹿场和乌鸡场。

诚信表现在同仁堂的经营中就是“以义为上，义利共生”。同仁堂的负责人说，古人讲过，“君子爱财，取之有道”。对同仁堂来说，这个“道”就是“义”，即把顾客的需要和满意放在首位。经营者无疑想取得最大利润，但没有“大义”就不可能有“大利”。只追逐眼前的蝇头小利，必然会失去消费者的信任。如今同仁堂仍然坚持本小利微，甚至赔钱的代客加工、邮寄、代客煎药、为人送药等。然而不仅取得了社会效益，而且也增加了客源，带动了其他药品的销售，取得了很好的经济效益。解放初期，同仁堂还是一个濒临破产的企业，如今已发展成为拥有31亿元资产的大型企业，名列全国中医企业50强之首。目前，同仁堂不仅在本市开设了35家药店，还拥有11家外埠店，10家海外店，预计5年后，他们将在全国和海外共开办600家分店，同仁堂将成为民族医药产业的骄傲。

跨世纪同仁堂人的目标是：承同仁堂诚信传统，扬中华医药美名。

（资料来源：王建兵，《北京晨报》，2001年12月12日）

讨论题：

1. 北京“同仁堂”发展历史与目前状况如何？
2. 北京“同仁堂”成功奥秘是什么？对我们有何借鉴价值？

参考文献

[1] 徐大建. 企业伦理学 [M]. 2版. 北京：北京大学出版社，2009.
[2] 王学义. 企业伦理学 [M]. 成都：西南财经大学出版社，2004.
[3] 万君宝，袁红林. 管理伦理 [M]. 上海：上海财经大学出版社，2005.
[4] 千高原. 企业伦理学 [M]. 北京：中国纺织出版社，2000.
[5] 周祖成. 企业伦理学 [M]. 2版. 北京：清华大学出版社，2009.
[6] 欧阳润平. 企业伦理 [M]. 长沙：湖南大学出版社，2008.
[7] 徐金发，等. 企业伦理学 [M]. 北京：科学出版社，2008.
[8] 李建华. 现代企业的道德难题 [M]. 北京：人民出版社，2009.
[9] 苏勇. 现代管理伦理学 [M]. 北京：石油工业出版社，2003.
[10] 刘红叶. 企业伦理概论 [M]. 北京：经济管理出版社，2007.
[11] 斯蒂芬 P 罗宾斯. 管理学 [M]. 4版. 北京：中国人民大学出版社，1997.
[12] P 普拉利. 商业伦理 [M]. 北京：中信出版社，1999.
[13] 彼得 F 德鲁克. 管理——任务、责任、实践. [M]. 北京：中国社会科学出版社，1987.
[14] 王方华，周祖成. 营销伦理 [M]. 上海：上海交通大学出版社，2005.
[15] 寇小萱. 企业营销中的伦理问题研究 [M]. 天津：天津人民出版社，2001.
[16] 戴维 J 弗里切. 商业伦理学 [M]. 北京：机械工业出版社，1999.
[17] 李萍. 企业伦理：理论与实践 [M]. 北京：首都经济贸易大学出版社，2008.
[18] 刘光明. 新商业伦理学 [M]. 北京：经济管理出版社，2008.
[19] 杰夫·马杜拉. 商业伦理与社会责任 [M]. 4版. 北京：人民邮电出版社，2007.
[20] 安德鲁·吉耶尔. 企业的道德 [M]. 北京：中国人民大学出版社，2010.
[21] 吕春晓. 企业伦理 [M]. 西安：西安交通大学出版社，2008.
[22] 骆祖望，陶国富. 企业伦理通论 [M]. 郑州：河南人民出版社，2009.
[23] 陈雷. 理解企业伦理 [M]. 杭州：浙江大学出版社，2008.
[24] 李金轩，赵书华，娄梅，等. 企业伦理与道德 [M]. 北京：高等教育出版社，2008.
[25] 周祖城. 企业伦理精品案例 [M]. 上海：上海交通大学出版社，2010.
[26] 殷格非，李伟阳. 如何编制企业社会责任报告 [M]. 北京：企业管理出版社，2008.
[27] 沈洪涛，沈艺峰. 公司社会责任思想起源与演变 [M]. 上海：上海人民出版社，2007.
[28] 杨宗华. 责任胜于能力 [M]. 北京：石油工业出版社，2010.
[29] 邢群麟，赵红瑾. 赢在责任 [M]. 北京：华夏出版社，2008.
[30] 戴维 J 夏普. 企业道德案例 [M]. 上海：格致出版社，上海人民出版社，2008.
[31] 曹凤月. 企业伦理学 [M]. 北京：中国劳动社会保障出版社，2007.
[32] 陈荣耀. 企业伦理 [M]. 上海：华东师范大学出版社，2001.
[33] 辛杰. 企业社会责任研究 [M]. 北京：经济科学出版社，2010.
[34] 夏绪梅. 企业伦理学——转型经济条件下的企业伦理问题研究 [M]. 北京：科学出版社，2008.
[35] 卢岚，刘开明. 中国企业社会责任标准实施指南 [M]. 北京：化学工业出版社，2006.
[36] 李立清，李燕凌. 企业社会责任研究 [M]. 北京：人民出版社，2005.
[37] 殷格非，于志宏，崔生祥. 责任竞争力——全球企业社会责任最佳实践 [M]. 北京：企业管理出版社，2006.
[38] 刘光明. 企业社会责任报告的编制、发布与实施 [M]. 北京：经济管理出版社，2010.

[39] 殷格非，崔生祥，郑若娟．企业社会责任管理基础教程［M］．北京：中国人民大学出版社，2008.
[40] 吴鹤松，陈义方，薛庆时，詹茂文．SA8000 社会责任标准认证解读［M］．北京：中国商务出版社，2004.
[41] 殷格非，于志宏，崔生祥．企业社会责任行动指南［M］．北京：企业管理出版社，2006.
[42] 陈英．企业社会责任理论与实践［M］．北京：经济管理出版社，2009.
[43] 黄邦汉．企业社会责任概论［M］．北京：高等教育出版社，2010.